개정증보

독도영유권에 대한 일본주장 비판

개정증보

독도영유권에 대한 일본주장 비판

신용하

서울대학교출판문화원

개정증보판 머리말

한국과 일본 사이에는 일본정부가 1952년 1월 28일 '독도영유권'을 주장하는 외교문서를 한국정부에 보내온 이래 '독도영유권 논쟁'이 전개되고 있다.

이 책 초판인 서울대학교출판부 2001년도 발행 단행본 『독도영유권에 대한 일본주장 비판』은 독도영유권 귀속의 '진실'을 밝히고, 진실의 증거자료에 근거하여 일본의 허위 주장을 비판한 것이었다.

원래 독도(獨島, Dokdo)는 한국의 가장 동쪽 끝에 있는 사람이 살지 않는 한국의 외로운 작은 섬이었다. 그 때문에 구 일본 제국주의가 국력이 허약했던 대한제국에 대하여 침략정책을 자행할 때 1905년 2월 맨 먼저 침탈당했었다. 이어서 일제는 1905년 11월 무력위협으로 '을사조약'을 강제하여 대한제국 외교권 등을 침탈해서 한국을 반식민지 상태에 두었으며, 1910년 8월에는 한국을 완전식민지로 강점하였다.

일본 제국주의의 독도침탈 → 을사조약 강제와 국권침탈 → 식민지 강점과 독립주권 침탈은 분리된 사건이 아니라, '1905부터 1910년까지 구 일본 제국주의 한국침략'의 하나로 연속된 한 묶음이었다. 그러므로 오늘날 일본정부가 '독도영유권'을 주장하며 한국의 독도에 대한 재침탈 정책을 수립 집행하는 것은, 현대 일본정부가 구 일본 제국주의의 한국 침략정책을 현대 대한민국에 적용하여 한국의 독립주권을 위협하는 심각한 일이다. 동시에 그것은 동아시아 평화와 세계 평화를 위협하는 것이기도 하다.

10년 만에 이 책의 개정증보판을 내는 데에는 크게 몇 가지 이유가 있다.

우선 일본의 '독도영유권'에 대한 도전이 '장기전' 체제로 들어갔기 때문이다. 일본정부는 특히 2008년부터 문부과학성이 적극적으로 앞장서서 전체 의무교육과정 교과서에 "다케시마(독도)는 일본고유영토인데 한국이 불법점거하고 있다"는 요지의 서술과 교육을 강제하는 정책을 수립 집행하기 시작하였다. 그리하여 2009년에는 교사 지도서에, 2010년에는 초등학교 교과서에, 2011년에는 중학교 교과서에, 2012년에는 고등학교 교과서에(예정), 독도는 일본고유영토인데 한국이 불법점거하고 있다는 요지의 '거짓'과 '허위의식'을 주입시키는 교육을 자행하게 되었다.

일본은 초등·중등·고등학교까지 의무교육과정이다. 전체 의무교육과정에서 3단계에 걸쳐 일본정부의 '허위의식'인 "독도는 일본고유영토인데 한국이 불법점거하고 있다"는 '거짓'을 교육시켜 놓으면 어떻게 될 것인가?

일본정부의 주장이 '허위'이고 '거짓'일지라도 그것을 전체 '의무교육과정'에서 3단계나 반복해서 주입시켜 놓으면, 그것이 아무리 '거짓'일지라도 일본 학생들은 독도는 일본고유영토인데 한국이 불법점거하고 있다는 '거짓'과 '허위의식'을 진실로 착각하게 될 것이다. 그리고 그들이 성년이 되면 독도를 다시 침탈하려는 침략적 활동을 전개하게 될 것임은 충분히 내다볼 수 있는 일이다.

최근 일본정부가 독도침탈정책과 교육을 강화하고 있는 것은, 대한민국의 국력증강 추세로 보아 단기에는 독도침탈이 용이하지 않음을 감지하고, '장기전'을 준비하는 것이다. 그 하나로 일본정부는 독도재침탈의 국내 새 세대 주체 세력을 전 국민 의무교육과정을 통하여 적극적으로 양성하기 시작한 것이다. 독도재침탈을 위한 일본정부의 '장기전' 체제 준비는 다음 세대에서라도 반드시 독도를 재침탈하고야 말겠다는 강력한 국가의지를 나타내는 것이라고 볼 수 있다.

한국은 '독도영유'에 관한 '진실'을 더 밝혀내어 한국 학생들과 한국 국민들은 물론이요 일본 학생들과 일본 국민들에게 적극적으로 '진실'을 알려야 할 필요가 더욱 절박하게 되었다.

다음은 일본 외무성이 2008년 12월부터 『죽도, 다케시마 문제를 이해하기 위한 10의 포인트』라는 소책자를 일본어, 한국어, 영어 등 현재까지 10개 국어로 제작하였다. 이를 일본 외무성 홈페이지에 올리고, 각국 주재 대사관, 영사관, 문화원 등을 통하여 전 세계에 배포하고 있다. 또한 일본 외무성이 해마다 『외교백서』에서 독도영유권을 주장하면서 전 세계에 '독도가 일본영토'라는 거짓을 적극적으로 홍보하고 있음은 익히 아는 바와 같다. 뿐만 아니라 일본 자위대의 『방위백서』는 독도를 일본영토라고 해마다 강조하여 발표하고 있으며, 해상자위대는 주기적으로 독도 주위를 초계하고 있다. 때로는 육·해·공 자위대가 독도침략 도상연습까지 자행하고 있는데 이는 전문가들이 알고 있는 사실이다.

이것은 일본정부가 독도침탈을 위한 준비로 전 세계를 대상으로 홍보·선전전을 적극 전개하기 시작했음을 나타내는 것이다.

일본정부는 헤이그에 있는 국제사법재판소에 항상 상임판사 1명을 심어 놓고, '독도문제'는 '영토분쟁'이니 국제사법재판소의 재판에 위탁하자고 각종 루트를 통하여 각종 방법으로 한국측을 설득하고 있다. 한국측이 응하기만 하면 손쉽게 국제기구를 통하여 독도를 탈취할 만반의 준비를 하고 있는 것이다.

이에 대한민국 국민과 정부는 한국영토 '독도'를 수호하기 위한, 종래와는 다른 더욱 적극적인 장기적·단기적 독도수호정책과 전략이 절실히 필요하게 되었다.

물론 한국정부와 한국 국민들이 독도를 지킬 강력한 국가의지만 있다면 일본의 어떠한 침탈시도도 물리칠 수 있으며, 한국영토이며 주권의 일부인 독도를 완벽하게 수호할 수 있을 것이다.

이를 위해서는 무엇보다 먼저 대한민국 국민들과 학생들이 '독도' 영유권에 대한 '진실'을 알고, 독도가 한국영토라는 명료한 '진실'을 알고 난 다음에는 그 '진실'을 굳게 지키기 위한 보다 적극적인 정책과 실천을 수행해 나가야 할 것이다.

또한 일본 국민을 포함한 전 세계 평화를 사랑하는 사람들에게 독도가 한국영토임이 '진실'이라는 객관적 사실을 널리 알려야 할 필요 또한 절실한 것이다.

저자가 2001년 이 책의 초판을 간행한 이후 독도의 위치와 면적 등에 대한 정부의 정확한 통계의 통일이 있었고, 새로운 자료들이 상당수 발굴되어 축적되었다. 그러므로 이번 개정증보판에서는 새로 발굴된 다수의 자료들을 보완, 활용하여 독도영유권에 대한 '진실'의 구명과 증명을 더욱 실증적으로 강화하여 설명할 수 있었다.

독도영유권에 대한 일본주장 비판도 일본측 주장의 초점 이동에 대응하여, 초판의 10개장 구성을 개정증보판에서는 15개장으로 5개장을 확대 증보하였다. 이에 따라 초판의 부록으로 첨부했던 「독도문제 111문 111답」은 분량이 넘치고 체제도 달라서, 초판 때부터 분리를 요청받고 있었기 때문에, 이번 개정증보판에서는 이를 분리하여 증보해서 별도로 『독도 150문 150답』을 별책의 국민교양서로 내기로 하였다.

이 책의 초판 서술은 '국한문혼용'이었다. 그 결과 한국 학생들과 젊은 국민들에게는 불편함이 있었다. 개정증보판에서는 모두 '한글전용'으로 서술하고, 한자는 꼭 필요한 것만 괄호 안에 넣어 병기하였다. 따라서 개정증보판은 한글전용의 새로운 양식을 갖추게 되었다.

초판에서는 지도, 사진 등을 거의 넣지 않고 본문만 서술했는데, 개정증보판에서는 독자들의 이해를 돕는 데 필요한 지도, 사진, 그림 등의 많은 자료를 수록하였다.

「독도 진경」 걸작 그림의 게재를 허락해 주신 이종상 교수님께 깊이 감사드린다.

이 책의 개정증보에는 독도를 연구하시는 여러 동료들의 큰 도움을 받았다. 장진범 조교의 도움도 컸다. 도움을 주신 모든 분들께 깊이 감사를 드린다.

이 까다로운 책의 출판을 맡아 주신 서울대학교출판문화원 오연천 이사장님과 김종서 원장님, 운영을 맡아 주신 형난옥 운영본부장님, 정성스럽게 교정을 보아 주신 정성숙 선생님을 비롯한 직원 여러 분께도 깊이 감사드린다.

이 책이 독자들의 독도영유권 문제의 진실 이해와 독도 보전에 조금이라도 도움이 되기를 간절히 바라는 바이다.

2011년 5월

저자 삼가 씀

초판 머리말

한국과 일본 사이에는 1952년부터 오늘날까지 '독도영유권 논쟁'이 전개되고 있다. 일본이 1952년 1월 28일 한국영토 독도를 일본영토라고 외교문서로 정식 논쟁을 걸어온 것이다. 이 논쟁은 21세기에도 계속될 전망이다. 일본정부는 '독도논쟁'을 '영토분쟁'이라고 주장하면서 독도침탈 목적의 장기정책을 실행하고 있다.

최근 1996년부터 한국과 일본이 모두 유엔 신해양법을 채택하여 200해리 배타적 경제수역을 준영토로 선포할 수 있게 되자, 독도침탈을 목적으로 한 일본측의 활동은 더욱 치밀하고 치열하게 전개되고 있다. 독도를 일본 EEZ의 기점으로 취한다는 1996년의 일본정부 및 국회의 의결과 선언, '독도침탈'을 일본 외교 10대 지침으로 설정한 1997년의 일본 외교백서, 일본 이오지마에서 일본 육·해·공 자위대의 1998년의 소위 '독도 접수' 비밀 합동훈련, 독도를 '중간수역'에 넣은 1999년의 신한·일어업협정 체결, 중간수역을 '영토분쟁' 지역에 설치하는 '잠정조치수역', '한·일공동관리수역'이라는 공식해석, 일본인들의 호적을 독도로 옮겨 등재시키고, 독도는 일본영토이며 그 영해는 일본영해이므로 일본 국민들이 일본의 독도와 그 영해에 들어가는 것을 일본정부는 막을 의사가 없다는 2000년의 일본정부의 공언 등은 독도침탈 활동의 극히 일부 예이다.

이에 비하여 그동안 한국정부의 독도를 지키려는 정책과 노력은 매우 미흡한 것으로 생각된다.

저자는 독도문제를 엄밀한 학문적 입장에서 연구한 결과 독도는 객관적으로 한국영토임이 진실임을 명확히 알게 되었다.

이 책은 객관적·실증적 자료에 의거하여 '독도문제'와 '독도영유권 논쟁'을 검토한 것이다.

독도문제 연구의 작업 중에 '(주)우리기술' 김덕우 사장께서 저자연구실을 방문하여 서울대학교 사회과학대학을 통한 독도연구 지원을 제의해 왔다. 2000년과 2001년의 독도학회 각종 활동 및 이 책 연구는 '(주)우리기술'의 지원을 받은 것이다. 연구비를 지원해 주신 '(주)우리기술'과 김덕우 사장님께 깊은 감사를 드리는 바이다.

이 책을 간행하는 데는 여러분의 큰 도움을 받았다. 간행을 맡아 주신 서울대학교출판부의 이사장님, 출판부장님, 이사님들에게 감사를 드린다. 또한 서울대학교 대학원 박사과정의 박형민, 김민환, 정준영, 조정우, 문준섭 조교가 편집, 타자, 교정에 온 정성을 기울였다. 이분들께도 감사를 드리는 바이다.

이 책이 한국의 고유영토 독도를 침탈하려는 일본측 주장을 비판하고 독도영유에 대한 독자들의 이해를 높여 독도를 보전하는 데 조금이라도 기여할 것을 간절히 희망한다.

2001년 10월
서울대학교 사회과학대학 연구실에서
저자 삼가 씀

차례

해 돋는 우리 땅 독도

신용하

동해 짙푸른 바다에
아침마다 타오르는 찬란한 태양을
맨 먼저 맞는 우리 땅
해 돋는 섬 독도야!

돌섬 바위흙에도 눈부신
패랭이꽃, 들국화, 풀꽃을 피우고
망망대해 외로운 바닷새 괭이갈매기
둥지를 품는
아름다운 섬 독도야!

사나운 폭풍우 휘몰아쳐도 우뚝 솟아
물 아래 불타는 산호초 키우고
길 잃은 아기물고기 기르는
너그럽고 굳센 어머니 섬 독도야!

왜구들 칼 들고 심장 겨누며 덤빌 때
동쪽 끝 멀리 나아가 맨 먼저 찔린 아픔에
애타게 가슴 시리며 외롭게 우리 기다린
그래서 더 그리운 파수꾼 독도야!

네가 있으니 우리가 있고
우리가 있으니 네가 있구나.
이제는 천만 년 흘러도
외롭지 않아야 할 해 돋는 우리 땅 독도야!

그림 이종상 교수

독도 진경 70×132cm (82 선지화)

□ 제 1 장
서설 – 한·일 간 독도영유권 논쟁의 시작과 독도의 위치 및 생태환경의 특징

1. 독도의 위치와 지리의 특징

독도는 세계 속에서 아시아주 동북부 한반도 동쪽에 있는 동해 가운데 위치한 작은 섬이다. 독도(獨島)는 동도(東島)와 서도(西島) 2개의 작은 섬과 89개의 암초로 구성되어 있다(그림 1-1, 1-3).

경위도상으로는 동도가 북위 37도 14분 26.8초, 동경 131도 52분 10.4초이고, 서도가 북위 37도 14분 30.6초, 동경 131도 51분 54.6초의 위치이다.

독도와 울릉도 사이의 거리는 87.4km(47.2해리)이다. 이에 비해 독도와 일본 오키(隱岐)섬과의 거리는 157.5km(85.0해리)로서, 울릉도보다 약 70km(거의 2배 가까이) 더 멀다. 경상북도 울진군 죽변과 독도 사이의 거리는 216.8km(117.1해리)이고, 울진군 죽변과 울릉도 사이의 거리는 130.3km(70.4해리)이다.[1](그림 1-2, 표 1-1)

독도의 위치는 한국영토 가운데 가장 동쪽 끝에 있는 영토에 해당한다(표 1-2).

---

1) 『관보(官報)』(제16030호), 2005년 6월 28일자 「고시」 참조.

그림 1-1. 동북아시아 속의 울릉도와 독도 (자료: 동북아역사재단)

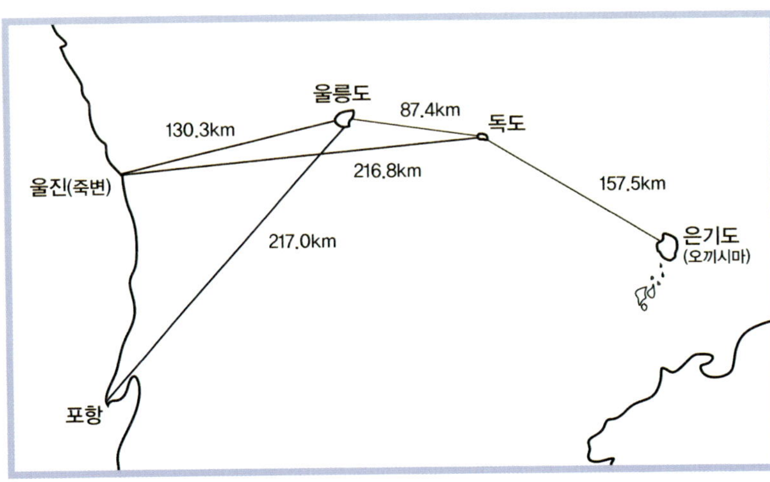

그림 1-2. 독도와 울릉도, 독도와 오키섬(은기도) 사이의 거리 (자료: 동북아역사재단)

그림 1-3. 인공위성에서 찍은 독도(자료: 문화재청)

독도는 행정구역상으로 경상북도 울릉군 울릉읍 독도리 1~96번지에 속해 있다. 이번 2011년 7월 29일자로 독도 번지를 개편하여 서도를 '안용복길'로, 동도를 '이사부길'로 명칭을 바꾸고 새 번지를 붙였다. 이에 따라 서도의 어민 숙소는 '경상북도 울릉군 독도 안용복길 3'번지이고,

동도의 경비대는 '독도 이사부길 55'번지, 등대는 '독도 이사부길 63'번지이다. 전체 지역주소표지는 여전히 '경상북도 울릉군 울릉읍 독도리'이다.

표 1-1. 독도와 주변 지역과의 거리

항목	거리	비고
독도와 울릉도 사이 거리	87.4km(47.2해리)	간조 때 해안선 기준
독도와 경북 울진 죽변 사이 거리	216.8km(117.1해리)	최단거리
울릉도와 경북 울진 죽변 사이 거리	130.3km(70.4해리)	
독도와 오키섬 사이 거리	157.5km(85.0해리)	

자료: 동북아역사재단

표 1-2. 한국영토의 4방향 극단

구분	행정 소재지
동	경상북도 울릉군 울릉읍 독도리 동도
서	평안북도 용천군 신도면 마안도
남	제주특별자치도 서귀포시 대정읍 마라도
북	함경북도 온성군 유포면 풍서동 유원진

자료: 국토정보지리원

표 1-3. 독도의 면적·높이·해안선 둘레

	동도	서도	부속도서
면적	73.297㎡	88,639㎡	25,618㎡
높이	98.6m	168.5m	
둘레	2.8km	2.6km	
면적 합계	187.554㎡		

자료: 동북아역사재단

독도의 면적은 동도가 73.297㎡, 서도가 88,639㎡, 부속도서(암초)가 25,618㎡, 합계가 187.554㎡이다.[2)] 독도의 높이는 서도가 168.5m, 동도가 98.6m로서 서도가 동도보다 더 높다. 독도의 둘레는 5.4km로서, 동도의 둘레가 2.8km, 서도의 둘레가 2.6km이다(표 1-3).

동도와 서도 사이의 거리는 151m(간조 시의 해안선 기준 최단거리)이다.

2. 독도의 기후와 지형 및 지질

1) 독도의 기후

독도에서는 1996년부터 기상관측이 시작되었다. 현재 독도에서는 자동기상관측장비를 사용하여 무인으로 기상관측을 하고 있다. 관측 장비가 설치된 곳은 도의 북위 37도 14분, 동경 131도 52분, 해발 고도 95.0m의 지점이다.

독도의 기후는 난류의 영향을 많이 받는 해양성 기후이다. 해양성 기후라는 점에서 독도와 울릉도의 기후는 동일하다.

독도의 주풍은 동풍과 남서풍이다. 평균 풍속은 4.9ms-1이다. 이것은 울릉도의 3.1ms-1과 제주도의 4.7ms-1(제주도 고산, 서귀포의 평균값), 서울의 2.4ms-1보다 높다. 독도에서는 바람의 속도가 강한 것을 알 수 있다. 그러나 계절별 풍향의 변화는 심하지 않다.

독도의 강수량은 연평균 약 1,400mm이다. 독도에서 월별 누적강수량이 가장 많은 때는 7월(229mm)과 8월(221mm)이다. 울릉도에서는 7월

---

2) 「문화재청 고시」 제2006-80호에 의거하여, 독도의 면적이 종래 187,453㎡에서 187,554㎡로 수정됨.

(190mm)과 9월(161mm)에 최대 강수 값을 보이고 있다.

울릉도와 독도는 영동지방, 호남 서해안 지방과 함께 대표적인 다설/대설 지역에 속한다. 겨울철에 울릉도와 독도에 큰 눈이 내리는 것은 서고동저형의 기압 배치 아래서 울릉도와 독도지역에 강한 북서풍이 불기 때문이다.

독도의 평균 기온은 12℃이다. 가장 따뜻한 달은 8월이고 기온은 약 25℃이다. 가장 추운 달은 1월이고 평균 약 4℃이다.[3)]

독도에는 바다안개가 자주 발생하는데, 월별로는 6월과 7월 사이에 자주 발생하고, 하루 가운데는 새벽 6시부터 12시 사이에 자주 발생한다.

2) 독도의 지형 및 지질

독도는 약 460만 년 전~250만 년 전에 해저 약 2,000m에서 솟구쳐 나온 용암과 화산 쇄설물이 굳어서 형성된 '화산성 해산'으로서, 몸집은 작지만 울릉도와 제주도보다 250여 만 년이나 오래된 섬이다.[4)] 울릉도와 제주도가 1만 년 전에 생성을 마친 데 비하면 독도는 긴 역사를 가진 화산섬이다. 각력암, 조면암, 안산암 등 다양한 종류의 암석을 품고

---

3) ① 경북대학교 울릉도·독도연구소, 『독도의 자연』, 2008.
② 이종범·김재철, 「울릉도와 독도 지역의 기후변화 추세와 그 요인」, 『울릉도·독도 종합학술심포지엄 요지집』, 자연보호중앙연맹, 2008.
③ 문화재청, 『한국의 자연유산 독도』, 2009, pp. 87-105 참조.

4) ① 황상구·전영권, 「독도 화산의 분출윤회와 화산형태」, 『자연환경지질』 제36권 제6호, 2003.
② 송용선·박맹언·박계헌, 「울릉도와 독도 화산암의 생성연대 및 진화사」, 『암석학회지』 제15권 제2호, 2006.
③ 전상호, 「독도 토양에 함유된 유기물 함량과 인의 존재형태 특성」, 『울릉도·독도 종합학술심포지엄 요지집』, 자연보호중앙연맹, 2008.
④ 문화재청, 『한국의 자연유산 독도』, 2009, pp. 16-85 참조.

있어 '암석학의 보고'라고도 불린다(그림 1-4).

독도의 해수면 아래에는 바다의 산, 즉 해산(海山)이 있는데, 현재 보이는 독도의 모습은 '빙산의 일각'일 뿐이다. 바다 밑에 안용복해산, 독

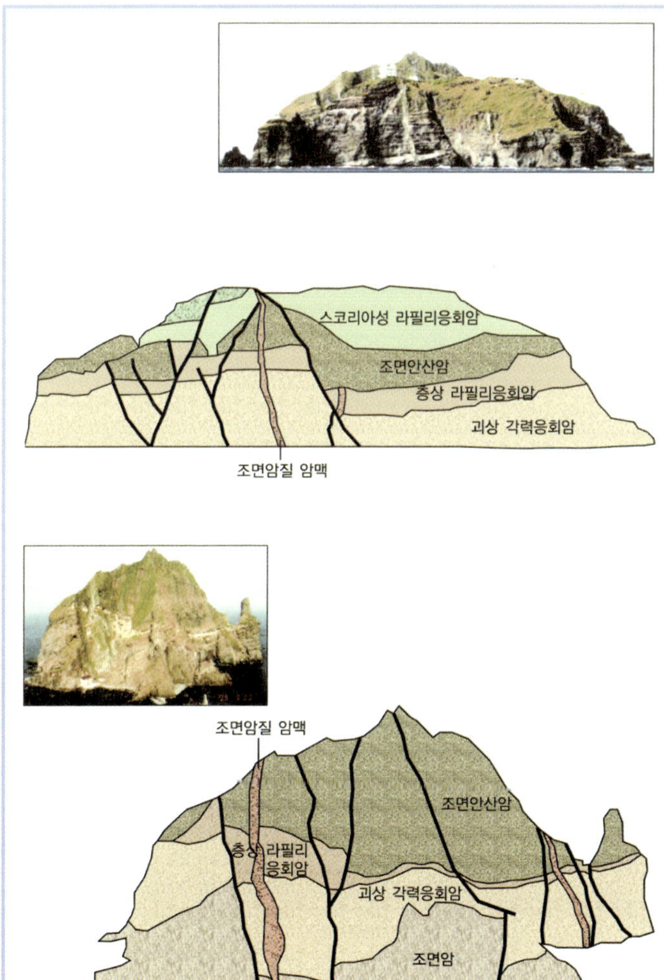

그림 1-4. 독도의 지질도(동도와 서도) (자료: 문화재청)

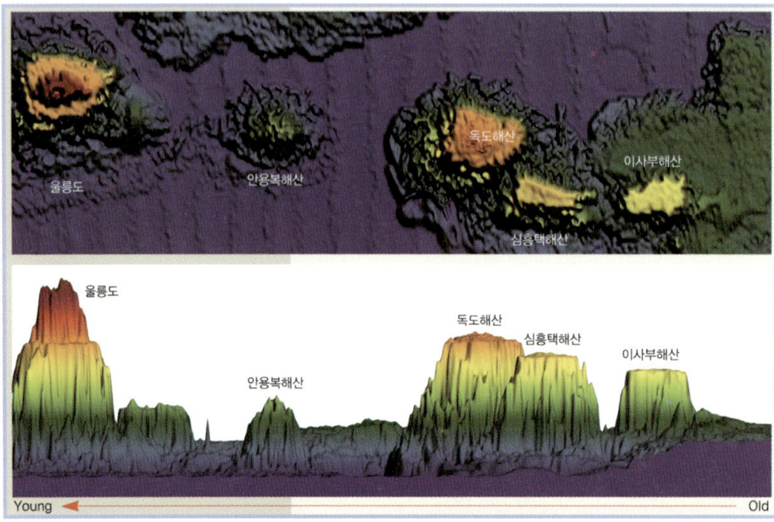

그림 1-5. 독도 주변 바다 밑 해산(I) (자료: 문화재청)

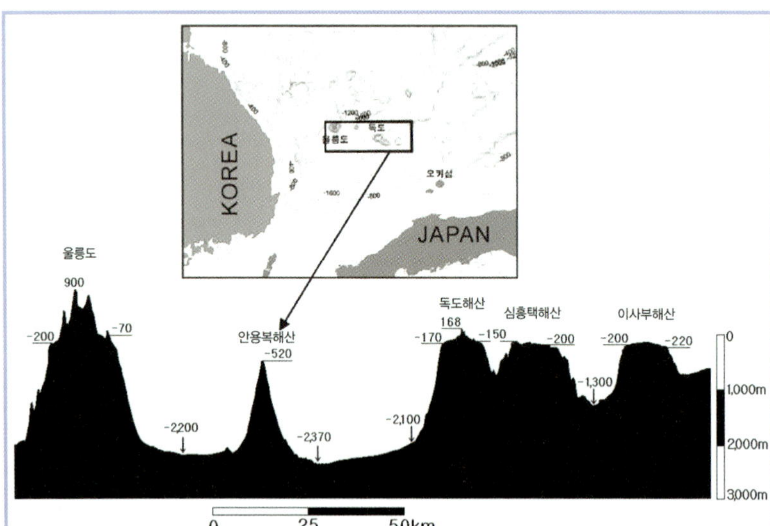

그림 1-6. 독도 주변 바다 밑 해산(II) (자료: 문화재청)

도해산, 심흥택해산, 이사부해산이 존재하며, 키가 조금 더 큰 독도해산이 수면 위로 머리를 내놓고 있다(그림 1-5, 1-6).

해산이 수면 위로 모습을 드러내는 경우는 드물며, 해저산의 진화과정 연구에 도움을 주므로 세계적인 자연유산으로서의 가치를 지닌다.[5)]

독도의 지형을 살펴보면 동도의 정상부는 섬의 북쪽에 치우쳐 있으며, 해발 고도가 98.6m이다. 유인 등대를 비롯한 독도경비대 관련 건물이 설치되어 있는 동도 남쪽 능선부는 대체로 평탄하며, 구 선착장에 이르는 사면에는 두께 20~30cm의 토양층이 발달하여 초본류가 서식한다. 그러나 바다를 향한 사면은 대부분 높이 약 20~30cm의 경사가 급한 해식애로 이루어져 있어 토양층이 거의 없거나 얇아 식생피복이 어렵다.

동도의 해안선 길이는 2.8km이고, 서쪽 해안에는 선박의 입항을 위한 선착장이 건설되어 있다.

서도의 정상부는 해발 고도가 168.5m이며, 경사가 급한 원뿔 형태로 되어 있다. 해안선의 길이는 약 2.6km이고, 해안의 사면은 수직에 가까운 해식애로 둘러싸여 있어서 토양층이 얇아 식생이 성장하기에 불리하다. 이러한 악조건에도 불구하고 서도의 정상부 부근에는 부분적으로 토양층이 형성되어 초본류가 자라고 있다.

특히 서도의 물골이 있는 북쪽 해안의 소규모 내만에는 정상부가 개석되면서 공급된 매스 무브먼트 퇴적물이 두껍게 쌓여 목본을 비롯한 식생이 높은 밀도로 분포하고 있다.

서도의 급경사면 절리 사이 토양이 축적된 곳에는 초본이 자리 잡고

---

5) ① 김진호·박수철·강무희·김경오·한현철, 「울릉분지와 동해 해산의 기원과 발달과정에 대한 해양지구 물리화학적 연구」, 『자연환경지질』 제38집, 2005.
② 김창환·박찬홍·유상훈·민경덕·심재설, 「중력자료를 이용한 울릉분지 북동부의 독도 해산들에 관한 연구」, 『지질학회지』 제41집, 2005.
③ 문화재청, 『한국의 자연유산 독도』, 2009, pp. 1-20 참조.

있으며, 규모가 큰 타포니의 바닥에도 일부 식물이 자라고 있다.

서도의 동쪽에는 태풍이나 폭풍이 닥쳤을 때 어민들이 대피할 수 있는 어민숙소가 설치되어 있다.

3. 독도의 식물·미생물·동물의 생태환경

1) 독도의 식물

독도는 생명체가 줄기차게 살아 활동하며 생장하는, 생명이 생동하는 섬이다.

독도는 강한 바닷바람과 염분에 노출되어 있고, 경사가 급해 토양의 깊이가 얕다. 때문에 식물이 뿌리를 내리고 살아가기 힘든 자연환경을 갖고 있다. 그럼에도 불구하고 독도에는 잡초성 식물뿐만 아니라 각종 주목해야 할 식물들이 자라고 있다.

문화재청의 위탁연구 결과에 의하면, 2005년 11월부터 2009년 8월까지 총 20회에 걸친 답사 결과, 독도에 살고 있는 식물은 무려 30과 55속 56종, 1아종, 4변종으로 총 61종류인 것으로 조사되었다.[6)]

---

6) ① 현진오·권순교, 「독도의 관속 식물상」, 『독도 생태계 정밀조사보고서』, 환경부, 2006.
② 김명현·오영주·김창석·한민수·이정택·나영은, 「독도(동도)의 식물상과 식생분포」, 『한국환경농학회지』 제26집 제1호, 2007.
③ 이돈화·조성호·박재홍, 「독도 유관속식물상과 종조성 분석」, 『한국식물분류학회지』 제37집 제4호, 2007.
④ 경북대학교 울릉도·독도연구소, 『독도의 자연』, 경북대학교출판부, 2008, pp. 115-221.
⑤ 윤순옥·황상일, 「한국 독도 동도의 고식생」, 『한국식물분류학회지』 제38집 제4호, 2008.
⑥ 문화재청, 『한국의 자연유산 독도』, 2009, pp. 126-182 참조.

왕호장근	섬기린초
섬초롱꽃	초종용

그림 1-7. 독도와 울릉도에서만 자라는 희귀식물(자료: 문화재청)

여기에는 독도와 울릉도에서만 자라는 전 세계의 희귀식물인 초종용(*Orobanche coerulescens* Stephan), 섬기린초(*Sedum takesimense* Nakai), 섬초롱꽃(*Campanula takesimana* Nakai), 왕호장근[*Fallopia sachalinensis*(F. Schmidt) RonseDecr.]이 포함되어 있다(그림 1-7).

독도에는 계절을 대표하여 아름답고 깜찍한 꽃을 피우는 식물들도 있다(그림 1-8). 봄에는 동도, 서도의 통로와 완만한 사면에 분포하는 '갯장대'가 가장 먼저 꽃을 피운다. 초여름 5~6월에는 토양이 적은 바위 위에서 '땅채송화'가 노란 꽃을 피우고, 늦여름 7~9월에는 바위틈에 뿌리를 내린 '갯제비쑥'이 노란 꽃을 피운다. 가을에는 '해국'이 온 섬에 가

갯장대	땅채송화	갯제비쑥	해국
술패랭이	참나리	닭의장풀	민들레

그림 1-8. 계절을 대표하는 꽃식물 (자료: 문화재청)

섬괴불나무	동백나무
곰솔[고사(枯死)함]	사철나무

그림 1-9. 독도의 나무 (자료: 문화재청)

득히 연보라색의 꽃을 피운다. 아름다운 꽃을 피우는 독도의 식물로 술패랭이, 참나리, 닭의장풀, 민들레 등도 유명하다.

독도의 나무로는 섬괴불나무, 동백나무, 보리밥나무, 사철나무, 향나무, 곰솔[고사(枯死)함], 이식한 무궁화나무 등이 있다(그림 1-9).

이 밖에도 괭이밥, 도깨비쇠고비, 댕댕이덩굴, 큰두루미꽃, 갯사상자, 번행초, 갯괴불주머니, 방가지똥, 참소리쟁이, 까마중, 왕김의털, 개밀, 흰명아주, 새포아풀, 갯까치수염, 별꽃, 가는명아주, 갓, 마디풀, 금방동사니, 박주가리, 가는갯는쟁이, 비짜루, 갯장대, 돌피 등 각종 식물이 자라고 있다.

2) 독도의 미생물

종래 독도의 생물에 대한 연구는 식물과 동물에 한정되었으나 최근 2005년부터는 독도의 미생물에 대한 연구가 개척되었다.[7)]

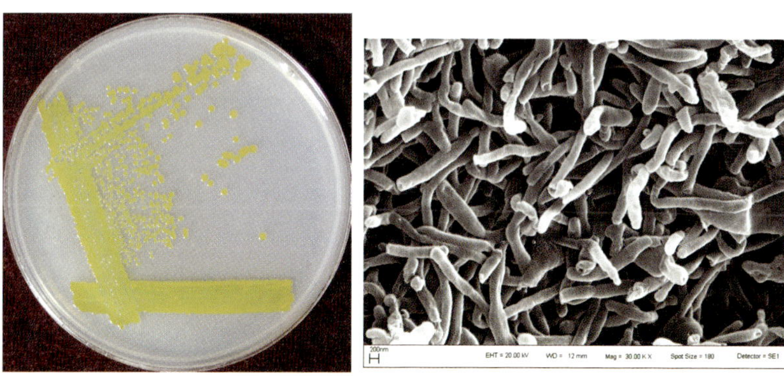

그림 1-10. 독도에서 발견한 신속 미생물 '독도니아 동해넨시스' (자료: 문화재청)

---

7) ① 경북대학교 울릉도·독도연구소, 『독도의 자연』, 경북대학교출판부, 2008.
② 문화재청, 『한국의 자연유산 독도』, 2009, pp. 182-209 참조.

표 1-4. 독도에서 발견된 신속 세균

번호	발표 연도	신속 세균 이름	분리 장소	발표 학술지
1	2005	독도 동해 (*Dokdonia donghaensis*)	독도 주변 해수	IJSEM
2	2006	독도 한국 (*Dokdonella koreensis*)	독도 토양	IJSEM
3	2006	동해 독도 (*Donghaeana dokdonensis*)	독도 주변 해수	IJSEM
4	2007	휴미코커스 플라비더스 (*Humicoccus flavidus*)	독도 토양	IJSEM

자료: 문화재청

미생물 과학자 윤정훈·오태광 박사는 독도에서 채취한 시료에서 세계 최초로 '버지바실루스 독도넨시스(*Virgibacillus dokdonensis*)'라는 학명을 붙인 신종 세균을 찾아내어 2005년 9월 국제학술지에 발표하였다(그림 1-10).

윤·오 박사는 연구를 계속하여 독도 시료에서 4개의 신속(新屬)과 31개의 신종(新種) 세균을 저명한 국제학술지에 발표하여 독도가 미생물의 보고임을 증명하였다. 윤·오 박사는 4종류의 신속 세균을 각각 '독도 동해(*Dokdonia donghaensis*)', '독도 한국(*Dokdonella koreensis*)', '동해 독도(*Donghaeana dokdonensis*)', '휴미코커스 플라비더스(*Humicoccus flavidus*)'로 이름 붙였다(표 1-4).

독도의 미생물 연구는 힘차게 출발한 것이라고 할 수 있다.

3) 독도의 동물

독도의 동물은 주로 조류와 곤충류이다.

(1) 독도의 조류

독도는 동해 가운데 자리한 지리적 위치 때문에, 텃새들뿐만 아니라 한반도 주변의 수많은 철새들과 먼 거리를 지나가는 나그네새들의 중간기착지의 역할을 하고 있다(그림 1-11).

2009년 6월까지 독도에서 관찰 기록된 조류는 139종이며, 독도 현지 조사에서 총 72종 59,112개체의 조류가 관찰되었다. 이를 계절형에 따라 구분해 보면 여름 철새가 19종 139개체, 겨울 철새가 18종 820개체, 텃새가 18종 58,009개체, 나그네새가 14종 47개체, 길 잃은 새가 3종 5개체였다.[8)]

독도를 이용하는 조류는 크게 번식조류와 중간기착조류로 나누어 볼 수 있다.

괭이갈매기는 독도를 번식지로 이용하는 대표적 종으로 매년 4~6월에 약 10,000개체가 넘는 괭이갈매기가 도래해서 동도와 서도의 모든 곳을 번식지로 삼는다. 한 배 산란 수는 1~4개이다.

바다제비는 괭이갈매기 다음으로 많은 수가 독도에서 번식하는 종으로서, 동도와 서도의 흙으로 이루어진 경사면에 굴을 파서 번식한다. 7~8월경 번식을 하고, 늦게는 9월까지 번식이 진행되지만 이 시기에 번식하는 바다제비는 쇠무릎의 열매 맺는 시기와 맞물려 쇠무릎 가시에 깃털이 걸려 새끼가 희생되는 경우도 있다.

---

8) ① 김수만, 『독도의 조류생태, 독도 생태계 등 기초조사연구』, 한국해양연구소, 2000.
② 김중락 등, 『독도 천연보호구역 학술조사』, 경주대학교 울릉학연구소·울릉군, 2004, pp. 193-212.
③ 문화재청, 『한국의 자연유산 독도』, 2009, pp. 228-249 참조.

알을 품은 괭이갈매기	괭이갈매기의 어미와 새끼	바다제비
민물도요	황금새	알락할미새
황로	쇠찌르레기	왜가리
매	말똥가리	흑비둘기

그림 1-11. 독도에 서식하는 조류 (자료: 문화재청)

이 밖에 참새와 슴새가 독도에서 번식하고 있다. 슴새는 땅에 터널 모양의 구멍을 파서 집단으로 번식한다.

독도를 중간기착지로 이용하는 조류는 오리류, 도요류, 딱새류 등 그 종류가 다양하지만 개체 수는 괭이갈매기나 바다제비처럼 많지 않다. 민물도요, 황금새, 알락할미새, 황로, 쇠찌르레기, 왜가리 등이 대표적인 새이다.

독도에서 발견된 매, 말똥가리, 흑비둘기 등은 멸종위기의 야생동물로 간주되어 천연기념물로 지정되었다.

이 밖에도 독도에는 모두 139종의 각종 새들이 살고 있거나 중간기착하고 있는 것으로 기록되어 있다.

(2) 독도의 곤충

『독도 생태계정밀조사보고서』(2006)에 의하면, 독도에는 총 11목 47과 93종의 곤충이 서식하고 있다.[9)]

울릉도에 서식하는 곤충 841종에 비하면 독도의 곤충 종은 울릉도의 10% 수준에 불과하지만, 독도에 출현한 곤충 종류 가운데 약 30%가 울릉도에서는 확인되지 않는 것이다.

최근 연구결과에 의하면, 독도는 많은 곤충들의 생물지리적 한계선 역할을 하고 있음이 확인되었다. 예컨대 '독도장님노린재'는 독도가 세계 분포상 북방한계선으로 알려져 있다. '초록다홍알락매미충'은 러시아

9) ① 권용정·서상재·안승락·허은엽, 「울릉도 및 독도의 곤충다양성」, 자연보호중앙협의회, 『자연실태종합학술조사보고서』 제10집(울릉도 및 독도), 1996.
② 이종욱·정종철·박채수·남상호, 「울릉도와 독도의 곤충상에 관한 연구」, 『자연과학』 제16권 제1집, 대전대학교, 2006.
③ 문화재청, 『한국의 자연유산 독도』, 2009, pp. 252-263 참조.

연해주부터 한반도 및 부속도서에 널리 분포된 종이지만 일본에서는 전혀 발견되지 않는다. 이는 독도가 이 곤충 종의 세계 분포상 동방한계선임을 의미하는 것이다. 마찬가지로 '섬땅아벌레'는 독도가 세계 분포상 서방한계선이다.

흰띠명나방	벼룩잎벌레
벌꼬리박각시	자바꽃등에
무당벌레	작은멋쟁이나비

그림 1-12. 독도에서 관찰된 주요 곤충류(자료: 문화재청)

독도에서 발견된 주요 곤충류는 흰띠명나방, 벼룩잎벌레, 벌꼬리박각시, 자바꽃등에, 무당벌레, 작은멋쟁이나비 등이다(그림 1-12). 이 밖에 곤충류는 매우 많아 93종에 달하고 있다.

4. 독도 주변의 수산자원

독도가 위치하고 있는 동해는 동한 난류가 한국 동해 연안을 따라 북상하고, 북한 한류는 북한연안을 따라 남으로 흐르다가 북위 38~40도 부근에서 충돌하여 해양전선(극전선)을 이룬다.

한류계 해수는 수온이 낮고 영양염류가 풍부하게 함유되어 있다. 여기에 수온이 높고 영양염류가 적은 난류가 한류계 해수와 접촉 충돌하여 혼합하면 많은 난류성 플랑크톤이 번식하며, 이들을 먹이로 한 어족들이 모여들어 좋은 어장이 형성된다. 독도와 울릉도는 동해 가운데 드문 2개의 섬이기 때문에, 특히 독도 주변에는 수산자원이 풍부하다.

독도 주변 바다의 풍부한 어족으로는 방어, 꽁치, 복어, 만새기, 전어, 도다리, 붕장어, 기름가자미, 감성가자미, 도루묵, 임연수어, 돌돔, 범돔, 볼락, 조피볼락, 세줄볼락, 황볼락, 우럭볼락, 개복치, 산갈치 등이 있다.[10] (그림 1-13, 1-14)

---

10) 장창익·김복기, 「독도 인근해역의 수산자원 및 어업」; 독도연구보전협회, 『독도 인근해역의 환경과 수산자원보전을 위한 기초연구』, 1998, pp. 187-254 참조.

표 1-5. 독도 주변 바다의 어족 일람표

Korean name	Scientific name	Common name
AQUATIC ANIMALS FISHES 40 Species	Total 75 Species	
만새기	*Coryphaena hippurus* Linnaeus	Dolphin fish

독도 주변의 풍부한 연체동물로는 오징어(살오징어, 갑오징어), 문어

돌돔	*Oplegnathus faciatus* Temminck et Schlegel	Rock bream
몽치다래	*Auxis rochei* Risso	Frigate mackerel
쥐치	*Stephanolepis cirrhifer* Temminck et Schlegel	File fish
양태	*Platycephalus indicus* Linnaeus	Flathead
망상어	*Ditrema temmincki* Bleeker	Ocean perch
꼼치	*Liparis tanakae* Gilbert et Burke	Grassfish
검복	*Takifugu porphyreus* Temminck et Schlegel	Globefish
범돔	*Microcanthus strigatus* Cuvier	Stripey
방어	*Seriola quinqueradiata* Temminck et Schlegel	Yellow tail
고등어	*Scomber japonicus* Houttuyn	Common mackerel
전갱이	*Trachurus Japonicus* Temminck et Schlegel	Horse mackerel
물가자미	*Eopsetta grigorjewi* Herzenstein	Shotted halibut
참가자미	*Limanda herzensteini* Jordan et Snyder	Flounder
기름가자미	*Glyplocephalus stelleri* Schmidt	Korean flounder
감성가자미	*Liopsetta obseura* Herzenstein	
줄가자미	*Clidoderma asperrimum* Temminck et Schlegel	Rikuzen sole
쥐노래미	*Hexagrammos otakii* Jordan et Starks	Greenling
우럭볼락	*Sebastes hubbsi* Matsubara	Armorclad nx:kfish
자주복	*Takifugu rubripes* Temminck et Schlegel	Tiger puffer
점가자미	*Limanda schrenki* Schmidt	
인상어	*Neoditrema ransmeti* Steindaciner	
조피볼락	*Sebastes schlegeli* Hilgendorf	.lacopeber
우릉성취	*Cyclolumpus asperrimum* Tanaka	
멸치	*Engraulis Japonica* Houttuyn	Anchovy
정어리	*Sardinops melanostictua* Temminck et Schlegel	Sardine
눈가오리	*Raja smirnovi* Soldatov ct Pavlenko	
청어	*Clupea pallasii* Valenciennes	Herring
명태	*Theragra chalcolgramma* Pallas	Alaska pollack
대구	*Gadus macrocephalus* Tilestius	Pacific cod
송어	*Oncorhynchus masou* Brevoort	Trout
연어	*Oncorhvnchus keta* Walbaum	Keta salmon
꽁치	*Cololabis saira* Brevoort	Saurv
임연수어	*Pleurogrammus azonus* Jordan et Metz	Atka mackerel
세줄볼락	*Sebastes trivittatus* Hilgendorf	
가다랑어	*Euthynnus pelamis* Linnaeus	Skipjack tuna
줄가시횟대	*Icelus spiniger* Gilbert	

등이 있으며, 해류는 전복, 소라, 홍합, 밤고동 등이 대표적이다.

도루묵	*Arctoscopus Japonicus* Steindachner	Saifin sandfish
황볼락	*Sebastes owstoni* Jordan et Thompson	
동갈치	*Ablennes anastomella* Volenciennes	Needle fish
COELENTERATES 2 Species		
해파리	*Aurelia aurelia* Lamarck	Madusa
말미잘류	*Anthopleura midori* Uchida et Muramatsu	Jellyfish
ANNELIDES 1 Species		
갯지렁이	*Nereis japonim* Izuka	
MOLLUSCA 21 Species		
피둥어꼴뚜기	*Todarodes pacificus* Steenstrup	
오징어	*Ommastrphes sloami pacificus* Steenstrup	Common souid
문어	*Paroctopus doflini* Wolker	Octopus
소라	*Turbo(Batillus) cornutus* Solander	Top shell
전복	*Hariotis discus hannai*	Abalone
홍합	*Mytilus crassitesta* Lischeke	Sea mussel
회색담치	*Crenomytilus grayanus*	
벗굴	*Ostrea denseramellosa*	Oyster
보말고동	*Tegula(Omphlius) restica* Gmelin	
바다방석고동	*T.(Omphlius) Pfeifferi* Philippi	
두더럭고동	*Purpura bronni* Dunker	
애기삿갓조개	*Cellana toreuma* Reeve	
진주배말	*C. dorsuosa* Gould	
대수리	*Purpura(Mancinella) clavigela* Kuster	
각시고동	*Monojonta neritoides* Philippi	
불덕지	*Tugali(Tugalina) gigas* V. Martens	
좁쌀총알고동	*Tectarius granularis* Gray	
군수	*Aplysia krodai* Baba	
군부	*Liolophura japonica* Lischke	
무스시포리시아	*Siphonalia fusoides* Reeve	
입뿔고동	*Ceratostoma burnetti* Adams et Reeve	
CRUSTACEA 7 Species		
영덕게	*Chionoecetes opilio* Fabricius	

북쪽분홍새우	*Pandalus borealis* Kruyer	
뻘새우	*Nectocrangon lar owen*	
뻘가시새우	*Lebbeus gloenlandicus* Fabristus	
돌게	*Pachrynrapsus crassipes* Randall	
채찍말	*Cutleria cylindarica* Okam	
스파토글로섬	*Spathoglossum pacificum* Yendo	
거북손	*Mitella mitella* Linne	
따개비	*Balanus amphitrite tesselatus* Utinomi	
ECHINODERMATA 4 Species		
말똥성게	*Hemicentrotus pulcherrimus* A. Agassiz	Sea Urchin
해삼	*Stichopus japonicus* Selenka	Sea cucumber
불가사리	*Asterias amurensis* Lutken	Star fish
보라성게	*Anthocidaris crassispina* A. Agassiz	Sea Urchin
MARINE PLANTS Total 46 Species CHLORROPHYTA 6 Species		
청각	*Codium fragile* Harvey	Sea staghorn
구멍갈파래	*Ulva pertusa* Kjellman	Sea lettuce
창자파래	*Enteromorpha intestinalis*	Link confertii
옥덩굴	*Caulerpa okamurai* W. V. Busse	
염주말	*Chaetomorpha moniligora* Kjellman	
매생이	*Capsosiphon fulvescens(AG)* Setchell et Gardner	
PHAEOPHYTA 21 Species		
대황	*Eisenia bicyclis(Kjellman)* Setchell	
엷은 부채말	*Padina japonica* Yamada	
부채물	*P. arborescens* Holmes	
구슬모자반	*Sargassum piluriferum* C. Agar	
짝잎모자반	*S. hemiphylum* C. Agar	
알쏭이모자반	*S. confusum* C. Agar	Sea duck weed
톱니모자반	*S. serratifolium* C. Agar	
잔가지모자반	*S. micracanthum(Kutjing)* Yendo	
괭생이모자반	*S. horneri(Turner)* C. Agar	
검둥모자반	*S. migrifolium* Yendo	
미역	*Undaria pinnatifida(Harvev)* Suringar	Sea mustard

등이 있다.

기타 수산동물은 해삼, 새우(도화새우, 가시배새우), 홍게 등이 있다.

독도 주변의 대표적인 수산생물을 살펴보면 <표 1-5>와 같다.

곰피	*Ecklonia stolonifera* Okamura	
바위수염	*Myelophycus caespitosysus(Harvev)* Kjellman	
주름디크티오프테리스	*Dictyopteris undulata(Hol)* Okamura	
쌍발디크티오프테리스	*Dictyopteris divaricata* Okam	
딜로푸스	*Dilophus okamuraii* Dawson	
RHODOPHYTA 22 Species		
둥근 돌김	*Porphyra suborbiculata* Kjellman	Laver
우뭇가사리	*Gelidium amansii* Lamouroux	Agar agar
막우뭇가사리	*G. vagum* Ckamura	
작은구슬산호말	*Corallina pilulifera* Postels et Ruprecht	
산호말	*C. officinalis* Linne	
불등가사리	*Gloliopeltis furcata* Postels et Ruprecht	
티코카르푸스	*Tichocarpus crinitus(Gmelin)* Ruprecht	
개우무	*Pterocladia tenu* Okam	
검은 서실	*Laurencia intermedia* Yamada	
까막살	*Carpopeltis affinis(Harvev)* Okam	
칼리탐니온	*Callithamnion callopyllidicala* Yamada	
팔손이분홍치	*Rodymenis palmata(L)* Grevilie	
둘레게발	*Amphiroa crassima* Yendo	
게발	*A. dilatata lamouroux*	
솔리에리아	*Solierea robusta* Kylin	
서실류	*Chondria crassicaulis*	
털비단풀	*Ceramiun tenerrimum (Martens)* Okam	
가시돌가사리	*Gipartina teedii(Roth)* Lamouroux	
붉은 부챗살	*Carpopeltis cornea* Okam	
벗붉은잎	*Callophyllis japonica* Okamura	
로멘타리아	*Lomentaria catenata* Harvey	
돌가사리	*Gigartina tenella* Harvey	

Source: National Fisheries Research and Development Agency.

그림 1-13. 독도 주변 바다의 주요 어족(I)

그림 1-14. 독도 주변 바다의 주요 어족(II)

이 가운데서 가장 많이 잡히는 어종은 오징어, 꽁치, 방어, 임연수어, 도루묵, 만새기, 볼락, 전어, 도다리, 붕장어 등이다.

무척추 수산물은 소라, 홍합, 왜문어, 보라성게, 말똥성게, 돌기해삼 등이 주목을 받고 있다.[11](그림 1-15) 독도 주변 바다에는 아름다운 산호초류와 말미잘류 등도 많이 자란다(그림 1-16).

독도 주변 바다는 그야말로 '황금어장'이다.

소라	홍합	왜문어
보라성게	말똥성게	돌기해삼

그림 1-15. 독도 주변의 무척추 수산물 (자료: 문화재청)

11) ① 독도연구보전협회, 『독도 인근해역의 환경과 수산자원보전을 위한 기초연구』, 1999.
② 이종락 · 서승직, 『독도생태계 정밀조사보고서: 해양무척추동물』, 환경부, 2006.
③ 김사흥· 김용태, 『독도생태계 정밀조사보고서: 해양무척추동물 II』, 환경부, 2006 참조.

곤봉바다딸기	부채뿔 산호초
흑돌 산호초	섬유세닐 말미잘

그림 1-16. 독도 주변 바다의 산호초류·말미잘류 등(자료: 한국해양수산개발원)

5. 독도 주변의 해저 광물자원

독도에서 관찰되는 광물로는 감람석, 단사휘석, 사장석, 알칼리장석, 각섬석, 흑운모, 자철석 등이 있으며, 바탕을 이루는 석기광물로는 반정(斑晶)을 이루는 광물과 함께 인회석, 유리질 등이 있다.[12)](그림 1-17)

---

12) ① 김윤규·이대성·이경호, 「독도 화산암의 분별결정작용」, 『지질학회지』 제23집, 1987.
② 송용선·박계현·박맹언, 「울릉도 화산암의 주원소, 희토류 미량원소 지구화

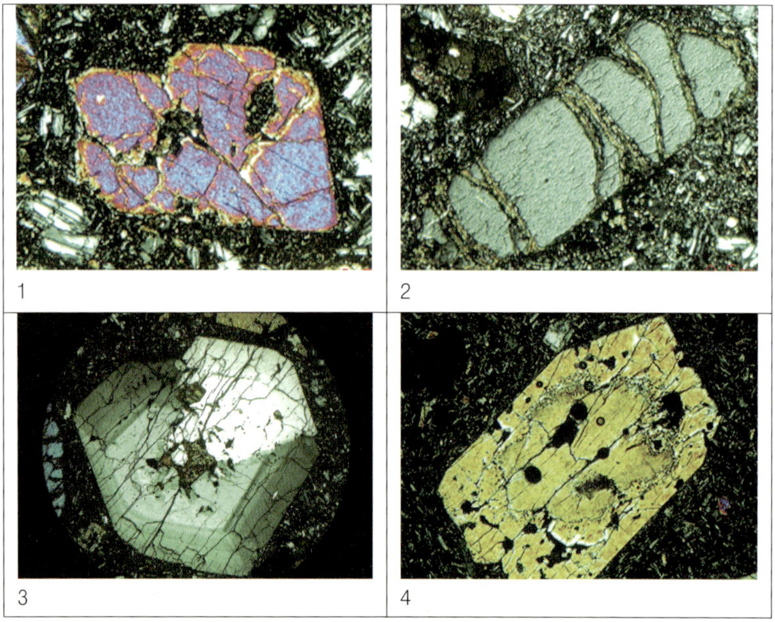

그림 1-17. 독도 화산암류에서 관찰되는 반정(斑晶)광물 (자료: 문화재청)

1. 자형의 결정으로 관찰되는 감람석 반정; 2. 깨짐과 변질이 발달하여 몇 개 조각으로 나뉜 감람석 반정; 3. 누대구조가 관찰되는 휘석 반정; 4. 자형의 단사휘석 반정

독도 주변의 해저 광물(지하)자원으로는 고체천연가스(가스 하이드레이트, Gas Hydrate)가 풍부하게 매장되어 있다. 고체천연가스는 메탄이 주성분인 천연가스가 외양이 얼음처럼 고체화된 천연가스이다. 얼음 덩어리처럼 보이는 고체천연가스에 불을 붙이면 파란 불꽃을 내며 오래 타는데, 이산화탄소 배출량이 적은 것이 장점이다(그림 1-18). 독도와 포

학」, 『암석학회지』 제8집, 1999.

③ 이종익·허순도·이미정·유찬민·박병권·김예동·권문상, 「독도 화산암류의 암석학적 특성과 지구화학」, *Ocean and Polar Research*, 제24집, 2002.

④ 경북대학교 울릉도·독도연구소, 『독도의 자연』, 경북대학교출판부, 2008.

⑤ 문화재청, 『한국의 자연유산 독도』, 2009, pp. 34-41 참조.

그림 1-18.
고체천연가스(하이드레이트) 연소 장면
(자료: 경상북도)

항 사이에 거대한 고체천연가스 광맥이 매장되어 있다는 것을 현재 시추선의 시굴에 의해 확인하였다.

독도 주변의 해저 광물자원인 고체천연가스는 에너지 자원이 부족한 한국에는 귀중한, 새로운 자원일 뿐 아니라 이산화탄소 배출이 적어 친환경적인 미래의 에너지 자원이라고 할 수 있다. 그러나 이 에너지 원료 광물에 대해서는 아직 더 이상의 정밀한 조사가 실시되지 않아 정확한 설명을 할 수 없는 단계이다. 독도 주변의 해저에는 석유자원의 부존 가능성을 추정하는 연구자도 있다.

독도 주변은 청정지역이므로 심층수의 생산이 가능하다. 심층수란 지하 200m(일설 지하 1,000m) 이하 바다 밑 깊은 곳의 바닷물을 말한다. 심층수는 온도가 2℃ 정도로 항상 일정하고 햇빛이 도달하지 않는 곳의 물이기 때문에 세균 번식이 없어 무균성이며 오염이 전혀 되지 않은 무오염 100% 청정수이다. 심층수는 높은 수압 때문에 바닷물 물질이 완전히 분해되어 있어 인체에 필요한 땅위 미네랄을 풍부하게 함유하고 있다. 땅위의 물에 비해 마그네슘, 칼슘, 나트륨, 칼륨 등 300배 이상의 미네랄을 보유하고 있다. 생물에 필요한 무기영양소도 땅위의 물에 비해 수십 배 이상 포함되어 있으므로 심층수가 용출하는 지역은 자연적으로 대형 어장이 형성되어 있다.

독도가 위치하고 있는 동해의 해양심층수는 수심이 깊어 청정성이 뛰어나고, 2℃의 안정적인 저온성으로 다량의 산소가 녹아 있다. 동해의 해저 지형은 그릇 모양이기 때문에 외해와 교환되는 바닷물이 적어 심층수의 양이 특히 많은 특징이 있다.

독도 주변을 포함한 동해 심층수의 염분을 제거하면 미네랄 영양가가 높은 생수와 식수를 무제한으로 공급받을 수 있다. 따라서 식품·화장품 공업, 의료·수산양식·수경농업 분야에 크게 이용할 수 있다. 동해의 심층수는 미래의 풍요한 자원이라고 할 수 있다.

6. 독도의 관광자원

독도는 해양과학연구소, 기상관측연구소, 수산자원연구소, 해저자원연구소, 미생물연구소, 해양교육연구소, 자연생태환경연구소, 지질연구소 등의 연구시설과 애국심 배양 도장 등 각종 교육시설, 그리고 어업전진기지 등 각종 산업지역을 친환경적으로 발전시킬 수 있다.

독도는 친환경적 관광특구로의 개발도 가능하다. 미래에 관광자원으로 활용할 수 있는 아름다운 경관들이 상당히 많은데, 과학적 해양관광을 추진할 경우 더욱 그러하다. 그중 몇 가지를 살펴보기로 한다.[13](그림 1-19~23)

---

13) ① 황상일·박경근, 『독도 생태계 모니터링 사업보고서: 독도의 자연경관』, 경북대학교 울릉도·독도연구소·경상북도, 2006.
② 황상일·박경근, 「독도 동도 서쪽 해안의 타포니 지형 발달」, 『한국지역지리학회지』 제13권 제4호, 2007.
③ 문화재청, 『한국의 자연유산 독도』, 2009, pp. 44-85 참조.
④ 황상일·박경근·윤순옥, 「독도 서도 북서해안의 Holocene 기후변화와 타포니 지형발달」, 『한국지형학회지』 제16권 제1호, 2009.

(1) 독립문바위

동도 동쪽에 독립문바위가 있다. 외해로부터 오는 강한 파랑의 영향을 받아 동쪽으로 돌출된 헤드랜드에 높이 약 30~40m의 경사가 급한 해식애가 발달하였고, 해식애 전면에는 수직과 수평의 절리가 높은 밀도로 분포해 있다. 절리를 따라 파랑과 염화작용으로 절리가 침식, 제거되어 확대되면서 해식동이 형성되어 있다. 폭이 좁은 헤드랜드의 끝 부분에는 해식동이 더욱 발달되어 양쪽의 입구가 만나면서 자연교 형태로 발달한 해식아치인 독립문바위가 형성되어 있다.[14)]

(2) 한반도바위와 동도 동북쪽의 해식동

동도 동북쪽 해안에 한반도바위와 해식동의 경관이 있다. 외해로부터 들어오는 강한 파랑의 영향을 받아 육지가 침식되면서 높이 약 50~60m의 해식애가 발달하였고, 단층선을 따라 파랑의 파식작용으로 해식동이 형성되어 있다. 해식동은 동도의 중앙에 위치한 함몰와지와 해수면 부근에서 연결되어 있다. 상부에서는 층리를 따라 수평으로 발달한 타포니가 확인된다. 상부 바위의 식물로 피복된 사면을 북쪽에서 바라보면 '한반도' 형상을 하고 있어 '한반도바위'라고 부른다.

(3) 천장굴

독도 중앙에 천장굴이 있다. 과거에는 천장굴을 분화구라고 해석했으나, 최근 학계 조사에 의하면 단층작용으로 함몰된 지형이 침식작용을 받아 형성된 침식과지로 해석하고 있다.

---

14) 『관보』(제16166호)에 게재된 「국토지리정보원 고시 제2005-821호」에 의거하여, 바위 등의 명칭을 그에 따랐음.

독립문바위 남쪽 경관	독립문바위 북쪽 경관
한반도바위	천장굴

그림 1-19. (자료: 문화재청)

(4) 숫돌바위

동도 남쪽 선착장 부근에 숫돌바위가 있다. 암질이 숫돌과 비슷하여 붙인 이름이다. 해발 고도 12.6m인 숫돌바위는 북서-남동 방향으로 조면암질 암맥이 관입하여 형성된 것이다.

(5) 탱크바위와 주변의 해식애 및 해식동

동도의 남동쪽으로 돌출된 헤드랜드에 탱크바위가 있다. 바다에서 바라본 모습이 탱크를 닮았다고 해서 붙인 이름이다.

숫돌바위	탱크바위
얼굴바위	삼형제굴바위

그림 1-20. (자료: 문화재청)

(6) 얼굴바위

동도 동남쪽에 얼굴바위가 있다. 해식애의 정상부가 사람의 얼굴 형상을 하고 있어 붙인 이름이다.

(7) 삼형제굴바위

동도와 서도 사이의 바다에, 서도 동북쪽으로 삼형제굴바위가 있다. 가장 큰 공암바위인 형을 따라 두 동생이 나란히 줄지어 있는 것 같은 형상을 하고 있어 붙인 이름이다. 3개의 바위섬 가운데 가장 큰 높이 44m의 공암바위에는 세 방향으로 해식동이 연결되어 시아치가 형성되어 있다.

촛대바위	남쪽에서 바라본 코끼리바위
북쪽에서 바라본 코끼리바위	군함바위(가운데)와 넙덕바위(오른쪽)

그림 1-21. (자료: 문화재청)

(8) 촛대바위

동도와 서도 사이의 해협에 촛대바위가 있다. 높이 약 16.5m의 촛대바위는 촛대 모양을 하고 있어 붙인 이름이다. 파랑의 파식작용을 받아 암맥으로 관입한 단단한 조면암이 남아 형성된 시스텍으로, 수평에서 비스듬한 방향으로 주상절리가 발달하였다.

(9) 코끼리바위

서도 남서쪽에 해발 고도 30~40m의 해식아치가 있다. 코끼리를 닮아 코끼리바위라고 부른다. 외해로부터 들어오는 강한 파랑의 영향이 특히 좁은 헤드랜드의 끝 부분에 집중되어 해식동의 발달이 뚜렷하게 되었고, 파식작용이 계속 진행되어 양쪽의 입구가 만나면서 자연교 형태로 발달한 해식아치인 코끼리바위가 형성되었다.

(10) 군함바위와 넙덕바위

서도의 남서 해안에 군함바위가 있다. 높이 38.2m의 군함바위 왼쪽에는 '넙덕바위', 오른쪽에는 '상장군바위'가 있다. 군함과 모양이 비슷하다고 해서 붙인 이름이다. 군함바위의 북쪽에는 해식동이 형성되어 있으며, 자연교 형태로 발달한 해식아치도 있다.

(11) 부채바위(상장군바위)

서도 북서쪽의 바다로 돌출한 헤드랜드에 해발 고도 64.1m의 상장군바위가 있다. 바다로부터 접근한 파랑이 파식작용을 일으켜 기반암이

군함바위 북쪽의 해식동 경관	부채바위(상장군바위)
지네바위	물골

그림 1-22. (자료: 문화재청)

침식 제거되면서 후퇴할 때 경사가 급한 해식애가 형성된 것이다.

(12) 지네바위

서도 북서쪽 해안 부근에 높이 9m의 지네바위가 있다. '이진해'라는 어민이 매년 미역을 채취하던 곳으로 '진해'가 '지네'로 음이 변하여 붙은 이름이다.

(13) 물골

서도 북쪽에 지하수가 빠져나와 해식동 내에 물이 고여 '물골'이라는 이름이 붙었다. 서도를 형성하는 기반암의 절리를 따라 담수가 모이는데, 하루에 약 400리터의 식수를 얻을 수 있다. 파랑의 침입을 막기 위

큰가제바위와 작은가제바위	탕건봉
서도 남동쪽의 주상절리	서도의 정상지역

그림 1-23. (자료: 문화재청)

하여 입구에 콘크리트로 제방을 쌓아 놓았다.

(14) 큰가제바위와 작은가제바위

서도 북쪽에서 조금 떨어진 바다 가운데 다수의 바위가 모여 군도를 이루고 있다. 이 가운데 가장 큰 바위가 '큰가제바위'이고, 동쪽(그림의 오른쪽)으로 '작은가제바위'가 있다. 가제바위는 강치(가제; 可支)가 출현하는 바위라고 해서 어민들이 옛날에 붙인 이름이다. 큰가제바위는 높이 5m에 크기는 약 50×80m 정도이며, 작은가제바위는 높이 4m에 크기는 약 20×60m이다.

(15) 탕건봉

서도의 동북쪽에 높이 97.8m의 탕건봉이 있다. 봉우리 모양이 탕건을 닮아 붙인 이름이다. 탕건봉 상부의 기반암은 조면안산암으로 주상절리의 특징을 보인다. 주상절리는 단면의 형태가 육각형으로 된 수직의 기둥 모양의 절리를 말한다.

(16) 서도의 남동쪽 주상절리

서도 남동쪽으로 돌출된 헤드랜드에 해발 고도 70m의 주상절리가 발달해 있다. 경관이 빼어나다.

(17) 서도의 정상지역

서도의 정상지역에 육각형 기둥 모양의 주상절리가 발달하여 첨탑과 같은 뾰족한 봉우리들이 아름다운 경관을 이루고 있다. 독도는 동도와 서도 사이 해협에 특수하고 아름다운 경관이 많아 훌륭한 관광자원을 약속하고 있다.

7. 한 · 일 간 독도영유권 논쟁 시작

1) 일본측의 논쟁 시작과 도전

한· 일 간 독도영유권 논쟁은 언제 어떻게 시작되었는가?

1952년 1월 일본측이 논쟁을 걸어오면서 시작되었다.

대한민국 정부는 1952년 1월 18일 '인접해양의 주권에 대한 대통령 선언'(통칭 평화선)을 발표하였다(그림 1-24, 1-25).

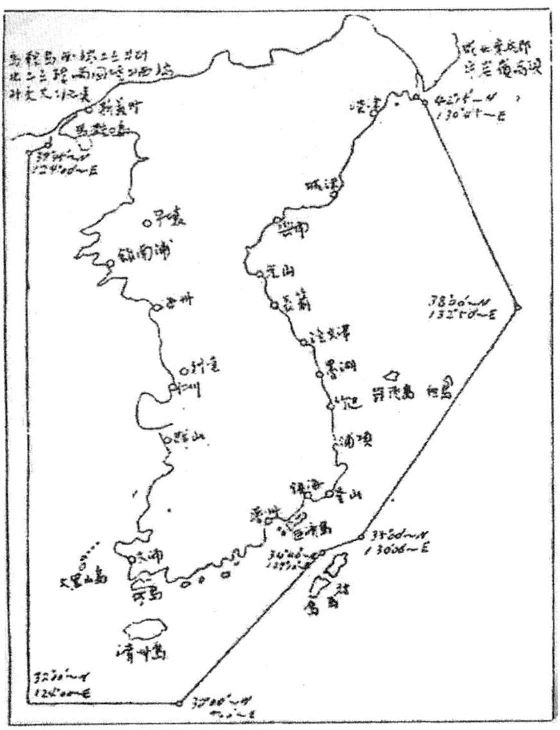

그림 1-24. 1952년 『관보(官報)』에 게재된 평화선

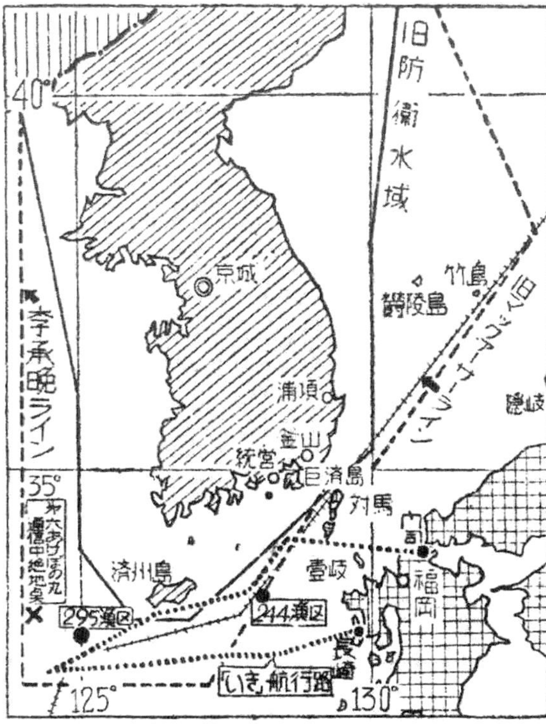

그림 1-25. 일본 『아사히신문』(1953. 10. 17.)이 그린 평화선(자료: 정병준 교수)

대한민국 정부의 '평화선' 선포의 내용은 한반도와 그 부속도서의 해안에 인접한 '대륙붕'과 '어업보존수역'을 설정하고, 이에 대한 대한민국 주권의 보존과 행사를 설정한 것이었다. 여기에는 물론 독도와 그 영해가 포함되었다.

평화선 선언은 공해상의 자유항행권을 방해하지 아니함을 선언하였고, 평화선이 설정한 '인접해양'의 상부수역의 공해로서의 법적 지위를 부정하지 않았다. 국제법상 합법적인 어족보호선을 설정한 것이었다. 평화선은 대체로 한국의 독도와 일본의 오키섬의 중간선을 취한 것이었다.

일본이 열흘 뒤인 1952년 1월 28일 평화선 안에 포함된 독도(獨島, 일본 호칭 다케시마, 竹島)가 일본영토라고 주장하면서 독도를 한국영토라고 하는 대한민국의 주장을 인정하지 않는다는 내용의 외교문서를 보내오면서 '독도영유권 논쟁'이 시작되었다.[15]

한국정부는 일본정부의 항의를 일축하고, 독도가 역사적으로 오래된 한국고유영토일 뿐 아니라 1946년 1월 29일 연합국 최고사령관이 지령(SCAPIN) 제677호로서 독도를 한국영토라고 판정하여 한국에 반환시켰으며, 또 연합국 최고사령관이 훈령 제1033호로서 독도를 한국영토로 거듭 재확인했음을 상기하라고 지적하였다.[16] 또한 평화선은 미국, 멕시코, 아르젠틴, 칠레, 페루, 코스타리카, 사우디아라비아 등이 일방적인 선언 또는 같은 성격의 방법으로 이미 행하여 온 국제관례가 있음을 지적하였다. 그 후 한국정부와 일본정부 사이에 외교문서를 통한 치열한 논쟁이 전개되었다.

일본정부는 1952년 7월 미·일행정협정을 체결하고, 미국 공군을 끌어들여 독도영유권을 설정해 보려고 획책하였다. 일본정부가 독도를 미국 공군의 폭격연습장으로 제공하겠다는 미끼에, 당시 6·25한국전쟁 도중 폭격연습이 필요했던 미국 공군은 독도를 일본영토로 오해하고 1952년 9월 독도에 폭격연습을 시행하였다.

한국산악회는 1952년 9월 제2차 '울릉도·독도조사단'을 파견하였다. 9월 18일 울릉도에 도착한 '울릉도·독도조사단'은 9월 19일 독도로 향할

---

15) 「왕복문서: 1952년 1월 28일자 일본측 구술서」, 신용하 편저, 『獨島領有權 資料의 探究』 제3권, 독도연구보전협회, 2000, pp. 400-402 참조.

16) 「왕복문서: 1952년 5월 12일자 한국측 구술서」, 신용하 편저, 『獨島領有權 資料의 探究』 제3권, pp. 402-405 참조.

예정이었으나 미국 공군 폭격기의 독도 폭격연습으로 인해 독도에의 상륙은 중단하고 돌아왔다.

대한민국 정부는 1952년 11월 10일 미국 공군의 독도 폭격연습사건에 항의하고 재발 방지를 요구하였다.

주한 미국대사는 1952년 12월 4일 '독도'를 미국 공군의 폭격연습장으로 사용하지 않을 것이라는 내용의 회신을 한국정부에 보내왔다. 미국 극동공군사령부는 1952년 12월 24일 독도에 대한 폭격연습을 중지할 것을 결정했다는 내용의 공한을 한국정부에 보내왔다. 이에 대한민국 정부 국방부는 1953년 2월 27일 미극동공군사령관으로부터 독도 주변에서 폭격연습을 하지 않을 것이라는 통보를 수령했다고 발표하였다. 미국극동공군사령부는 이때 '독도'가 일본영토가 아니라 '한국영토'임을 명백히 알게 된 것이다.

일본정부는 1953년 6월 27일, 6월 28일, 7월 1일, 7월 28일 일본 순시선에 관리들과 청년들을 태우고 와서 독도에 상륙시켜 침입하였다. 한국측은 일본측의 이러한 행동에 민간인과 정부가 모두 함께 단호하게 대응하여 일본측의 도발을 물리쳤다.

정부에서는, 한국해양경찰대를 파견하여 독도에 깊숙이 접근한 일본 선박들에게 영해 불법침입을 경고하고 울릉도경찰서까지의 동행을 요구하였다. 일본 선박들이 불응하고 도망하자 한국해양경찰대는 몇 발의 경고 발사까지 하면서 강경하게 대응하여 이들을 쫓아버렸다.

민간인들은, 울릉도 주민들이 1953년 4월 자발적으로 '독도의용수비대[獨島義勇守備隊, 대장 홍순칠(洪淳七)]'를 조직, 무기를 구입하여 독도로 건너가서 대항하였다.

당시 한국정부는 평화선 안에 침입한 일본 어선들에게 벌금을 부과하고 위반하면 나포하여 재판에까지 부치는 등 완강한 독도수호의지를 보였다.

그 후 일본측은 외무성이 앞장서서 독도가 역사적으로 일본영토임을 증명하려고 다수 학자와 연구자들을 동원해서 문헌자료 조사를 광범위하게 실행하였다. 또 국제법상으로 독도가 일본영토로 공인받았다는 근거 없는 주장을 제기하였다. 그리고 어업협정 등 각종 한·일관계협정에서 독도가 일본영토임을 증명하는 데 유리한 협약을 체결하려고 노력하였다.

일본정부의 공식 입장은 "독도(다케시마)는 역사적으로나 국제법상으로나 일본고유영토인데 한국이 점거하고 있다"는 것이다. 현재까지도 이 주장을 되풀이하고 있을 뿐만 아니라 2000년 이후에는 일본의 의무교육과정인 초등·중등·고등학교에서 이 주장을 의무적으로 교육시키도록 강제하고 있다.

따라서 한국측은 독도가 역사적으로 한국의 오래된 고유영토이며, 국제법상으로도 한국영토로 공인되었음을 증명하는 등 강력한 독도수호 정책을 수립, 실행해야 한다. 나아가 국제사회에 널리 알려야 일본의 독도에 대한 야욕을 중지시킬 수 있게 되었다.

'독도영유권 논쟁'은 앞으로도 수십 년 동안 지속될 것이다. 때로는 독도가 위기에 처할 수도 있을 것이다. 독도가 왜 한국영토인지 그 근거를 명확히 밝혀야 한다. 더불어 전 국민이 그것을 명확히 알고 행동하는 것이 반드시 필요하다.

2) 일본측 독도영유권 주장의 주요 항목

일본측이 한국의 독도영유권에 대하여 논쟁을 걸어온 1952년부터 2011년까지 약 60년 동안 주장해 온 주요 항목을 살펴보면 주로 다음과 같음을 알 수 있다.

① 독도는 역사적으로 일본의 고유영토이며, 그 증거는 일본 도쿠가와막부가 17세기에 발급한 '죽도도해면허(竹島渡海免許)'와 '송도도해면허(松島渡海免許)'라는 주장.

② 일본이 17세기 초부터 말엽까지 독도와 울릉도를 약 70년간 실효적 지배를 했다는 주장.

③ 조선왕조 숙종시대 안용복(安龍福)의 울릉도·독도 관련 활동과 『숙종실록(肅宗實錄)』 기사는 사실이 아니고 '허구'라는 주장.

④ 일본 도쿠가와막부가 1696년 1월 취소한 것은 '죽도(울릉도)도해면허'뿐이고, 송도(독도)는 일본영토로 인정하여 '송도(독도)도해면허'를 취소하지 않았다는 주장.

⑤ 일본의 1868년 수립된 메이지 정부(明治政府)는 독도를 조선왕조 영토로 인정하지 않았고 일본영토로 인정했다는 주장.

⑥ 대한제국의 1900년 칙령 제41호의 지방관제개정에서 석도(石島)가 독도(獨島)라는 증거가 없다는 주장.

⑦ 일본의 1905년 독도 '영토편입'은 합법적이고 정당한 신영토편입이었으므로 독도는 국제법상 일본영토라는 주장.

⑧ 대한제국의 '항의'가 없었으므로 1905년 독도의 신영토편입은 국제법상 절차를 마쳤다는 주장.

⑨ 일본측이 1945년 패전 후 한국에 반환한 영토는 '1910년 8월 당시 병합된 영토'에 한정하고, 1905년에 편입한 영토(독도)는 해당되지 않는다는 주장.

⑩ 1946년 1월 연합국 최고사령관 지령(SCAPIN) 제677호는 일본의 영토규정 또는 최종적 일본의 영토규정이 아니라고 주장.

⑪ 미국 공군이 군정기간에 독도를 폭격연습장으로 사용한 것은 독

도를 일본영토로 인정한 증거라는 주장.

⑫ 1951년 연합국의 일본과의 '평화조약'에서 '독도' 명칭을 누락시킨 것은 연합국이 독도를 일본영토로 인정한 것이라는 주장.

⑬ 그러므로 독도영유권 논쟁은 '영토분쟁'이고 국제사법재판소에 가서 심판을 받자는 주장.

한·일 간 독도영유권 논쟁 전개과정 중에 드러난 일본측의 독도영유권 주장의 큰 항목은 대체로 위의 항목이고, 그 속에서 몇 가지 작은 항목들에 대한 주장을 하고 있다.

그러므로 이 책에서는 객관적으로 볼 때 일본측의 주장이 정당성이 있고, 과학적 실증적 근거와 증명이 있는가를 실증적으로 검토해 나가기로 한다.

□ 제 2 장
일본측의 '독도가 일본고유영토'라는 주장에 대한 비판

1. 한국측의 '독도한국고유영토론' 증명과 일본측의 '독도일본고유영토론' 주장

1) 한국측의 '독도한국고유영토론' 증명

(1) 서기 512년 『삼국사기』와 『삼국유사』 기록의 증명

한국의 '독도고유영토론'은 서기 512년 우산국(于山國)이 신라에 복속되어 그 일부가 된 때부터의 역사적 사실에 근거하고 있다. 『삼국사기(三國史記)』 신라본기(新羅本紀) 지증왕 13년조에는 "이해 여름 6월에 우산국이 항복해 왔다"고 다음과 같이 밝히고 있다.

> 「13년 6월에 우산국(于山國)이 귀복(歸服)하고 해마다 토산물을 바치게 되었다. 우산국은 명주(溟洲, 지금의 강릉 — 인용자)의 정동(正東)에 있는 바다 가운데의 섬으로 혹은 울릉도라고도 이름하는데, 그 지방은 100리로 사람들이 험한 것만 믿고 굴복하지 않으므로 이찬(伊飡) 이사부(異斯夫)를 아슬라주(阿瑟羅州)의 군주로 삼아 이를 복속시키게 하였다. … 우산국 사람들은 두려워하여 곧 항복하였다.」[1)]

---

1) 『三國史記』 卷 4, 智證麻立干條 "十三年夏六月 于山國歸服 歲以土宜爲貢. 于山國在溟州正東海島 或名鬱陵島 地方一百里 恃嶮不服 伊飡異斯夫 爲阿瑟羅州軍主 謂于山人愚悍 難以威來 可以計服 乃多造木偶獅子 分載戰船 抵其國海岸 誑

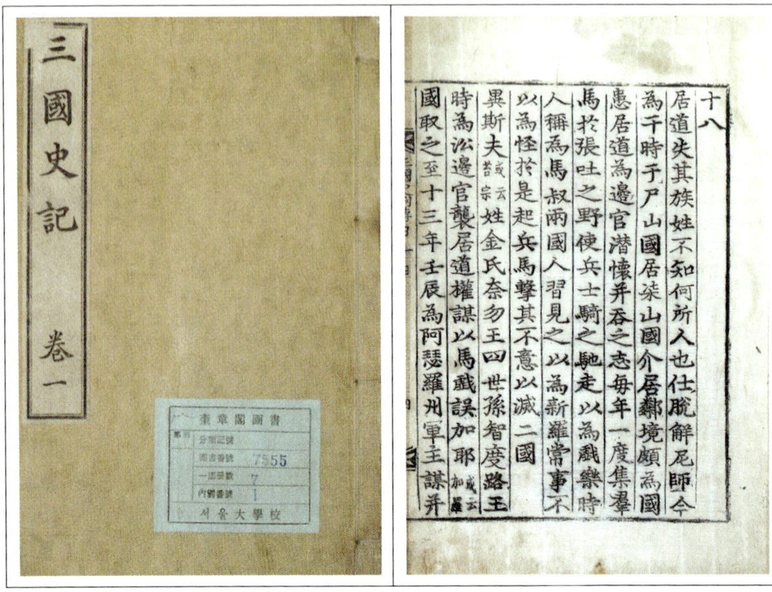

그림 2-1. 우산국의 신라에의 병합 사실을 기록한 『삼국사기(三國史記)』(서울대학교 규장각한국학연구원 소장)

『삼국사기』 열전 이사부(異斯夫)조에서도 아슬라주의 군주 이사부가 가야(伽耶)를 정복한 후 이어서 13년에 우산국을 병합하려고 출전해서 우산국을 신라에 병합하였다고 기록하였다.[2](그림 2-1)

『삼국유사(三國遺事)』에도 동일한 내용의 기사가 기록되어 있다.[3]

독도는 서기 512년 우산국이 신라에 병합된 이때부터 한국고유영토의 일부가 되었다.

여기서 명확히 밝혀져야 할 문제는 이때 신라에 병합된 우산국이 울릉도만 포함되는지, 그 부속도서인 독도(獨島)까지 포함되는 것인지의

告曰 汝若不服 則放此猛獸踏殺之 國人恐懼則降."

2) 『三國史記』 卷 44, 列傳 4, 異斯夫條 참조.

3) 『三國遺事』 卷 1, 奇異第 1, 智哲老王條 참조.

문제이다.

고대에는 육로보다 해상로가 훨씬 더 편리한 교통로였다. 따라서 해상에 육안으로 보이는 섬들은 병합하여 그 부속도서를 묶어 형성되는 것이 보통이다. 독도의 경우는 일본이 영토논쟁을 일으키고 있는 곳이므로 더욱 명료한 증거가 필요할 것이다.

(2) 1432년 『세종실록』 지리지의 증명

서기 512년(신라 지증왕 13년)에 신라에 병합된 우산국이 울릉도뿐만 아니라 독도(獨島)도 포함하며, 독도가 우산국의 영토였음을 가장 먼저 명료하게 기록한 것은 『세종실록(世宗實錄)』 지리지(地理志)(1432년 편찬)이다(그림 2-2). 여기에는 우산도(于山島, 독도)와 무릉도(武陵島, 울릉도)라는 두 섬이 날씨가 청명하면 서로 가히 바라볼 수 있다고 하면서, 신라시대에는 우산국(于山國)이라 했다고 다음과 같이 기록되어 있다.

> 「우산(于山, 독도)과 무릉(武陵, 울릉도)의 두 섬이 현(縣, 울진현 — 인용자) 정동(正東)의 바다 가운데 있다. 두 섬은 서로 거리가 멀지 아니하며 날씨가 청명하면 가히 바라볼 수 있다. 신라시대에는 우산국(于山國)이라고 칭하였다.」[4]

여기서 주목할 것은 『세종실록』 지리지가 세종의 통치영토, 즉 조선왕조의 영토에 대한 지리지라는 사실이다. 『세종실록』 지리지는 우산도와 무릉도 2개의 섬이 모두 조선영토임을 논쟁의 여지없이 잘 증명해 준다.

---

4) 『世宗實錄』 卷 153, 地理志, 江原道 蔚珍縣條. "于山·武陵二島 在縣正東海中 二島相距不遠 風日淸明 則可望見 新羅時稱于山國 一云鬱陵島 地方百里."

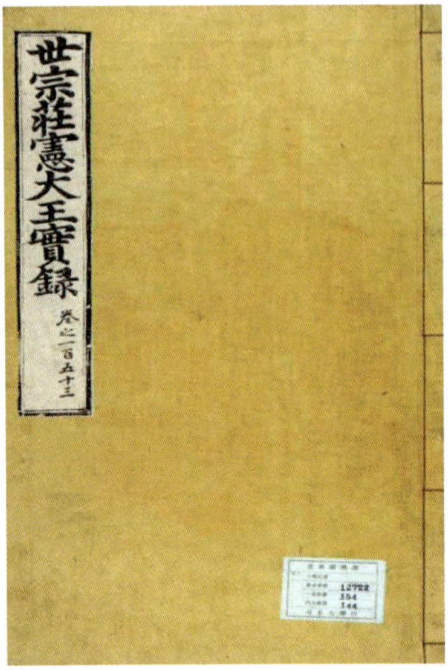

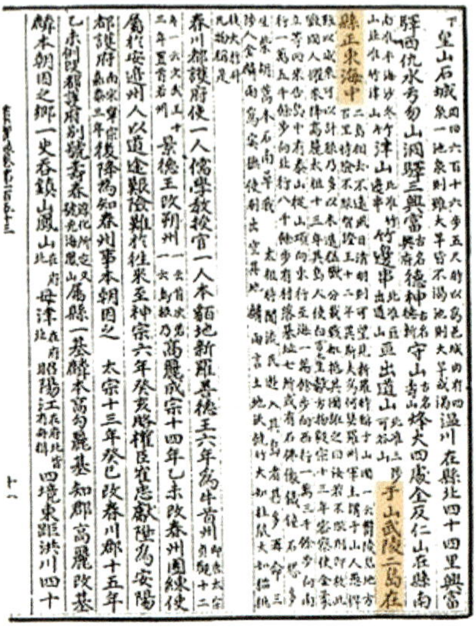

그림 2-2. 우산도(독도)와 무릉도(울릉도)도 옛 우산국이었다고 기록한 『세종실록(世宗實錄)』 지리지 (서울대학교 규장각한국학연구원 소장)

그림 2-3. 울릉도에서 보이는 독도 (동북아역사재단, '울릉도 도동 깍끼등에서', 2008. 11. 22.), 독도에서 보이는 울릉도 (김태환 씨 촬영, 이상태 교수 제공)

그렇다면 『세종실록』 지리지의 기록과 같이 울릉도에서 독도가 육안으로 보일까?

동해에는 큰 섬이 울릉도와 독도, 그리고 일본의 오키도 이 3개 섬밖에 없다. 울릉도에서 독도는 약 200여 리(87.4km), 독도에서 오키도까지는 약 394리(157.5km)이다. 독도와 일본 오키도 사이는 날씨가 아무리 청명해도 너무 멀어서 전혀 보이지 않지만, 날씨가 청명하면 울릉도와 독도 사이는 육안으로 서로 보인다(그림 2-3).

『세종실록』 지리지의 기록은 정확한 것이었다.

(3) 1481년 『동국여지승람』과 1531년 『신증동국여지승람』의 증명

이어 조선왕조는 오랜 기간의 편찬 작업 끝에 1481년(성종 12년) 『동국여지승람(東國輿地勝覽)』을, 1531년(중종 26년) 『신증동국여지승람(新增東國輿地勝覽)』을 편찬하였다. 두 책의 강원도 울진현조에 "우산도와 울릉도는 무릉이라고도 하고 우릉이라고도 한다. 2도(二島)는 현(縣)의 정동(正東)의 바다 가운데 있다"[5]고 하여, 우산도(于山島, 獨島)와 울릉도가 별개의 2개 섬이며 울진현 동쪽의 바다 가운데 있다고 규정하고 그 지형을 설명하였다.

여기서 주목할 것은 『신증동국여지승람』의 성격이다. 이 책은 단순한 관찬 지리서가 아니라 조선왕조 정부의 '조선영토의 지리해설서'이다. 조선왕조는 이 책에서 그가 통치하는 영토에 대한 지리의 해설을 정리, 편찬해서 세상에 널리 알림으로써 통치영토를 명확하게 규정하고 해설하였던 것이다(그림 2-4).

---

5) 『新增東國輿地勝覽』 卷 45, 蔚珍縣條 참조.

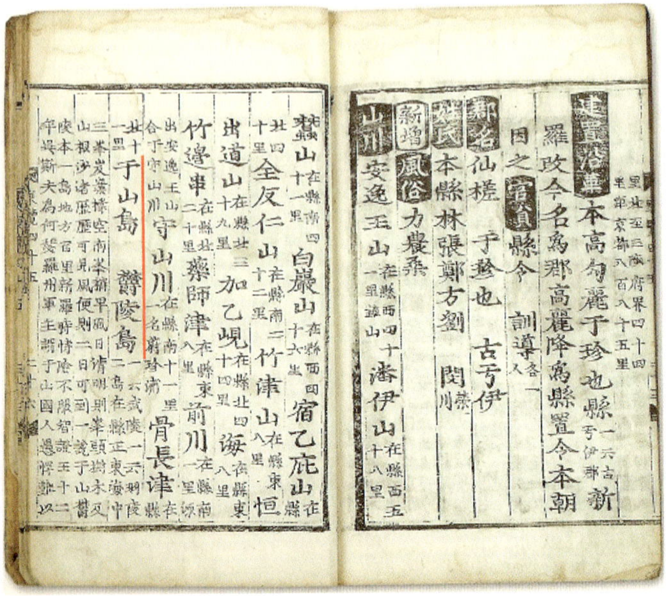

그림 2-4. 『신증동국여지승람(新增東國輿地勝覽)』 목판본 (국립중앙박물관 소장)

이 책에서 우산도(于山島)와 울릉도가 울진현조에 실려 있는 것은 이 2개의 섬이 행정구역으로는 강원도 울진현에 속하는 조선왕조의 영토임을 명확히 규정하여 천명한 것이고, 또 이 사실을 논란의 여지없이 명백하게 증명한 것이다.

또다시 주목해야 할 것은 『신증동국여지승람』이 부속지도를 제작하여 붙였는데, 이 책의 「팔도총도(八道總圖)」와 「도별도」(강원도지도 1481년 제작)에는 모두 울릉도와 우산도(독도)를 별개의 두 섬으로 동해 가운데에 그려서 조선영토로 표시했다는 사실이다(그림 2-5). 단지 우산도의 위치가 울릉도의 서쪽에 부정확하게 그려져 있을 뿐이다. 그러나 우산도와 울릉도가 완전히 별개의 두 섬이고 조선영토임은 거듭 명확하게 증명되는 것이다.

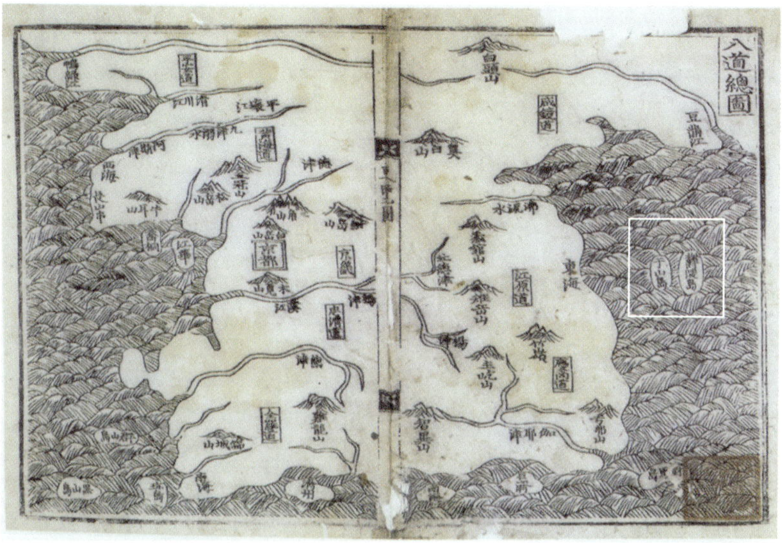

그림 2-5. 「팔도총도(八道總圖)」. 『신증동국여지승람(新增東國輿地勝覽)』(1531년 편찬)의 첫머리에 수록되었다.

일본정부는 한·일 간 독도 논쟁에서 『신증동국여지승람』의 「팔도총도」와 「강원도지도」에서 우산도가 울릉도와 조선 본토의 중간에 크게 그려져 있기 때문에, 우산도는 현재의 독도가 아니고 실재하지 않는 가상의 섬이라고 최후까지 주장하였다.[6]

그러나 일본정부의 이러한 주장은 전적으로 잘못된 억지이다. 이것은 마치 15세기 일본 고지도에 오키도가 지금의 위치처럼 정확하게 그려져 있지 않다고 해서 오키도가 실재하지 않는 가상의 섬이라고 주장하는 것과 같은 억지에 불과한 것이다.

15세기 세계 모든 고지도들은 오늘날처럼 위치를 정확하게 표시하지

---

6) 「往復文書, 1962年 7月 13日字 日本側 口述書(No. 228/ASN); 日本政府見解(4)」, 『獨島關係資料集－往復外交文書(1952~1976)』, pp. 234-270; 신용하 편저, 『獨島領有權 資料의 探究』 제4권, 독도연구보전협회, 2001, pp. 427-429 참조.

못하였다. 당시의 지도제작 능력은 그럴 수밖에 없었다. 유럽과 일본의 고지도들도 모두 그러하다.

한국의 고지도 가운데는 우산도를 울릉도의 동쪽·서쪽·남쪽 등 여러 방향에 그린 지도가 많이 있다. 우산도의 위치를 사실과 달리 울릉도 서쪽 조선 동해안 본토에 더 가까이 그린 것은 지도를 그린 문관들의 지도 제작기술 부족을 나타낸 것이 틀림없다.

그러나 지도 제작기술과는 별도로 우산도(독도)의 영유 문제만을 보면, 우산도와 울릉도를 별개의 섬으로 「팔도총도」 등 고지도 안에 포함하여 그려 넣은 것은 모두 우산도가 한국영토임을 강하게 증명하는 것이다.

당시 지도를 제작한 문관들은 지리학적 지식이 부족한 상태에서, 우산도를 직접 답사한 것이 아니라 과거의 기록과 보고에 의거하여 무인암도(無人岩島)를 그려 넣은 것이기 때문에, 정확한 위치에 우산도를 그려 넣지 못하고 우산도를 울릉도보다 더 본토 가까이 그려 넣은 지도가 되었던 것이다. 그러나 지도제작술을 별도로 하고서 영유 문제를 중심으로 보면, 울릉도보다 우산도를 더 본토 가까이 그려 넣은 것은 우산도(독도)에 대한 매우 강렬한 영유의식, 국가의 영유의사를 나타낸 것이며, 그들은 우산도(독도)를 울릉도와 동일하게 또는 그 이상으로 강렬하게 조선영토임을 선언하고 있는 것이라고 볼 수 있다.

일본정부는 우산도를 지금의 독도라고 볼 수 있는가 하는 데까지 의심하고 있으나, 이것은 간단히 해결될 수 있다. 다행히 동해 가운데에는 지도에 오를 수 있는 섬이 단 3개밖에 없다는 지리적 특성이 있으며, 그 3개의 섬으로는 한국의 울릉도와 독도, 그리고 일본의 오키도 이외에는 없기 때문이다.

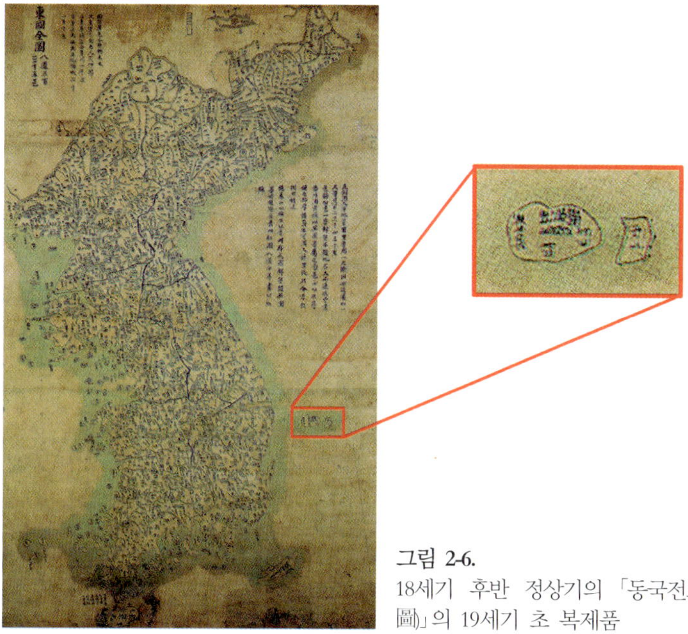

그림 2-6.
18세기 후반 정상기의 「동국전도(東國全圖)」의 19세기 초 복제품

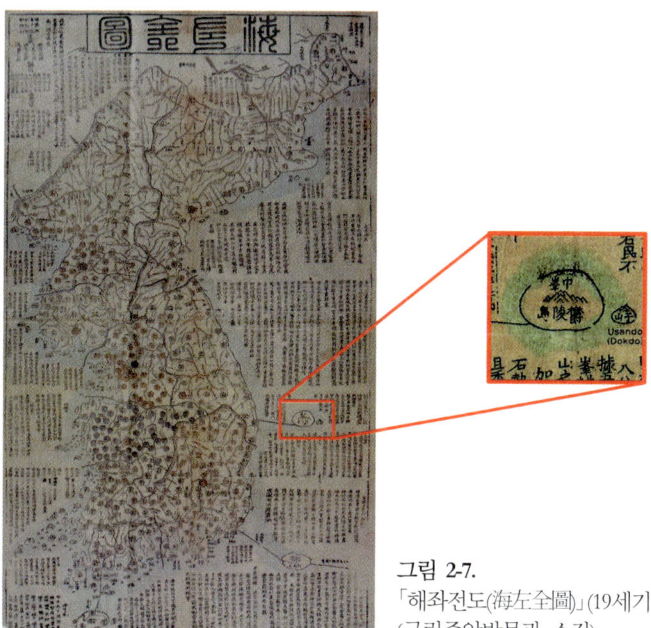

그림 2-7.
「해좌전도(海左全圖)」(19세기 초)
(국립중앙박물관 소장)

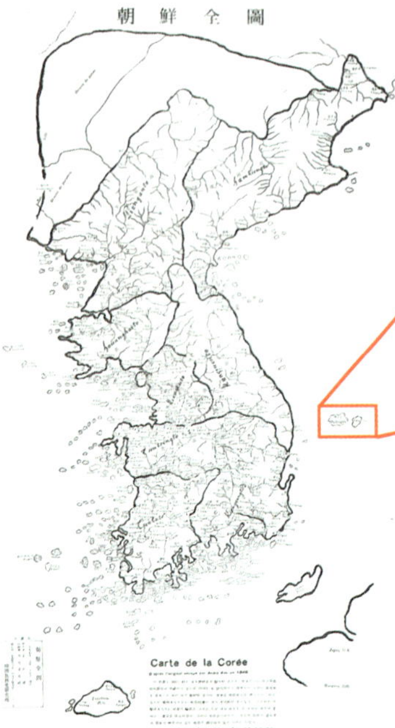

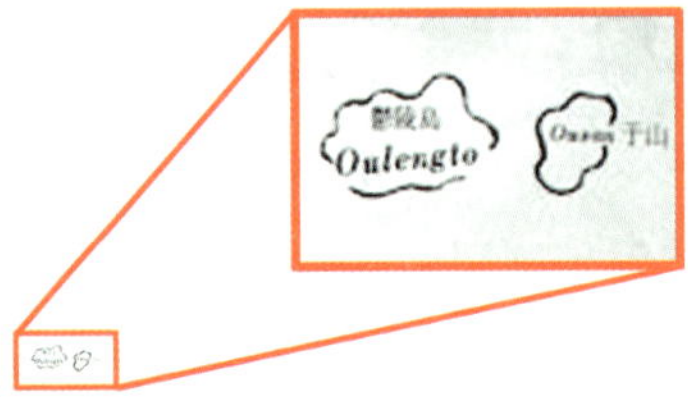

그림 2-8.
김대건의 「조선전도(朝鮮全圖)」(1846). 우산도(독도)를 울릉도 동쪽 정확한 위치에 그리고 'Ousan(우산)'이라는 한국어명을 불문자로 표기하여 조선영토임을 표시하였다. (프랑스 파리국립도서관 소장)

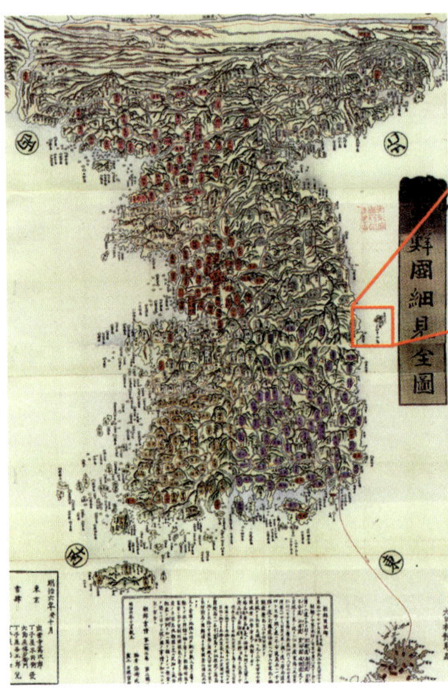

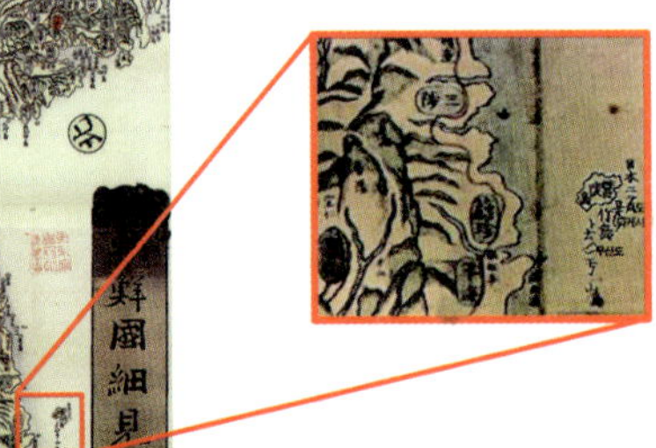

그림 2-9.
일본인 소메자키의 「조선국세견전도(朝鮮國細見全圖)」(1873). 이 지도는 울릉도와 독도를 강원도와 같은 색으로 울진 옆에 그려 넣고, '독도'를 '우산도(于山島)'라고 기재하여 '우산도'가 곧 '독도'로서 강원도 울진현에 속한 조선땅임을 명백히 표시하였다. (서울대학교 중앙도서관, 국립중앙도서관 소장)

무엇보다도 정상기(鄭尙驥, 1678~1752)의 「동국지도(東國地圖)」, 1822년에 제작된 「해좌전도(海左全圖)」, 1846년에 제작된 김대건(金大建)의 「조선전도(朝鮮全圖)」, 1873년에 제작된 일본인 소메자키(染崎延房)의 「조선국세견전도(朝鮮國細見全圖)」를 비롯해서 그 뒤 발전된 다수의 고지도들이 우산도를 정확하게 울릉도의 동쪽, 지금의 독도의 위치에 그려넣어, 우산도가 곧 독도임을 다시 한 번 증명해 주고 있기 때문이다(그림 2-6~9).

(4) 『만기요람』 군정편의 우산도 = 송도 = 독도 증명

독도가 우산국 영토였음을 더욱 명료하게 증명하고 있는 문헌자료는 『만기요람(萬機要覽)』 군정편(軍政篇)(1808년 편찬)이다(그림 2-10). 이 자료에서는 "여지지(輿地志)에 이르기를 울릉도와 우산도는 모두 우산국의 땅이며, 우산도(于山島)는 왜인들이 말하는 송도(松島, 마츠시마)"라고 하였다.7)

즉 이 자료는 울릉도와 우산도(于山島)가 '모두'(皆) 우산국 영지(領地)임을 명백히 밝혔다. 만일 이 '우산도'가 오늘날의 '독도(獨島)'라면 독도도 우산국 영지였음이 자동적으로 밝혀지는 것이다. 그런데 이 자료는 이어 '우산도'는 일본인들이 말하는 '송도(松島)'라고 하였다. 1808년 당시에 일본인들은 울릉도를 '죽도(竹島, 다케시마)'라고, 독도를 '송도(松島)'라고 호칭하였다.

7) 『萬機要覽』 軍政篇. "輿地志云 鬱陵于山皆于山國地. 于山則倭所謂松島也."

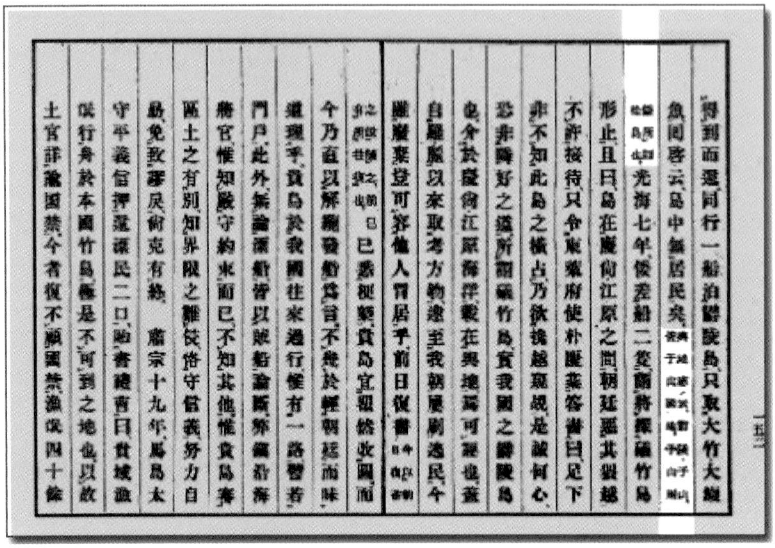
得到而還同行一船泊鬱陵島只取大竹大鰒
魚回啓云島中無居民矣(輿地志云鬱陵于山皆于山國地于山則倭所謂松島也)
光海七年倭差船二隻謂將探礒竹島
形止且曰島在慶尙江原之間朝廷惡其猥越
不許接待只令東萊府使朴慶業答書曰足下
非不知此島之橫占乃欲覬覦是誠何心
恐非隣好之道所謂礒竹島實我國之鬱陵島
也介於慶尙江原海洋載在輿地焉可誣也蓋
自羅麗以來取考方物逮至我朝屢刷逃民今
雖廢棄豈可容他人冒居乎前日復書[illegible]
[illegible] 已悉梗槪貴島宜翻然改圖而
今乃直以解纜發船爲言不幾於輕朝廷而昧
隣理乎貴島於我國往來通行惟有一路譬若
門戶此外無論漂船皆以賊船論斷弊鎭沿海
將官惟知嚴守約束而已不知其他惟貴島審
區土之有別知界限之難侵恪守信義務力自
勗免致謬戾衛克有終 肅宗十九年馬島太
守平義信押還漁民二口貽書禮曹曰貴域漁
氓行舟於本國竹島極是不可到之地也以故
土官詳諭國禁今者復不顧國禁漁氓四十餘

그림 2-10.『만기요람(萬機要覽)』 군정편(軍政篇)

여기서 '우산도 = 송도 = 독도'의 등식이 성립됨을 명료하게 알 수 있다. 이것을 위의『만기요람』 군정편 기록에 대입하면 다음과 같은 등식이 성립한다.

> 우산국지(于山國地) = 울릉도 + 우산도(于山島)[= 독도(獨島); 일본 명칭 송도(松島)]

즉 독도(우산도)는 울릉도와 함께 '우산국' 영토로서, 우산국이 서기 512년 신라에 병합될 때 독도(獨島)도 울릉도와 함께 신라로 병합되어 신라의 영토로서 한국고유영토가 된 것이었다.

(5) 명칭에 나타나는 독도가 우산국 영토였다는 증거

다음으로 독도를 우산도(于山國)라고 하여 '우산(于山)'이라는 나라 이름을 따서 부른 명칭 자체가 독도는 우산국(于山國) 영토였음을 증명해 준다는 사실에 주목할 필요가 있다. 본래 우산도는 기원적으로 울릉도(본도)를 가리킨 명칭이겠지만, 이 본도가 울릉(鬱陵), 무릉(武陵), 무릉(茂陵), 울릉(蔚陵), 우릉(芋陵), 우릉(羽陵) 등의 명칭을 갖게 되자 그 부속도서인 독도(물론 그 당시는 다른 명칭이었겠지만)가 우산도의 명칭을 갖게 된 것이 명백하다. 그러니 다른 이름이 아닌 '우산도(于山島)'의 명칭을 가진 것은, 이 섬(독도)이 우산국(于山國)의 부속영토였음을 증명해 주는 것이라고 할 수 있다.

위에서 밝혀지는 바와 같이 독도는 일찍이 울릉도와 함께 '우산국' 영토였으며, '우산국'이 512년에 신라와 병합될 때 그 일부인 '독도'도 신라에 병합되어 한국영토가 되었다. 즉 독도는 512년부터 한국고유영토가 되어 온 것이다.

2) 일본측의 '독도일본고유영토론' 주장

한국측의 독도가 한국고유영토라는 증명이 서기 512년의 기록에서부터 증명되는 데 비하여, 일본측의 독도가 일본고유영토라는 주장은 증명되지 않고 17세기 초의 사건을 들어 주장만 제시되고 있다.

즉 일본정부는 종래 독도가 일본영토라는 주장을 주로 '무주지선점론(無主地先占論)'에 의거하여 주장하더니, 1962년부터는 독도가 일본고유영토라는 주장을 내놓기 시작하였다. 특히 일본정부는 1996년 UN 신해양법 채택 이후에는 "독도가 역사적으로나 국제법상으로나 일본영토"

라고 주장하면서, '역사적'이라는 말의 의미는 '역사적으로 고유영토'임을 말하는 것이라고 설명하고 있다.

일본측이 독도를 '역사적으로 일본영토' 또는 '일본의 고유영토'라고 주장하는 근거를 질문하면 일본정부의 답변은, 일본이 17세기 초엽인 1618년경부터 약 70여 년간 독도[당시 일본 호칭 송도(松島)]와 울릉도[당시 일본 호칭 죽도(竹島)]를 실효적으로 지배하고 경영했다는 것이다. 그러나 이것은 사실과 전혀 다르다.

일본정부가 이러한 식의 주장을 시작한 것은 사실 1962년 7월 13일자로 외무성이 한국 외무부에 보내온 구술서에 포함된 「일본정부견해(4)」에서부터였다. 일본정부는 이 구술서에서 다음과 같이 주장하였다.

> 「이조 초기에 조선정부가 공도정책을 취하여 그 경영을 방기했으므로 일본인으로서 동도(同島; 울릉도 — 인용자)에 내왕하는 자가 많게 되었다. 16세기 말부터 약 100년 간 울릉도는 일본인의 어채지가 되었다. 이에 요나고(米子)의 상인(町人) 오타니(大谷甚吉)와 무라가와(村川市兵衛)는 원화(元和) 4년(1618년) 정식으로 막부(幕府)로부터 울릉도에의 도해면허(渡海免許)를 획득하여 그를 경영하였다. 죽도(竹島; 독도 — 인용자)에는 이 울릉도에의 왕복의 도중에 기항했던 것이다. 관문 7년(1667년)에 출운(出雲)의 번사(藩士) 사이토(齋藤某)가 편한 『은주시청합기(隱州視聽合記)』는 은기(隱岐, 오키시마)의 어부들의 실견담을 채록한 것이지만, 그 제1권에:
>
> "오키시마(隱岐島) … 서북방으로 가기를 1일(日)1야(夜)하면 송도(松島, 독도 — 인용자)가 있고, 또 1일정(日程)에 죽도(竹島, 지금의 울릉도)가 있으며, 이 2도는 사람이 살지 않는다…"고 기록하고 있다. 1656년 또는 그 이전에 오타니(大谷甚吉) 가(家)는 죽도(竹島; 독도 — 인용자)도 막부로부터 배령하여 고기잡이를 포함해서 그것을 독점적으로 경영하는 면허를 획득하였다. 이에 대해서는 오타니(大谷甚吉)의 3대째인 오타니(大谷九右衛門勝信)의 연초(延貂) 9년(天和 원년, 1681년) 5월 13일의 청서(請書)에 다음의 기술이 있다.
>
> '엄유원(嚴有院)님(德川家康)의 대(代)에 죽도(竹島, 지금의 울릉도)에의 길목에 배로 돌아 약 20정보의 소도가 있다. 이것은 초목이 없는 암도(岩島)이다. 25년 전에 아베(阿部四郎五郎)님의 취급으로 막부로부터 배령하여 배로 건넜

다. 이 소도에서도 해려의 기름을 약간씩 얻었다. 은기의 국도 뒤편의 복포로부터 소도까지는 해상 60리 남짓 된다.'

이 소도(小島)는 더 말할 것도 없이 지금의 죽도(독도 — 인용자)이다. 즉 오타니가는 막부로부터 죽도에 도해하여 고기잡이하는 면허를 얻어서 막부의 공인하에 죽도(독도 — 인용자)를 경영하였던 것이다.」[8)]

즉 요나고(米子)의 상인 오타니(大谷甚吉)와 무라가와(村川市兵衛)가 막부에 청원하여 1618년에 '죽도도해면허(竹島渡海免許)'를 받고, 이어서 1661년(일본측 구술서에는 1656년)에 '송도도해면허(松島渡海免許)'를 받은 것을 '배령(拜領)' 운운하여 마치 '죽도'(울릉도)와 '송도'(독도)의 섬 자체를 하사(下賜)받은 것 같은 인상을 주면서, 이 두 섬을 1695년까지 독점적으로 경영했으므로 이것은 독도가 일본고유영토라는 증거가 된다는 것이다.

이러한 일본측 주장에 대하여 1962년 당시의 한국정부 외무부는 어떠한 이유에서인지 이에 대한 「한국정부견해(4)」를 일본측에 작성하여 보내지 않았다. 이 때문에 오늘날까지도 일본정부는 종종 「일본정부견해(4)」에서 제시한 주장을 꺼내어 독도를 일본영토라고 주장하는 근거로 사용하고 있다.

우선 여기서는 일본정부가 독도를 '일본고유영토'라고 주장하는 근거로 사용하고 있는 1618년 도쿠가와막부의 '죽도도해면허'와 1661년의 '송도도해면허'의 내용과 성격을 검토하고, 17세기 초부터 말까지 '죽도도해면허'와 '송도도해면허'가 "역사적으로 독도가 일본의 고유영토"라는 일본주장의 근거가 될 수 있는가의 여부를 실증적으로 검토하기로 한다.

---

8) 「往復文書; 1962年 7月 13日字 日本側 口述書(No. 228/ASN) — 日本政府見解(4)」, 『獨島關係資料集』, pp. 236-237; 『獨島領有權 資料의 探究』 제4권 참조.

2. 일본측 도쿠가와막부의 '죽도도해면허' 발급

조선조정은 1592~1596년의 임진왜란 때에 일본군의 침략을 제대로 방어하지 못하여 많은 국토를 한때 일본군에게 점령당하였다. 임진왜란 때에 울릉도도 왜구에게 노략질을 당하였다. 부산에 상륙한 일본군이 함경도까지 침입해도 막지 못한 형편이었으니, 울릉도·독도를 방어할 수 있는 상황은 더더욱 아니었다. 임진왜란이 일단 종결된 이후에도 울릉도에 밀입도한 조선인들은 수시로 왜구의 침입과 노략질을 당하였다. 이수광(李睟光)의 『지봉유설(芝峰類說)』에서 이 시기 울릉도가 왜구에게 침략당한 사정을 단편적으로 알려 주고 있다.

> 「울릉도는 일명 무릉(武陵), 일명 우릉(羽陵)으로 동해 가운데 있어 울진현과 상대하고 있으며, 섬 가운데 큰 산이 있고 토지의 방(方)은 100리이다. … 임진왜란 후 사람들이 들어가 본 일이 있으나 역시 왜(倭)의 분탕질을 당하여 정착하지 못하였다. 근자에 들으니 왜노(倭奴)가 기죽도(磯竹島)를 점거했다 하는데, 기죽도(磯竹島)라고 혹 말하는 것은 곧 울릉도(蔚陵島)이다.」[9]

임진왜란 직후에 일본 요나고(米子)에서 회선업(廻船業)을 하고 있던 오타니(大谷甚吉)는 에치고(越後)라는 곳으로부터 돌아오다가 큰 바람을 만나 조난당해서 울릉도에 표착하여 이 섬을 답사해 본바, 사람은 살고 있지 않지만 천혜의 보고임을 알게 되었다. 이에 오타니는 이 섬에 건너가서 고기잡이를 하고자 하였다.[10]

---

9) 李睟光, 『芝峰類說』 卷 2, 地理部, '島'의 鬱陵島條 "鬱陵島 一名武陵 一名羽陵 在東海中 與蔚珍縣相對. 島中有大山 地方百里 … 壬辰變後 人有往見者 亦被倭焚掠 無復人烟. 近聞倭奴占據磯竹島 或謂磯竹島 卽蔚陵島也."

10) 大谷九右衛門, 『竹島渡海由來記拔書控』 및 川上建三, 『竹島の歷史地理學的 硏

그러나 울릉도는 비록 사람이 살고 있지 않다 할지라도 다른 나라인 조선의 영토이므로 울릉도에 가서 고기잡이를 하기 위해서는 먼저 막부의 허가가 필요하였다. 왜냐하면 울릉도가 일본영토가 아니라 외국의 영토였고, 당시 막부는 엄격히 쇄국정책을 강화하여 외국에 가는 것은 반드시 사전에 막부의 허가를 받도록 규제하고 있었으므로, 외국에 월경하여 고기잡이를 해도 처벌받지 않도록 공식허가가 필요했기 때문이었다.

당시 오타니가 거주하고 있던 요나고(米子)가 속한 백기주(白耆州)는 태수(太守) 일충(一忠)이 1610년(慶長 14년) 후손 없이 사망하여 대가 끊기자 도쿠가와막부가 1610~1617년까지 당분간 백기주를 직령(直領)으로 하여 해마다 신하를 번(番)으로 파견해서 백기주를 지키고 다스리게 하였다. 오타니(大谷甚吉)는 1616년에 번(番)을 든 막부의 관리 아베(阿部四郎五郎)에게 그와 친분이 두터운 무라가와(村川市兵衛)와 함께 울릉도[당시 일본 호칭 죽도(竹島) ― 저재]의 상황을 아뢰고 '죽도도해면허(竹島渡海免許)'를 신청하였다(그림 2-11). 다음 해 새로이 백기주 태수가 되어 들어온 송평신태랑(松平新太郎)이 이 '죽도도해면허(竹島渡海免許)'를 막부(幕府)에 고한 결과 오타니·무라가와 2인에게 막부로부터 '죽도도해면허'의 봉서가 내려오게 되었다.[11]

究』, 1966, p. 72 참조.

11) 『白耆民談記』 1, 大谷·村川竹島渡海進退之事 및 『獨島領有權 資料의 探究』 제2권, pp. 191-196 참조.

그림 2-11. '죽도도해면허(竹島渡海免許)' 사진(일본 요나고 시립산잉역사관 소장, 자료: 이상태 교수)

그 이후 오타니·무라가와 두 가문의 배는 거의 매해 한 차례 번갈아 울릉도(竹島)에 월경하여 건너가서 고기잡이를 하고 돌아왔다. 그러나 이것은 울릉도가 일본고유영토임을 증명하는 것은 전혀 아니었다. 도리어 이것은 울릉도가 조선영토임을 증명하는 것이었다.

왜냐하면 울릉도가 타국인 조선의 영토였기 때문에, 이곳에 들어가 고기잡이를 하려면 당시 일본의 쇄국정책 하에서 외국에 월경하여 들어가는 데 대한 일본정부(幕府)의 허가장인 '죽도도해면허(竹島渡海免許)'가 반드시 필요했기 때문이었다. 만일 울릉도(竹島)가 일본영토였다면, 그러한 중앙정부의 도해면허가 필요치 않았던 것임은 더 말할 필요도 없다.

당시 임진왜란의 영향으로 조선과 일본은 아직 우호관계를 회복하지 못하고 있었고, 조선조정은 울릉도에 대하여 쇄환공도정책(刷還空島政策)을 실시해서 조선인의 거주를 금하고 있었으므로, 도쿠가와막부는 물론 울릉도가 조선영토임을 잘 알고 있으면서도 조선정부와 사전 협의 없이 오타니·무라가와 두 일본인에게 월경하여 울릉도(竹島)에 건너가서 고기잡이를 해도 좋다는 허가장인 '죽도도해면허'를 내주었던 것이다.

그러나 이때 도쿠가와막부나 오타니·무라가와의 두 일본인이 울릉도가 조선영토가 아니라고 부정했거나 또는 일본영토라고 주장한 것은 전혀 아니었다. 반대로 그들은 울릉도가 조선영토임을 잘 알고 있었기 때문에 당시 막부의 쇄국정책 하에서 외국에 건너가는 허가장으로서 '죽도도해면허'를 신청했고 또 허가해 준 것이었다.

3. 일본측 도쿠가와막부의 '송도도해면허' 발급과 울릉도(竹島)의 부속섬으로서의 독도(松島)

일본 백기주(白耆州) 요나고(米子)의 오타니(大谷甚吉)와 무라가와(村川市兵衛) 두 가문은 '죽도도해면허(竹島渡海免許)'를 받은 후 약 40여 년 후인 1661년경 '송도도해면허(松島渡海免許)'를 막부로부터 받는 데 성공하였다. 무라가와 가문은 1658년에 송도(獨島)도해를 기도했으나 이때에는 성공하지 못하였고, 3년 후인 1861년에 송도에 도착하였다. 이에 오타니·무라가와 두 가문은 막부에 각각 '송도도해면허'를 신청했는데, 이때에는 '죽도도해면허'를 두 가문에게 내어 주는 데 알선의 노력을 한 아베(阿部四郎五郎)의 장남이 이어서 노력하여 1861년경에 막부의 면허를 얻어 내는 데 성공하였다.

그러나 도쿠가와막부가 오타니·무라가와 두 가문에 '송도도해면허'를 허가해 주었다 할지라도 이것은 '죽도도해면허'와 마찬가지로 외국(조선)영토인 송도(獨島)에 건너가서 고기잡이를 하고 돌아오는 월경 어채의 허가장이었지 송도의 소유권을 하사해 준 것은 전혀 아니었다.

그 명백한 증거로서 도쿠가와막부는 오타니·무라가와 두 가문이 고기잡이를 하며 다투게 될 것을 염려하여 한 가문씩 각각 격년으로 송도에 건너가서 고기잡이를 해 오도록 한 곳에서도 이를 알 수 있다.

또한 도쿠가와막부나 오타니·무라가와 두 가문이나 모두 독도(松島)

가 일본영토가 아니라 조선영토임을 알고 있었기 때문에 외국 영지에 월경할 때 필요한 '도해면허(渡海免許)'를 신청하고 또 허가한 사실에서도 거듭 이를 알 수 있다.

즉 도쿠가와막부가 오타니·무라가와 두 가문에게 '송도도해면허'를 허가해 준 것은, 조선영토인 죽도(울릉도)에 월경하여 고기잡이하러 감을 허가해 준 '죽도도해면허'를 이미 내어 주었는데, 죽도(竹島, 울릉도)로 가는 도중에 있으며 울릉도에 부속한 송도(獨島)에 월경하여 가서 고기잡이를 하는 것은 동질적 차원의 일이었으므로, '죽도도해면허'와 완전히 동일한 성격의 '송도도해면허'를 허가해 주었던 것이다.

여기서 주목해야 할 것은 '죽도도해면허'나 '송도도해면허'나 모두 그것(죽도와 송도)이 외국 영토이었고 일본영토가 아니었기 때문에 중앙정부인 막부가 쇄국정책 하에서 외국 영토에 고기잡이하러 감을 허가하는 면허로서 '죽도도해면허'와 '송도도해면허' 등 '도해면허'를 내주었다는 사실이다.

오늘의 일본정부는 '죽도도해면허'와 '송도도해면허'를 막부로부터 '배령(拜領)'했다고 표현하여 마치 죽도와 송도의 영토를 하사받은 것처럼 인상을 주려 하지만 이것은 전적으로 잘못된 것이다. 이때 '배령'은 '배수(拜受)'의 의미밖에 없고, 절하여 받는다는 뜻일 뿐이지 영지(領地)를 하사받은 것은 전혀 아니었다. '수령증(受領證)'이 '받은 증명'이라는 뜻이지, '영지(領地)를 하사받은 증명'이 아닌 것과 같다.

따라서 1618년의 '죽도도해면허'나 1661년의 '송도도해면허'는 독도를 '일본고유영토'라고 주장하는 증명이나 근거가 전혀 될 수 없는 것이다.

도리어 '죽도(울릉도)도해면허'와 '송도(독도)도해면허'는 울릉도와 독도가 일본의 고유영토가 전혀 아니었고 외국(조선)의 영토임을 증명하는 자료가 되는 것이다.

주목할 것은 당시 도쿠가와막부나 또는 '죽도도해면허'와 '송도도해면허'를 얻은 오타니·무라카와의 두 가문이나 모두 독도(松島)를 울릉도(竹島)의 부속도서(附屬島嶼)로 간주했다는 사실이다.

'송도도해면허'를 신청할 무렵인 1660년 9월 5일자의 구산장좌위문(九山庄左衛門, 오타니 가문)의 대옥구우위문(大屋九右衛門, 무라카와 가문)에게 보낸 서간에서는 "장차 또 내년(1661년 — 인용자)부터 죽도지내송도(竹島之內松島, 죽도 안의 송도: 울릉도 안의 독도)에 귀하의 배가 건너가게 되면"[12]이라고 하여 송도(松島, 독도)를 '죽도(竹島, 울릉도)지내송도(之內松島, 독도)'(울릉도 안의 독도)라고 기록하면서 '송도도해면허'의 격년 실행을 논의하였다. 이것은 '독도(松島)를 울릉도(竹島)의 부속도서'로 인식하고 간주하여 '송도(독도)도해면허'를 신청했고 허가받았음을 명백히 나타내는 것이다.

구산장좌위문(九山庄左衛門)이 '촌천시병위(村川市兵衛)에게 남긴 서장(書狀)'을 1660년 9월 8일자 대옥도희(大屋道喜)에게 필사해 보낸 글에서는 독도를 "竹島(울릉도)近所之小島(독도를 지칭 — 인용자)에 소선(小船)으로 도해하는 건"[13]이라고 하여, 독도를 "울릉도 가까운 곳의 소도(小島)"라고 표현해서 독도가 울릉도의 부속도서임을 명백히 하였다.

이 무렵 6월 21일자로 구산장좌위문(九山庄左衛門)이 대옥구우위문(大屋九右衛門)에게 보낸 서간에서는 "죽도(竹島, 울릉도)근변송도(近邊松島, 독도)에 도해의 건"[14]이라고 하여, 독도를 "울릉도의 근변(近邊,

---

12) 「龜山主左衛門의 大屋九右衛門에게의 1660年 9월 5日字 書簡」, 川上建三, 전게서, p. 74.

13) 「村川市兵衛에게의 遺書狀之寫」, 川上建三, 전게서, p. 78.

14) 「阿部四郎五郎正繼의 大屋九右衛門에게의 1659年 6月 21日字 書簡」, 川上建三, 전게서, p. 80.

가까운 변두리)의 독도"라고 기록하였다.

이상과 같이 일본의 오타니·무라가와의 두 가문이 '송도도해면허'를 막부에 신청하고 허가받을 때 위의 두 가문 사이에 교환한 서신들에서 독도(松島)를 '죽도지내송도(竹島地內松島, 울릉도 안의 독도)', '죽도근소지소도(竹島近所之小島, 울릉도 근방의 소도)', '죽도근변송도(竹島近邊松島, 울릉도 가까운 변두리 독도)'라고 기록하고 있는 것은 그들이 독도를 울릉도의 부속도서로 인지하고 '송도도해면허'를 신청하였고, 또 막부도 그렇게 인지하여 허가했음을 명백히 알려 주는 것이다.

그러므로 비록 조선정부의 허락과 동의 없이 일본의 도쿠가와막부로부터 일본의 오타니·무라가와 두 가문이 '죽도도해면허'와 '송도도해면허'를 얻어 가지고 국경을 넘어 '죽도(竹島, 울릉도)'와 '송도(松島, 독도)'에 들어가서 고기잡이를 해 왔다고 할지라도, 이것은 국경을 넘어 외국에 월경해서 고기잡이하는 '도해면허'에 불과하며, '죽도(竹島, 울릉도)'와 '송도(松島, 독도)'가 조선영토임을 인지하고 전제하여 발급한 것에 불과한 것이기 때문에, 이 사실이 '울릉도'와 '독도'를 일본고유영토라고 주장할 근거와 증명으로는 전혀 되지 않는 것이다.

따라서 오늘날의 일본정부가 17세기 1661년경의 '송도도해면허'와 오타니·무라가와 두 가문의 '송도(松島, 독도)'에서의 월경 고기잡이를 가지고 독도의 일본고유영토론을 펴는 것은 천만부당한 오류이며 철저히 비판되어야 하는 것이다.

정반대로 '송도(松島, 독도)'가 외국인 조선의 영토였기 때문에 오타니·무라가와는 '송도도해면허'를 중앙정부에 신청했고 도쿠가와막부는 일본영토 내의 여행과 항해에는 내어 주지 않는 외국여행 때의 '도해면허'를, 죽도와 송도가 외국이었기 때문에 내어 준 것이며, 이것은 독도(松島)가 조선왕조의 영토였음을 명백히 증명하는 것이다.

'죽도(울릉도)도해면허'와 '송도(독도)도해면허'는 죽도(울릉도)와 송도(독도)가 일본고유영토임을 증명하는 것이 아니라, 도리어 죽도(울릉도)와 송도(독도)가 일본의 '외국'인 '조선영토'임을 명백히 증명해 주는 증거자료인 것이다.

4. '송도도해면허' 직후 일본 『은주시청합기』의 독도의 조선영토 확인

일본에서 오타니·무라가와 가문이 도쿠가와막부로부터 1661년 '송도도해면허'를 얻어낸 6년 후인 1667년 출운(出雲)의 대명(大名, 藩主)은 관리(藩士) 재등풍선(齋藤豊仙)에게 일본의 서북경계 변방인 오키섬(隱岐島)를 답사하여 보고하라고 명하였다. 이에 재등풍선은 오키섬에 건너가서 현지를 답사하고 그 결과를 역시 1667년 가을에 『은주시청합기(隱州視聽合記)』라는 복명서로 제출하였다(그림 2-12).

일본정부가 독도에 관한 일본측 최초의 문헌으로 한국정부에 제기한 것이 1667년에 편찬된 『은주시청합기』이다. 그런데 이 책에서도 독도와 울릉도는 고려(조선)에 속한 것이고 오키(隱岐)는 일본에 속한 것으로, 오키가 일본의 서북방 한계라는 뜻을 다음과 같이 기록하였다.

> 오키(隱岐)는 북해(北海) 가운데 있다. 그러므로 오키섬(隱岐島)이라고 한다. … 술해간(戌亥間)에 2일(日) 1야(夜)를 가면 송도(松島, 당시 독도의 일본 호칭 ─ 인용자)가 있다. 또 1일 거리에 죽도(竹島, 당시 울릉도의 일본 호칭 ─ 인용자)가 있다. … 이 2도(송도와 죽도)는 무인도인데 고려(高麗)를 보는 것이 마치 운주(雲州)에서 은기(隱岐)를 보는 것과 같다. <u>그러한즉 일본의 서북(乾) 경지(境地)는 이 주(州, 隱州)로써 한(限)을 삼는다.</u>[15](밑줄 ─ 인용자)

---

15) 『隱州視聽合記』 卷 1, 國代記部. "隱州在北海中 故云隱岐島 … 戌亥間 行二日一

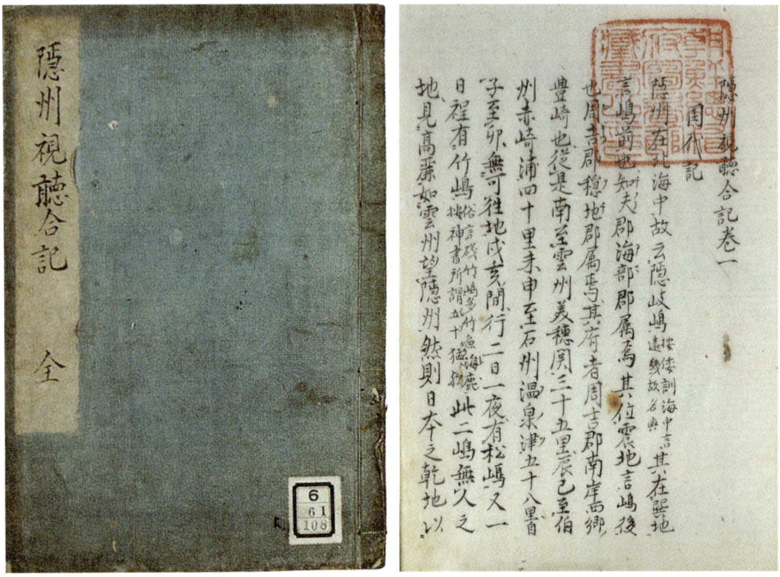

그림 2-12. 독도를 기록한 일본 최초의 고문헌 『은주시청합기(隱州視聽合記)』(1667)에 기록된 독도와 울릉도에서 고려를 보는 것은 마치 운주에서 은주(은기도)를 보는 것과 같으므로 "일본의 서북쪽 영토는 이 은주로서 한계를 삼는다"는 요지 (국립중앙도서관 소장)

일본 최초의 독도 관련 문헌인 『은주시청합기』는 관청보고서인데, 일본의 서북 국경을 은주(隱州, 은기도)로써 한계로 삼는다고 명확히 규정하고, 송도(松島, 독도)와 죽도(竹島, 울릉도)를 고려(高麗)의 것으로 범주화하고 있는 것이다. 이는 독도가 한국영토라는 사실에 대한 명확한 증명이다.

일본정부가 독도(송도)를 거론한 일본 최초의 고문헌으로 제시한 일본 관찬 문건 『은주시청합기』도 울릉도와 독도는 조선(고려)영토이고,

---

夜有松島 又一日程有竹島(俗言磯竹島 多竹漁海鹿 按神書所謂五十猛歟) 此二島無人之地 見高麗如自雲州望隱州 故日本之乾地 以此州爲限矣."

일본의 서북쪽 영토는 오키섬(隱岐島)으로서 한계(限界)를 삼는다고 기록하고 있다. 그러므로 이것은 오늘날 일본정부가 '송도도해면허'를 갖고 독도의 고유영토론을 주장하면서 일본의 서북쪽 국경을 울릉도와 독도 사이에 설정하려고 하는 것이 얼마나 황당무계한 억지이며 망발인가를 잘 증명해 준다.

5. '죽도도해면허'와 '송도도해면허'의 울릉도 · 독도가 한국고유영토라는 증거

이상에서 고찰한 바와 같이 오늘날 일본정부가 도쿠가와막부의 1618년 오타니·무라카와 두 가문에게 발급해 준 '죽도도해면허'와 1661년 발급해 준 '송도도해면허'를 독도가 일본고유영토의 증거라고 사용하는 것은 전적으로 잘못된 것이다. 당시 막부의 '도해면허'는 쇄국정책 아래서 '외국'에 국경을 넘어 월경해서 나갈 때 승인해 주는 허가장으로서, '죽도도해면허'와 '송도도해면허'는 도쿠가와막부(당시 중앙정부)가 오타니·무라카와 두 가문에 외국의 영지(領地)인 죽도(竹島, 울릉도)와 송도(松島, 독도)에 국경을 넘어 건너가서 고기잡이를 해도 월경죄로 다스리지 않겠다는 허가장인 것이다.

그러면 '죽도'와 '송도'는 어느 외국의 영토라고 간주했기에 도쿠가와막부는 '도해면허'를 내어 준 것일까? 논란의 여지없이 그 '외국'은 '조선'인 것이다. 즉 '죽도'(울릉도)와 '송도'(독도)는 '조선'의 영토이고, '조선'은 일본의 '외국'이기 때문에 '조선'이라는 '외국'에 월경하여 건너가는 허가장으로서 '죽도도해면허'와 '송도도해면허'를 내어 주었던 것이다.

그러므로 오늘날 일본정부의 잘못된 증거자료 제시 및 해석과는 전혀 달리, '죽도도해면허'와 '송도도해면허'는 울릉도(竹島)와 독도(松島)가 일본고유영토라는 증거자료가 되는 것이 아니라, 도리어 그 반대로 울릉도(竹島)와 독도(松島)가 한국고유영토(韓國固有領土)라는 명백한 증거자료들의 하나가 되는 것이다.

1618년의 '죽도도해면허'와 1661년의 '송도도해면허'는 일본의 도쿠가와막부가 내어 준 관청문서인 외국에의 월경 허가장인데, 죽도(울릉도)와 송도(독도)를 일본이 아닌 '외국(조선)'영토라고 인정하여 외국에 월경하여 나갈 때에 발급하는 '도해면허'를 내어 준 것과, 1667년의 일본 관청보고서인 『은주시청합기』가 울릉도(죽도)와 독도(송도)는 조선(고려) 영토이고, 일본의 서북쪽 영토는 오키섬(은기도)을 한계로 한다고 명확하게 기록한 것은, '역사적 진실'이 울릉도·독도가 조선영토이기 때문에 자연히 그렇게 처리되고 기록된 것이었다.

'죽도(울릉도)도해면허'와 '송도(독도)도해면허'는 조선왕조 정부의 항의를 받고, 이 책의 제3·4·5장에서 서술하는 바와 같이, 일본 도쿠가와막부 정권에 의해 취소되었다. 도쿠가와막부는 1696년 1월 울릉도(죽도)와 독도(송도)가 조선영토임을 재확인한 후, 일본 어부들의 이 두 섬에의 출어와 도항을 금지시켰다.

현재까지 한국과 일본에서 발견, 발굴된 고문헌 자료들은 모두 '독도'가 한국영토임을 증명하는 고문헌들이고, 독도가 일본영토임을 증명하는 고문헌은 단 한 건도 없다. 역사적 진실이 그러했기 때문이다.

독도가 역사적으로 일본의 고유영토라는 일본정부의 주장은 전혀 근거 없는 '허위'이고 '거짓말'에 불과한 것이다.

□ 제 3 장
일본 도쿠가와막부 정권의 '독도가 일본고유영토가 아니고 조선영토'라는 재확인 판정과 안용복의 활동

1. 17세기 말 대마도 도주의 울릉도 · 독도영유권 논쟁 도발

독도가 역사적으로 일본고유영토가 아니라 조선고유영토라는 사실은 이미 1696년 1월에 일본 도쿠가와막부 정권에 의해 재확인 최종 판정이 내려졌었다.

앞에서 기술한 바와 같이 일본 도쿠가와막부가 조선정부 몰래 오타니(大谷甚吉) · 무라가와(村川市兵衛) 두 가문에게 국경을 넘어 울릉도와 독도에 건너가서 고기잡이를 해 와도 좋다는 '죽도도해면허'와 '송도도해면허'를 내어 주었기 때문에 결국 17세기 말 한· 일 간 영유권 논쟁이 발생하게 되었다.

1693년(숙종 19년, 元祿 6년) 봄에는 울릉도에서 고기잡이를 하고 있던 동래· 울산 어부 40명과 울릉도에 고기잡이 온 일본 어부들(大谷甚吉 가문의 어부들)이 충돌했는데, 일본인들이 동래· 울산 어부의 대표격인 안용복(安龍福) · 박어둔(朴於屯)을 의논한다고 꾀어내어 일본 인번주(因幡州)로 납치해 갔다가 에도(江戶/東京)의 도쿠가와막부의 지시로 그해 겨울에 석방하여 귀국케 한 사건이 일어났다.

일본 대마도 도주(對馬島 島主)는 이 사건을 역이용하여 자기가 막부

정권 외교를 대신한다고 전제하면서 대마도 특사 정관(正官) 귤진중(橘眞重)을 시켜 안용복·박어둔 등을 부산에 호송하는 길에 울릉도·독도를 빼앗을 음모를 꾸몄다. 대마도 도주는 조선측에 서찰을 보내어 마치 울릉도가 아니면서 그와 비슷한 별개의 일본영토인 죽도(竹島)가 있는 것처럼 문구를 만들어 "이제 이후로는 죽도(竹島)에 조선 선박이 출어하는 것을 결코 용납지 않을 터이니 귀국도 (조선 어민의 죽도 출어를) 엄격히 금제(禁制)해 달라"[1]는 엉뚱한 요구를 해 왔다.

조선왕조에서는 이에 대하여 일부 관료들의 강경대응론과 목래선(睦來善, 좌의정), 민암(閔黯, 우의정) 등 집권파의 온건대응론이 대립하다가 임진왜란에 놀란 경험을 고려해 사나운 일본과의 정면충돌을 피하기로 한다는 온건대응론이 채택됨으로써, 울릉도가 조선영토인 것만 분명히 하고 저들이 자기의 영토라고 서찰에 쓴 죽도가 울릉도를 가리킨 것임을 모른 체하기로 하였다. 그 결과 조선조정의 예조는 부산 왜관에서 답서를 기다리고 있는 귤진중을 통하여 대마도 도주에게 다음과 같은 회답문을 보냈다.

> 「우리나라가 동해안의 어민에게 외양(外洋)에 나갈 수 없도록 한 것은 비록 우리나라의 경지(境地)인 울릉도일지라도 역시 멀다고 생각하기 때문에 임의왕래를 허락지 않거늘 하물며 그 외에 있어서랴. 이제 이 어선이 감히 귀국의 경지인 죽도(竹島)에 들어갔기 때문에 영송(領送)하는 번잡함에 이르고 멀리 서찰까지 보내게 했으니, 이웃 나라 사이의 친선의 우의에 감사하는 바이다.」[2]

---

1) 『肅宗實錄』 卷 26, 肅宗 20年 2月 辛卯條. "癸酉春 蔚山漁採人四十餘口 泊船於鬱陵島 倭船適到 誘執朴於屯安龍福二人而去. 及其冬 對馬島使正官橘眞重 領送於屯等 仍請禁我人之漁採於竹島者. 其書曰 貴域瀕海漁氓 比年行舟於本國竹島 土官詳諭國禁 固告不可再 而今春漁氓四十餘口 入竹島雜然漁採 土官拘其二人 爲一時證質 本國因幡州牧 馳啓東都 令漁氓附與弊邑 以還故土 自今以後 決莫容船於彼島 彌存禁制 使兩國交誼 不生釁郄."

2) 『肅宗實錄』 卷 26, 肅宗 20年 2月 辛卯條. "自禮曹覆書曰 弊邦禁東漁氓 使不得

이 회답문은 집권파가 온건대응을 강조한 나머지 울릉도를 우리나라의 영토라고 못 박음과 동시에 일본측이 말하는 죽도가 울릉도임을 알면서도 이를 모른 체해서 더 이상의 논란을 피해 보고자 한 허점을 내포한 것이었다. 조선왕조가 접위관(接慰官)을 보내어 이 회답문을 동래왜관에 보내자, 귤진중은 이 회답문 속의 "우리나라의 경지(境地) 울릉도"라는 표현을 매우 싫어하여 역관에게 말하기를 "서찰에 단지 죽도(竹島)라고만 하면 참으로 좋을 것을 반드시 울릉도를 드는 것은 무엇인가"[3] 하고 '울릉도'의 삭제와 개서(改書)를 여러 차례 청원하였다. 그리고 귤진중은 일본측 수행관리를 대마도 도주에게 보내어 그 의논을 보고하였다. 이 때문에 조선왕조의 회답문에 대한 일본측의 접수가 약 15일간이나 지연되었다. 일본측 수행관리도 조선측 역관에게 "대마도 도주가 반드시 '울릉' 두 자의 삭제를 바라기 때문에 난처하므로 귤진중의 간곡한 사정의 서신을 받아들여 회답 서찰을 고쳐 주기를 청한다"[4]고 사적(私的)으로 교섭하였다. 그러나 조선조정이 끝까지 들어 주지 않았으므로 귤진중은 회답문을 접수해 대마도로 귀환하였다.

2. 조선조정의 일본에 대한 굴욕외교 비판

조선조정에서는 대마도 정관 귤진중이 대마도 도주의 지시에 따라

出於外洋 雖弊邦境之鬱陵島 亦以遼遠之故 不許任意往來 況其外乎. 今此漁船敢入貴境竹島 致煩領送 遠勤書諭 隣好之誼 實所欣感."

3) 『肅宗實錄』 卷 26, 肅宗 20年 2月 辛卯條. "仍以校理洪重夏 差接慰官 至東萊倭館 則橘眞重 見覆書中弊境鬱陵島之說 甚惡之 謂譯官曰 書契只言竹島固好 必掌鬱陵島 何也. 仍屢請刪改 而私送其從倭通議於馬島 殆至半月 遷延未決."

4) 『肅宗實錄』 卷 26, 肅宗 20年 2月 辛卯條. "從倭私謂譯官曰 島主必欲刪鬱陵二字 而如有難處者 亦許受書正官之委曲請改 自爾如此 又迭爲游辭以爭之. 朝廷終不聽 橘眞重啓窮情露 乃受書以歸."

조선조정의 회답문에 대하여 말썽을 피우고 갔다는 소식이 전해지자 온건대응론에 대한 비판과 규탄이 일어났다.

승지 김구만(金龜萬)은 울릉도에 군대의 진(鎭)을 설치하여 근심에 대비할 것을 주장하고, 지난번 일본에 납치당했다가 돌아온 어부들을 처벌하겠다고 한 것은 잘못이었다고 비판하였다.

사관(史官)은 울릉도와 죽도(竹島)는 1도2명(一島二名)인데 일본인이 울릉도의 이름을 감추고 죽도어채(竹島漁採)만 말한 것은 후에 서계(書契)를 증거로 삼아 울릉도를 점거하려는 계책인데, 지난번 회답문은 신중이 지나쳐서 이웃 나라에 약함을 보인 외교라고 온건대응론의 굴욕외교를 다음과 같이 격렬하게 규탄하였다.

> 「왜인이 말하는 소위 죽도(竹島)는 우리나라의 울릉도인바, 울릉의 호칭은 신라·고려의 사서(史書)에 보이고 당나라 사람의 문집에도 비치니 곧 그 내력이 가장 오랜 것이다. 섬 가운데 죽(竹)이 가장 많이 나므로 역시 죽도(竹島)의 호칭이 있으나 1도2명(一島二名)이다. 왜인이 울릉의 이름을 감추고 단지 죽도어채(竹島漁採)로 말을 삼는 것은 우리나라의 회답서에서 먼저 그 금단(禁斷)을 허락받고, 연후에 그 서계(書契)를 증거로 잡아서 점거할 계책이다. 우리나라의 회답서에 반드시 울릉을 든 것은 곧 그 땅이 본래 아국(我國)임을 밝힌 까닭이요, 왜인이 울릉 두 자를 반드시 고칠 것을 요구하고 끝까지 죽도(竹島)가 울릉임을 드러내어 말하지 않은 것은 대개 또한 그 곡절이 그 안에 있음을 자병(自病)한 것이다. 아, 조종(祖宗)의 강토를 타인에게 주는 것은 불가하니, 곧 명료히 밝혀 단호하게 거부해서 교활한 왜로 하여금 다시는 그러한 생심(生心)이 나오지 않도록 하는 것이 의리에 교연(較然)하거늘, 두루 신중함이 지나쳐서 한갓 굴레 씌움만 바라 (울릉도에) 들어간 사람들에게 죄를 주자는 말을 하는 것은 이웃 나라에게 약함을 더욱 보이는 것이니 어찌 애석하지 아니한가.」[5)]

---

5) 『肅宗實錄』 卷 26, 肅宗 20年 2月 辛卯條 "史臣曰 倭人所謂竹島 卽我國鬱陵島 而鬱陵島之稱 見於羅麗史乘及唐人文集 則其來最遠矣. 島中多産竹 亦有竹島之稱 而其實一島二名也. 倭人隱鬱陵之名 但以竹島漁採爲辭 冀得我國回言 許其禁

이러한 규탄으로 결국 정권이 교체되고 남구만(南九萬)을 영의정으로 한 강경대응파가 집권하게 되었다. 영의정 남구만은 지난번 일본에 보낸 회답서는 특히 모호하니 마땅히 접위관(接慰官)을 파견하여 앞서의 회답서를 돌려받고 그것을 만든 책임자를 문책해야 하며, 울릉도에 들어오는 일본인은 모두 용납하지 않아야 한다고 국왕에게 다음과 같이 제의하여 아뢰었다.

> 「동래부사(東萊府使)의 보고를 보면, 왜인이 또 말하기를 조선인이 우리의 죽도(竹島)에 들어왔는데 마땅히 그 다시 들어옴을 금해 달라 했다 합니다. 신이 『지봉유설(芝峰類說)』을 보니 "왜노가 기죽도(磯竹島)를 점거했는데 기죽도는 곧 울릉도이다"라고 했습니다. 이제 왜인의 말은 그 해(害)됨이 장차 끝이 없을 것인데, 지난번 왜에 보낸 회답서는 특히 모호하니 마땅히 접위관을 파견하여 앞서의 회답서를 추환(推還)하고 그 회빈작주(回賓作主)를 문책하는 것이 가합니다. … 이제 여기(울릉도)에 왜를 살도록 해서는 안 됩니다. 조종(祖宗)의 강토에 또 어찌 타인을 용납하겠습니까. … 섬 가운데는 대어(大魚)가 많고 또 대목(大木)·대죽(大竹)이 깃대같이 많으며 토산물도 풍부하다고 합니다. 만약 왜가 (울릉도를) 점거하여 이것들을 가지면 가까운 강릉·삼척이 반드시 그 해를 입을 것입니다.」[6]

이에 국왕 숙종은 남구만의 진언에 따라 이전의 회답서를 돌려받으라고 명령하였다.[7] 이에 조선조정은 지난번의 회답서는 무효이니 반환

斷然後 仍執左契 以爲占據之計. 我國覆書之必掌鬱陵者 乃所以明其地之本爲我國也. 倭人之必欲改鬱陵二字 而終不顯言竹島之爲鬱陵者 蓋亦自病其曲之在己也. 噫祖宗疆土 不可以與人 則明辨痛斥 使狹倭無復生心 義理較然 而過於周愼 徒欲羈族 如犯人等科罪之語 尤示弱於隣國 可勝惜哉.

6) 『肅宗實錄』 卷 26, 肅宗 20年 2月 辛卯條. "是夏 南九萬白上曰 東萊府使報 倭人又言 朝鮮人入於吾竹島 宜禁其更入也. 臣見芝峰類說 倭奴占據薛(磯)竹島 薛竹島卽鬱陵島也. 今倭人之言 其爲害 將無窮 前日答倭書 殊適糊 宜遣接慰官 推還前書 直責其回賓作主可也 … 今不可使倭居之 祖宗疆土 又何容與人乎. … 島中多大魚 又有大木大竹如絹 土且沃饒 倭若據而有之 旁近江陵三陟 必受其害."

할 것을 일본측에 통고하고, 울릉도가 바로 죽도(竹島)이며 이것은 조선의 영토이므로 일본 어부들이 이 섬에 침입해서는 안 될 것임을 명백히 밝혔다.

그 사이 대마도에 돌아갔던 일본사절(倭差)이 앞서 그해 봄에 조선조정이 보낸 서찰(제1차 회답서)에 대한 대마도 도주의 회답서를 가지고 8월에 도착했는데, 역시 '울릉' 두 자의 삭제를 요청한 것이었다.

영의정 남구만은 국왕에게 삼척첨사(三陟僉使)를 울릉도에 파견하여 그 형세를 조사해서 백성을 모집하여 거주시키거나 진(鎭)을 설치하여 이를 지킬 것을 건의하여 윤허 받았다. 그리하여 장한상(張漢相)이 삼척첨사로, 유집일(兪集一)이 접위관으로 임명되어 내려가게 되었다.

유집일은 안용복 등을 심문해 본 결과, 일본 에도(江戶)의 도쿠가와막부는 안용복 등을 후대했는데 장기도(長崎島)와 대마도에 이르러 안용복 등을 문책했으며, 대마도 도주의 서계에서 죽도(竹島) 운운한 것은 에도막부의 견해가 아니라 울릉도를 욕심내고 후일 에도막부에 공을 내세우기 위한 대마도 도주의 계책이라는 사실을 알았다. 이에 유집일은 왜차(倭差, 일본의 대마도 사신)에게 일갈하여 "우리나라가 장차 일본(江戶幕府)에 서계를 보내어 안용복 등을 침책(侵責)한 실상을 알리면 제도(諸島)가 어찌 무사할 것인가" 하니 왜차들이 서로 돌아보며 실색하여 비로소 스스로 승복하기 시작하였다.[8)]

이에 영의정 남구만은 앞서의 회답서를 다음과 같이 고쳤다.

> 「우리나라 강원도 울진현에 속도(屬島)가 있어 '울릉'이라 이름하는데 울진현의 동해 가운데 있다. … 모두 우리나라의 『여지승람(輿地勝覽)』이란 책에

---

7) 『肅宗實錄』 卷 26, 肅宗 20年 2月 辛卯條, 「上用九萬言 令還前書」 참조.
8) 『肅宗實錄』 卷 20, 肅宗 29年 8月 己酉條 참조.

기재되어 역대로 상전(相傳)하고 있어서 사적(事跡)은 매우 명료하다. 이번에 우리나라 해변의 어민들이 이 섬에 갔는데 뜻밖에 귀국 사람들이 스스로 국경을 침범하여 넘어와 서로 대치하여 마침내 도리어 우리나라 사람을 구집(拘執)해서 에도(江戶)에 전도(轉到)하였다. 다행히 귀국의 대군(大君)이 사정을 밝게 살펴서 노자를 많이 주어 돌려보내 주었다. … 그러나 우리나라 백성의 어채(漁採)한 땅은 본시 울릉도로서, 죽(竹)이 나기 때문에 혹 죽도(竹島)라고도 칭하지만, 이것은 1도(一島)에 2명(二名)이 있는 것이다. 1도2명(一島二名)의 상태는 비단 우리나라의 서적에 기록되어 있는 바일 뿐 아니라 귀주인(貴州人) 역시 모두 알고 있다. 이제 이번에 온 서찰 가운데 죽도(竹島)를 귀국의 땅이라고 주장하고 바야흐로 우리나라 어선의 다시 감을 금지해 줄 것을 바라면서, 귀국인이 우리나라의 경지(境地)를 침섭(侵涉)하고 우리나라의 백성들을 구집(拘執)한 실책은 논하지 않고 있다. 어찌 성신지도(誠信之道)에 결함이 있다고 아니할 것인가. 장차 이 말의 뜻을 깊이 읽어서 동도(東都, 江戶幕府—인용자)에 전하여 보고하고, 귀국 해변 사람들에게 신칙(申飭)해서 울릉도에 왕래하지 말도록 하며, 다시는 이러한 사단이 일어나지 않도록 하면 상호지의(相好之誼)에 더없이 다행이다.」[9]

조선조정의 이 회답서는 울릉도가 죽도(竹島)로서 1도2명(一島二名)으로 조선영토임을 명확히 밝히고, 일본인들이 울릉도에 들어와서 안용복 등을 데려간 것은 조선의 영토를 침섭(侵涉)하여, 조선땅에 들어간 조선인을 구집(拘執)한 실책임을 명확히 밝힌 것이었다. 왜차(倭差)는 '침섭(侵涉)'과 '구집(拘執)'이라는 말을 고쳐 줄 것과 대마도 도주의 제2서(第二書)에 대한 회답서도 요청했으나 조선조정은 이를 모두 거절하였다.

---

9) 『肅宗實錄』 卷 27, 肅宗 20年 8月 己酉條. "九萬改前日回書曰 弊邦江原道蔚珍縣有屬島曰鬱陵 在本縣東海中 … 俱載於我國輿地勝覽書 歷代相傳 事跡昭然. 今者我國海邊漁氓 往于此島 而不意貴國之人 自爲犯越 與之相値 乃反拘執我人 轉到江戶. 幸蒙貴國大君 明察事情 優加資遣 … 雖然我氓漁採之地 本是鬱陵島 而以其産竹 或稱竹島 此乃一島二名也. 一島二名之狀 非徒我國書籍之所記 貴州人亦皆知之. 而今此來書中 乃以竹島爲貴國地 方欲令我國禁止漁之更往 而不論貴國人侵涉我境 拘執我氓之失 豈不有欠於誠信之道乎. 深望將此辭意 轉報東都 申飭貴國邊海之人 無令往來於鬱陵島 更致事端之惹起 其於相好之意 不勝幸甚."

한편 삼척첨사 장한상은 이해(1694년) 9월 갑신(甲申)일부터 10월 경자(庚子)일까지 울릉도에 들어가 조사를 했는데, 일본인들이 왕래한 흔적은 분명히 있으나 주거한 적은 없음을 확인하였고, 경작지는 비교적 좁으나 큰 나무가 많으며, 해안에 암초가 있어서 왕래가 힘들고, 토질을 알기 위하여 메밀 씨를 뿌리고 귀환했는데 명년에 다시 가서 답사하겠다고 보고하였다. 이에 영의정 남구만은 백성들을 울릉도에 들여보내 거주케 하는 것은 아직 불가능하다고 판단하고 1, 2년에 한 번씩 수토(搜討)함이 마땅할 것으로 상주하여 왕의 윤허를 얻었다.[10] 이에 1694년 울릉도 사민(徙民)은 하지 않기로 하고, 그 대신 정기적 수토정책(搜討政策)이 채택되었다.

그러나 일본의 대마도 번주(藩主)와 장기도(長崎島) 번주는 울릉도를 '죽도(竹島)'라고 부르면서, 조선왕조가 울릉도에 쇄환공도정책을 실시하는 것을 기화로 울릉도를 점탈하려고 집요하게 시도하였다.

3. 일본 도쿠가와막부 정부의 울릉도 · 독도의 조선영토로의 재확인

일본 대마도 도주가 울릉도를 '죽도(竹島)'라고 부르면서 이 섬이 일본영토이며 따라서 동해안 조선 어부들의 출어를 금지시켜 달라고 요구하는 특사를 두 차례나 보내면서 조선 중앙조정에 전달한 당시, 조선조정에서는, 앞서 기술한 바와 같이, 이에 대한 온건대응론과 강경대응론이 대립하였다. 안용복 등이 대마도 도주에게 묶여 송환된 때에는 온

10) 『肅宗實錄』 卷 27, 肅宗 20年 8月 己酉條. "漢相以九月甲申 乘舟而行 十月庚子還至三陟 言倭人往來固有迹 而亦未嘗居之 地狹多大木 水宗亦不平 艱於往來 欲知土品 種麥牟而歸 明年復往 可以驗之. 九萬入奏曰 不可使民入居 間一二年搜討爲宜. 上從之" 참조.

건대응파가 집권했으므로 안용복 등을 구금하여 귀양을 보냈다.

그러나 뒤이어 강경대응파가 집권하여 울릉도와 죽도가 1도2명(一島二名)의 동일한 섬으로서 울릉도(죽도)가 조선영토임을 명백히 하자, 조선과 일본 사이에 1693년부터 '울릉도·독도영유권 논쟁'이 일어나서 2~3년간 계속하게 되었다.

이때(1695년) 일본 대마도에서는 도주 종의륜(宗義倫)이 죽고 그의 아우 종의방(宗義方)이 새 도주로 취임하게 되었다. 대마도 새 도주 종의방은 신임 인사를 겸하여 1696년(丙子, 조선 숙종 22년, 일본 元祿 9년) 1월 에도의 도쿠가와막부 관백(關白, 막부 집정관, 老中)에게 입근(入覲)했다가 백기주 태수 등 4인이 나란히 배석한 자리에서 관백으로부터 『죽도1건(竹島一件)』에 대하여 날카로운 질문을 받았다.

도쿠가와막부 관백은 대마도 새 도주 종의방과의 질의응답 후에, 결론을 내려 '죽도(竹島, 울릉도)'를 조선영토로 인정하고, 일본인의 죽도 출어는 영구히 금한다고 결정하였다(그림 3-1).

이때의 질의응답의 결과 관백으로부터 대마도 새 도주가 지시받은 사항의 요지는 ① 죽도는 일본으로부터 거리가 160리 정도이고 조선으로부터의 거리는 오히려 40리 정도로서 조선에 가까워 죽도는 조선영토이고, ② 그 섬에 일본인들이 도해(渡海)하는 것을 금하며, ③ 이 뜻을 대마도 태수가 조선에 전하고, ④ 대마도 태수는 돌아가면 형부대보(刑部大輔)를 조선에 파견하여 이 결정을 알리고 그 결과를 관백에게 보고하도록 한 것이었다.[11]

---

11) 日本政府 編, 『公文錄』 內務省之部 1, 「日本海內竹島外一島地籍編纂方伺」의 元祿年間 附屬文書 第1號 참조.

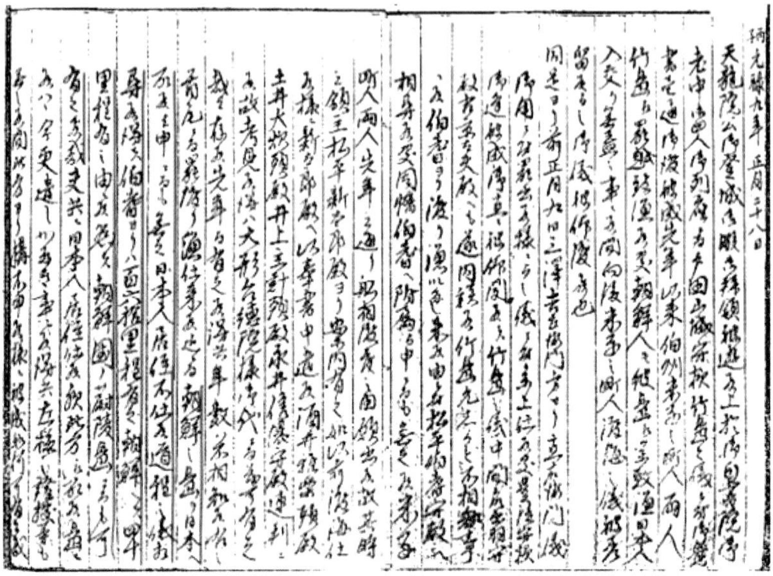

그림 3-1. 1696년 1월 28일 일본 도쿠가와막부 장군과 관백이 번주들이 모인 자리에서 울릉도·독도를 조선영토로 재확인 결정하고, 일본 어부들의 출어를 금지하여 '죽도도해면허'와 '송도도해면허'가 취소된 회의록의 일부 (자료: 신용하 교수)

일본 대마도 새 도주 종의방은 에도에서 돌아온 후 대마도에 간 조선의 역관을 불러 서계로 이 뜻을 전하였다.[12] 그리고 1697년(丁丑, 숙종 23년, 일본 元祿 10년) 정월에 재판차왜(裁判差倭, 刑部大輔拾遺) 평성상(平成常)을 당시 동래부사 이세재(李世載)에게 보내어 '죽도(竹島, 울릉도)' 논쟁에 대한 일본측의 최종 결정을 거듭 구두로 알려왔다.

이때 재판차왜 평성상이 동래부사 이세재에게 말한 요지는, 전 도주 종의륜이 생존했을 때 '죽도' 일로 두 차례 차왜를 보낸 일이 있었는바, 종의륜이 죽은 후 새 도주가 에도(도쿠가와막부를 의미)에 올라가니 관

12)『邊例集要』卷 17, 丁丑(1697) 正月條, 국사편찬위원회版 下卷, p. 510,「彼旣付書於渡海譯官」참조.

백이 죽도의 양국으로부터의 거리가 어느 나라가 가깝고 어느 나라가 먼가를 물었다. 이에 도주가 응답하기를, 조선에서 더 가까우며 이것은 일본의 땅이 아니니 상쟁(相爭)하는 것은 불가하고, 또 양국 사람들을 서로 보내어 왕래하면 잠상(潛商)의 폐단이 있을 것이라고 대답하였다. 이에 관백은 "일본인은 일체 죽도에 가지 말라"는 뜻의 명령을 백기주 태수에게 내렸다. 곧 문제가 귀일되어 이미 급하게 시행되었는데, 이것은 대마도 새 도주가 주선한 공이 많으므로 조선조정이 그 가상한 뜻을 서계로 만들어 보내면 생색도 날 것이니 그렇게 하기를 희망한다는 것이었다.13)

이것은 일본의 도쿠가와막부 관백이 '죽도(竹島)'(실제로는 울릉도와 독도)를 조선영토로 공식 재확인하고 일본인이 '죽도'에 가는 것을 엄금한 획기적인 명령을 전달하면서 그것을 마치 대마도 새 도주의 건의에 의거한 것처럼 설명한 것이었다.

4. 울릉도 · 독도의 조선영토 재확인 일본문서

1696년 1월에 울릉도와 독도를 조선영토로 재확인한 일본측의 이러한 최종 결정이 문서로 되어 있는 것은 없을까? 당시 일본측의 자료에 독도[당시 일본 명칭 송도(松島)]를 울릉도의 속도(屬島)로 간주하여 그

---

13) 『邊例集要』卷 17, 국사편찬위원회版, 下卷, p. 510. "府使李世載時 裁判差倭平成常 副特送使茶禮罷後 來請見臣 依例許接 則同倭言于臣曰 前島主義倫生時 以竹島事 再送大差倭矣. 義倫死後 新島主入往江戶 則關白問 竹島之於兩國道理 孰遠孰近. 島主謂 近於朝鮮 此非日本之地 不可相爭 且兩國之人 送相往來 則亦不無潛商之弊云. 則關白 一依其言 以日本之人 坊勿往竹島之意 分付伯耆事 乃歸一今已彌縫 島主周旋之力多矣. 朝廷以嘉尙之意 成送書契 則其爲生色 爲如何哉云云. 臣答曰 旣有與爾酬酢之言. 從當啓聞." 참조.

일부로 기록한 것들이 많으니, 일본이 영토논쟁을 일으켰던 울릉도를 조선영토로 최종 결정한 문서만 있다면 울릉도·독도가 모두 1696년에 조선영토로 재확인·재확정되었음을 증명할 수 있다.

최근 저자는 1696년 1월 일본 도쿠가와막부 정권이 죽도(竹島, 이때에는 울릉도)를 조선의 영토라고 인정하고 일본인의 왕래와 어채(漁採)를 금하도록 명령했다고 도해역관(渡海譯官)을 통하여 조선측에 알려온 일본문서를 입수하였다. 이 일본문서는 울릉도·독도가 1696년 1월 28일에 일본 도쿠가와막부에 의하여 조선영토로 재확인 판정되었음을 증명하는 매우 중요한 자료이다(그림 3-2). 문서의 내용은 다음과 같다.

> 「전 태수가 죽도의 일로 인하여 사절을 귀국에 파견한 것이 두 차례인데 사절의 일이 완료되지 않은 채 불행하게 별세했으므로 이로 말미암아 사절을 소환했습니다.
>
> (새 태수가) 오래지 않아 상선(上船)해서 (에도에) 입근(入覲)했을 때에, (관백의) 질문이 죽도의 지상(地狀)과 방향에 미쳐서 사실에 근거하여 대답했습니다. 그리하여 그것(죽도)이 본방으로부터의 거리가 심히 멀고(本邦太遠) 귀국으로부터의 거리는 도리어 가깝습니다(貴國却近).
>
> 또한 아마도 두 나라 사람들이 (그곳에서) 섞이면 잠통(潛通)과 사시(私市) 등의 폐단이 반드시 있을 것입니다. 따라서 곧 명령을 내려 영구히 사람들(일본인)이 (그곳에) 가서 어채(漁採)함을 불허(不許)했습니다.
>
> 무릇 틈의 벌어짐은 세미한 것에서 생기고 화환(禍患)은 하전(下賤)에서 일어나는 것이 고금의 통병(通病)이니, 미리 못하도록 막는 것이 오히려 낫다고 생각됩니다. 이로써 100년의 우호를 더욱 돈독히 하고자 하면 한 섬의 작은 것을 곧바로 비교에 부치지 않는 것이 어찌 두 나라의 아름다운 일이 아니겠습니까. 유념하시기 바랍니다.
>
> 남궁응(南宮應)에게 정성스럽게 (이 서찰을) 수서(修書)하도록 하고, 본주(本州, 대마도 도주)로 하여금 (조선측의) 큰 감사를 대신 (에도에) 전하게 할 것이며, 역사(譯使)가 귀국하는 날을 기다려 (이 뜻을) 아뢰어서 빠뜨리지 않도록 당부합니다.」[14]

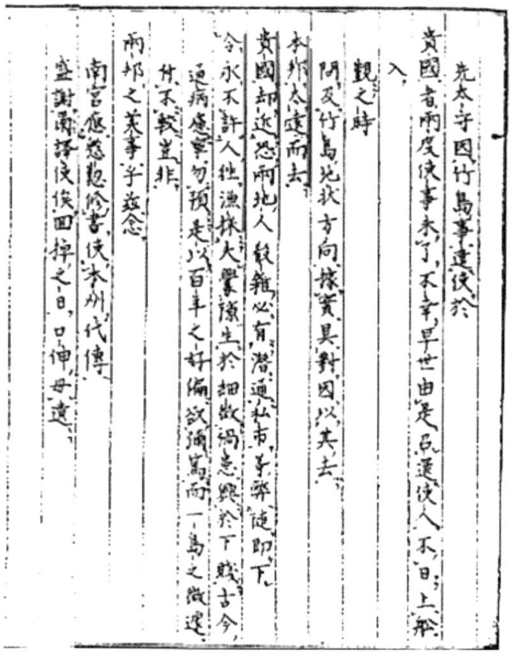

先太守因竹島事遣使於
貴國者兩度使事未了不幸早世由是召還使人不日上船
入
覲之時
問及竹島地狀方向據實具對因以其去
本邦太遠而去
貴國却近恐兩地人祖雜必有潛通私市等弊隨即下
令永不許入往漁採夫鄧隙生於細微禍患興於下賤古今
通病慮寧勿預是以百年之好偏欲彌篤而一島之微據
付不較豈非
兩邦之美事乎茲念
南宮應慇懃修書使本州代傳
盛謝爾譯使回掉之日口伸毋遺

그림 3-2. 1696년 1월 일본측이 울릉도·독도를 조선영토로 인정하고, 일본인의 울릉도·독도 출어를 금지하는 명령을 내렸음을 조선측에 알려온 전달서 (자료: 신용하 교수)

이 일본문서는 두 부분으로 구성되어 있는데 앞부분(이 문서의 대부분)은 대마도 도주가 조선의 도해역관에게 면담해 준 일본문서이고, 뒷부분은 대마도 도주가 조선 도해역관에게 특별히 구두로 당부한 부분의 기록이다. 이 문서는 매우 중요한 것이므로 그 내용을 다시 간단히

14) 『公文錄』 內務省之部 1, 「日本海內竹島外一島地籍編纂方伺」의 元祿年間 附屬文書 第2號. "先太守 因竹島事 遣使於貴國者 兩度 事未了 不幸早世 由是召還使人. 不日上船 入覲之時 問及竹島地狀方向 據實具對 因以其去. 本邦太遠 而去 貴國却近. 恐兩地人祖雜 必有潛通私市等弊 隨即下令 永不許 入往漁採. 夫鄧隙生於細微 禍患興於下賤 古今通病 慮寧勿預. 是以百年之好 偏欲彌篤 而一島之微 據付不較 豈非 兩邦之美事乎. 慈念. 南宮應慇懃修書 使本州代傳 盛謝爾. 譯使回掉之日. 口伸毋遺."

정리하면 다음과 같다.

(1) 대마도 전 태수가 죽도의 일로 사절을 귀국에 두 차례 파견했었는데 문제해결이 되기 전에 불행히 별세했으므로 사절을 소환했었다.

(2) 그 뒤 오래지 않아 새 태수가 에도막부에 올라가 (관백을) 뵈었을 때 관백의 질문이 죽도의 지상과 방향에 미쳤고 대마도 새 태수는 사실에 의거하여 모두 갖추어 대답하였다.

(3) 그 결과 죽도에서의 거리가 일본은 매우 멀고(本邦太遠) 조선은 도리어 가까우므로(貴國却近), 죽도는 조선의 것으로 인정할 것을 결정하였다.

(4) 두 나라 사람들(조선인과 일본인)이 그 섬에서 뒤섞이면 반드시 잠통(潛通)과 사시(私市)의 폐단 등이 있을 것이므로, 일본인들이 그 섬으로 어채(漁採)하러 감을 영구히 불허(不許)하도록 명령을 내렸다.

(5) 무릇 간격은 미세한 일에서 생기고 재앙과 근심은 하천(下賤)에서 일어남은 고금의 통병(通病)이니 미리 이를 막는 것이 나을 것이며, 100년의 우호를 돈독히 하기 위하여 하나의 작은 섬의 논쟁이 있었던 일은 확대해석하지 않기를 원한다.

여기까지가 대마도 도주가 조선 역관에게 필사해 가도록 한 부분이고, 다음 부분은 대마도 도주가 역관에게 구두로 당부한 부분이다. 그 내용의 요지는 조선의 도해역관에게 위의 대마도 도주의 서찰을 정성스럽게 써서 권하고, 귀국하면 반드시 조정에 아뢰어 조선조정이 도쿠가와막부 관백에게 보내는 감사의 뜻이 담긴 서계를 작성하여 대마도 도주가 이를 관백에게 전하도록 하게 해 달라고 신신당부한 것이다.

물론 이 일본문서에서 결정적으로 중요한 핵심은 ① 죽도(竹島)로부터의 거리가 일본은 매우 멀고[太遠] 조선은 도리어 가까우므로[却近] 일본 도쿠가와막부 관백이 죽도를 조선영토로 인정했다는 것과, ② 관백이 조선영토인 죽도에 일본인들이 고기잡이하러 들어감을 영구히 불허하도록 명령을 내렸다는 사실을 통고한 것이었다.

그러나 이 사실을 조선에 알리는 일본측의 방식은 매우 교활하여, 일본 도쿠가와막부의 관백이 직접 조선에 서명하여 문서를 보낸 것이 아니라 조선과의 외교통인 대마도 도주에게 보내게 하고, 대마도 도주는 자기가 서명한 문서를 보낸 것이 아니라 관백의 명령을 문서화해서 공문서의 서찰 형식으로 조선 역관을 불러 전달하였다. 그러면서도 대마도 도주는 조선 역관에게 구두로 '죽도(竹島)'를 조선영토로 인정하여 '양보'한 도쿠가와막부 관백에게 조선조정이 감사의 서계를 작성해서 자기(대마도 도주)가 관백에게 전달할 수 있게 힘써 달라고 신신당부하였다.

여기서 저자가 사용한 조선 역관에게 전달한 이 공문서는 조선측이 보관한 문서가 아니라 일본 공문서관에 보관된 것으로서, 일본 공문서의 효력을 가진 결정적으로 중요한 자료인 것이다.

동래부사 이세재는 도해역관이 가져온 위와 같은 내용의 서찰을 1697년 2월 초순에 그대로 중앙정부에 보고하였다. 『숙종실록』에 수록된 보고 요지는 다음과 같다.

> 「동래부사 이세재가 장계를 올리어 이르되, 관왜(館倭)가 말하기를 전 도주가 죽도의 일로써 사절을 재송(再送)했었는데 그의 사후에 이르러 현재의 도주가 에도에 들어가 관백에게 죽도가 조선에 가까우므로 상쟁(相爭)하는 것이 불가하다고 말함으로써 마침내 왜인의 왕래를 금하게 되었습니다. (현재의 도주의) 주선의 힘이 크다고 합니다. 이 장계를 듣고 서계를 만들어 보내어 주는 것이 어떠하온지요.
>
> 또한 (왜가 묻기를) 지난 가을 귀국인(안용복 등 — 인용자)이 별단(別單)을 (관백에게) 바친 일이 있는데 이것이 조정의 명령에서 나온 것이냐고 하기에, 신이 가로되 만약 가판(可辨)할 것이 있으면 한 역관을 에도에 보내는 것이

무엇이 꺼릴 것이 있기에 미치광이 같은 포민(浦民)을 보내겠는가 했습니다. 왜가 가로되 도주가 또한 그렇게 요량하기 때문에 차왜를 보내지 않은 것이니 이것 역시 서계를 별도로 작성하여 답해야 한다고 운운했습니다.」[15]

이에 대하여 조선은 서계를 만들어 답장으로 보내어 주어야 할 것인지를 묘당(廟堂, 의정부)에서 검토하여 국왕께 보고하게 했는데, 비변사는 다음과 같은 의견을 상신하였다.

「비변사가 회계(回啓)하여 가로되, 죽도는 곧 울릉도의 1명(一名)인데 이것이 우리나라의 영토임은 『여지승람(輿地勝覽)』에 기재되어 있고 일본 역시 이를 명백하게 알고 있는 바입니다. 그런데 (대마도 도주가) 두 번이나 사절을 보내와 서계의 어휘를 고쳐 달라고 요청했는데 그간의 정폐(情弊)를 알지 못하고 있습니다. 이제 마침내 금물왕래(禁勿往來, 일본인의 울릉도 왕래 금지—인용자)로써 현 도주의 공으로 돌리는 것은 (전도주의) 책임을 스스로 지는 뜻이 현저하게 있습니다. 조가(朝家)의 대체(大體)는 지난 일을 반드시 다시 책망할 필요는 없으며, 바람을 만나 표류해 간 백성이 한 일들은 또한 조가(朝家)가 아는 바가 아니니 구태여 서계를 만들어 보낼 것까지는 없다고 봅니다. 이런 말로써 관왜(館倭)에 대할 것을 요청합니다. 왕이 이를 윤허하다.」[16]

비변사의 의견은 ① 죽도는 울릉도의 다른 (일본의) 호칭으로서 조선의 영토임이 『동국여지승람』에도 기재되어 있고, 일본도 이를 잘 알면서도 억지로 죽도를 일본의 영토라고 주장하면서 마치 울릉도와 죽도

---

15) 『肅宗實錄』 卷 31, 肅宗 23年 2月 乙未條 "東萊府使李世載狀啓言 館倭言 前島主 以竹島事 再送大差 及其死後 時島主入去江戶 言于關白 以竹島近朝鮮 不可相爭 仍禁倭人之往來 周旋之力多矣. 以此啓聞 成送書契如何. 又問去秋貴國人有呈單事 出於朝令耶. 臣曰若有可辨 送一譯於江戶顧何所憚 而乃送狂蠢浦民耶. 倭曰 島中亦料如此 不送差倭 此亦別作書契答之云."

16) 『肅宗實錄』 卷 31, 肅宗 23年 2月 乙未條 "備邊司回答曰 竹島卽鬱陵島一名 是我國地 載於輿地勝覽 日本亦所明知 而前後送差 請改書契措語 未知其間情弊 今乃以禁勿往來 歸功於時島主 顯有引咎之意. 朝家大體 不必更責前事. 至於漂風愚民 設有所作爲 亦非朝家所知 俱非成送書契之事. 請以此言及館倭. 允之."

가 별개의 섬인 것처럼 해 왔던 것이고, ② 이제 일본이 울릉도(竹島)를 조선영토라고 인정하여 일본 어부들의 울릉도 왕래를 금지한 것은 당연한 일이며, ③ 안용복 등 표류해 간 백성들이 일본에서 한 행동은 조선조정이 아는 바가 아니므로, ④ 구태여 서계를 만들어 보내어 대마도 신주의 공로를 치하할 필요까지는 없다는 것이다.

조선 비변사는 이때 안용복 등을 심문해서 울릉도(竹島)를 조선영토로 인정하고, 일본인들의 울릉도 왕래를 금지하도록 명령한 것은 일본 관백이 안용복 등의 말을 듣고 조사한 후 결정한 것이지 대마도 신주의 건의로 이루어진 일이 아니며, 대마도 신주가 일이 이렇게 귀결된 바에야 조선측에 이것이 자기의 공로라고 내세워 생색을 내려는 것임을 알고 있었기 때문에 서계를 만들어 보내는 일에 반대했던 것이다. 그러나 조선조정은 안용복에게 정부 허락 없이 국경을 함부로 월경하여 일본 관백에게 올리는 문서를 함부로 지은 죄를 물어, 그를 정배형(定配刑)에 처하였다.17)

국왕이 비변사의 건의를 승낙했으므로 조선조정은 동래부사에게 다음과 같은 회계를 내려 보냈다.

> 「(울릉)섬에 (조선) 거주민의 기지(基地)가 있고 국승야사(國乘野史)에 기재되어 있으며 또 왕복문서가 있은즉 저들이 멀고 우리가 가까움을 논하지 않

---

17) 『肅宗實錄』 卷 31, 肅宗 23年 閏3月 戊寅條. 이 기사에 의하면, 領議政 柳尙運은 안용복을 死刑에 처하자고 주장하였다. 그러나 南九萬(領中樞府事)과 尹趾完(領敦寧府事)이 竹島(울릉도)를 對馬島 前島主가 일본영토라고 주장하는 書契와 사절을 두 번이나 파송했었는데, 일본이 갑자기 태도를 바꾸어 조선영토로 인정하고 울릉도에 일본인의 漁採를 금지하여 조선측의 주장에 折服하게 된 것은 안용복의 공이라고 하여 減刑을 주장했고, 국왕 역시 그렇게 생각하여 정배형에 처해졌다. 司憲府가 여러 차례 사형을 주장하여 啓爭했으나 국왕은 듣지 않았다.

더라도 경계(境界)는 스스로 분명한 것이다. 저들이 이미 도해역관 편에 서찰을 보내왔는데 이제 다시 변방의 신하를 대면하여 (울릉도에의) 일본인 왕래의 금지를 진술한 것은 스스로 책임을 지는 뜻이 현저하니, 조가(朝家)의 대체(大體)로 지난 일을 반드시 다시 문책할 필요는 없는 것이고, 또한 역시 서계를 만들어 보낼 필요도 없는 것이다. 이러한 말로써 (왜관의) 관수(館守)에게 전달하도록 하라.」[18]

동래부사가 이해 3월에 조정의 이러한 회계의 뜻을 왜관의 재판차왜(平成常)에게 말하니, 일본측 재판차왜는 "죽도의 일은 도주가 관백에게 고하여 일본인이 [울릉도(竹島)에] 영구히 왕래하지 말도록 한 것이니 조선을 위하여 정성을 들임이 이보다 더 큰 것이 없다"[19]고 말하면서 서계를 만들어 줄 것을 간청하였다.

동래부사가 이 뜻을 조정에 보고하니 조정의 보고를 받은 국왕은 "왜인이 반드시 서계를 받아 가고자 원한다면서 저들이 이와 같이 간청하니 서계를 만들어 주는 것이 가하다"[20]고 전교(傳敎)를 내려, 이 결정이 동래부사에게 통보되었다.

그러나 재판차왜는 서계의 일에 대하여 조선조정의 회계가 없는 것으로 생각하고 이해 4월에 조선 역관에게 고성으로 욕설을 했으며, 이미 조정이 서계의 작성을 허가했다고 말해 주어도 이를 믿지 않고 더욱 욕설을 퍼부었다. 동래부사는 이 사실을 조정에 보고하면서 재판차왜의

---

18) 『邊例集要』 卷 17, 국사편찬위원회版, p. 510. "回啓 島有居民基地 又有國乘野史 又有往復文書 則勿論彼遠此近 膈界自分 彼旣付書於渡海譯官 今又面陳於邊臣 禁人往來 顯有引咎之意. 則朝家大體 不必更責前事 亦非書契成送之事 以此言及館守."

19) 『邊例集要』 卷 17, 국사편찬위원회版, p. 510. "以竹島事 島主告于關白 使日本人永勿往來 則爲朝鮮致誠 莫大於此事."

20) 『邊例集要』 卷 17, 국사편찬위원회版, p. 510. "倭人 必欲受去書契云 彼旣如是懇請 則成給書契可也事. 傳教."

이러한 발악이 대마도 도주의 문책을 받을 것을 염려한 데서 나온 것이라고 설명하였다. 조선조정은 이 보고에 대하여 동래부사에게 서계를 역관처(譯官處)에서 준비하여 내려 보낸 지 10여 일이나 되었는데 아직 전달되지 않은 모양이니 역관이 올라오면 지연된 죄를 묻겠다고 회계에서 통보하였다.[21]

이해(1697년) 6월에 조선조정이 일본에게 주는 서계가 동래부사에게 하달되었다. 재판차왜는 이 서계를 받고 감축하여 이를 필사해서 대마도 도주에게 보냈는데, 이를 읽은 대마도주의 회보에 의거해 재판차왜가 새로운 문제를 제기하였다.

재판차왜에 의하면, 죽도(울릉도)가 조선영토로 귀일된 것은 관백의 명령에서 나온 것이고, 대마도 도주가 이 결정을 조선조정에 전달케 한 것도 역시 관백의 명령에서 나온 것이었다. 이 때문에 전날에 (조선) 역관이 대마도에 갔다가 돌아올 때 대마도 도주가 역관을 대면하여 이 결정 내용을 조선조정에 돌아가서 보고할 것을 위촉했었으며, 상세한 보고를 하지 못할까 염려해서 그 말의 대강을 적어 주어 불망지기(不忘之記)로 삼도록 한 것이었다. 이번 서계 중에는 오직 '봉행(奉行)' 등의 문자를 들어 도주의 면언(面言)을 전부 무시했으니 이는 봉행을 중히 여기고 도주를 경시한 것이라고 (재판차왜가 도주로부터) 꾸지람을 받을

---

21) 『邊例集要』 卷 17, 丁丑(1697) 4月條, 국사편찬위원회版 下卷, pp. 510-511. "裁判差倭 以書契事 無朝廷回下是如 高聲肆毒於譯官 故已許書契之意言及 則同倭不信 而益倍肆毒 而差倭發惡 蓋出於因此事受責島中之致事 啓.
回啓 同書啓 以酊菴差備譯官處 逢授下送 今至十餘日 不得傳給 稽傳之罪 不可不懲 譯官上來後 科罪事分付." "裁判差倭 以書契事 無朝廷回下是如 高聲肆毒於譯官 故已許書契之意言及 則同倭不信 而益倍肆毒 而差倭發惡 蓋出於因此事受責島中之致事 啓.
回啓 同書啓 以酊菴差備譯官處 逢授下送 今至十餘日 不得傳給 稽傳之罪 不可不懲 譯官上來後 科罪事分付." 참조.

것은 틀림이 없고, 또한 당초에 이 섬을 놓고 서로 다툴 때 죽도의 이름이 이미 에도(막부 관백)의 귀에 들어갔는데 이제 이 서계 속에는 죽도라고 하지 않고 울도(蔚島)라고만 했으니 에도(막부 관백)는 반드시 섬 이름의 같지 않음을 가지고 대마도 도주에게 캐물을 것이다. 그러므로 조선조정이 이와 같은 일을 친절히 고려하여 '울도(蔚島)'의 밑에 '1명 죽도(一名竹島)'라고 하는 주를 달아 주는 것이 좋을 것 같으며, 만일 이 서계를 이렇게 개찬해 주지 않고 그대로 에도에 보고하면 대마도 도주가 관백으로부터 처벌당할 것이 분명하므로 이 뜻을 조정에 보고하여 선사(善辭)로써 개찬해서 내려 보내 줄 것을 재판차왜는 누누이 간청하였다. 이에 동래부사가 이를 조정에 품계하였다.[22)]

조선조정은 일본측의 서계 개찬 간청이 대마도 도주가 관백으로부터 처벌당함을 면하기 위한 계책이라고 보고 서계를 고쳐 내려 보내 줄 뜻을 동래부사에게 하달하였다.[23)]

이해(1697년) 7월에 조선조정으로부터 왜관의 대마도 재판차왜에게 개찬한 서계가 다시 내려졌는데 '봉행하(奉行下)'의 문자는 여전히 존재하고 울릉도의 1명이 죽도(竹島)임만 밝힌 것이었다. 재판차왜는 이에

---

22) 『邊例集要』 卷 17, 丁丑(1697) 6月條, 국사편찬위원회版 下卷, p. 511. "蔚島事 書契入給 則裁判差倭 無不感祝 謄本入送島中. 及見島中回報後 差倭等以爲竹島之歸一 出於關白之命 使島主轉達朝廷 亦出於關白之令 故前日譯官回還之時 島主面囑 歸報朝廷 而恐不能詳報 奉行等略聲其概 以爲不忘之記. 今於書契中 只擧奉行等文字 全沒島主之面言 則奉行爲重 島主爲輕 分叱不喩. 當初此島相爭時 竹島之名 已入江戶之耳 今此書契中 不曰竹島 曰蔚島 則江戶必以島名之不同 有所究問於島中. 朝廷如有過慮 蔚島之下 以一名竹島懸註似好. 至於始雖錯認 終能敦復云者 不無非責之微意. 決難歸報江戶 此書契若不改撰 則島主之獲罪丁寧. 願以此意 轉聞朝廷 善辭改撰下送 亦縷縷懇乞事 啓." 참조.

23) 『邊例集要』 卷 17, 丁丑(1697) 6月條, 국사편찬위원회版 下卷, p. 511. "回啓 大略其間情弊所在 姑置勿論 旣以島主獲罪爲慮 欲爲彌縫江戶之計云 則撥以朝廷大體 姑示包容 俯循其情 不害爲綏遠之道 就原書契中 略加刪改 下送宜當." 참조.

불복하여 이 서계를 결코 에도의 관백에게 올릴 수 없다고 항의하고, 만약 그들의 간청을 들어 주지 않으면 작미(作米)의 일에 순순히 응할 수 없다고 버텼다.[24] 또한 재판차왜는 왜관의 일본인 잠상(潛商)과 범법자에 대한 처벌을 일체 거부하면서 서계의 개서를 집요하게 간청하였다.[25]

이에 조선조정은 이해(1697년) 12월 동래부사를 이세재에서 박권(朴權)으로 교체하여 임명하고,[26] 이듬해(1698년, 戊寅) 3월 예조참의 이선부(李善溥)의 이름으로 새로이 개서한 서계를 일본국 대마도 재판차왜(刑部大輔拾遺 平義眞)에게 전달하게 하였다(그림 3-3).

> 「조선국 예조참의 이선부(李善溥)는 일본국 대마주 형부대보습유(刑部大輔拾遺) 평공(平公) 각하에게 편지합니다.
>
> 봄 날씨가 화창한데 멀리서 동정이 편안하시다는 소식을 듣고 위안됨이 그지없습니다. 근자에 역사(譯使)가 귀주로부터 돌아와서 귀하가 (역관을) 직접 대면하여 부탁한 말을 자세히 전했는데, 모두 세세한 곡절을 갖추고 있었습니다.
>
> 울릉도가 우리의 땅임은 『동국여지승람』과 그 지도에 실려 있고 문헌 증거가 분명하니, 저쪽(일본)으로부터는 멀고 이쪽(조선)으로부터는 가깝다는 것을 논할 것도 없이 강계는 스스로 판별되는 것입니다. 귀주(대마도)는 이미 울릉도와 죽도가 1도2명(一島二名)임을 알고 있은즉 그 이름이 비록 다를지라도 그것이 우리나라의 영토임은 매 한 가지입니다.

24) 『邊例集要』 卷 17, 丁丑(1697) 7月條, 국사편찬위원회版 下卷, p. 511. "裁判處改來書契入給 則以爲奉行下文字 如前仍存 決不可以此彌縫於江戶云云. 若欲一嵋揮斥 則於作米事 似有失機會之歎 卽今事勢兩難 方令更探倭情之何如事 啓. 無回下." 참조.

25) 『肅宗實錄』 卷 31, 肅宗 23年 9月 壬午條 참조.

26) 『肅宗實錄』 卷 31, 肅宗 23年 12月 戊辰條 참조.

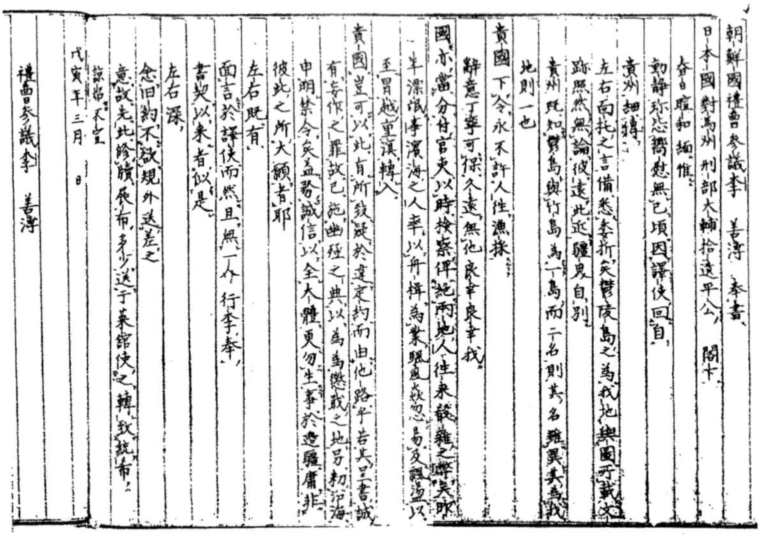
朝鮮國禮曹參議李 善溥 奉書
日本國對馬州刑部大輔拾遺平公 閣下
春日暄和 緬惟
動靜珍毖 慰慰無已 頃因譯使回自
貴州 細傳
左右面托之言 備悉委折矣 鬱陵島之爲我地 輿圖所載 文
跡昭然 無論彼遠此近 疆界自別
貴州旣知鬱島與竹島爲一島而二名 則其名雖異 其爲我
地則一也
貴國下令 永不許人往漁採
辭意丁寧 可保久遠 無他 良幸良幸 我
國亦當分付官吏 以時檢察 俾絶兩地人往來殽雜之弊矣 昨
年漂氓事 濱海之人 率以舟楫爲業 颿風焱忽 易及飄盪 以
至冒越重溟 轉入
貴國 豈可以此有所致疑於違定約而由他路乎 若其呈書 誠
有妄作之罪 故已施幽殛之典 以爲懲戢之地 另飭沿海
申明禁令矣 益務誠信 以全大體 更勿生事於邊疆 庸非
彼此之所大願者耶
左右旣有
面言於譯使 而然且無一介行李奉
書契以來者 似是
左右深
念舊約 不欲規外送差之
意 故先此修牘 展布多少 送于萊館使之轉致 統希
崇照 不宣
戊寅年三月 日
禮曹參議李 善溥

그림 3-3. 조선이 일본의 전달서를 받고 1698년에 일본측에 보낸 서계(書契) (일본 국립공문서관 소장, 자료: 신용하 교수)

귀국이 명령을 내려 사람들(일본인)로 하여금 (그곳에) 가서 어채(漁採)하지 못하도록 영구히 불허한 것은 그 말뜻이 정녕하여 오랫동안 보전되리라고 생각하며 실로 다행스러운 일입니다.

우리나라도 또한 마땅히 관리에게 분부하여 때때로 검찰해서 두 나라 사람들이 뒤섞이는 폐단을 끊도록 할 것입니다.

작년에 표류한 백성들이 (귀국의) 바닷가에 간 일은 배 젓는 일을 업으로 하는 사람들이 홀연히 큰 바람을 만나 배가 뒤집힐 뻔해서 먼 바다로 불법 월경하여 귀국으로 흘러 들어가는 데 이르렀던 것이니, 어찌 이로써 정약(定約)을 어기고 다른 길을 두었다고 의심을 펼 수 있겠습니까. 만약 그 정서(呈書, 상소 봉정)로 말할 것 같으면, 참으로 망작(妄作)의 죄가 있으므로 이미 유극지전(幽極之典)을 시행해서 징계했다고 생각하고 있습니다. 그리고 연해에는 칙령으로 금령(禁令)을 포고했습니다.

더욱 성신(誠信)에 힘써서 대체(大體)를 온전하게 하여 다시는 변경강토(邊境疆土)에 관한 시비가 일어나지 않게 함이 어찌 피차의 크게 원하는 바가 아니겠습니까.

귀하가 이미 역사(譯使)에게 대면하여 말한 바는 있으나 또한 한 사람의 사절도 서계를 받들어 오지 않았는데, 아마도 이것은 귀하가 구약(舊約)을 깊이 생각하여 법도 외의 사절을 보내지 않고자 한 뜻이라고 생각됩니다. 그러므로 이에 앞서 편지를 써서 대략 요지를 펴 동래의 관(館)에 보내어 그로 하여금 전치(轉置)하도록 했으니 그리 아시기 바라며, 이만 그칩니다.

무인년 3월
예조참의 이선부(李善溥)」[27]

새로 고친 이 서계의 특징은 ① 울릉도의 조선영토임은『동국여지승람』과 그 지도(輿圖)에 기재된 것으로 명백하고 또 일본으로부터는 멀고 조선으로부터는 가까우니 강계는 스스로 판별되며, ② 울릉도와 죽도가 1도2명(一島二名)으로 그 이름은 다를지라도 동일한 섬으로 조선영토임을 대마주에서도 이미 잘 아는 바이고, ③ 귀국이 일본인의 울릉도(죽도) 어채를 영구히 금지한 것은 정녕 치하할 일로 영구히 지켜지

27)『公文錄』內務省之部 1,「日本海內竹島外一島地籍編纂方伺」의 元祿年間 附屬文書 第3號.
「朝鮮國禮曹參議 李善溥 奉書
日本國對馬州 刑部大輔拾遺 平公 閣下
春日暄和 緬惟動靜 迪毖嚮慰無已 頃因譯使 回自貴國 細傳左右面托之言 備悉委折矣.
鬱陵島之爲我地 輿圖所載 文跡照然 無論彼遠此近 疆界自別.
貴州旣知 鬱陵島與竹島 爲一島而二名 則其名雖異 其爲我地則一也.
貴國下令 永不許 入往漁採 辭意丁寧 可保久遠 無他良幸良幸.
我國亦當 分付官吏 以時檢察 彭絶兩地人往來祖雜之弊矣.
昨年漂氓人 濱海之事 率以舟楫爲業 冊風翻忽 易及飄飄 以至冒越重良轉入貴國 豈可以此 有所致疑 於違定約 而由他路乎. 若其呈書 誠有妄作之罪 故已施幽極之典 以爲爲懲最之地 苒勅沿海 申明禁令矣.
益務誠信 以全大體 更勿生事 於邊疆庸非 彼此之所大願者耶.
左右旣有 面言於譯使 而然且無 一人行李 奉書契以末者. 似是 左右深念舊約 不欲規外送差之意 故先此修牘 展布多少 送于萊館 使之轉致 統希諒炤. 不宣.
戊寅三月 日
禮曹參議 李善溥」

기를 바라며, ④ 우리나라도 관리에게 분부해서 때때로 검찰하여 두 나라 사람들이 그곳에 왕래해서 뒤섞이는 폐단이 없도록 할 것이고, ⑤ 작년에 (안용복 등) 표류민이 귀국에 월경해 들어간 것은 거센 바람 때문이므로 조선측이 정약(定約)을 위반한 것으로 의심할 필요가 없으며, 그들이 정서(呈書)를 망작한 죄에 대해서는 이미 귀양 보내는 처벌을 내렸으니 종결되었고, ⑥ 연해에는 칙령으로 울릉도에 출어하지 말라는 금령을 이미 포고했으며, ⑦ 앞으로는 변경 강토의 분쟁이 일어나지 않도록 해야 할 것이고, ⑧ 귀하 등이 역사를 대면하여 서찰을 필사하게 하여 보내 주었으나 공식 서계를 가진 사절을 파견한 바는 없으므로 우리측도 편지 형식으로 보내니 그리 알라는 것이었다.

개찬한 편지 형식의 이 서계는 1698년(戊寅) 4월에 동래부사에게 하달되어 대마도에 전달되었다.[28] 이에 대하여 1699년(己卯, 조선 숙종 5년, 일본 元祿 12년) 대마주(對馬州) 형부대보습유(刑部大輔拾遺) 평의진(平義眞)이 조선 예조참의 이선부(李善溥)에게 다음과 같은 답서를 보내옴으로써 '울릉도·독도' 영토논쟁은 종결을 보게 되었다(그림 3-4).

> 「일본국 대마주(對馬州) 형부대보습유(刑部大輔拾遺) 평의진(平義眞)이 조선국 예조대인(禮曹大人) 각하에게 답서합니다.
>
> 지난번 빛나는 편지를 받고 실로 귀국이 평안하다는 것을 잘 알았습니다.
>
> 전년에 역사(譯使)가 바다를 건너왔을 적에 죽도일건(竹島一件)을 대면해서 진술했었는데, 이에 대하여 귀하가 사정을 깊이 헤아려서 양국이 교의를 영원히 통하게 하고 성신을 더욱 힘쓰게 함을 보여 주었으니, 지극히 다행한 일입니다.

---

28) 『邊例集要』 卷 17, 戊寅(1698) 4月條, 국사편찬위원회版 下卷, p. 511. "府使朴權時 蔚島事書契中 奉行等文字 刪去改書入給事. 啓." 참조.

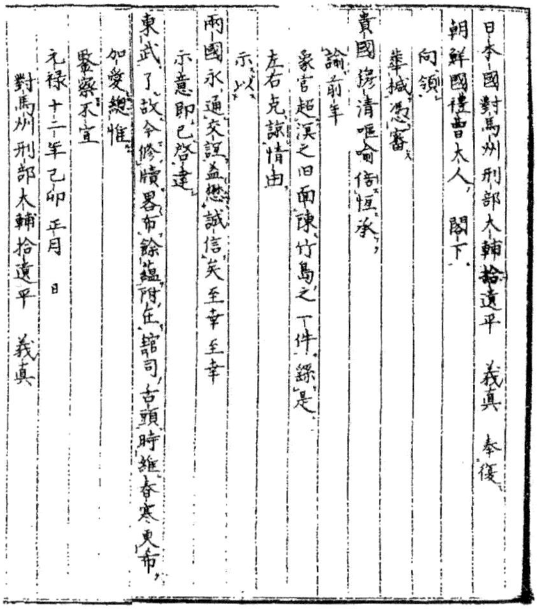
日本國對馬州刑部大輔拾遺平 義真 奉復
朝鮮國禮曹大人 閣下
向領
華緘 憑審
貴國濟清 愜命 倍恒 承
諭前年
象官超溟之旧 面陳竹島之一件 銘是
左右克諒情由
示以
兩國永通交誼 益懋誠信矣 至幸至幸
示意即已啓達
東武了 故今修牘 畧布餘蘊 附在館司舌頭 時維春寒 更希
加愛 總惟
鑒察不宣
元祿十二年己卯正月 日
對馬州刑部大輔拾遺平 義真

그림 3-4. 일본이 조선측의 서계(書契)를 받고 이를 동무(東武, 幕府關白)에게 계달(啓達)했다고 1699년 조선에 보낸 답서(答書) (자료: 신용하 교수)

(귀측에서) 보인 뜻은 즉시 동무(東武, 에도의 도쿠가와막부 장군 — 인용자)에게 계달했습니다.

그러므로 이제 편지를 써서 남은 뜻을 대략 펴고, 그 나머지 내용은 관사(館舍)의 설두(舌頭) 편에 맡겨 둡니다. 때는 봄 날씨가 아직도 찹니다. 다시 더 사랑해 주시기 바라며, 오직 두루 살피소서. 이만 그칩니다.

원록(元祿) 12년 을묘 정월 일
대마주형부대보습견 평의진(平義眞)」[29)]

---

29) 『公文錄』 內務省之部 1, 「日本海內竹島外一島地籍編纂方伺」의 元祿年間 附屬文書 第4號
「日本國對馬州 刑部大輔拾遺 平義眞 奉復
朝鮮國禮曹大人 閣下
向領華据 憑審

이 답서의 요지는 조선측의 서계를 대마도 도주가 동무(東武, 에도의 도쿠가와막부 장군)에게 잘 계달했다는 내용이다. 일본측의 이 답서로 일본측의 죽도 영유 주장 때문에 일어난 17세기 말의 '울릉도·독도영유권' 논쟁은 외교문서상으로도 완전히 종결을 보게 되었다.

1693~1696년 조선·일본 간의 '울릉도·독도 논쟁'의 종결은 당시 일본의 중앙정부인 도쿠가와막부 관백이 죽도(竹島, 울릉도)와 송도(松島, 독도)가 조선영토임을 확인하고 결정한 획기적인 것으로, 이것으로 이후 일본은 죽도(울릉도)와 송도(독도)가 조선영토임을 존중하였다.

5. 일본 도쿠가와막부의 독도를 조선영토 재확인의 논거

일본의 도쿠가와막부 관백이 1696년 1월 울릉도와 독도를 조선영토로 재확인했다는 사실의 근거는 무엇보다도 그의 결정의 내용과 설명에서 단호하고 명백하게 나타나 있다.

일본측 자료인 『조선통교대기(朝鮮通交大紀)』는 1696년 1월 막부관백(阿部豊後)의 이때의 말을 다음과 같이 기록하였다.

> 「죽도(竹島)가 인번주(因幡州)에 속하게 되어 있다 하더라도 아직 우리나라(일본 — 인용자) 사람들이 거주한 적은 없고, 대덕군(台德君, 德川秀忠) 때 요나고(米子)의 어민이 그 섬에 고기잡이를 하겠다고 출원했기 때문에 그것을 허락했던 것이다. 지금 그 땅의 지리를 헤아려 보건대 인번주와의 거리는 160

貴國 穆淸嘔喩 倍恒承諭.
前年 象官超溟之舊 面陳竹島之一件 繇是 左右克諒情由 示以 兩國 永通交誼 益懋誠信矣 至幸至幸.
示意 卽已啓達 東武了. 故今修牘略布 餘蘊附在館司舌頭.
時維春寒 更希加愛 總惟鑒察. 不宣.

元祿十二年己卯正月 日
對馬州刑部大輔拾遺 平義眞」

리쯤이고 조선과의 거리는 40리쯤이어서, 일찍이 그 나라 땅이라는 것이 의심 없을 것 같다. 우리 국가에서 만약 병력으로써 임한다면 무엇을 요구하여 얻지 못하겠는가? 다만 쓸모없는 조그마한 섬을 가지고 이웃 나라에 우호관계를 잃는 것은 좋은 계책이 아니다. 그리고 당초에 이 섬을 저 나라에서 빼앗은 것이 아니니 지금 또 돌려준다고 말할 수는 없다. 다만 우리나라(일본—인용자) 사람들이 가서 고기잡이하는 것을 금지해야 할 뿐이다. 지금 조정의 의논도 이전과 같지 않으니, 서로 다투어 마지않는 것보다는 각자 무사한 것이 낫다. 마땅히 이 뜻으로서 저 나라(조선—인용자)에 의논해야 할 것이다.」[30)]

위의 도쿠가와막부 관백의 결정 설명에서 다음을 특히 주목할 필요가 있다.

(1) 죽도(竹島)를 인번주(因幡州)에 속하게 할 수 있다 가정할지라도, 원래는 덕천수충(德川秀忠) 장군 때에 요나고(米子)의 어민이 그 섬에 고기잡이를 하러 나가겠다고 출원했기 때문에 허가를 내주었던 것이다.

(2) 죽도(竹島)의 지리를 보면 인번주(因幡州)로부터의 거리는 160리이고 조선과의 거리는 40리이니, 죽도가 조선영토임은 의문의 여지가 없다. 따라서 '竹島之內松島[죽도지내송도: 죽도(울릉도) 안의 송도(독도)]'도 조선영토임은 의심의 여지가 없다. 일본이 병력을 사용하여 죽도를 빼앗고자 한다면 물론 빼앗을 수 있지만 불모의 작은 섬을 빼앗으려고 이웃 나라와의 우호관계를 잃는 것은 현명한 정책이라고 볼 수 없다.

(3) 당초에 죽도(및 송도, 독도)를 조선으로부터 빼앗은 것이 아니니, 지금 또 이 섬을 조선에 돌려준다고 말할 수는 없다. (울릉도와 독도는 처음부터 조선영토였고 일본측이 이를 빼앗은 것이 아니라 오직 요나고의 어부들에게 고기잡이 가는 것을 허락했던 것뿐이므로 이제 이 섬

30) 『朝鮮通交大紀』 8; 『獨島領有權 資料의 探究』 제2권, pp. 209-212 참조.

을 조선에 돌려준다고 말할 것도 없다.) 오직 일본인들이 이 섬에 건너가서 고기잡이하는 것을 금지하면 족한 것이다. 이를 금지하도록 하라는 것이다.

여기서 특히 주목할 것은 17세기 말 도쿠가와막부 관백(阿部豊後)이 울릉도와 독도를 당초에 조선영토이고, 요나고의 어민 오타니(大谷甚吉)

[朝鮮通交大紀 八]

此年(○元祿八年) 十月 天龍院公(○宗義眞) 東武に勤せらる、よりて執政阿部豊後守稟すに、竹島一款、先太守、使をして論談せしむるもの今洙に三年なり、彼國固く竹島を以て其國の地なりとして、終に我に聽く事なし、如何といふを以てせらる、翌丙子年(○元祿九年)正月に至り、豊後守諭に、竹島の地、因幡に屬せりといへども、また我人居住の事なし、台德君(○德川秀忠)の時に在て、米子村の漁人其島に漁せん事を願ひしに依て是を許されしなり、今其地理を計るに、因幡を去るもの百六十里許、朝鮮を距る四十里許なり、是曾て披が地界たる其疑なきに似たり、國家若兵威を以て是に臨まば、何をもとむとし得べからざらむ、但無用小島の故を以て、好みを隣國は失する、計の得たるにあらず、しかも其の初是を彼に取に非ざる時は、今また是を返すを以て詞とすべからず、唯我人の往て漁ずるを禁ぜらるべきのみ、今朝議以前に同じからず、其相爭ふてやまざらむよりは、各無事ならんにはしかじ、宜しく此意を以て彼國に諭べしといふを以てせらる、此年十月、彼國下同知、宋判事をして來り使せしむ、又此年夏、朝鮮人十一人因幡州に來り、事を東武に啓するを以てせしに、鈞命して是を逐同されし事あり、天龍院公、よりて朝旨を兩使に諭し、また老臣をして兩事を書し示さしむ、

그림 3-5. "'도해면허'는 요나고 마을의 어부가 조선의 그 섬에 고기잡이하러 건너가겠다는 청원을 허가한 것이며, 그 섬을 일본이 빼앗은 일이 없으므로 다시 이를 돌려준다고 말해서는 안 되고, 오직 일본 어부들이 건너가서 고기잡이함을 금지시키면 족하다"는 요지로 '도해면허'의 내용과 취소를 밝힌 1696년 1월 도쿠가와막부 관백의 논담(論談)을 기록한 『조선통교대기(朝鮮通交大紀)』의 부분

와 무라가와(村川市兵衛) 두 가문에게 '죽도도해면허'와 '송도도해면허'를 내어 준 것은 울릉도(죽도)와 독도(송도)를 조선으로부터 빼앗은 것이 아니라, 요나고의 어부들이 그 섬으로 고기잡이하러 가겠다고 청원했으므로 월경하여 고기잡이하러 건너가는 것만을 허가했던 것에 불과한 것이었다고 지적한 점이다. 따라서 이제 일본인이 죽도(울릉도)와 송도(독도)에 건너가서 고기잡이하는 것을 금지시키면 모든 문제가 해결된다고 말한 것이었다(그림 3-5).

즉 17세기 말 일본 도쿠가와막부의 최고 통치자는 울릉도와 독도가 조선의 고유영토이고 일본의 고유영토가 전혀 아니며, 막부가 1618년과 1661년에 요나고의 어부들에게 '도해면허'를 내어 준 것은 그들의 청원에 따라 그곳에 월경하여 건너가서 고기잡이함을 허가한 것뿐이지 그 섬이 일본영토로 되었기 때문이 아님을 명백히 밝힌 것이다.

그러므로 오늘날의 일본정부가 도쿠가와막부가 내어 준 1618년의 '죽도도해면허'와 1661년의 '송도도해면허'를 가지고 오타니·무라가와의 두 가문 어부들이 월경하여 울릉도·독도 연해에서 1618~1691년의 약 70여 년 간 고기잡이한 것을 들어서 독도를 일본고유영토라고 주장하는 근거로 삼는 것은 전혀 사실과 다른 것이고 전혀 성립될 수 없는 것이다. 또한 이러한 현대 일본정부의 주장은 도쿠가와막부의 당시의 '죽도도해면허'와 '송도도해면허'의 월경 고기잡이의 허가결정과 취소결정의 이유 논거에도 정면으로 배치되는 황당무계한 주장인 것이다.

□ 제 4 장
일본측의 안용복 도일(渡日)활동은 '사실'이 아니라는 주장에 대한 비판

1. 안용복의 제1차 도일

17세기 말 일본 도쿠가와막부가 '죽도도해면허(竹島渡海免許)'와 '송도도해면허(松島渡海免許)'를 내어 주어 일본의 어부 두 가문이 울릉도(죽도)·독도(우산도, 송도)에 조선조정 몰래 출어할 무렵, 동래 출신 배꾼 안용복(安龍福)이 울릉도와 독도(우산도)의 영유권을 수호하기 위하여 크게 활약하였다. 안용복은 성격이 호방하고 의협심이 강했으며 일본말을 잘하였다.

안용복의 어선단과 일본의 오오야(大谷) 가문의 어선단이 울릉도에서 조우하여 논쟁을 시작한 것은 1692년(숙종 18년) 봄이었다. 안용복 등 동래·울산 어부 일행이 조선조정의 출어금지를 지키지 않고 어류가 풍부한 울릉도에 들어가 고기잡이를 하고 있을 때 오오야 가문의 어선단이 울릉도에 들어왔다. 안용복 등은 울릉도는 조선영토인데 일본 어부들이 들어온 것은 남의 영토에 월경해 들어온 불법임을 들어 돌아갈 것을 요구하였다. 오오야 가문측 어선단에서 '죽도도해면허' 사본을 내보였으나 안용복 등은 그것은 일본측 문서이고, 울릉도는 조선영토이므로 일본 어부와는 관계없는 땅이라고 물러가 돌아갈 것을 강경하게 요구하였다. 이때에는 조선 어부들의 숫자가 더 많아 일본 어부들은 대항하지 못하고 고기잡이를 포기한 채 일본으로 돌아갔다.

이듬해 1693년(숙종 19년) 봄, 안용복 등 40여 명의 어부들이, 앞서 쓴 바와 같이, 다시 울릉도에 고기잡이를 나갔는데, 역시 울릉도에 고기잡이를 온 일본 오타니(大谷甚吉) 가문의 어부들과 충돌하게 되었다. 전년에 쫓겨 갔던 오타니 가문의 일본 어부들은 이번에는 수도 늘리고 무기도 준비하여 감추고 왔다. 수적으로 우세했던 일본 어부들이 협상을 하자고 조선 어부 대표를 일본 어선으로 꾀어내어 안용복·박어둔 두 사람을 일본으로 납치해 갔다. 그들은 안용복 등을 처음에는 자기들 집에 가두어 심문하다가 돗토리번(鳥取蕃)에 넘기고, 돗토리번을 통하여 막부에 보고하였다.

안용복은 돗토리번의 심문에서 울릉도는 조선영토임을 지적하고 "조선사람이 조선땅에 들어갔는데 왜 구집(拘執)해 왔는가" 하고 항의하였다. 돗토리번은 이에 안용복 등을 에도의 막부에 이송하였다. 에도막부의 심문에도 안용복은 당당하게 울릉도가 조선영토임을 강조하고, 조선영토인 울릉도에 일본 어부들의 출입을 금지해 줄 것을 요구하였다.

당시 에도막부는 안용복이 울릉도가 조선영토인 것을 강력히 주장하므로 안용복의 진술을 조사하였다. 에도막부의 관백(막부 집정관, 老中)은 안용복을 심문한 후 "울릉·자산(子山·于山) 등 섬은 조선영토(以鬱陵·子山等島 定以朝鮮之界 至有關白書契)"라는 서계(書契)를 써 주고 후대한 후 장기(長崎)·대마도를 거쳐 송환케 하였다.[1]

그러나 안용복이 장기에 이르자 장기도주(長崎島主)는 안용복 등을 다시 구집 상태에 두었다. 대마도에 이르자 대마도 도주는 백기주(伯耆

1) 『肅宗實錄』 卷 30, 肅宗 22年(丙子, 1696年) 9月 戊寅(25日)條 참조.

州) 태수(太守)가 안용복에게 써 준 서계를 빼앗고, 안용복 등을 일본영토 '죽도'를 침범한 죄인으로 묶어 이해 12월에 동래부에 인계하였다. 이때 대마도 도주는 위에서 쓴 바와 같이 왜차를 붙여 "일본영토인 '죽도'에 조선 어부들의 침범을 금지해 줄 것"을 요구하는 서찰을 보내왔다. 안용복은 그의 일본에서의 경험을 관청에 보고했으나 관청에서는 그의 말을 들어 주지 않고 투옥까지 하였다.

이것이 안용복의 제1차 도일이다. 안용복의 1693년 4월부터 같은 해 12월까지의 제1차 도일은 자유의지에 의한 것이 아니라 납치당한 것이었다. 그러나 안용복은 에도막부의 조사와 심문에서도 당당하게 울릉도(죽도)는 조선영토임을 주장하고, 조선사람이 조선영토에 들어간 것은 죄가 없는 것이고, 울릉도에 들어간 일본 어부들이 죄를 범한 것이라고 항의하여, 결국 "울릉도(죽도)와 자산도(우산도, 독도)는 조선영토이다"라는 서계까지 받았다.

이 기사의 요점은 『숙종실록(肅宗實錄)』에 기록되어 있고, 같은 날짜의 『숙종실록』 기사에는 3년 후 안용복의 제2차 도일 기사가 실려 있으며, 백기주 태수가 "울릉도(죽도)·독도(송도)의 양도(兩島)가 조선영토"임을 확인한 서계를 써 주었다는 진술이 기록되어 있다.

2. 일본측의 주장과 그에 대한 비판 및 증거

이 때문에 오늘날 일본정부와 일본의 일부 논자들은 안용복의 『숙종실록』에 기록된 진술이 '사실'이 아니고 '허위'라고 주장하면서 그 증거로, 일개 천한 어부를 감히 '에도'의 막부 관백이 데려다가 심문했다는 주장의 '허위'에서 잘 증명된다는 식의 논리를 전개해 오고 있다. 안용복이 '에도'막부에 갔었다는 것은 거짓말이라고 주장하며, 이 거짓말이 마치 『숙종실록』의 모든 '안용복 진술'의 허위성을 증명하는 것처럼 주장하고 있다.

그러나 『숙종실록』은 물론이요 일본측 당시 자료에도 안용복이 에도막부까지 호송되어 조사를 받고 석방되었을 뿐 아니라 정중한 대우를 받았음이 기록되어 있다.

'죽도도해면허'를 막부로부터 허가받아 이 문제에 가장 정확한 오오야 가문의 울릉도·독도 관계 문서집인 『죽도도해유래기발서공(竹島渡海由來記拔書控)』은, 1692년 울릉도(죽도)에서 조선인을 만나 오오야가의 선원들이 어채를 포기하고 귀국한 다음 해(1693년)에, 그곳(울릉도)에서 안용복(安龍福)과 박어둔(朴於屯)을 납치하여 구류하고 심문한 다음 돗토리번(鳥取藩)에 그들을 인도했고, 돗토리에서 그들을 심문한 후에 그(안용복)를 에도(江戶)로 인도했으며, 에도에서 심문한 후에 귀국시켰다고 다음과 같이 기록을 남기고 있다.

> 「즉시 돗토리(鳥取)에서 심문한 후에 당인(唐人, 가라히도, 異邦人, 한인, 안용복 — 인용자)은 에도(江戶)에 인도하게 되었습니다. 곧 에도에서 조사가 있었고, 조사도 끝나 순차적으로 물건을 내려주고, 귀국하게 되었습니다. (그 상세한 것은) 따로 기록한 것이 있으므로 여기서는 생략합니다.」[2)]

별도의 상세한 기록은 아직 발견되지 않았지만, 『죽도도해유래기발서공』의 위의 기록 줄거리가 『숙종실록』의 줄거리와 일치함은 안용복의 에도막부에의 호송과 심문 후의 석방 귀국이 진실임을 명백히 증명하

---

2) 권오엽, 「안용복의 渡日활동에 대한 史的 검증」, 『2007년도 한국영토학회 제3회 학술대토론회 논문집』, 2007, p. 30.
『竹島渡海由來記拔書控』 본문 17. "則鳥府表御吟味之上 唐人江府御引渡 則江戶表御穿鑿 相濟順タ御贈帰と成ル" 참조.

는 것이다. 일본측 자료인 『이본백기지(異本伯耆志)』에서도 다음과 같이 안용복의 '에도'막부에의 호송을 기록하였다.

「명을 받아 무기를 싣고 (울릉도)에 이르렀다. 조선인은 그 섬(울릉도)의 대판포(大坂浦)에 숨었다. 남은 두 사람이 있었다. 즉시 그들을 잡아 귀범하여 관에 고소하였다. 명이 있어 토우베에(藤兵衛)가 이인(異人, 안용복 등)을 거느리고 본부에 갔다. 번사 가노우(加納)씨, 오제키(尾關)씨가 수호하여 이인을 에도(江戶)에 불러들였다가 본토(조선)로 보내었다. 그 후 그 나라에서 죽도(울릉도)는 조선의 땅이라는 말을 끊임없이 말하기에 이르렀다.」[3)]

이 자료는 에도막부의 명을 받고 안용복을 돗토리번으로부터 에도막부까지 호송해 간 두 번사(藩士)의 성(加納과 尾關)까지 밝히면서 안용복이 에도막부에까지 호송되어 갔고, 심문 후에 석방되고 귀국했음을 기록하고 있는 것이다. 그러므로 안용복이 에도의 도쿠가와막부까지 가서 관백(關白, 老中)의 심문을 받고, 울릉도·독도가 조선영토임을 확인받은 후에 석방되어 귀국했음은 의문의 여지가 없는 것이다.

『숙종실록』에서의 안용복의 '제1차 도일'과 '제2차 도일'에 관한 진술은 사실을 기록한 것임이 틀림없다고 보는 것이 합리적 판단이 되는 것이다.

3. 안용복의 제2차 도일

안용복은 일본 도쿠가와막부 정권이 울릉도·독도를 조선영토로 재확인 판정한 직후에도, 특히 대마도측 등에서 계속 집요하게 울릉도를 탈

---

3) 권오엽, 전게논문 참조.
『竹島渡海由來記拔書控』 본문 17에서도 藤兵衛가 안용복을 大谷家에서 鳥取藩으로 호송해 갔고, 加納鄕右衛門과 尾關忠兵衛의 양인이 鳥取로부터 江戶까지 안용복을 호송했다고, 그 호송자의 이름까지 기록되어 있다.

취하려 하는 것을 보고, 지난번의 경험을 살려 자신이 직접 일본에 건너가서 백기주 태수와 담판을 짓고 돌아오기로 결심하였다. 이때 안용복이 울릉도·독도를 조선영토로 재확인한 막부관백(阿部豊後)의 결정과 일본 어민들의 울릉도·독도 출어금지 명령을 알고 있었는지 아직 몰랐는지는 분명하지 않다. 알지 못했을 가능성이 더 높다고 추정된다.

그림 4-1.
1696년 안용복 공술조서(元祿 9년 병자년 조선주 착안일권지각서) (자료: 동북아역사재단)

안용복은 1696년(숙종 22년) 봄, 울산으로 가서 울릉도에 가면 해산물이 많다고 하여 순천 송광사(松廣寺)의 상승(商僧) 뇌헌(雷憲) 등과 이인성(李仁成)·유일부(劉日夫)·유봉석(劉奉石)·김길성(金吉成)·김순립(金順立) 등 16명을 모아 울릉도로 건너갔다.

울릉도에는 과연 다수의 일본 배들이 와서 정박해 있으므로 안용복이 "울릉도는 본래 우리 경지인데 어찌 감히 월경하여 침범하는가. 너희들은 모두 묶어 마땅하다"고 큰소리로 말하였다. 이에 일본인들은 "우리들은 본래 송도(松島, 독도—인용자)에 사는데 우연히 어채(漁採)를 나왔다가 이렇게 되었으니 마땅히 본소(本所)로 돌아갈 것이다"라고 대답하였다. 안용복은 다시 "송도는 곧 자(우)산도[子(于)山島]인데 이 역시 아국(我國)의 땅이다. 너희들이 감히 여기에 산다고 하느냐(松島卽子山島 此亦我國地 汝敢住此島)"[4] 하고, 이들을 쫓아냈다. 안용복이 이튿날 새벽 우산도[자산도, 독도, 송도(松島)]로 들어가서 본바 일본 어부들이 가마솥을 걸고 물고기를 졸이고 있으므로 막대기로 부수고 큰소리로 꾸짖으니 모두 배를 타고 돌아갔다.[5](그림 4-1)

『숙종실록』 기사의 '자산도(子山島)'는 우산도(于山島)의 활자 오식이거나 동일한 섬임이 분명하다. 왜냐하면 『증보문헌비고(增補文獻備考)』에는 완전히 동일한 내용을 기록하면서 '자산도(子山島)'라고 하지 않고 '우산도(芋山島)'라고 썼기 때문이다.[6]

안용복 등은 그 길로 일본 어부들을 좇아 오키도(隱岐島)로 들어갔다. 오키도 도주가 찾아온 이유를 물으니 안용복이 큰소리로 "지난해에 내가 이곳에 들어와 울릉·자(우)산 등의 섬을 조선지계(朝鮮地界)로 정하고 관백의 서계를 받아 가기에 이르렀는데, 본국은 정식(定式)이 없이 이제 또 우리 경지(境地)를 침범했으니 이것이 무슨 도리인가(頃年吾人來此處 以鬱陵·子山等島 定以朝鮮地界 至有關白書契 而本國不有定式 今又侵犯我境 是何道理云爾)"[7]라고 말하였다. 이에 오키도 도주는 안용

---

4) 『肅宗實錄』 卷 30, 肅宗 22年 9月 戊寅條. "備邊司推問安龍福等 龍福以爲渠本居東萊 爲省母至蔚山 適逢僧雷憲等 備說頃年往來鬱陵島事 且言本島海物之豊富 雷憲等心利之 隧同乘船 與寧海路工劉日夫等 俱發到本島. 主山三峰 高於三角 自南至北 爲二日程 自東至西亦然 山多雜木鷹鳥猫. 倭船亦多來泊 船人皆恐. 渠倡言 鬱陵島本我境 倭人何敢越境侵犯 汝等可共縛之. 仍進船頭大喝. 倭言 吾等住松島 偶因漁採出來 今當還往本所. 松島卽子山島 此亦我國地 汝敢住此耶. 遂於翌曉 兄舟入子山島 倭等方列釜 煮魚膏 渠以杖撞破 大言叱之. 倭等收聚載船 擧帆回去.

5) 『肅宗實錄』 卷 30, 肅宗 22年 9月 戊寅條 참조.

6) 『增補文獻備考』 卷 31, 輿地考 19, 于山島·鬱陵島條. "… 倭舶自東至 龍福目諸人縛之 船人光不發. 龍福獨前憤罵曰 何故犯我境. 倭對曰 本向松島 固當去也. 龍福追至松島 又罵曰 松島卽芋山島 爾不聞 芋山島亦我境乎. 麾杖碎其釜 倭大驚走" 固當去也. 龍福追至松島 又罵曰 松島卽芋山島 爾不聞 芋山島亦我境乎. 麾杖碎其釜 倭大驚走"

7) 『肅宗實錄』 卷 30, 肅宗 22年 9月 戊寅條. "渠仍乘船追筌 猝遇狂街 漂到玉岐島. 島主問入來之故 渠言頃年吾入來此處 以鬱陵子山等島 定以朝鮮之界 至有關白書契 而本國不有定式 今又侵犯我境 是下道理云爾. 則謂當轉報伯耆州 而久不聞消

복의 항의를 백기주(伯耆州)에 마땅히 전하겠다고 하였다.

4. 안용복의 제2차 도일활동의 증거

오키섬의 한 주민에게는 이때 오키섬에 들어온 안용복 일행을 중요한 사람별로 묘사한 당시 문서가 남아 있다. 이 문서에는 안용복을 묘사하여 나이는 43세이며, 관 같은 검은 갓을 썼고, 수정이 달린 줄, 얇은 면포 상의를 입었으며, 허리에 패를 하나 찼는데, '通政大夫 安龍福 年甲午生 東萊(통정대부 안용복 연 갑오생 동래)'라는 글자가 새겨져 있었다고 기록되어 있다(그림 4-2). 안용복이 관복 차림을 하고 오키섬에 들어갔음을 알 수 있다.

안용복은 이때 오키섬 요인들에게 "죽도(竹島)는 조선국 강원도 동래부 내의 울릉도(鬱陵島)라는 섬인데 「팔도지도(八道之圖)」에 기재되어 있고, 송도(松島)는 같은 부(강원도 동래부) 내의 자산(子山)이라는 섬인데 송도(자산도, 우산도) 역시 「팔도지도」에 기재되어 있다"고 설명했다고 기록되어 있다(그림 4-3).

오키도 도주는 안용복 일행의 입도와 항의를 백기주 태수에게 보고했으나, 오래 기다려도 백기주로부터 소식이 없었다.

이에 안용복 등은 분격하여 배를 타고 백기주(지금의 시마네현 포함)

息 渠不勝憤沓 乘船直向伯耆州. 假稱鬱陵子山兩島監稅將 使人通告本島 送人馬迎之. 渠服靑帖裏 着黑布笠 穿皮鞋乘轎 諸人竝乘馬 進往本州 渠與島主 對坐廳上 諸人竝下坐中階. 島主問何以入來. 答曰 前日以兩島事 受出書契 不驕明白 而對馬島主 奪取書契 中間僞造 數遣差倭 非法橫侵 吾將上疏關白 歷陳罪狀. 島主許之. 遂使李仁成構疏呈納. 島主之父 來懇伯耆州曰 若登此疏 吾子必重得罪死 請勿捧入 故不得稟定於關白. 而前日犯境倭十五人 摘發行罰. 仍謂渠曰 兩島旣屬爾國之後 或有更爲犯越者 島主如或橫侵 竝作國書 定譯官入送 則當爲重處. 仍給糧 定差倭護送 渠以帶有弊辭之云. 雷憲等諸人 供辭略同."

로 직항해서 '조선 울릉·우산양도감세장(鬱陵·于山兩島監稅將, 약칭 朝鬱兩島監稅將)'이라 가칭하고, 백기주에 사람을 보내어 통고하니 백기주에서 인마를 보내어 맞이하였다. 안용복은 청철릭(靑帖裏)을 입고 흑포(黑布)갓을 쓰고 가죽신을 신고 가마를 타서 위의를 갖추었으며, 다른 사람들은 말을 타고 백기주 태수의 집무처로 들어갔다. 안용복은 백기도주와 청상(廳上)에 대좌하고 다른 사람들은 모두 중간 계단에 하좌하였다.

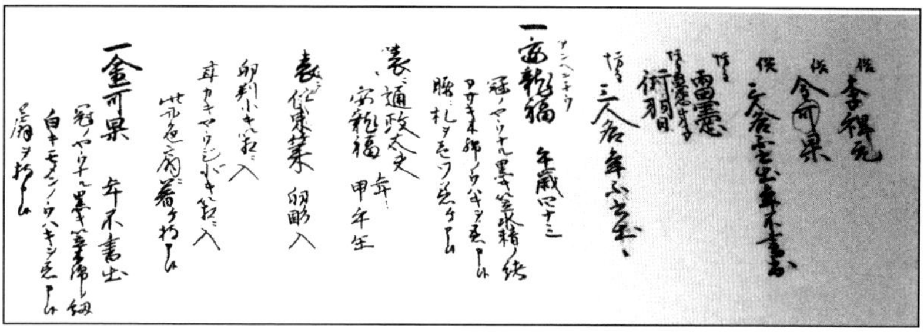

그림 4-2. 안용복과 그 일행의 모습을 묘사한 1696년의 일본 고문서(일본 시마네현 오키섬 무라카미 가문 소장)

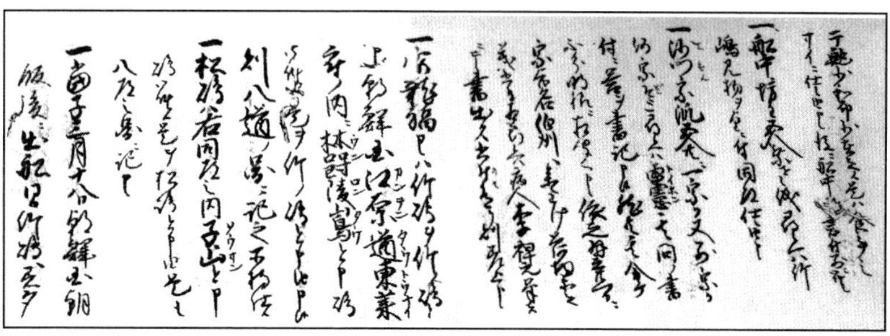

그림 4-3. 울릉도(죽도)와 독도(송도)가 조선국 강원도에 속한 땅이라는 안용복의 설명을 기록한 1696년의 일본 고문서(일본 시마네현 오키섬 무라카미 가문 소장)

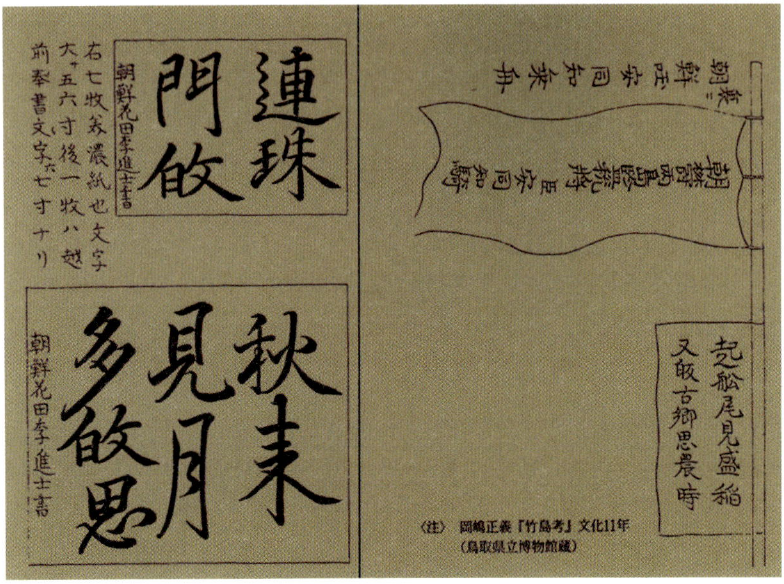

그림 4-4. 안용복이 사용한 깃발의 일본인 그림과 이인성의 글씨(일본 오키섬 현립박물관 소장, 자료: 이상태 교수)

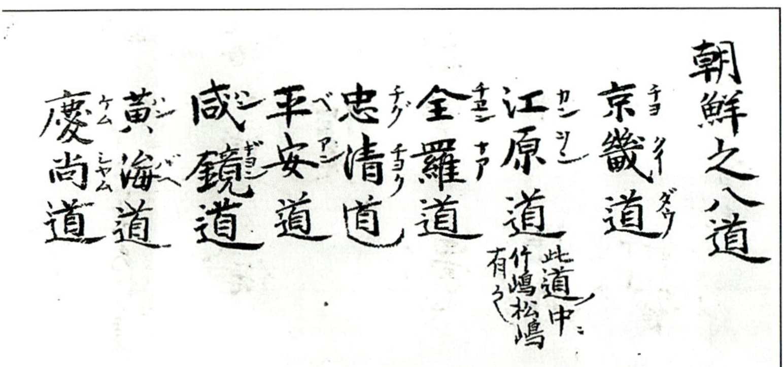

그림 4-5. 강원도 안에 죽도(울릉도)와 송도(독도)가 있음을 표시한 1696년 '조선지팔도' 문서(일본 시마네현 오키섬 무라카미 가문 소장)

백기주 태수가 일본에 들어온 이유를 물으니 안용복이 "전날 양도(兩島)의 일로 서계를 받았음이 명백한데도 대마도 도주는 서계를 탈취하고 중간에 위조하여 여러 번 차왜를 보내어 불법으로 횡침하니 내가 장차 관백에게 상소하여 죄상을 낱낱이 진술하겠다"[8]고 따졌다. 백기주 태수가 이를 허락했으므로 안용복은 이인성에게 상소문을 지어 관백에게 정납케 하였다.

일본측 문헌에는 이때 안용복이 사용한 깃발의 그림과 상소문을 지어 올렸다는 이인성(이진사)의 글씨가 남아 있다(그림 4-4).

이때 대마도 도주의 아버지가 백기주 태수를 찾아와 "만약 이 상소가 올라가면 내 아들은 반드시 중죄를 얻어 죽을 것이므로 청컨대 이 상소를 봉입(捧入)하지 말아 달라"고 간청하였다. 이 때문에 안용복의 상소문은 관백에게 정납되지 않았다고 한다. (그러나 정납되었다는 설도 있다.) 이에 백기주 태수는 이전에 국경을 침범하여 울릉도에 들어갔던 일본인 15명을 적발하여 처벌하였다.

백기주 태수는 이와 동시에 안용복에게 "양도(兩島, 울릉도와 독도, 죽도(竹島)와 송도(松島) — 인용자)가 이미 당신네 나라에 속한 이상 만일 다시 범월(犯越)하는 자가 있거나 도주(대마도 도주 — 인용자)가 혹시 횡침하는 일이 있으면, 국서(國書)를 작성하고 역관을 정하여 들여보내면 마땅히 무겁게 처벌할 것이다"[9]라는 약속을 하였다. 백기주 태수는 안용복 등에게 식량을 공급해 주고 차왜를 정하여 호송해 주었으며, 화폐도 갖고 가도록 주었으나 안용복·뇌헌 등이 사양하였다.[10]

---

8) 『肅宗實錄』 卷 30, 肅宗 22年 9月 戊寅條, "前日以兩島事 受出書契 不翅明白 而對馬島主 奪取書契 中間僞造 數遣差倭 非法橫侵 吾將上疏關白 歷陳罪狀" 참조.

9) 『肅宗實錄』 卷 30, 肅宗 22年 9月 戊寅條, "兩島旣屬爾國之後 或有更爲犯越者 島主如或橫侵 竝作國書 定譯官入送 則當爲重處"

여기서 주목할 것은 안용복의 담판에 의하여 울릉도[일본 명칭 죽도(竹島)]와 우산도[독도, 일본 명칭 송도(松島)]의 '양도'를 조선지계(朝鮮之界)로 정한 서계를 1693년에 관백이 (백기주 태수를 시켜) 써 주었으며, 1696년에 백기주 태수도 "'양도'(울릉도와 우산도=일본 명칭 죽도와 송도)가 이미 당신네 나라에 속했다(兩島旣屬爾國之後)"고 인정하고 울릉도에 침범한 일본인들을 처벌했다는 사실이다. 뿐만 아니라 백기주 태수는 어부들은 물론이요 대마도 도주라도 앞으로 울릉도와 독도를 횡침하는 경우 조선이 국서를 보내고 역관을 정해 보내오면 더욱 무겁게 처벌하겠다고 약속했음을 1696년 1월 28일 도쿠가와막부 관백의 울릉도·독도의 조선영토 재확인 결정과 관련하여 주목할 필요가 있다(그림 4-5).

안용복이 비변사의 심문에 응답하여『숙종실록』에 기록된 내용들과 울릉도와 독도(자산도, 우산도)를 조선영토로 설득했고 재확인 받았다는 진술 등은 모두 사실임이 일본측 고문서에서도 명백히 증명되는 것이다.

안용복의『숙종실록』에 기록된 진술내용은 '사실'이 아니라는 일본정부의 주장은 일본측 증거문헌에서도 반증되는 억지에 불과한 것이다.

10)『肅宗實錄』卷 30, 肅宗 22年 9月 戊寅條 참조.

□ 제 5 장
일본측의 17세기 말 '죽도도해면허'는 취소했으나 독도(송도)는 일본영토로 간주했기 때문에 '송도(독도)도해면허'는 취소하지 않았다는 주장에 대한 비판

1. 울릉도 · 독도 도항 일본인 심문기록의 독도조선영토 재확인과 '송도(독도)도해면허' 취소의 증명

최근 일본정부는, 17세기 말(1696년 1월) 도쿠가와막부가 취소한 것은 '죽도(울릉도)도해면허'뿐이고, 송도(松島, 독도)는 일본영토로 간주했기 때문에 '송도(독도)도해면허'는 취소하지 않았다고 주장하고 있다.

일본정부의 이러한 주장은 진실을 왜곡한 억지 주장에 불과하다.

일본 도쿠가와막부가 송도(독도)도 죽도(울릉도)와 함께 '조선영토'로 재확인하여, 1696년 1월 '죽도(울릉도)도해면허'와 '송도(독도)도해면허'를 동시에 취소했음을 증명하는 또 다른 증거가 남아 있다.

일본 돗토리번 석주(石州)의 하마다(浜田) 출신 하치 우에몽(八右衛門)이라는 사람이 1831년 도쿠가와막부에 죽도(울릉도)와 송도(독도)에의 도해 허가를 신청했다가 막부에서 거절당하자, 1832년 송도(독도)를 지나 죽도(울릉도)를 막부의 도해면허 없이 불법 월경했었는데, 일본으로 귀국한 후 발각된 일이 있었다. 막부는 1836년 여름 이 사건을 철저히 조사 심문하여 하치 우에몽과 그 동료를 처형했는데, 그 심문기록이 『조선죽도도항시말기(朝鮮竹島渡航始末記)』이다.

『조선죽도도항시말기』에는 울릉도(죽도)와 독도(송도)를 외국인 '조선 영토'로 재확인하고 있다. 그리고 독도와 죽도에 막부의 허가 없이 월경하여 다녀온 것을 '유죄'로 판결하여 처형한 과정이 기록되어 있다.

이 심문기록 일부에서 하치 우에몽은 죄를 면해 보려고 동료 하시모토(橋本三兵衛)로부터 죽도(울릉도)도해는 거부당했으나 송도(독도)도해는 무방한 것 같다는 말을 듣고, 송도에는 나무가 없어 지나가고 죽도에 건너가서 벌목했다고 변명하였다.

오늘날 일본정부는 하치 우에몽의 이 변명을 갖고, 도쿠가와막부가 당시 '죽도도해'는 엄금했으나 '송도도해'는 허용했다고 주장하고 있다. 그러나 이것은 전혀 사실이 아니다.

당시 하치 우에몽 자신도 송도(독도)가 죽도(울릉도)와 함께 조선영토임을 명백히 인지하여 지도까지 그렸고, 막부도 이를 밝혀 경고판에서 죽도와 그 오른쪽 송도에의 도해금지를 거듭 경고하였다.

『조선죽도도항시말기』에는 하치 우에몽이 월경했다가 돌아온 '송도'(독도)와 '죽도'(울릉도)의 위치와 거리를 그린 지도가 부록되어 있는데 조선영토는 홍색, 일본영토는 청색으로 채색하였다. 『조선죽도도항시말기』의 이 지도는 '송도'(독도)와 '죽도'(울릉도)를 조선영토 색과 동일하게 홍색으로 채색하여 '조선영토'임을 명확히 표시하였다(그림 5-1).

그리고 일본 해안(石見 지역)으로부터 죽도(울릉도)까지의 직선거리는 89리인 데 비하여 '죽도'로부터 조선 해안까지의 직선거리는 36리라고 기록하였다.

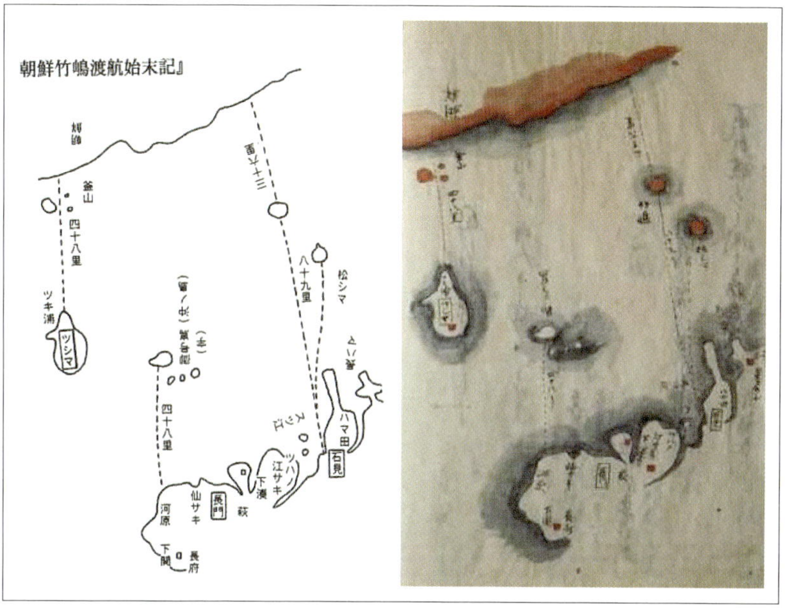

그림 5-1. 『조선죽도도항시말기(朝鮮竹島渡航始末記)』의 지도에 독도·울릉도가 조선 영토임을 나타낸 채색(I) (일본 시마네현 하마다시립도서관 소장, 자료: 동북아역사재단)

동경대학 도서관 소장의 『죽도도해일건 전(竹島渡海一件 全)』에도 『조선죽도도항시말기』와 동일한 내용이 수록되어 있고, 부록지도가 있는데, 죽도(울릉도)와 송도(독도)는 조선영토로서 조선영토 색인 홍색으로 채색되어 있고, 오키도는 일본영토로서 일본영토 색인 황색으로 채색되어 있다. [이 지도는 하치 우에몽이 그린 것으로 알려져 있다(그림 5-2).]

일본 도쿠가와막부는 하치 우에몽을 처형한 후 일본 서해안 각번에 조선영토인 '송도'(독도)와 죽도(울릉도)에 월경하면 처형한다는 '경고판'을 세우게 했는데, 남아 있는 이 경고판의 경고문에서도 '죽도'(울릉도)와 그 동쪽 섬(송도)은 다른 나라 땅인 조선영토이므로 도항금지임을 명백히 공포하였다(그림 5-3).

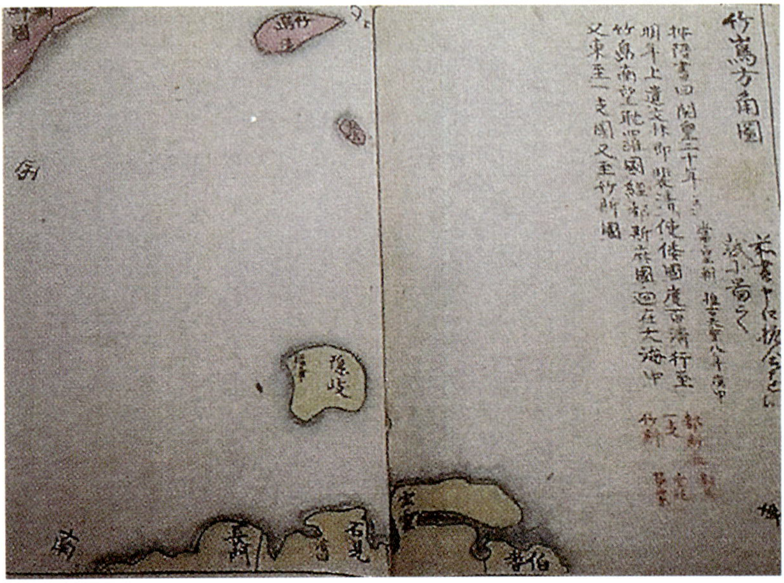

그림 5-2. 하치 우에몽이 그린 것으로 알려진 또 하나의 지도, 「죽도방각도」(동경대학 도서관 소장, 자료: 동북아역사재단)

그림 5-3. 막부의 명령을 받아 다카다(高田)번이 니가타현(新潟縣) 해안에 1837년 세웠던 경고판(자료: 조선일보)

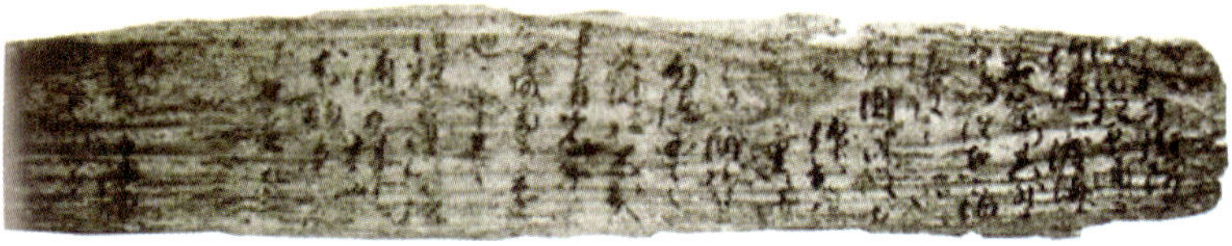

그림 5-4. 1839년 독도 · 울릉도 도항금지 경고판(일본 시마네현 하마다 향토자료관 소장, 자료: 이상태 교수)

도쿠가와막부의 경고판은 관련된 번의 주요 항구 요지에 세웠었는데, 어떤 경우에는 '죽도'도항금지라고만 되어 있어도 그 내용은 '울릉도'와 '독도'가 모두 포함된 것이었다. 시마네현 하마다 향토사료관에 보관된 1839년의 경고판도 그 예이다(그림 5-4).

'송도(독도)도해면허'는 '죽도(울릉도)도해면허'와 함께 1696년 1월 도쿠가와막부가 취소한 것이었으며, 막부는 '송도'(독도)를 '조선영토'로 재확인하여 일본인에게 '도해금지'를 명령한 것이 역사적 진실이다.

따라서 오늘날 일본정부가 1696년에 '죽도도해면허'만 취소되었지 '송도도해면허'는 취소된 적이 없으며, 막부가 '송도'(독도)를 일본영토로 확인했다는 주장은 황당무계한 억지이고, 진실이 아닌 거짓인 것이다.

2. 태정관 문서의 독도조선영토 재확인과 '송도(독도)도해면허' 취소의 증명

일본 도쿠가와막부가 1696년 1월 28일 울릉도·독도를 조선영토로 재확인하고 '죽도(울릉도)도해면허'를 취소할 때, 도쿠가와막부는 독도(우산도, 송도)도 조선영토임을 재확인하고, '송도(독도)도해면허'도 동시에 취소했음을 증명하는 것으로 그 후 메이지 정부의 '태정관(太政官) 문서'와 '내무성 문서'가 남아 있다.

일본 메이지 정부의 국가최고기관인 태정관(太政官, 총리대신부)과 내무성도 독도와 울릉도를 조선영토라고 확실하게 인지하였다.

일본 내무성[내무대신 오쿠보(大久保利通)]은 1876년(메이지 9년) 일본 국토의 지적(地籍)을 조사하고 근대적 지도를 편제하는 사업에 임하여 시마네현(島根縣)의 지리담당책임자로부터 동해에 있는 죽도(竹島, 울릉도)와 송도(松島, 독도)를 시마네현의 지도에 포함시킬 것인가 뺄 것인가에 대한 질의서를 1876년 10월 16일자 공문으로 접수하게 되었다. 일본 내무성은 약 5개월에 걸쳐 시마네현이 제출한 부속문서뿐 아니라 조선 숙종 연간(일본 元祿 연간)에 안용복 사건을 계기로 조선과 교섭한 관계 문서들을 모두 정밀하게 조사해 본 후, 울릉도(죽도)와 독도(송도)는 조선영토이고 일본과는 관계없는 곳이라는 결론을 내렸다.

일본 내무성은 울릉도(죽도)·독도(송도)는 일본과는 관계없는 섬이고 조선영토라는 결론은 내렸으나, 영토를 지도에 넣거나 빼는 것은 영유권에 관련된 중대 사안이므로 내무성 단독으로 최종 결정을 내릴 수는 없고, 국가최고기관인 태정관(총리대신부, 右大臣 岩倉具視)의 최종 결정을 받아야 한다고 판단하여 1877년(메이지 10년) 3월 17일 다음과 같은 질품서(질문서)를 부속문서들과 함께 태정관에 올렸다.

> 「일본해내 죽도(竹島) 외 1도(外一島) 지적편찬에 대한 질품서
>
> 죽도(竹島)는 소할(所轄)의 건에 대하여 시마네현으로부터 별지의 질품이 와서 조사한바 해도(該島)의 건은 <u>원록(元祿) 5년(1692, 숙종 18) 조선인(朝鮮人)이 입도한 이래 별지서류에 적채(摘採)한 바와 같이</u> 원록(元祿) 9년 정월 제1호 구 정부의 평의의 지의(旨意)에 의하여, 제2호 역관에게 준 달서(達書), 제3호 해국(該國)에서 온 공간(公簡), 제4호 본방 회답 및 구상서(口上書) 등과 같은바, 즉 원록(元祿) 12년에 이르러 각각 왕복이 끝났으며, 본방은 관계가 무(無)하다고 들었지만, 판도(版圖)의 취사(取捨)는 중대한 사건이므로 별지서류를 첨부하여 위념(爲念)해서 이에 품의합니다. (밑줄 — 인용자)

메이지 10년 3월 17일
내무경 大久保利通 대리
內務少輔 前島 密
右大臣 岩倉具視전」[1)]

위의 내무성 문서에서는 특히 다음을 주목할 필요가 있다.

첫째, 내무성의 질품서가 '울릉도(죽도)와 그 외 1도'의 두 섬을 하나로 묶어 소속여부 판정을 질의하고 있다는 점이다. 여기서 '그 외 1도'가 독도(송도)이면 문제가 해결된다.

둘째, '울릉도'와 '그 외 1도'의 소속문제가 1692년(元祿 5년) 조선인(안용복)이 입국한 이후 별지서류에 기록되어 있는 바와 같이 문제가 되었다가 1696년 1월 평의(評議: 관백)의 지시에 의하여 조선의 영토로 인정되었고, 막부와 조선정부 사이에 구상서(口上書)의 교환도 1699년에 끝나 죽도(울릉도)와 '그 외 1도'는 일본과는 관계가 없고 조선영토라고 들었지만, 영토의 취사는 중대한 일이므로 태정관의 최종 결재를 요청한다는 것이다(그림 5-5).

---

1) 日本政府 編,『公文錄』內務省之部 1(日本 國立公文書館 소장), 1877年 3月 17日條,「日本海內竹島外一島地籍編纂方伺」.
「日本海內竹島外一島地籍編纂方伺
竹島所轄之儀ニ付島根縣ヨリ別紙伺出取調候處該島之儀ハ元祿五年朝鮮人入島以來別紙書類ニ摘採スル如ク元祿九年正月第一號舊政府評議之旨意ニ依リ二號譯官ヘ達書三號該國來柬四號本邦回答及ヒ口上書等之如ク則元祿十二年ニ至リ夫夫往復相濟本邦關係無之相聞候得共版圖ノ取捨ハ重大之事件ニ付別紙書類相添爲念此段相伺候也.
明治十年三月十七日
內務卿 大久保利通 代理
內務少輔 前島 密
右大臣 岩倉具視殿」

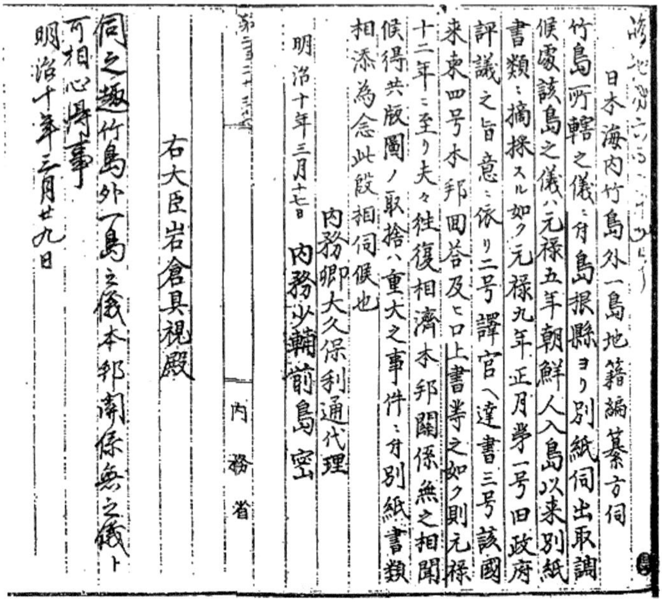
日本海内竹島外一島地籍編纂方伺

竹島所轄之儀ニ付島根縣ヨリ別紙伺出取調候處該島之儀ハ元禄五年朝鮮人入島以来別紙書類ニ摘採スル如ク元禄九年正月第一号旧政府評議之旨意ニ依リ二号譯官ヘ達書三号該國来柬四号本邦回答及ヒ口上書等之如ク則元禄十二年ニ至リ夫々往復相濟本邦關係無之相聞候得共版圖ノ取捨ハ重大之事件ニ付別紙書類相添為念此段相伺候也

明治十年三月十七日

内務卿大久保利通代理

内務少輔前島密

内務省

右大臣岩倉具視殿

伺之趣竹島外一島之儀本邦關係無之儀ト可相心得事

明治十年三月廿九日

그림 5-5. 1877년 일본 내무성이 태정관에 울릉도와 독도를 일본영토 지적에 포함시킬 것인가에 대한 최종 결정을 요청한 질품서와, 태정관이 울릉도와 독도는 일본과 관계없는 곳이라고 결정하여 내린 지령문을 첨가 기록한 공문서 (일본 국립공문서관 소장, 자료: 신용하 교수)

셋째, 여기서 '죽도(울릉도)와 그 외 1도'의 '외 1도'가 '송도'(독도)이면 '죽도와 송도'가 동시에 막부정부(구 정부)에 의하여 1696년 1월 일본과 관계없는 조선영토로 재확인되고, '죽도도해면허' 취소와 함께 동시에 '송도도해면허'도 취소되었음을 알 수 있게 된다.

일본 내무성은 이와 함께 조선 숙종 연간(일본 元祿 연간)에 조선과 왕복한 문서들을 첨부하면서 '죽도와 그 외 1도(竹島外一島)'의 '1도'가 바로 '송도(松島, 독도)'를 가리키는 것임을 설명하는 다음과 같은 문서를 첨부하였다.

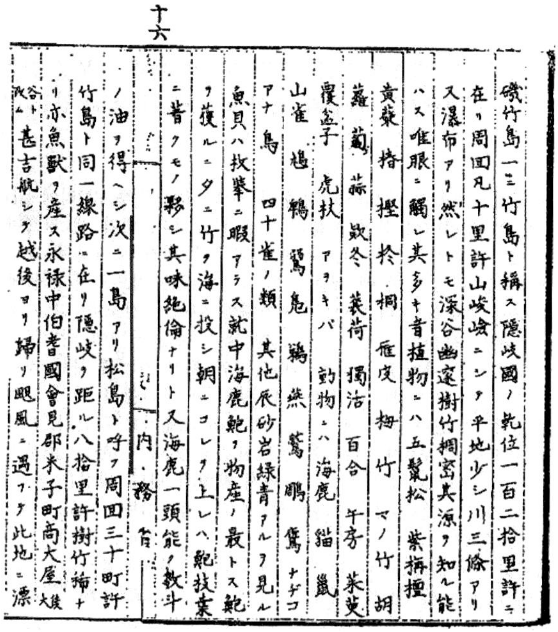

十六

磯竹島一ニ竹島ト稱ス隱岐國ノ乾位一百二拾里許ニ在リ周回凡十里許山峻嶮ニシテ平地少シ川三條アリ又瀑布アリ然レトモ深谷幽邃樹竹稠密其源ヲ知ル能ハス唯眼ニ觸レ其多キ者植物ニハ五鬣松 紫栴檀 黄蘗 椿 樫 桧 桐 雁皮 栂 竹 マノ竹 胡蘿蔔 蒜 款冬 蘘荷 獨活 百合 午旁 茱萸 覆盆子 虎杖 アヲキバ 動物ニハ海鹿 猫 鼠 山雀 鳩 鴨 鸕 鬼 鶏 燕 鷲 鵰 鷹 ナヂコ アナ鳥 四十雀ノ類 其他辰砂岩緑青アルヲ見ル魚貝ハ枚擧ニ暇アラス就中海鹿鮑ヲ物産ノ最トス鮑ヲ獲ルニ夕ニ竹ヲ海ニ投シ朝ニコレヲ上レハ鮑枝葉ニ着クモノ夥シ其味絶倫ナリト又海鹿一頭能ク数斗ノ油ヲ得ヘシ次ニ一島アリ松島ト呼フ周回三十町許竹島ト同一線路ニ在リ隱岐ヲ距ル八拾里許樹竹稀ナリ亦魚獸ヲ産ス永禄中伯耆國會見郡米子町商大屋(大谷)甚吉航シテ越後ヨリ帰リ颶風ニ遇フテ此地ニ漂

內務省

그림 5-6. 일본 내무성이 1877년 울릉도(죽도)와 그 외 1도를 일본영토 지적에 포함시킬까에 대하여 두 섬이 일본과 관계없는 곳이며 조선영토라고 판단하여 태정관에게 최종 결정을 요청하는 질품서를 제출할 때, 죽도 외 1도가 송도(독도)임을 가리킨 부속문서 (일본 국립공문서관 소장, 자료: 신용하 교수)

「다음에 1도(一島)가 있는데 송도(松島, 독도 — 인용자)라고 부른다. 둘레의 주위는 30정보 정도이며, 죽도(竹島, 울릉도 — 인용자)와 동일선로에 있다. 은기(隱岐)로부터의 거리가 80리 정도이다. 나무나 대는 드물다. 바다짐승이 난다.」[2)]

---

2) 『公文錄』, 內務省之部 1, 別紙文書.
「磯竹島一ニ竹島ト稱ス. 隱岐國ノ乾位一百二拾里許ニ在ス. 周回凡九十里許山峻沮ニシテ平地少シ. 川三條アリ. 又瀑布アリ. 然レトモ深谷幽邃樹竹稠密其源ヲ知ル能ハス. 唯眼ニ觸レ其多キ者植物ニハ 五琰松 紫木再檀 黃蘗 椿 驕 絨 桐 雁皮 炙 竹 マノ竹 胡蘿 蔔 蒜 款冬 臺荷 獨活 百合 午房 茱萸 覆盆子 虎杖 アヲキハ, 動物ニハ 海鹿 妊 染 山雀 鳩鑑 弱 梟 韻 燕 鷲 鷲 蹂 ナヂコ アナ鳥 四十雀ノ類 其他辰砂岩綠靑アルヲ見ル. 魚貝ハ枚拳ニ暇アラス. 就中海鹿鮑ヲ物

즉 일본 내무성이 1696년 1월의 도쿠가와막부 장군의 울릉도(죽도)·독도(송도)를 조선영토로 재확인하여 결정할 때의 문서를 필사 정리하여 태정관에게 제출한 질품서 부속문서에서 "다음에 1도(一島)가 있는데 송도(松島, 독도)라고 부른다"고 하여 '그 외 1도(一島)'가 송도(독도)임을 명확히 밝히고 있는 것이다(그림 5-6).

뿐만 아니라 일본 내무성은 '죽도'와 '그 외 1도'가 송도(독도)임을 증명하는 「기죽도약도(磯竹島略圖)」까지 태정관에게 제출했는데, '그 외 1도'는 울릉도 동남쪽 정확한 위치에 그린 '송도'(독도)였다(그림 5-7).

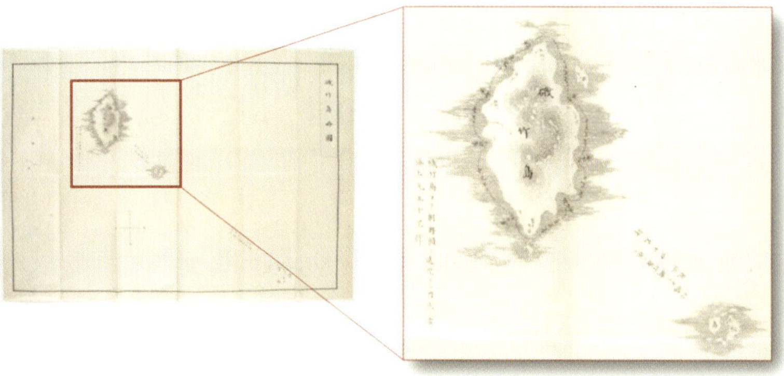

그림 5-7. 죽도(기죽도, 울릉도)와 그 외 1도(독도, 송도)가 독도임을 증명하는 태정관 문서의 부속지도인 「기죽도약도(磯竹島略圖)」 (자료: 선우영준 박사)

産ノ最トス. 鮑ヲ獲ルニタニ竹ヲ海ニ投シ朝ニコレヲ上レハ鮑枝葉ニ著クモノ棠シ其味絶倫ナリト. 又海鹿一頭能ク數斗ノ油ヲ得ヘシ. 次ニ一島アリ松島ト呼フ. 周回三十町許竹島ト同一線路ニ在リ. 隱岐ヲ距ル八拾里許 樹竹稀ナリ. 亦魚獸ヲ産ス.」

태정관(총리대신부)에서는 내무성의 질품서를 다시 검토해 보고 울릉도(竹島)와 그 외 1섬 독도(松島)는 내무성의 판단과 같이 역시 일본과는 하등 관계가 없는 곳이고 조선영토라고 판정하여 최종 결정을 내렸다.

태정관에서는 먼저 내무성의 질품서를 접수하여 검토한 후, 조사국장의 기안으로 1877년 3월 20일 「품의한 취지의 죽도(竹島, 울릉도) 외 1도(外 1島: 송도, 독도)의 건에 대하여 본방(本邦, 일본—인용자)은 관계없다는 것을 심득(心得)할 것」이라는 지령문을 작성하여 이를 최종 결정하였다.

「별지 내무성 품의 일본해내 죽도 외 1도 지적편찬의 건
위는 원록(元祿) 5년 조선인이 입도(入島)한 이래 구 정부(舊政府)와 해국(該國, 조선)과의 왕복의 결과 마침내 본방(本邦, 일본)은 관계가 없다는 것을 들어 상신한 품의의 취지를 듣고, 다음과 같이 지령을 작성함이 가한지 이에 품의합니다.
지령안
품의한 취지의 죽도 외 1도(竹島外一島)의 건에 대하여 본방(일본)은 관계가 없다는 것을 심득(心得)할 것」[3)]

위의 태정관의 지령문에서 "죽도(울릉도)와 그 외 1도(송도, 우산도, 독도)가 일본과 관계없다"는 것은 그 앞에 "위는 원록(元祿) 5년 조선인(안용복—인용자)이 입도한 이래 그 나라(조선—인용자)와 (문서) 왕복(1696~1699년)의 결과 일본과 관계없다"고 본문에서 설명한 바와 같이,

---

3) 『公文錄』, 內務省之部 1의 1877年 3月 20日條 太政官指令文書.
「別紙內務省伺日本海內竹嶋外一嶋地籍編纂之件
右ハ元祿五年朝鮮人入嶋以來舊政府該國ト往復之末遂ニ本邦關係無之相聞候價申立候上ハ伺之趣御聞置左之通御指令相成可然哉 此價相伺候也
御指令按
伺之趣竹島外一嶋之義本邦關係無之義ト可相心得事」

1696~1699년 당시에 죽도(울릉도)와 ‘그 외 1도’인 송도(독도)도 일본과 관계없는 땅이니, 이를 마음으로 잘 익히라고 지령한 것이었다(그림 5-8). 태정관 용지에 작성된 이 귀중한 공문서의 지령문에는 태정관 우대신 이와쿠라 도모미(岩倉具視, 메이지 유신의 최고지도자의 하나)의 도장이 찍혀 있다.

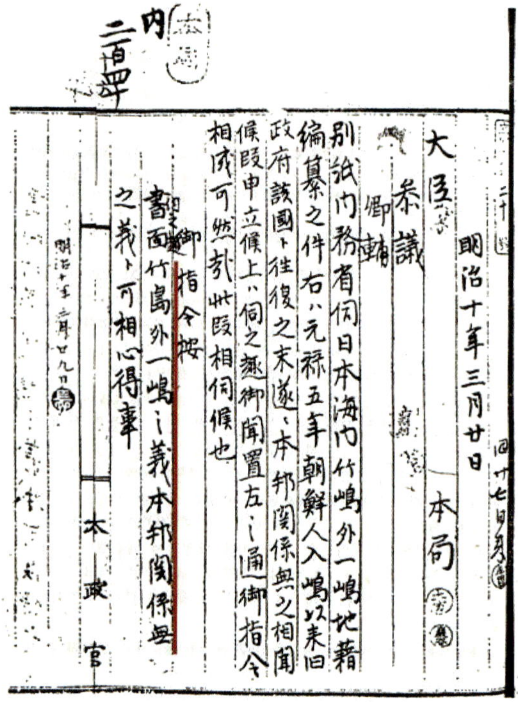
明治十年三月廿日
大臣
参議
卿輔
本局
別紙内務省伺日本海内竹嶋外一嶋地籍編纂之件右ハ元禄五年朝鮮人入嶋以来旧政府該国ト往復之末遂ニ本邦関係無之相聞候段申立候上ハ伺之趣御聞置左之通御指令相成可然哉此段相伺候也
御指令按
伺之趣竹島外一嶋之義本邦関係無之義ト可相心得事
太政官

그림 5-8. 1877년 일본 태정관이 울릉도와 독도를 조선영토라고 판단하여 “울릉도와 그 외 1도 독도는 일본과 관계없는 곳”이므로 일본 지적에 포함시키지 말라는 결정을 내무성에 내려 보낸 태정관 공문서(일본 국립공문서관 소장, 자료: 신용하 교수)

일본의 국가최고기관인 태정관은 죽도(울릉도)와 그 외 1도 송도(독도)가 이미 1696년에 구 정부(일본 도쿠가와막부 정권)에 의해 조선영토이고 일본과는 관계없는 영토로 확인되었음을 최종 재확인 결정한 이 지령문을 1877년 3월 29일 정식으로 내무성에 내려 보내어 지령의 절차를 완료하였다.

일본 메이지 정부 내무성과 태정관이 1696~1699년 도쿠가와막부 정부 문서들을 찾아내어 이때 울릉도(죽도)와 독도(송도)가 조선영토로 재확인되었고, 일본인들의 출어와 도항을 금지시켰다는 사실은 1696년 1월 '죽도(울릉도)도해면허'와 '송도(독도)도해면허'가 동시에 도쿠가와막부에 의해 취소되었음을 명백히 증명하는 것이다.

즉 1696년 1월 일본 도쿠가와막부정권이 울릉도와 독도가 조선영토이고 일본과 관계없는 땅임을 재확인하여 도항금지를 명령했을 때 '죽도도해면허'와 '송도도해면허'는 자동적으로, 동시에 취소되었고, 위반자는 처벌받게 된 것이었다.

그러므로 오늘날 일본정부가 1696년 1월 취소된 것은 '죽도도해면허'뿐이고, '송도'는 일본영토로 확인되어 '송도(독도)도해면허'는 취소되지 않았다고 주장하는 것은 1877년의 일본 '태정관 문서'와 '내무성 문서'까지 부정하는 황당무계한 거짓인 것이다.

3. 일본 고지도(1785)에 재확인된 조선의 울릉도 · 독도 영유

도쿠가와막부의 1696년 1월의 울릉도(죽도)·독도(송도)의 조선영토 재확인은 그 이후 도쿠가와막부 시대 고지도들에도 재확인되어 잘 묘사되었다.

예컨대, 일본에서 도쿠가와막부 시대에 일본·조선·중국의 국경 구분을 그린 대표적 지도인 하야시 시헤이(林子平)의 『삼국통람도설(三國通覽圖說)』의 부속지도인 「삼국접양지도(三國接壤之圖)」(1785)와 「대일본지도(大日本之圖)」(1785)에서는 국경과 영토를 명료하게 나타내기 위하여 나라별로 채색을 하면서 조선을 황색으로, 일본은 녹색으로 나타냈는데, 울릉도와 우산도(독도)를 정확한 위치에 그려 넣었고, 두 섬을 모두 조선의 색인 황색으로 표시하였다. 뿐만 아니라 이 지도는 울릉도와 독도 두 섬 옆에 다시 '朝鮮ノ持ニ(조선의 것으로)'라는 문자를 적어 넣어 울릉도와 독도가 조선영토임을 거듭 명백하게 강조하였다(그림 5-9).

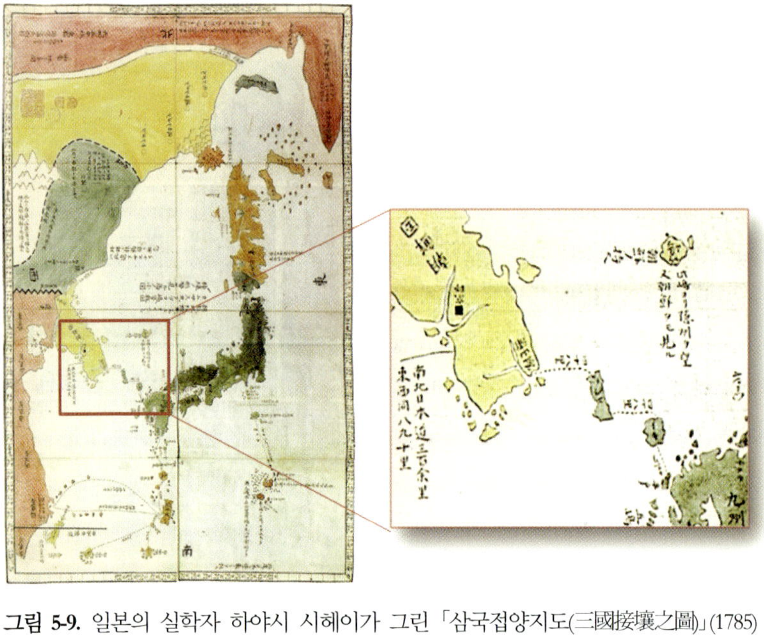

그림 5-9. 일본의 실학자 하야시 시헤이가 그린 「삼국접양지도(三國接壤之圖)」(1785)

하야시 시헤이의 『삼국통람도설』의 부속지도인 「삼국접양지도」를 독일인 클라프로트(J. Klaproth)가 1832년 프랑스어로 번역출판하였다. 이 지도에서도 한국은 황색, 일본은 녹색으로 채색했는데, 동해 가운데 울릉도와 독도는 한국의 색인 황색으로 채색해서 한국영토임을 명백히 표시하였다. 클라프로트는 독도와 울릉도의 황색 섬 위에 다시 'Takenoshima á la corée(다케시마는 조선의 것)'라고 써서 독도와 울릉도가 한국영토임을 더욱 명료하게 밝혔다(그림 5-10).

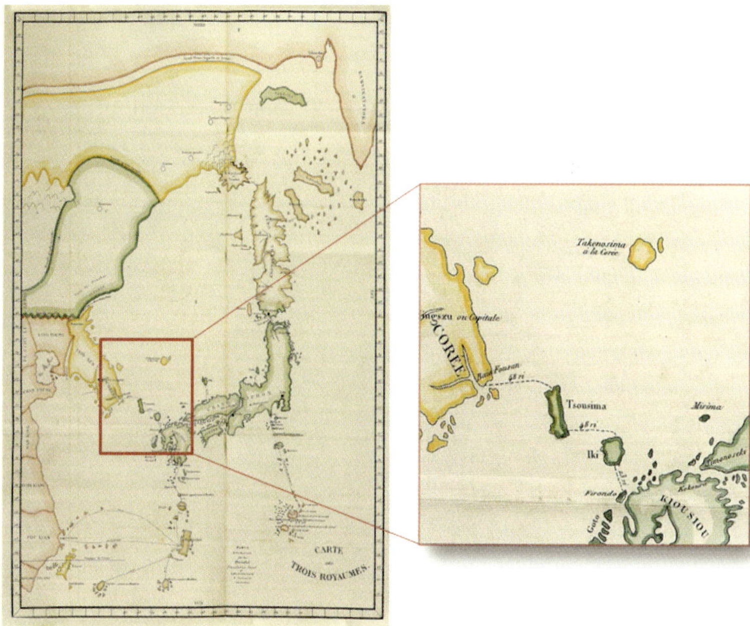

그림 5-10. 하야시 시헤이의 『삼국통람도설(三國通覽圖說)』의 부속지도인 「삼국접양지도(三國接壤之圖)」를 독일인 클라프로트가 1832년 프랑스어로 번역출판하면서 울릉도와 독도를 한국의 색인 황색으로 채색하고 'Takenoshima á la corée(울릉도와 독도는 한국영토임)'를 기록한 지도

그림 5-11. 18세기 일본인의 「총회도(總繪圖)」. 이 지도는 조선·일본·중국의 영토를 색으로 구분했는데 조선은 황색, 일본은 적색으로 채색하였다. 울릉도와 독도는 모두 조선의 색인 황색으로 칠했고 그 위에 다시 '朝鮮ノ持ニ(조선의 것으로)'라고 문자를 써넣어 독도와 울릉도가 모두 조선영토임을 표시하였다.

1785년경 도쿠가와막부 시대의 지도인 「총회도(總繪圖)」에서는 국경과 영토를 명백히 구분하기 위하여 일본은 적색으로, 조선은 황색으로 채색했는데, 울릉도와 독도를 정확한 위치에 그려 넣고 이름을 밝히지 않은 채 모두 조선의 색인 황색으로 표시해서 두 섬 이 조선영토임을 표시하였다. 이 지도 또한 울릉도와 독도 위에 '朝鮮ノ持ニ(조선의 것으로)'라는 문자를 적어 넣었다(그림 5-11).

여기서 주목할 것은 18세기 일본 도쿠가와막부 시대의 대표적 지도들이 울릉도와 독도를 조선영토로 그려 넣으면서 '조선의 것'이라고만 하지 않고 '조선의 것으로(朝鮮ノ持ニ)'라고 표기한 사실이다. 이것은 조선·일본 간의 이른바 울릉도·독도 논쟁이 해결되어 울릉도와 독도가 '조선의 것으로' 확정되었다는 도쿠가와막부의 1696년 1월의 재확인 최종 판정을 지도에 반영한 것이었음을 알 수 있다.

4. 일본측의 독도일본고유영토 주장의 허구성과 날조

지금까지의 검토 논의를 결론적으로 다시 한 번 간단히 요약정리하면 다음과 같이 말할 수 있다.

(1) 오늘의 일본정부는 한국영토인 독도를 일본영토라고 주장함에 있어서 종래의 무주지선점론(無主地先占論)과 함께, 역사적으로 독도가 일본의 고유영토였다는 고유영토론(固有領土論)을 특히 강조하여 주장하고 있다. 일본정부는 그 증거로 1618~1695년의 70여 년 간 일본 도쿠가와막부 승인 아래 오타니(大谷甚吉)·무라가와(村川市兵衛) 두 가문이 '죽도도해면허'와 '송도도해면허'를 받아 가지고 울릉도·독도에 대한 '실효적 지배와 경영'을 했다고 주장하고 있는 것이다.

(2) 조선왕조 정부가 왜구의 노략질로 섬주민이 살상당하는 것을 방

지하기 위하여 울릉도·독도에 대한 쇄환공도정책(刷還空島政策)을 실시하는 틈을 이용하여, 일본 인번주(因幡州) 요나고의 상인 오타니(大谷甚吉)와 무라가와(村川市兵衛)가 조선영토인 울릉도(죽도)와 독도(송도)에 월경하여 건너가서 고기잡이하는 것을 허가해 달라고 당시 일본 중앙정부인 도쿠가와막부에 청원하자, 막부는 이 두 가문에게 외국에 건너감을 허가하는 면허장인 '죽도도해면허'(1618)와 '송도도해면허'(1661)를 허가해 주었다.

이때 오타니·무라가와 두 가문은, 만일 울릉도(죽도)와 독도(송도)가 일본영토였다면 구태여 중앙정부에 고기잡이하러 외국에 건너갈 허가장을 청원할 필요가 없었으나, 울릉도와 독도가 외국인 조선영토였기 때문에 당시 쇄국정책을 강화해 실시하고 있던 중앙정부인 도쿠가와막부에 월경하여 고기잡이할 허가를 청원한 것이었다. 당시 도쿠가와막부도 외국(조선)영토인 울릉도(죽도)와 독도(송도)에 월경하여 고기잡이하는 허가로서 '죽도도해면허'와 '송도도해면허'를 내어 준 것이었다.

(3) 그러므로 '죽도도해면허'와 '송도도해면허'는, 오늘날 일본정부의 주장처럼 독도의 일본고유영토론을 증명하는 것이 아니라, 도리어 울릉도·독도가 일본의 외국인 '조선영토'임을 명백하게 증명하는 자료인 것이다. 왜냐하면 울릉도·독도가 일본영토이면 중앙정부의 '도해면허'가 필요 없었으며, 울릉도·독도가 일본의 '외국인 조선의 영토'이었기 때문에 외국에 월경하여 건너가서 고기잡이하는 허가장으로서 '죽도도해면허'와 '송도도해면허'를 청원했고, 또 막부가 이를 내어 준 것이었기 때문이다.

(4) 오타니·무라가와 두 가문이 '송도도해면허'를 막부에 청원하여 허가받을 때 왕복한 서간들을 보면 독도(송도)를 '죽도지내송도(竹島之內松島, 울릉도 안의 독도)', '죽도근소지소도(竹島近所之小島, 울릉도 근방

의 작은 섬)', '죽도근변송도(竹島近邊松島, 울릉도 가까운 변두리의 독도)'라고 하여 '울릉도의 부속도서'로 기록하였다. 도쿠가와막부는 '죽도도해면허'를 이미 내어 주었기 때문에 그 부속도서에 대하여 '송도도해면허'를 내어 준 것이며, '죽도도해면허'와 '송도도해면허'는 모두 외국(조선)영토인 죽도와 그 부속도서인 송도에 국경을 넘어 월경하여 고기잡이하는 허가장으로서 내어 준 것이었다.

따라서 당시 도쿠가와막부의 '죽도(竹島)'에 대한 결정은 별도의 단서가 없는 한 언제나 그 부속도서인 '송도(松島)'에 대한 결정을 자동적으로 포함한 것이었다.

(5) 일본정부가 일본측 고문헌에서 최초로 독도(송도)를 언급했다고 한국정부에 제시한 자료인 1667년의 『은주시청합기(隱州視聽合記)』에서도 울릉도(죽도)와 독도(송도)는 고려영토임을 밝혔다. 이 고문헌은 도쿠가와막부가 요나고의 상인 오타니와 무라가와에게 '송도도해면허'를 내어 준 약 6년 후에 출운(出雲)의 번주(藩主, 大名)가 번사(藩士) 사이토(齋藤豊仙)에게 일본의 서북한계(西北限界)를 조사하여 보고케 한 결과 나온 복명서이다. 『은주시청합기』에서는 항해 거리로 지리적 설명을 가한 후에 송도(독도)와 죽도(울릉도) 두 섬은 고려에 속한 섬이고, 일본의 서북한계는 은주(隱州, 隱岐島)에서 끝난다고 보고하였다.

따라서 도쿠가와막부가 '죽도도해면허'와 '송도도해면허'를 발급했다 할지라도 막부, 지방의 번주, 관리들, 이 면허를 받은 오타니·무라가와 가문 등은 모두 이 면허가 일본의 외국인 조선의 영토인 '죽도'와 '송도'에 국경을 넘어 월경해 건너가서 고기잡이를 해 오는 허가장으로 내어 준 것이지, '죽도'와 '송도'를 빼앗아 두 가문에게 영지를 하사한 것이 아니었음을 일본의 도쿠가와막부와 두 어부 가문이 모두 명백히 알고 있었다.

(6) 1693년 4월 울릉도에 고기잡이하러 간 동래·울산 어부 40여 명과 일본 오타니 가문의 어부들이 울릉도에서 충돌하여 일본 어부들이 협상하자고 조선 어부 대표 안용복(安龍福)·박어둔(朴於屯) 2인을 꾀어낸 후 일본으로 납치한 사건이 발생해서 17세기 말 울릉도·독도영유권 논쟁이 발생하게 되었다. 일본에 납치된 안용복은 에도 도쿠가와막부의 심문에도 굴복하지 않고 울릉도와 독도가 조선영토이므로 조선영토에 조선인이 들어간 것이며, 일본 어부들이 조선영토인 울릉도에 월경하여 법률을 위반한 것이라고 주장하였다. 이에 조사 후, 죽도(울릉도)와 송도(독도)가 조선영토임을 알고 있는 도쿠가와막부 관백(阿部豊後)은 안용복 등을 석방시켜 조선에 송환시키도록 명령하고 울릉도·독도가 조선영토임을 확인한 문서까지 써 주었다.

그러나 울릉도·독도의 영토편입에 야욕을 갖고 있던 대마도 도주 종의륜(宗義倫)은 장기도 도주의 지원을 받아 문서를 빼앗고 안용복을 조선에 송환하면서, 울릉도와 별개의 일본영토인 '죽도'에 침범한 조선 어부의 송환이라고 강변하였다. 그리고 앞으로 조선 어부들의 '죽도' 출어를 금지해 줄 것을 요청함으로써 17세기 말 울릉도·독도영유권 논쟁이 조선과 일본 사이에 발생하게 되었다.

조선조정에서는 온건대응파가 집권했을 때 일본측 주장을 수용하려는 경향이 보이자 정권을 교체하여 남구만 등의 강경대응파가 집권해서 울릉도와 죽도가 1도2명(一島二名)의 동일한 섬임을 지적하여 일본측 주장과 요구를 거부하였다.

(7) 일본의 대마도 도주도 물러서지 않고 집요하게 울릉도(죽도) 탈취를 시도하여 논쟁이 약 3년간이나 지속되었다.

대마도 도주 종의륜이 죽고 새 도주로 종의방(宗義方)이 계승하여 막부에 입근했을 때, 1696년 1월 28일 도쿠가와막부 관백은 여러 번주들이 열석한 자리에서 울릉도·독도영유권 논쟁에 대하여 대마도 새 도주 종의방에게 질문하고, 이 섬은 일본으로부터는 160리의 거리이고 조선으로부터의 거리는 40리로서 조선영토임이 분명하다고 울릉도·독도의 조선영토임을 재확인하였다. 그 후 일본 어부들의 죽도와 송도에의 출어금지를 결정하고, 이 뜻을 대마도 도주가 관리를 파견하여 조선정부에 알림과 동시에 앞으로는 일본인들의 울릉도(및 독도)에의 출어를 금지하도록 명령하였다.

이에 17세기 말 일본 대마도 도주가 제기한 '울릉도·독도영유권 논쟁'은 이것이 조선영토라는 일본 중앙정부 도쿠가와막부 관백의 1696년 1월 28일의 재확인 결정에 의해 모두 종결을 본 것이었다. 이에 따라 '죽도도해면허'와 '송도도해면허'는 자동적으로 취소되었다.

(8) 일본 도쿠가와막부 관백이 울릉도·독도를 조선영토라고 재확인하고 일본인의 울릉도·독도 출어를 금지시킨 몇 달 후인 1696년 봄, 안용복은 동래·울산의 어부 16명을 모집하여 울릉도로 가서 이곳으로 고기잡이를 온 일본 어부들을 쫓아내었다. 이들이 독도로 도망해 가자 독도로 들어가서 "독도(자산도·우산도) 역시 우리(조선) 경지임을 모르느냐"고 질책하여 일본 어부들을 쫓아내고 울릉도와 독도를 수호하였다.

(9) 일본의 당시 중앙정부인 도쿠가와막부 관백이 울릉도·독도를 조선영토로 재확인할 때 막부 관백의 재확인 결정 이유 발언내용은 ① 당초에 요나고의 어민 오타니·무라카와 등이 울릉도·독도에 고기잡이하러 나가겠다고 출원했기 때문에 고기잡이하러 나감을 허가했던 것이지 그것이 조선영토가 아니라고 하여 허가한 것은 아니었으며, ② 죽도(및 송도)가 조선영토임은 의문의 여지가 없는 것이고, ③ 당초에 울릉도(와 독도)를 조선으로부터 빼앗은 것은 아니니, 지금 이 섬을 돌려준다고 말할 수는 없고 오직 일본인의 울릉도(및 독도)에의 고기잡이 들어감을

금지하기만 하면 되므로, 일본 어부들의 울릉도·독도 출어금지를 명령하니 이를 조선정부에 알리도록 하라는 것이었다.

즉 일본의 당시 중앙정부인 도쿠가와막부 관백은 1696년 1월에, 1618년 이후 70여 년 간 일본 어부 오타니·무라가와에게 울릉도·독도에서의 월경 고기잡이를 막부가 허가했다 할지라도 이것은 월경하여 고기잡이해도 좋다는 허가뿐이었고, 울릉도·독도가 조선영토임은 당초부터 그때까지 변함이 없음을 극명하게 설명하면서, 앞으로 일본 어부들의 조선영토인 울릉도·독도에의 고기잡이 월경을 엄금한 것이었다.

그러므로 오늘날의 일본정부가 이때의 오타니·무라가와 가문의 70여 년 간의 월경 고기잡이에 대하여 독도를 일본고유영토라고 주장하는 근거로 삼는 것은 당시의 막부 관백의 설명에도 정면으로 배치되는 황당무계한 억지인 것이다.

(10) 오늘날의 일본정부는 도쿠가와막부가 1696년 1월 '죽도(울릉도)도해면허'를 취소했으나 송도(독도)는 일본영토로 간주했기 때문에, '송도(독도)도해면허'는 취소하지 않았다는 주장을 하고 있는데, 이것은 사실이 아닌 억지 주장이다.

1696년 1월 28일 당시 '죽도도해면허'와 '송도도해면허'는 동시에 취소되었다. 단지 독도(송도)가 울릉도(죽도)에 부속된 작은 섬이었기 때문에 번잡을 피하여 때로는 '송도'를 '죽도'로 포함시켜 표시하거나 '죽도 외 1도' 등으로 표시했을 뿐이다.

1696년 1월 28일 죽도(울릉도)와 송도(독도)를 모두 '조선영토'이고 일본영토가 아니라고 간주했으며, '죽도(울릉도)도해면허'와 '송도(독도)도해면허'가 동시에 취소되었음을 증명하는 두 개의 문서를 예로 들기로 한다.

1831년 하치 우에몽(八右衛門)이라는 사람이 도쿠가와막부에 조선영토인 죽도(울릉도)와 송도(독도)에 도해(渡海)허가를 신청했다가 거절당하였다. 이때 하치 우에몽이 막부의 '도해면허' 없이 송도(독도)를 거쳐 죽도(울릉도)에 불법 월경했다가 후에 발각되어 처형당하였다. '하치 우에몽'의 심문기록인 『조선죽도도항시말기(朝鮮竹島渡航始末記)』에는 심문기록과 함께 채색지도가 부착되어 있는데, 송도(독도)와 죽도(울릉도)는 조선과 동일한 색인 홍색으로 채색하고, 오키도와 대마도는 일본과 동일한 색인 청색으로 표시하였다. 독도(송도)와 울릉도(죽도)를 조선영토로 표시하고, 오키도와 대마도를 일본영토로 표시한 것이었다. 하치 우에몽은 조선영토인 독도(송도)와 울릉도(죽도)에 불법 월경한 것을 '유죄'로 재판받아 처형된 것이었다.

일본 메이지 유신 후 1876년 메이지 정부가 근대적 지적도를 편찬할 때 동해 가운데 죽도(울릉도)와 송도(독도)를 시마네현 지적에 포함시킬 것인가 제외할 것인가의 질문을 시마네현 지사로 받은 일본 내무성은 동해 내의 "'죽도(울릉도)'와 그 '외 1도'는 1696년 도쿠가와막부에 의해 조선영토로 확인되었고, 조선영토이며, 일본과는 관계없는 땅이다"는 결론을 내렸다. 그리고 부속문서에 그 '외 1도'가 '송도'(독도)라는 문서와 지도(『기죽도약도』)까지 그려 '외 1도'가 송도(독도)임을 울릉도 동남쪽 정확한 위치에 그려 제출하였다.

당시 일본 국가최고기관인 태정관도 이를 재조사하여 재확인하고 "1696년의 도쿠가와막부의 결정에 의해 동해 가운데 "죽도(울릉도)와 그 외 1도(송도, 독도)는 (조선영토로서) 일본과 관계없는 땅이니 이를 마음에 익히라"고 훈령문을 발표하였다. '죽도(울릉도)도해면허'와 '송도(독도)도해면허'가 동시에 취소되었음을 일본 메이지 정부도 거듭 확인한 것이었다.

'송도(독도)도해면허'는 1696년 1월 28일 '죽도(울릉도)도해면허'와 동시에 취소되었으며, 송도(독도)와 죽도(울릉도)가 모두 조선영토이고 일본영토가 아니라는 재확인 결정도 도쿠가와막부에 의해 이때 동시에 결정된 것이었다.

오늘날 일본정부의 '송도도해면허'가 취소되지 않았다는 주장은 거짓말인 것이다.

(11) 일본 도쿠가와막부 관백이 1696년 1월 28일 울릉도·독도를 조선영토로 재확인한 후에 발행된 도쿠가와막부 시대 일본의 고문헌과 고지도는 울릉도와 독도를 모두 조선영토라고 명백하게 표시하였다.

예컨대 일본의 대실학자 하야시 시헤이가 1785년에 제작한 「삼국접양지도」와 「대일본지도」에서는, 조선·일본·중국 등의 국경과 영토를 명료하게 나타내기 위하여 나라별로 채색하면서 조선은 황색, 일본은 녹색으로 채색했는데, 울릉도와 독도를 동해의 정확한 위치에 그려 넣고 두 섬을 모두 조선의 색인 황색으로 표시하였다. 뿐만 아니라 두 섬 옆에 다시 글씨로 '朝鮮ノ持ニ(조선의 것으로)'라고 적어 넣어 울릉도와 독도가 조선영토임을 극명하게 표시하였다.

같은 시기 일본의 「총회도(總繪圖)」도 이와 동일한 지도이다.

(12) 따라서 오늘날 일본정부가 독도를 역사적으로 일본고유영토라고 주장하면서 그 증거로 도쿠가와막부의 1618년부터 70여 년 간의 독도(및 울릉도)의 실효적 지배와 경영을 운운하는 것은 전적으로 진실을 왜곡한 황당무계한 주장인 것이다. 이것은 이미 1696년 1월 28일 당시 일본 중앙정부인 도쿠가와막부 관백이 '죽도도해면허'를 어부 두 가문에게 내어 준 1618년 당초부터 1696년 1월 당시까지 울릉도·독도는 조선영토임이 분명하고 일본은 이를 빼앗은 일이 없다고 스스로 명백하게 밝힌 사실과도 정면으로 배치되는 몰염치한 것이다.

오늘날 일본정부가 1618~1695년의 '죽도도해면허'와 '송도도해면허'를 갖고 독도의 일본고유영토론을 주장하는 것은 독도가 일본고유영토라는 증명이 너무 없기 때문에 조선이라는 외국 영토에 월경하여 고기잡이하러 건너가는 허가장까지 영유권 증명으로 둔갑시키려고 하는 황당무계한 획책에 불과한 것이다.

일본 도쿠가와막부 정권이 발급한 '죽도도해면허'와 '송도도해면허'는 일본 어부들이 '외국'에 월경하여 나갈 때 발급한 허가장이었고 그 '외국'은 바로 '조선'이었으므로 '죽도도해면허'와 '송도도해면허'는 '죽도'(울릉도)와 '송도'(독도)가 일본의 외국인 조선의 경지(영토)임을 증명하는 자료이다. 동시에 '죽도'와 '송도'가 일본영토가 아니라는 사실을 증명하는 자료가 되는 것이다.

일본의 도쿠가와막부 정부가 1696년 1월 울릉도와 독도를 조선영토라고 재확인 판정하고, 일본 어부들의 두 섬에의 출어를 엄금했으며, '죽도도해면허'와 '송도도해면허'를 동시에 자동 취소시킨 것은 오늘날 일본정부의 독도일본고유영토 주장의 허구성과 날조성을 가장 명확히 증명해 주는 증거의 하나이다.

□ 제 6 장
일본측의 '메이지 신정부는 독도를 일본영토로 인정했다는 주장'에 대한 비판

1. 일본 메이지 정부 태정관과 외무성의 독도 · 울릉도 조선영토 재확인

일본정부는 독도가 일본영토라고 주장하는 논거의 하나로 1868년 1월 수립된 메이지 신정부가 이전의 도쿠가와막부 정권과는 달리 울릉도[당시 일본 호칭 죽도(竹島)]와 독도[당시 일본 호칭 송도(松島)]를 일본영토로 인정했다고 주장하는 외교문서를 한국정부에 보내오기도 하였다.[1] 그러나 이것은 사실이 아니다. 반대로 일본 메이지 신정부도 독도를 조선영토로 확인하고, 일본영토가 아님을 인정하였다. 그 몇 가지 증거자료를 들기로 한다.

첫째로 주목해야 할 결정적인 자료는, 메이지 정부의 외무성과 태정관(太政官)이 독도를 조선영토(부속)로 인정하고 있는 일본 외무성 자료 「조선국교제시말내탐서(朝鮮國交際始末內探書)」이다. 메이지 정부는 도쿠가와막부를 타도하고 신정부를 수립한 직후인 1869년(고종 6년, 메이지 2년) 12월 조선과의 국교 확대 재개와 정한(征韓)의 가능성을 내탐하

---

1) 「往復文書; 1962年 7月 13日字 日本側 口述書(No. 228/ASN) — 日本政府見解(4)」, 『獨島關係資料集』, p. 239; 신용하 편저, 『獨島領有權 資料의 探究』 제4권, 독도연구보전협회, 2001 참조.

기 위하여 일본 외무성 고위관리인 좌전(佐田白茅)·삼산(森山茂)·재등(齋藤榮) 등을 부산에 파견하였다. 이들이 내탐결과를 보고한 복명서가 바로 「조선국교제시말내탐서」이다.[2] 여기에 울릉도(竹島)와 독도(松島)가 조선의 부속령임을 확인하는 다음과 같은 기록이 포함되어 있다.

> 「一. 죽도(竹島)와 송도(松島)가 조선부속(朝鮮附屬)으로 되어 있는 시말
> 이 건은 송도는 죽도의 인도(隣島)로서 송도의 건에 부(付)해서는 이제까지 게재된 서류도 없다. 죽도의 건에 부해서는 원록도후(元祿度後)는 잠시 조선으로부터 거류를 위하여 차견(差遣)한 바 있다. 당시는 이전과 같이 무인(無人)으로 되어 있다. 죽목(竹木) 또는 죽(竹)을 비롯해 큰 갈대가 자라며 인삼 등이 자연으로 난다. 그 밖에 어산(漁産)도 상응하여 있다고 들었다. (이하 생략)」[3]

일본 외무성의 이 공문서를 좀 더 깊이 분석해 볼 필요가 있다. 이 문서에서는 보고내용 이전에, 일본 외무성이 지령한 '조사사항'을 먼저 주목해야 할 것이다. 위의 『일본외교문서』에서 「울릉도(竹島)와 독도(松

---

2) 山邊健太郎, 『日韓併合小史』, 1966; 李漢基, 『韓國의 領土』, 1969; 愼鏞廈(司會)·白忠鉉·宋炳基, 「獨島問題 再照明」, 『韓國學報』 24, 1981 참조.

3) 日本 外務省 調査部 編, 『日本外交文書』 第3卷, 事項 6, 文書番號 87, 1870年 4月 15日字, 「外務省出仕佐田白茅等ノ朝鮮國交際始末內探書」, 『朝鮮國交際始末內探書』, p. 137.
「一. 竹島松島朝鮮附屬ニ相成候始末
此儀松島ハ竹島ノ隣島ニテ松島ノ儀ニ付是洛揭載セシ書留モ無之. 竹島ノ儀ニ付テハ元祿度後ハ暫クノ間朝鮮ヨリ居留ノ爲差遣シ置候處當時ハ以前ノ如ク無人ト相成竹木又ハ竹ヨリ太キ葭ヲ産シ人參等自然ニ生シ其餘漁産モ相應ニ有之趣相聞ヘ候事.
右ハ朝鮮事情實地偵索イタシ候大略書面ノ通リニ御座候間一ト先歸府仕候依之件　取調書類繪圖面トモ相添此段申上候以上.
午四月
外務省出仕
佐田白茅
森山茂
齋藤榮」

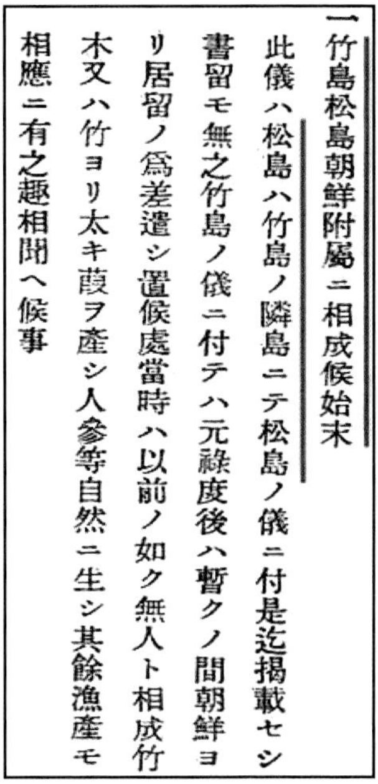

一竹島松島朝鮮附屬ニ相成候始末
此儀ハ松島ハ竹島ノ隣島ニテ松島ノ儀ニ付是迄掲載セシ書留モ無之竹島ノ儀ニ付テハ元祿度後ハ暫クノ間朝鮮ヨリ居留ノ爲差遣シ置候處當時ハ以前ノ如ク無人ト相成竹木又ハ竹ヨリ太キ葭ヲ產シ人參等自然ニ生シ其餘漁產モ相應ニ有之趣相聞ヘ候事

그림 6-1.
1869~1870년에 일본 외무성과 태정관이 독도를 조선부속령으로 확인한 일본 공문서(『일본외교문서』 제3권에 수록)

島)가 조선부속으로 되어 있는 시말(竹島松島朝鮮附屬ニ相成候始末)」은 보고문이 아니라 일본 외무성과 태정관이 지령한 '조사사항'이다(그림 6-1).

『일본외교문서』 제2권 제3책을 보면 1869년 11월 1일자 문서번호 574에 「외무성에서 태정관판관에게의 질의서」, 「조선국에의 파견원에 대한 조사사항지령에 관한 질의 및 이에 대한 태정관의 결정」(밑줄—인용자)이라는 문서가 있다.[4] 그리고 『일본외교문서』 제3책에서는 좌전(佐田白茅) 등이 제출한 「조선국교제시말내탐서」에 대하여 "본 내탐서는 제2권 제3책 574에서 지령되었던 조사사항에 대한 복명서이다"[5]라고 그 성격을 명백

4) 『日本外交文書』第2卷 第3冊, 文書番號 574, 1869年 11月 1日字, 「外務省ヨリ太政官辨官ヘノ伺書」 및 「朝鮮國ヘノ派遣員ニ對スル調査事項指令ニ關スル伺竝ニ之ニ對スル太政官ノ決定」, pp. 265-268 참조.
이 문서에는 끝에 '(貼紙)伺之通'이라고 하여 조사사항의 모든 항목들을 質疑書(伺) 형식으로 작성한 문건이 생략되어 있음을 표시하고 있는데, 이것은 『日本外交文書』 편집자가 第3卷, 文書番號 87의 「朝鮮國交際始末內探書」에 지령 받은 모든 조사항목이 다시 나오므로 중복을 피하기 위하여 '貼紙로서 伺之通'이 있었다는 것만 표시하고 생략한 것으로 보인다. 疑書(伺) 형식으로 작성한 문건이 생략되어 있음을 표시하고 있는데, 이것은 『日本外交文書』 편집자가 第3卷, 文書番號 87의 「朝鮮國交際始末內探書」에 지령 받은 모든 조사항목이 다시 나오므로 중복을 피하기 위하여 '貼紙로서 伺之通'이 있었다는 것만 표시하고 생략한 것으로 보인다.

5) 『日本外交文書』第3卷, 事項 6, 文書番號 87, 1870年 4月 15日字, 「外務省出仕佐田白茅等ノ朝鮮國交際始末內探書」, p. 138.

히 밝히고 있다.

여기서 주목할 것은 일본의 메이지 정부가 수립된 이듬해인 1869년에 외무성과 국가최고기관인 태정관(조선왕조와 대한제국의 의정부에 해당)은 조사사항의 하나로 「죽도(울릉도)와 송도(독도)가 조선부속으로 되어 있는 시말」을 조사 보고하라고 지령함으로써, 이 지령 자체가 '객관적 사실로서', '울릉도와 독도가 조선의 부속령'이라는 사실을 거듭 확인했다는 사실이다. 이것은 『일본외교문서』에도 수록되어 있는, 일본측이 지울 수도 움직일 수도 없는 역사적 진실인 것이다.

여기에 추가하여 주목할 것은 일본 메이지 정부의 외무성과 태정관이 울릉도와 독도가 조선의 부속영토임을 인지하고서도 기회만 있으면 이를 탈취하고자 하는 주관적 의도를 가지고 있었다는 점이다. 그들이 조선에 파견하는 외무성 관리 좌전(佐田白茅) 등에게 굳이 울릉도와 독도가 조선부속이 되어 있는 경위를 조사하도록 특별히 지령한 사실에서 울릉도와 독도를 침탈하고 싶어 하는 야욕을 읽을 수 있다.

일본 외무성의 이러한 침략적 의도에도 불구하고, 그들의 복명서에서는 울릉도와 독도가 조선부속령임이 객관적 사실로 확인되었고, 또한 보고내용에도 부분적으로 반영되었다. 즉 ① 독도는 울릉도의 인도(隣島)라는 사실, 다시 말해 독도는 울릉도의 부속도서로 간주되고 있다는 사실,[6] ② 독도에 대해서는 그것이 부속령으로 된 경위를 게재한 문서가 그들이 조사한 대마도와 초량왜관에는 보관되어 있지 않다는 사실, ③ 울릉도에 대해서는 그것이 조선부속령이 된 경위의 문서가 보관되어 있는데, 조선정부가 한때 조선인을 거류시켰다가 지금은 이전과 같

6) 일본의 明治政府뿐만 아니라 이전 德川幕府의 龜山庄衛門도 獨島(松島)를 '竹島之內松島' 또는 '竹島近所之小島'라고 하여 鬱陵島(竹島)의 附屬島嶼로 간주해왔다.[川上健三, 『竹島の歷史地理學的硏究』(日本古今書院), 1966, pp. 74-78 참조]

이 공도정책을 채택하여 무인도 상태에 있다는 사실, ④ 울릉도의 물산에 대한 보고내용 등이다.

이 복명서는 울릉도와 독도가 조선부속령이 아님을 밝혀 내지 못하고 도리어 독도가 울릉도의 인도(隣島)로서 울릉도의 부속도서임을 강조하여, 조사항목지령과 같이 '울릉도와 독도가 조선부속령'임을 거듭 확인하였다.

위에서 살펴본 일본 외무성이 편찬한 『일본외교문서』의 공문서 자료들을 통하여 알 수 있는 것을 다시 한 번 요약정리하면 다음의 사실들에 특히 주목할 필요가 있다.

첫째, 일본 메이지 유신 정부의 외무성은 1869~1870년에 울릉도와 독도가 조선의 부속령임을 객관적 사실로서 다시 확인했다는 사실이다. 즉 일본 외무성은 이때 울릉도와 독도가 ① 조선부속령으로 되어 있고, ② 주인 없는 도서가 아니라 조선이라는 주인이 있으며, ③ 일본부속령이 아님을 명료하게 확인한 것이다.

둘째, 울릉도와 독도가 객관적으로는 조선부속령이라는 일본 외무성의 확인을 당시 일본의 국가최고기관인 태정관(太政官)이 재확인했다는 사실이다.

셋째, 그러나 일본 외무성과 메이지 정부는 주관적 의도로는 울릉도와 독도가 조선부속령으로 되어 있다는 사실에 불만을 갖고 있었으며, 가능하면 무력을 사용하여 이들을 탈취할 의사를 갖고 있었다는 사실이다. 이것은 그들의 건백서에서도 잘 드러나고 있다.

넷째, 일본 메이지 정부는 독도를 울릉도의 인도(隣島)로서 울릉도의 부속도서로 파악하고 있었다는 사실이다. 이것은 당시 메이지 정부가 독도를 전혀 일본의 시마네현(島根縣) 오키도(隱岐島)의 부속도서로 파악하고 있지 않았음을 아울러 잘 증명한다.

여기서 메이지 정부의 외무성과 국가최고기관인 태정관이 1869~1870년에 (그들의 주관적 침략의도와는 별도로) 객관적 사실로서 울릉도와 독도를 조선부속령으로 명료하게 인지하고 재확인했음을 알 수 있다. 이것은 이 시기에 메이지 정부가 울릉도와 독도가 조선영토라고 공식적으로 간주했음을 의미한다. 그리고 일본정부가 울릉도와 독도가 조선영토라는 사실을 확인한 문건이 일본정부의 공식문서인 『일본외교문서』에 수록되어 있고, 그 확인기관이 외무성과 국가최고기관인 태정관이라는 사실도 아울러 주목해야 할 중요한 사실이다.

2. 일본 메이지 정부 태정관과 내무성의 독도·울릉도 조선영토 확인

다음으로 주목해야 할 자료는 일본 메이지 정부의 내무성과 태정관이 1877년(메이지 10년)에 독도가 조선영토이며 일본과는 관계없는 곳이라고 명백하게 결정한 공문서이다.

일본 내무성(내무경 大久保利通)은, 제5장에서 서술한 바와 같이, 1876년(메이지 9년) 일본 국토의 지적을 조사하고 근대적 새 지적도를 편제하는 사업에 임하여, 울릉도(竹島)와 독도(松島)를 시마네현에 포함시킬 것인가 뺄 것인가에 대한 질의서(「日本海内竹島外一島地籍編纂方伺: 동해 내의 죽도 외 1도 지적편찬에 대한 질품」)를 1876년 10월 16일자 공문으로 시마네현 참사(參事) 경이랑(境二郞)으로부터 접수하였다.

일본 내무성은 약 5개월에 걸쳐 시마네현이 제출한 부속문서뿐 아니라 원록(元祿) 연간(조선의 숙종 연간에 해당)에 조선과 교섭한 관계문서들을 모두 조사해 본 후, 울릉도와 독도는 조선영토이며 일본과는 관계없는 곳이라는 결론을 내렸다.[7)]

일본 내무성은 울릉도와 독도가 "본방(일본)관계무지[本邦(日本)關係

無之, 일본과 관계가 없다]”라고 결론을 내렸으나 ‘판도(版圖)의 취사(取捨)는 중대지사건(重大之事件)’(영토의 넣고 빼는 것은 중대한 일)이므로 이를 내무성 단독으로 결정할 수 없다고 생각하여, 시마네현이 제출한 문서들과 일본 원록(元祿) 시기 조선과 왕래한 외교문서들을 부속문서로 별첨하여 1877년(메이지 10년) 3월 17일 당시 국가최고기관인 태정관(右相 岩倉具視)에게 품의서를 제출하였다(그림 6-2). 매우 중요한 자료이므로 이 장에서 다시 사용하기로 한다.

> 「일본해내 죽도(竹島) 외1도(外一島) 지적편찬에 대한 질품서
>
> 죽도(竹島)는 소할(所轄)의 건에 대하여 시마네현으로부터 별지의 질품이 와서 조사한바 해도(該島)의 건은 원록(元祿) 5년(1692, 숙종 18) 조선인(朝鮮人)이 입도한 이래 별지서류에 적채(摘採)한 바와 같이 원록(元祿) 9년 정월 제1호 구 정부의 평의의 지의(旨意)에 의하여, 제2호 역관에게 준 달서(達書), 제3호 해국(該國)에서 온 공간(公簡), 제4호 본방 회답 및 구상서(口上書) 등과 같은바, 즉 원록(元祿) 12년에 이르러 각각 왕복이 끝났으며, 본방은 관계가 무(無)하다고 들었지만, 판도(版圖)의 취사(取捨)는 중대한 사건이므로 별지서류를 첨부하여 위념(爲念)해서 이에 품의합니다. (밑줄 — 인용자)
>
> 메이지 10년 3월 17일
> 내무경 大久保利通 대리
> 內務少輔 前島 密
> 右大臣 岩倉具視전」[8]

일본 내무성 용지에 내무대신 오오쿠보(大久保利通)를 대리하여 내무차관 마에시마(前島密)가 태정관 우대신 이와쿠라 도모미(岩倉具視) 앞

---

7) ① 堀和生, 「1905年日本の竹島領土編入」, 『朝鮮史研究會論文集』第24輯, 1987.
② 愼鏞廈, 「朝鮮王朝의 獨島領有와 日本帝國主義의 獨島侵略」, 『한국독립운동사연구』 제3집, 1989 참조.

8) 日本政府 編, 『公文錄』 內務省之部 1(日本國立公文書館 소장), 1877年 3月 17日條, 「日本海內竹島外一島地籍編纂方伺」. 이 책 제5장 주석 1과 같음.

으로 제출한 이 공문서의 요점은 ① 죽도(竹島)와 그 외 1도(一島)의 지적 편찬에 대하여 그 소할(所轄) 문제로 시마네현으로부터 내무성으로 질품서가 왔는데, ② 내무성이 시마네현이 제출한 서류들과 또 1692년 조선인(안용복 — 저자)이 들어온 이래 조선과 일본 사이의 왕복문서들을 조사해 본 결과, ③ 내무성의 의견은 죽도와 그 외 1도는 일본과는 관계가 없는 곳이라고(조선의 부속령이라고) 결론을 내렸지만, ④ 지적을 조사하여 일본국의 판도에 넣을까 뺄까는 중대한 사건이므로 태정관의 최종 결정을 요청한다는 것이었다.

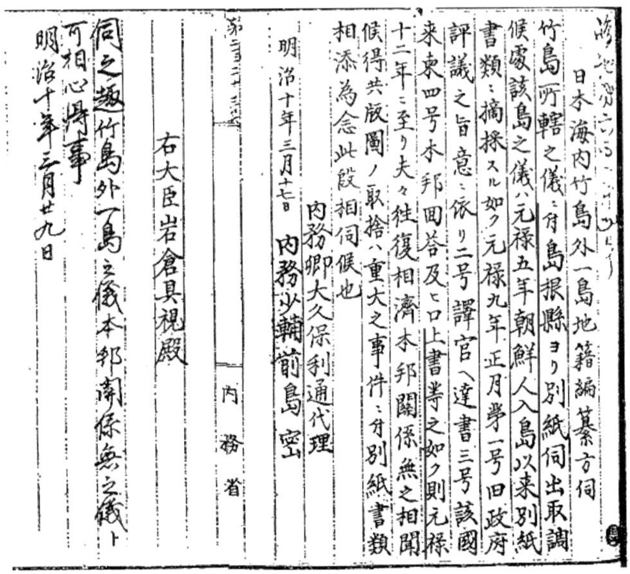
日本海内竹島外一島地籍編纂方伺

竹島所轄之儀ニ付島根縣ヨリ別紙伺出取調候處該島之儀ハ元禄五年朝鮮人入島以来別紙書類ニ摘採スル如ク元禄九年正月第一号旧政府評議之旨意ニ依リ二号譯官ヘ達書三号該國来柬四号本邦回答及ヒ口上書等之如ク則元禄十二年ニ至リ夫々往復相濟本邦關係無之相聞候得共版圖ノ取捨ハ重大之事件ニ付別紙書類相添為念此段相伺候也

明治十年三月十七日　内務少輔前島密

内務卿大久保利通代理

右大臣岩倉具視殿

内務省

伺之趣竹島外一島之儀本邦關係無之儀ト可相心得事

明治十年三月廿九日

그림 6-2. (그림 5-5와 동일) 1877년 일본 내무성이 태정관에 울릉도와 독도를 일본영토 지적에 포함시킬 것인가에 대한 최종 결정을 요청한 질품서와, 태정관이 울릉도와 독도는 일본과 관계없는 곳이라고 결정하여 내린 지령문을 첨가 기록한 공문서 (일본 국립공문서관 소장, 자료: 신용하 교수)

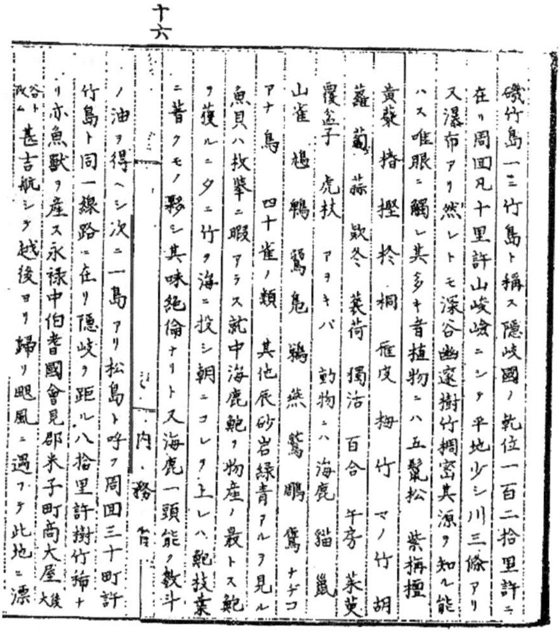

十六

磯竹島一ニ竹島ト稱ス隱岐國ノ乾位一百二拾里許ニ
在リ周回凡十里許山峻嶮ニシテ平地少シ川三條アリ
又瀑布アリ然レトモ深谷幽邃樹竹稠密其源ヲ知ル能
ハス唯眼ニ觸レ其多キ者植物ニハ五鬣松 紫栴檀
黄蘗 椿 樫 柃 桐 雁皮 梅 竹 マノ竹 胡
蘿蔔 蒜 款冬 蘘荷 獨活 百合 牛蒡 茱萸
覆盆子 虎杖 アヲキバ 動物ニハ海鹿 猫 鼠
山雀 鳩 鴨 [illegible] [illegible] 鵜 燕 鷲 鵰 鷹 ナヂコ
アナ鳥 四十雀ノ類 其他辰砂 岩緑青アルヲ見ル
魚貝ハ枚擧ニ暇アラス就中海鹿鮑ヲ物產ノ最トス鮑
ヲ獲ルニタニ竹ヲ海ニ投シ朝ニコレヲ上レハ鮑枝葉
ニ着クモノ夥シ其味絶倫ナリト又海鹿一頭能ク數斗
内務省
ノ油ヲ得ヘシ次ニ一島アリ松島ト呼フ周回三十町許
竹島ト同一線路ニ在リ隱岐ヲ距ル八拾里許樹竹稀ナ
リ亦魚獸ヲ產ス永祿中伯耆國會見郡米子町商大屋
谷ト改ム 甚吉航シテ越後ヨリ歸リ颶風ニ遇テ此地ニ漂

그림 6-3. (그림 5-6과 동일) 일본 내무성이 1877년 울릉도(죽도)와 그 외 1도를 일본영토 지적에 포함시킬까에 대하여 두 섬이 일본과 관계없는 곳이며 조선영토라고 판단하여 태정관에게 최종 결정을 요청하는 질품서를 제출할 때, 죽도 외 1도가 송도(독도)임을 가리킨 부속문서 (일본 국립공문서관 소장, 자료: 신용하 교수)

이 시기 메이지 정부는 울릉도를 '죽도(竹島)'라고 부르고 독도를 '송도(松島)'라고 불렀으므로, '죽도 외 1도(竹島外一島)'의 1도(一島)가 '송도(松島, 독도)'를 가리키는 것인가를 확인해 둘 필요가 있다. 이와 관련해, 제5장에서 살펴본 바와 같이, 위의 내무성 질품서에 첨부된 별지서류에서는 다음과 같이 그 '1도'가 '송도'임을 밝히고 있다. 매우 중요한 자료이므로 이 장에서 다시 사용하기로 한다(그림 6-3).

「기죽도(磯竹島)는 일명 죽도(竹島)라고 칭한다. 오키국(隱岐國)의 북쪽 120리에 있다. 둘레가 약 90리이며 산은 험준하고 평지는 적다. 내가 셋 있으며

> 폭포도 있다. 그러나 깊은 골짜기에는 나무와 대가 조밀하여 그 근원을 알 수 없다. (…) 어패(魚貝)는 매거하기 어려울 정도이다. 그 가운데 해록(海鹿)과 포(鮑)의 물산이 가장 많다. 포를 잡는 데는 저녁에 대나무를 바다에 투입하여 아침에 이것을 들어 올리면 포가 가지에 붙는 것이 많으며 그 맛이 절륜하다고 한다. 또 해록 한 마리에서 여러 말의 기름을 얻을 수 있다. 다음에 1도(一島)가 있는데 송도(松島)라고 부른다. 둘레의 주위 30정보 정도이며, 죽도(竹島)와 동일선로에 있다. 오키(隱岐)를 거(距)하기 80리 정도이다. 나무나 대는 드물다. 역시 어수(漁獸)가 난다.」[9](밑줄—인용자)

즉 일본 내무성이 태정관에게 제출한 위 공문서의 부속문서에서 "다음에 1도(一島)가 있는데 송도(松島)라고 부른다"고 하여 1도(一島)가 '송도'(독도)임을 명확히 밝히고 있는 것이다. 그리고 이 문서에, 제5장에서 이미 밝힌 바와 같이, 별지로 기죽도(磯竹島, 울릉도, 죽도)와 그 동남쪽에 그 외 1도인 송도(松島, 독도)를 그린 지도를 첨부하였다(그림 6-4).

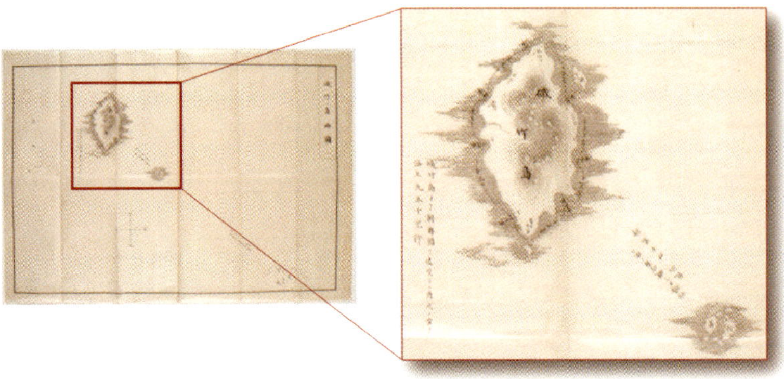

그림 6-4. (그림 5-7과 동일) 죽도(기죽도, 울릉도)와 그 외 1도(독도, 송도)가 독도임을 증명하는 태정관 문서의 부속지도인 「기죽도약도(磯竹島略圖)」(자료: 선우영준 박사)

---

9) 『公文錄』, 위 자료의 別紙文書. 이 책 제5장 주석 2와 동일함.

당시 일본 국가최고기관인 태정관에서는, 제5장에서 쓴 바와 같이, 내무성의 품의서를 접수하여 검토한 후 조사국장의 기안으로 1877년 3월 20일 "품의한 취지의 죽도 외 1도(竹島外一島)의 건에 대하여 본방(本邦, 일본)은 관계가 없다는 것을 심득(心得)할 것(伺之趣竹島外一島之義本邦關係無之義ト可相心得事)"이라는 지령문을 작성하여 이를 결정하였다. 매우 중요한 결정적 자료이므로 여기서 다시 사용하기로 한다(그림 6-5).

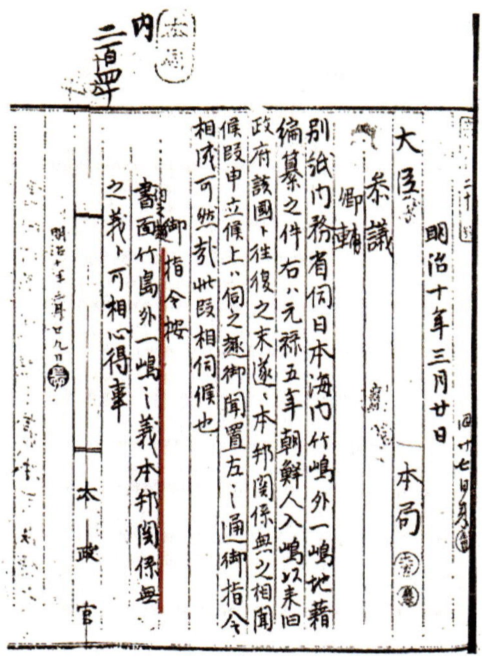
明治十年三月廿日
大臣
参議
本局
別紙内務省伺日本海内竹嶋外一嶋地籍
編纂之件右ハ元禄五年朝鮮人入嶋以来旧
政府該国ト往復之末遂ニ本邦関係無之相聞
候段申立候上ハ伺之趣御聞置左之通御指令
相成可然哉此段相伺候也
御指令按
書面竹島外一嶋之義本邦関係無
之義ト可相心得事
太政官

그림 6-5. (그림 5-8과 동일) 1877년 일본 태정관이 울릉도와 독도를 조선영토라고 판단하여 "울릉도와 그 외 1도 독도는 일본과 관계없는 곳"이므로 일본 지적에 포함시키지 말라는 결정을 내무성에 내려 보낸 태정관 공문서(일본 국립공문서관 소장, 자료: 신용하 교수)

「메이지 10년 3월 20일
大臣㊞ 本局㊞
參議㊞
卿輔㊞

별지 내무성 품의 일본해내 죽도 외 1도 지적편찬의 건
위는 원록(元祿) 5년 조선인이 입도(入島)한 이래 구 정부(舊政府)와 해국(該國, 조선)과의 왕복의 결과 마침내 본방(本邦, 일본)은 관계가 없다는 것을 들어 상신한 품의의 취지를 듣고, 다음과 같이 지령을 작성함이 가한지 이에 품의합니다.
지령안
품의한 취지의 죽도 외 1도(竹島外一島)의 건에 대하여 본방(일본)은 관계가 없다는 것을 심득(心得)할 것」[10]

이 태정관의 지령안에서 죽도(竹島, 울릉도)와 그 외 1도(松島, 독도)가 "일본과 관계가 없다"는 것은 그 앞에 앞서 든 내무성 문서의 "위는 원록(元祿) 5년 조선인이 입도한 이래 해국(조선)과 왕복의 결과 일본과 관계가 없다"고 전제 설명한 기록에서 알 수 있는 바와 같이 '조선영토'이어서 일본과 관계가 없다고 명백히 밝혀 결정한 것이다.

태정관 용지에 작성된 이 지령 안에는 태정관 우대신 이와쿠라 도모미(岩倉具視)의 인장이 찍혀 있고, 이 밖에 이를 승인 결정한 데라시마(寺島宗則) 오오키(大木喬任) 등의 인장도 찍혀 있다. 이 공문서의 오른쪽 끝에 '同二十七日來(동이십칠일래)'라는 작은 글씨가 첨가되어 있는데, 이것은 이 지령문을 접수한 일자와 관련된 것으로 보인다.

태정관은 승인 결정된 이 지령문을 1877년 3월 29일 정식으로 내무성에 보내어 지령의 절차를 완료하였다.[11] 일본 내무성은 이 지령문을 받

10) 『公文錄』, 위 자료의 1877年 3月 20日條 太政官指令文書. 이 책 제5장 주석 3과 동일함.
11) 太政官 지령문서의 끝에 이 지령문을 내무성에 발송한 日字가 매우 작은 글씨

자, 처음 태정관에 제출했던 품의서 끝에 "伺之趣竹島外一島之儀本邦關係無之儀ト可相心得事. 明治十年三月二十九日[품의한 취지의 竹島(울릉도) 外 一島(독도)의 건에 대하여 本邦(일본)은 관계가 없다는 것을 心得(심득)할 것. 1877년 3월 29일]"[12)]이라는 태정관 지령문을 첨기해서 이 안건의 처리를 완료하였다.

내무성은 태정관의 이 지령을 1877년 4월 9일자로 시마네현에 전달하여 현지에서도 이 문제는 완전히 결말을 짓게 되었다.[13)]

결국 일본 내무성과 일본 국가최고기관인 태정관은 울릉도와 독도가 조선영토이며 일본의 영토가 아니어서 일본은 이에 관계가 없다고 1877년 3월 29일자로 재확인하여, 공문서로써 공식적(公式的)으로 지령했던 것이다.

일본 내무성과 태정관의 위에 든 자료들을 통하여 알 수 있는 것을 다시 한 번 간단히 요약정리하면 다음과 같다.

첫째, 일본 메이지 정부의 내무성과 국가최고기관인 태정관은 울릉도와 독도가 조선영토이며 일본과는 관계가 없음을 1877년 3월 29일자로 재확인하여 공문서로 지령하였다.

둘째, 일본 내무성의 이 같은 결정은 시마네현에서 제출한 자료들뿐 아니라 내무성이 원록(元祿) 연간(조선 숙종 연간)의 조선과 일본의 왕복문서들을 조사하고 독자적으로 정보를 수집하여 약 5개월 동안이나 조사하고 검토한 후에 내린 것이었다.

셋째, 일본 국가최고기관인 태정관은 이미 1869~1870년 외무성이 조

로 첨기되어 있고 그 담당 관사의 印章이 찍혀 있다.

12) 『公文錄』 內務省之部方 1, 1877年 3月 17日條, 「日本海內竹島外一島地籍編纂方伺」의 太政官指令文 後端添記.

13) 堀和生, 「1905年日本の竹島領土編入」, 『朝鮮史研究會論文集』 제24집, 1987 참조.

선 부산에 고위관리를 파견하여 조사항목을 지령하고 복명서를 받을 때 울릉도와 독도가 조선영토임을 재확인하여 결정했으며, 다시 1877년에 내무성으로부터 울릉도와 독도가 조선영토이며, 일본과는 관계가 없는 곳이라는 품의를 받자 이를 최종적으로 승인 결정하여 공문서로 지령하였다. 이 태정관의 지령문은 당시 일본 국가최고기관의 결정이었음에 그 결정적 중요성이 있다.

넷째, 일본 국가최고기관인 태정관의, 울릉도와 독도가 조선영토이며 일본과는 관계가 없다는 지령문은 내무성뿐만 아니라 시마네현에까지 "심득(心得, 마음에 익힐 것)할 것"이라는 강한 표현의 명령으로 시달되어 이론(異論)의 여지가 없음을 명백히 했다는 사실이다.

'태정관 문서'는 '독도'가 한국영토이고, 일본영토가 아님을 증명하는 매우 중요한 결정적 공문서이다.

3. 일본 메이지 정부 해군성과 육군성의 독도 · 울릉도 조선영토 확인

1) 일본 해군성의 독도·울릉도의 조선영토 인지·확인

다음으로 주목해야 할 중요한 자료는 일본 해군성이 1876년에 편찬한 「조선동해안도(朝鮮東海岸圖)」이다. 일본 해군성 수로국은 직접 조선해안을 실측하지 못한 메이지 정부 초기에 서양인들이 실측한 조선국 해안도를 번안 편집해서 그들의 군사용 지도를 작성했는데, 1876년(메이지 9년)에 번안해서 편찬한 「조선동해안도」에는 독도가 조선의 영토로 선명하게 그려져 있다.

규장각(奎章閣)에 원본의 하나가 보관되어 있는 「조선동해안도」(99×66cm)는, 부기된 주석에 의하면, 러시아보다 앞서 조선 해안을 측량한 영국의 측량지도를 개정하고, 1853년 러시아 선박 팔라다호와 1854년 올리브차호가 측량한 것에 기초해서 1857년에 러시아 군함이 다시 실측하여 작성한 지도를, 일본 해군성 수로국이 번안 편집해서 1876년에 발행한 것이다.[14](그림 6-6)

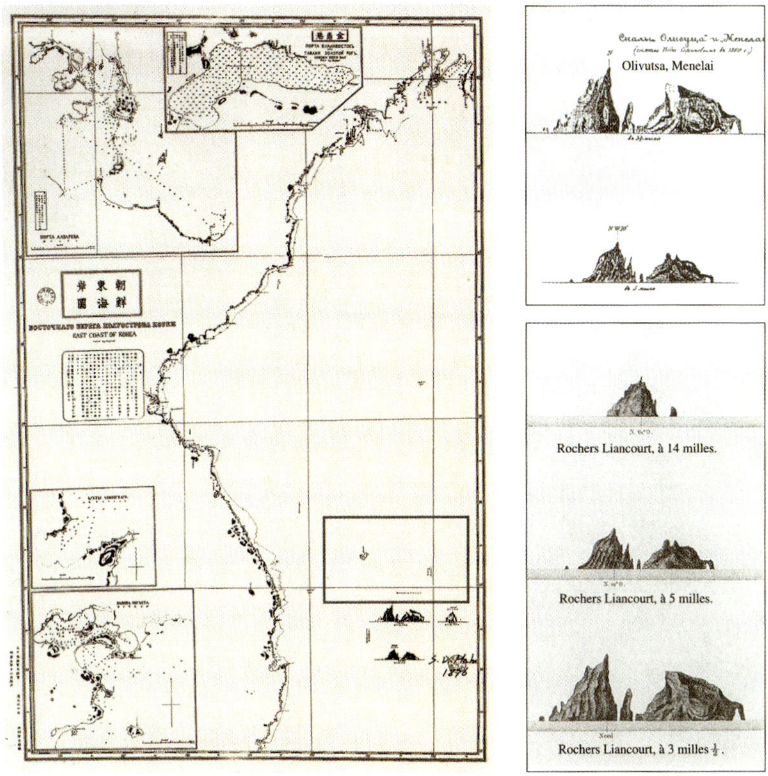

그림 6-6. 「조선동해안도(朝鮮東海岸圖)」 (서울대학교 규장각한국학연구원 소장)

---

14) 서울대학교 규장각한국학연구원 原本「朝鮮東海岸圖」 및 『조선일보』 1983년 2월 24일자 사회면 보도 참조.

이 지도에는 독도를 3.5마일 정북 방향에서 그린 그림, 북서 10도 방향 5마일 거리에서 그린 그림, 북서 61도 방향 14마일 거리에서 그린 그림이 마치 사진으로 찍은 것처럼 정확하고 선명하게 우단 중하에 게재되어 있다. 그리고 이 지도 제작 당시 러시아측이 독도의 동도를 올리브차 암초, 서도를 마날라이 암초라고 명명했음이 기록되어 있다.

일본 해군성 수로국은 그 후 1887년에도 「조선동해안도」의 재판을 냈으며, 그 후에 판을 거듭하였다.[15] 「조선동해안도」의 모든 판본들은 1905년까지는 독도를 조선영토로 인지하여 포함시켰다.

저자가 여기서 특히 주목을 요청하고 싶은 것은 「조선동해안도」라는 지도 이름과 함께, 독도의 정밀하고 정확한 그림의 위치이다. 만일 일본 해군성이 독도를 일본영토로 인지했다면, 독도의 정밀하고 정확한 그림을 당연히 일본 「서북해안도」에 넣어야 했을 터인데, 일본 해안도에는 이를 포함시키지 않고, 「조선동해안도」에 포함시킨 것은 일본 해군성이 독도를 명확히 조선영토로 인지하고 있었음을 잘 나타내는 것이다.

이와 관련하여 주목해야 할 중요한 자료의 하나는 일본 해군성 수로국이 편찬한 『환영수로지(寰瀛水路誌)』와 『조선수로지(朝鮮水路誌)』이다(그림 6-7, 6-8). 일본 해군성은 그들이 편찬한 세계수로지인 『환영수로지』의 제2권 제2판(1886)에서 처음으로 독도를 '리앙꼬르드열암(列岩)'이라는 이름으로 제4편 「조선동안(朝鮮東岸)」에 수록하였다.[16]

일본 해군성은 1889년 『환영수로지』 편찬을 중단하고, 이것을 『일본수로지』, 『조선수로지』 등 국가영토별로 분류하여 편찬하기 시작하였다. 이때 독도(리앙꼬르드열암)가 『조선수로지』와 『일본수로지』 가운데

15) 『조선일보』 1986년 9월 14일자 문화면 보도. 이 지도의 1887년 중판본은 李鍾學 씨가 발굴하여 공개한 것임.

16) 日本 海軍省 水路部, 『寰瀛水路誌』 第2卷 第2版, 1886, pp. 397-398 참조.

어디에 포함되는가는 일본 해군성이 독도를 어느 나라의 영토로 인지했는가의 척도가 된다.

일본 해군성은 이때 독도를 조선의 영토로 간주하여 『조선수로지』에 포함시키고 『일본수로지』에는 포함시키지 않았다. 일본 해군성 수로국은 『조선수로지』를 1894년 최초로 편찬 발행했는데, 이때 독도를 '리앙꼬르드열암'이라는 이름으로 『조선수로지』 제4편 「조선동안」에 포함시켜 설명하였다.17)

여기서 명백한 것은 일본 해군성 수로국은 독도(리앙꾸르島)를 조선의 동해안 부속령으로 간주하고 있었으며, 그들의 독도에 대한 지식은 서양 선박들이 측량 보고한 사실에 한정되어 있었다는 사실이다.

일본 해군성 수로국은 그 후 『조선수로지』의 판을 거듭했는데, 예컨대 제2판인 1899년판 『조선수로지』에서도 이전과 같은 설명을 게재하고 독도를 조선의 동해안 부속령으로 취급하였다.18)

---

17) 日本 海軍省 水路部, 『朝鮮水路誌』, 1899, pp. 255-256.
「리앙꼬르드列岩
此列岩은 서기 1849년 佛國船 '리앙꼬르드' 號가 처음으로 이를 발견하여 船名을 취해서 리앙꼬르드列岩이라고 이름 붙였다. 그 후 1854년 露國 프레가트型 함선 '팔라스' 號는 이 列岩을 마날라이 및 오리우사列岩이라고 칭하였다. 1855년 英艦 호르넷드號는 이 列岩을 探險하여 호르넷드列岩이라고 이름 붙였으며, 함장 홀시스노의 말에 의거하면 이 列岩은 북위 37도 14분, 동경 131도 55분에 위치하는 두 개의 不毛岩嶼로서 鳥糞이 항상 섬 위에 堆積하여 섬의 색이 이 때문에 하얗다. 北西微西로부터 南東微東에 이르는 길이는 약 1里이고 두 섬 간의 거리는 0.25里로서 보이는 곳에 一礁脈이 있어 이를 연결한다. 西嶼는 해면으로부터 높이가 약 410知으로서 형상은 糖塔과 비슷하다. 東嶼는 이에 비교해 낮고 평평한 頂上으로 되어 있다. 이 列岩 부근의 수심은 상당히 깊을지라도 그 위치는 函館을 향하여 日本海(東海－인용자)를 항해하는 선박의 直水道에 當하므로 상당히 위험한 것이다.」

18) 日本 海軍省 水路部, 『朝鮮水路誌』, 1899, p. 263 참조.

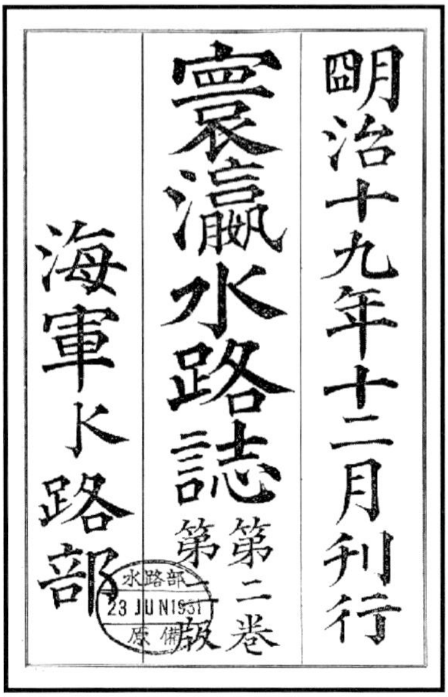
明治十九年十二月刊行
寰瀛水路誌 第二巻
海軍水路部

그림 6-7.『환영수로지(寰瀛水路誌』

明治二十七年十一月刊行
朝鮮水路誌 全
水路部

그림 6-8.『조선수로지(朝鮮水路誌)』

현재의 일본 외무성은『조선수로지』는 수로지이기 때문에 소속영토의 개념은 포함되어 있지 않다고 주장하고 있는데, 전혀 그렇지 않다. 일본 해군성 수로국은 세계수로지인『환영수로지』 체제를 해체하여 각국별로 수로지를 편찬할 때 국가영토별로 편찬했으며,『조선수로지』는 조선영토의 수로를 묶어 편찬한 것이었다. 이 사실은 우선 일본 해군성 수로국은 조선이 독립국일 때까지는『조선수로지』를 독립해 편찬하다가 조선이 1910년 일본의 식민지가 되자『조선수로지』 발행을 중단하고, 1911년부터는『일본수로지』에 포함시켜 제6권으로 편찬하면서 그것이 영토의 '병합' 때문임을 다음과 같이 밝히고 있는 것에서도 알 수 있다.

「본서는 조선 전안(全岸)의 수로로서 메이지 43년 조선을 아제국(我帝國)에 병합시켰기 때문에 『일본수로지』 제6권이라고 제(題)하여 간행한다.」[19]

반면에 일본 해군성 수로국이 편찬 간행한 『일본수로지』는 (일본 학자의 조사에 의하면) 1892년 제1판 이래 순차 간행하면서도 독도를 포함시키지 않았다. 『일본수로지』에는 1895년 하관조약(下關條約)에 의해 일본의 새로운 영토가 된 대만(臺灣)과 팽호도(澎湖島), 그리고 천도열도(千島列島) 최북단의 점수도(占守島)까지 수록되어 있지만, 대만의 대안(對岸)이나 캄차카반도는 전혀 포함되어 있지 않다.

즉 일본 해군성은 독도의 정확한 위치를 알고 있으면서도 이를 일본영토가 아니라고 보아 『일본수로지』의 동해(일본 이름으로 소위 '일본해') 부분에 포함시키지 않았던 것이다. 일본 해군성 수로부가 독도를 『일본수로지』에 포함시키기 시작한 것은 일본이 1905년 2월 독도를 대한제국 정부 몰래 침탈하여 시마네현에 편입시킨 후부터이다. 그들은 1907년의 『일본수로지』 제4권의 해도(海圖)에서 오키도(隱岐島) 북방에 처음으로 작은 점을 그려 넣기 시작하였다.[20]

이러한 사실들은 일본 해군성도 태정관·외무성·내무성과 마찬가지로 1905년 2월까지는 독도가 조선영토임을 정확하게 인지하고 있었음을 증명해 준다.[21]

---

19) 日本 海軍省 水路部, 『日本水路誌』 第6卷 '序', 1911, p. 1.

20) 堀和生, 앞의 글.

21) 日本 海軍省 水路部는 일제 강점 후에는 『朝鮮水路誌』를 독립시키지 않고 계속 『日本水路誌』 안에 포함시켰다. 예컨대 1920년의 『日本水路誌』에서는 第10卷(上·下 2冊)에 朝鮮水路를 넣었다. 특히 第10卷 上冊의 울릉도 바로 다음에 '竹島(Liancourt Rocks)'라는 항목을 넣으면서 "朝鮮人은 이를 獨島라고 쓰고 內地(日本) 漁夫는 이를 리앙꼬르島라고 말한다"고 기록 설명하였다.(『日本水路誌』 第10卷 上冊, pp. 56-58) 여기서 주목할 것은 鬱陵島와 獨島(竹島)를 나란히 朝鮮

2) 일본 육군성의 독도 · 울릉도의 조선영토 인지 · 확인

일본 육군성도 해군성과 마찬가지로 독도(松島)를 조선영토로 재확인하였다. 일본 육군성 참모국이 1875년(메이지 8년)에 편찬해서 발행한 「조선전도(朝鮮全圖)」를 보면 울릉도(竹島)와 함께 독도를 함께 그려 독도가 조선영토임을 나타내고 있다(그림 6-9).

일본 육군성의 이러한 관점은 그 후 내내 계속되어, 심지어 1936년 일본 육군참모본부 육지측량부의 『지도구역일람도(地圖區域一覽圖)』에서도 독도[이때의 명칭은 죽도(竹島)]를 조선부속으로 구획하여 그려 넣었다(그림 6-10).

『지도구역일람도』는 일본제국의 구역을 ① 일본구역, ② 조선구역, ③ 대만구역, ④ 사할린(화태)구역 … 등으로 구역화하면서, '독도'(죽도)는 오키도와 함께 일본구역에 넣을 공간이 충분함에도 불구하고, 울릉도와 함께 '독도'(죽도)를 '조선구역'에 구분하여 넣었다. 이것은 독도가 한국영토로 인지되었음을 증명하는 것이다.

篇에 넣고 있다는 사실이다.

日本 海軍省 水路部는 海軍省의 書誌 第6號로 1933년 『朝鮮沿岸水路誌』를 간행했는데, 第1卷에서 아예 '鬱陵島及竹島'라는 항목을 설정하여 울릉도에 이어 독도를 비교적 상세히 설명하였다.(日本 海軍省 水路部, 『朝鮮沿岸水路誌』 第1卷, 1933, pp. 86-90)

여기서 주목할 것은 日帝가 조선이 영구히 일본영토가 되었다고 간주했던 시기에는 '鬱陵島及竹島'라고 하여 독도를 울릉도의 부속도서로 간주했다는 사실과, 이를 모두 조선 연안에 귀속시켰다는 사실이다. 일본이 독도를 朝鮮東海岸과 울릉도로부터 떼어 내어 『日本水路誌』의 隱岐島 다음에 넣어 설명하기 시작한 것은 독도영유권에 대한 논쟁이 시작된 1952년 이후부터이다.

그림 6-9. 일본 육군성 참모국의 「조선전도(朝鮮全圖)」 (자료: 이상태 교수)

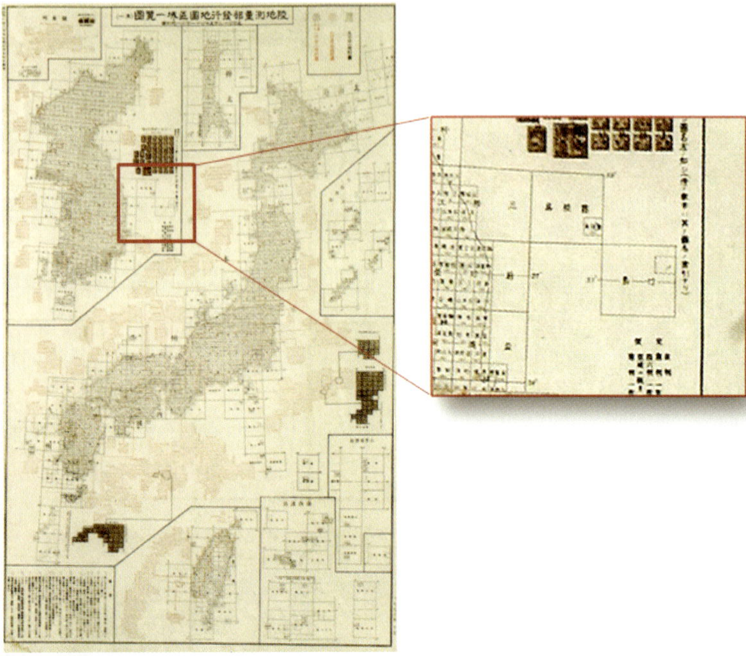

그림 6-10. 일본 육군참모본부 육지측량부가 대일본제국을 지역별로 구분한 1936년의 공식 대일본제국『지도구역일람도(地圖區域一覽圖)』. 여기서 일본군까지도 독도(竹島)를 울릉도의 부속도서에 포함시켜 일본구역으로부터 제외하고 조선구역에 포함시켰다. (서울대학교 중앙도서관 소장)

4. 일본 메이지 정부의 독도에 대한 기본정책

이상과 같이 일본 메이지 정부의 외무성·내무성·해군성 및 육군성과 일본의 국가최고기관인 태정관이 일본정부의 공문서들을 통하여 독도=우산도=리앙꼬르도를 조선부속령이라고 거듭 확인하고 지령한 사실들은 적어도 1905년 2월 일제가 독도를 침탈하기 전까지 메이지 정부 전체가 독도를 조선영토로 인지하고 재확인했음을 명료하게 증명해 주는 것이다.

일본 메이지 정부의 독도에 대한 기본정책은 1905년 이전까지는 독도를 울릉도의 부속도서로 정확하게 판단하여 울릉도에 대한 기본정책에 자동적으로 포함시켰다.

일본정부의 울릉도·독도에 대한 기본정책은 독도와 울릉도가 조선영토임은 명확히 인정한 것이었으며, 이 전제 위에서 조선정부가 독도는 물론이요 울릉도까지도 '쇄환공도정책'을 실시해 온 것을 보고 이를 침탈할 수 있는 가능성을 추구한 정책이었다.

일본 메이지 정부는 이에 울릉도에의 일본인의 불법 입도와 불법적 재목 벌채 이송을 은근히 보호했으며, 일본인의 입도 정착을 고취하기까지 하였다.

조선왕조 정부가 이에 놀라 1882년부터 울릉도·독도 재개척으로 정책전환을 하자, 조선 개화파들의 강경한 요구에 응하여 일본 메이지 정부는 할 수 없이 울릉도에의 일본인 불법 입도 정착민들을 한때 철환시켰었다.

그러나 1895년 청·일전쟁에서 일본이 승리한 이후부터는, 일본 메이지 정부는 다시 일본인의 불법 울릉도 입도와 거류를 보호하면서 울릉도와 독도를 모두 일본영토로 만들고자 하는 강렬한 의지를 보였다. 그들은 대한제국 정부의 강력한 항의도 무시하고, 일본인의 울릉도 불법 입도와 거류를 보호했으며, 울릉도에 일본 경찰관파출소까지 설치하면서 영토야욕을 드러내었다. 그럼에도 불구하고 울릉도와 독도가 당시에는 매우 명백하게 한국영토라는 사실이 인지되고 있었으므로 일본 메이지 정부로서도 어떻게 할 수 없었다.

일본 메이지 정부는 '울릉도'와 그 부속도서인 '독도'가 한국영토임을 잘 알고 거듭 재확인하면서도, 기회만 있으면 이를 침탈하여 일본영토에 편입시키고자 하는 영토야욕에 불타고 있었으며, 호시탐탐 기회를

노리고 있었다.

일본정부측의 1868년 1월 수립된 메이지(明治) 신정부는 '독도'(송도)를 일본영토로 인정했다는 주장은 사실이 아닌 일본정부의 거짓말이다.

도리어 일본 메이지 신정부도 1904년까지는 '독도'(송도)가 일본과는 관계없는 '조선영토'임을 여러 차례 재확인했으며, 그 증거인 일본공문서가 다수 남아 있다.

일제가 1904년 2월 러·일전쟁을 도발하고 일본군이 한반도에 불법 상륙하게 되자 일본 메이지 정부는 이 기회를 포착하여 한국인이 거주하지 않으면서 가장 한국의 동쪽 끝에 있고 일본에 가까운 한국영토 독도를 대한제국 정부와 국민 몰래 침탈하기 위하여 소위 '영토편입'의 침탈 공작을 시작한 것이었다.

□ 제 7 장
대한제국 1900년 칙령 제41호의 반포와 한국독도영유권 재확인

1. 일본인들의 울릉도 불법침입과 삼림 불법벌목

일본인들은 청·일전쟁(1894~1895)에서 승리하자, 1895년 후반기부터 일본인들이 다시 울릉도를 불법침입하여 목재들을 공공연히 도벌하여 일본으로 싣고 가는 일이 격증하였다.

일본은 청·일전쟁 후 서울에서는 1895년 양력 10월 8일 경복궁을 야습하여 민비(명성황후)시해의 만행을 저질렀다. 이에 국왕 고종은 일본의 독수에서 벗어나기 위하여 1896년 2월 11일 국왕이 러시아공사관에 옮겨 들어가는 이른바 '아관파천(俄館播遷)'을 하였다.

국왕 고종이 러시아 공사관 안에서 신정부를 조직하고 정사를 보자, 러시아측이 영향력을 행사하여 신정부는 친러수구파 정부로 조직되고, 국왕 고종도 러시아를 비롯한 서양열강의 이권침탈요구를 많이 받게 되었다. 이때 러시아는 고종에게 압력을 행사하여 1896년 9월 '두만강·압록강 유역 대안 산림과 울릉도 삼림의 벌채권'을 러시아 회사(대표 J. I. Briner)에게 '이권(利權)'으로 25년간 양여하게 되었다.

그 직후 1897년 2월에 고종의 환궁이 있었고, 1897년 10월에는 국호를 '대조선'에서 '대한제국'으로 개정하고 독립 강화를 세계에 재선포한 역사적 사건이 있었다. 1899년 러시아측은 대한제국 정부에게 일본인들이 불법으로 울릉도에 들어와서 삼림을 벌채해 실어가고 있으니 이를 금지해 달라고 강력하게 항의해 왔다.

대한제국 정부는 러시아측의 항의는 물론이요, 무엇보다도 개항장이 아닌 한국영토에 일본인들이 불법 침입하여 함부로 삼림을 불법 벌채해 간다는 데 놀라서 이를 중지시키고, 울릉도 이주민에 대한 행정관리를 위하여 1899년 5월 배계주(裵季周)를 울릉도 도감(島監)으로 재임명하여 파견하였다. 대한제국 정부는 러시아측과 일본측의 의구심을 해소하기 위하여 배계주와 함께 부산항 세무사(稅務司)로 근무하고 있는 외국인 세무사를 동행케 하여 울릉도에의 일본인의 침입여부 실태를 조사하여 보고하도록 하였다.[1)]

그들의 보고에 의하면, 1899년 5~6월 현재 울릉도에는 일본인 수백명이 떼를 지어 불법침투해서 촌락(村落)을 만들어 거주하고 있었으며, 선박을 운행하면서 삼림을 연속하여 벌채해서 일본으로 운반해 가고 곡식과 물화를 밀무역하고 있었다. 울릉도 이주 한국인이 조금이라도 이를 말리면 일본인들은 칼을 빼어 들고 휘둘러 대면서 멋대로 폭동하여 거리끼는 바가 조금도 없으므로, 한국인 이주민들은 모두 놀라고 두려워하여 안도하지 못하는 실정이라고 그들은 지적하였다.

울릉도 도감 배계주는 울릉도에 불법으로 들어온 일본인들과 그들의 행패가 결코 가벼운 것이 아니므로 중앙정부의 명령으로 엄격하게 단속하지 않으면 울릉도 이주민 한국인들이 이산하고 말겠기에 급히 보고하니 중앙정부가 적극 조치해 줄 것을 요청하였다.

이에 실태를 알게 된 대한제국 정부에서는 외부대신이 주한 일본공

1) 『皇城新聞』, 1899年 6月 15日字, 「雜報: 仍任裵監」 참조.

사에게 공문을 보내어, 울릉도에 불법 밀입도한 일본인들을 기한을 정하여 본국으로 돌려보내도록 하고, 개항장이 아닌 항구에서 밀무역한 죄에 대해서는 '조·일수호조규'(1876)의 약정에 의거해서 조사·징벌하여 후일의 폐단을 영구히 근절시켜 줄 것을 요구하였다.[2)]

한편 러시아측은 1899년 9월 15일자로 대한제국 외부대신에게 공문을 보내어 울릉도에 불법으로 들어와 마을을 이루고 살면서 삼림을 벌채해가고 행패를 부리고 있으므로 일본공사관에 요구하여 개항장이 아닌 울릉도에 불법 밀입도한 일본인들을 쇄환해 가도록 하라고 강력하게 요청하여 대한제국 정부에 압력을 가하였다.

대한제국 정부 학부는 일본측의 영토야욕과 러시아측의 이권침탈을 염려하여 울릉도와 독도가 대한제국 영토임을 국민과 전 세계에 홍보·교육하려고 「대한여지도(大韓輿地圖)」(1898), 「대한전도(大韓全圖)」(1899)를 간행하여 울릉도·독도가 한국영토임을 명백히 하였다(그림 7-1, 7-2).

또한 대한제국 정부는 주한 일본공사관을 통하여 일본인들을 철수시키려고 일본공사에게 공문을 보내었다. 그러나 일본공사의 답장은 오만불손하기 짝이 없었다. 예컨대 만일 일본인들의 범법행위가 있으면 한국 관헌이 체포하여 가까운 일본영사에게 넘기도록 '조·일수호조규'에 규정되어 있으니 한국 관헌이 그렇게 하라는 것이었다.[3)]

2) 『內部來去文』(外部편) 第12冊, 光武 3年 9月 15日條, 「照會 第13號」 참조.
3) 『內部來去案』 第12冊, 光武 3年 9月 22日條, 「照覆 第20號」 참조.

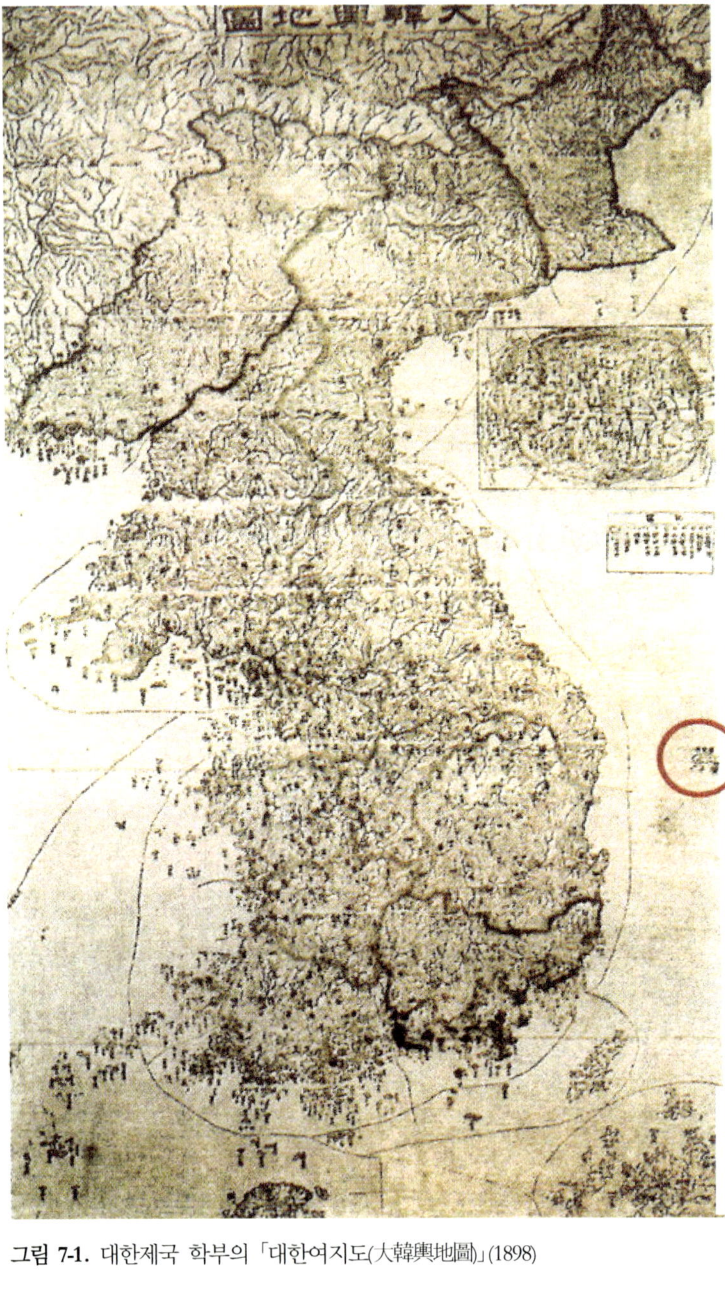

그림 7-1. 대한제국 학부의 「대한여지도(大韓輿地圖)」(1898)

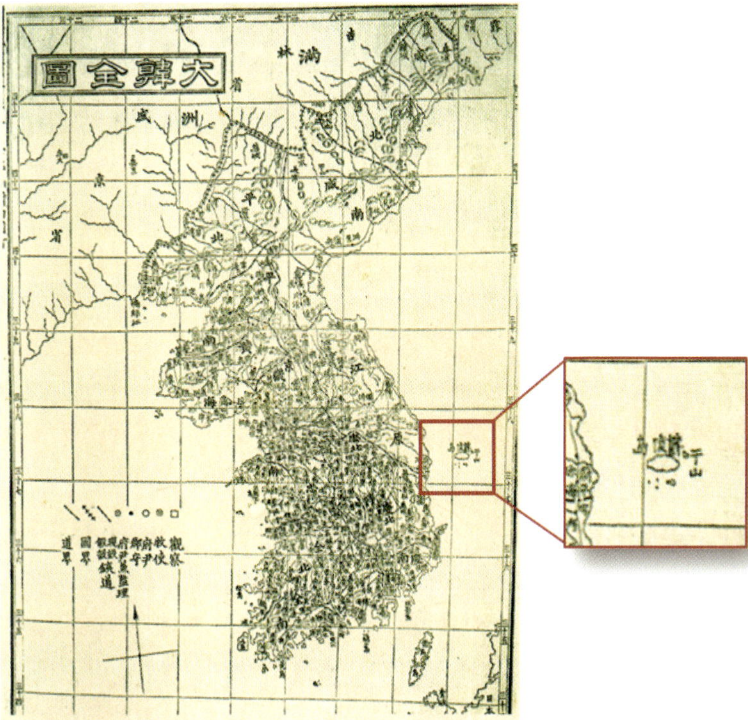

그림 7-2. 「대한전도(大韓全圖)」(1899). 대한제국 학부에서 제작 배포한 표준지도로 독도가 울릉도 동쪽에 위치하고, 경도와 위도가 당시의 기준으로 표시되어 있다.

2. 국제조사단(우용정 조사단)의 울릉도 파견

대한제국 정부는 근본적 대책 수립이 필요함을 절감하고, 1899년 12월에 내무관리 우용정(禹用鼎)을 울릉도 시찰위원으로 임명해서 일본측과 서양 외국인을 포함한 '국제조사단'을 편성하여 파견해서 일본인의 불법침입과 삼림 불법 벌채의 실태를 조사하고, 그 후 울릉도·독도의 행정관제를 개정해서 격상시켜 울릉도·독도 행정관리를 강화하기로 하였다.[4]

대한제국 내부(內部)는 울릉도에 가장 가까운 일본영사관으로서 부산 일본영사관의 책임자를 동행시키려고 일본측에 교섭하였다. 그리하여 국제조사단은 대한제국 내부관리 우용정을 책임자로 하고 한국측은 부산감리서(釜山監理署) 주사 김면수(金冕秀)와 봉판(封辦) 김성원(金聲遠), 일본측은 부산주재 일본영사관 부영사 아카츠카(赤塚正助)와 경부 1명, 서양인은 부산해관 세무사 프랑스계 영국인 라포르트(E. Raporte, 羅保得) 등으로 구성하여 1900년 5월 25일 울릉도 조사차 출발시켰다.[5)]

우용정의 국제조사단 일행은 1900년 5월 31일 울릉도에 도착하여 6월 1일부터 5일간 울릉도 실태를 조사한 다음 귀경하여 조사보고서를 제출했는데, 그 요지만을 간추리면 다음과 같다.[6)]

(1) 울릉도는 길이가 70리, 폭이 40리, 둘레가 약 140~150리의 섬인데, 규목(槻木)·자단(紫檀)·백자(栢子)·감탕(甘湯) 등 귀한 나무들과 각종의 수목이 울창하다. 도민들이 개간한 토양은 비옥하여 거름을 주지 않아도 곡식이 잘 자라서 대맥(大麥)·소맥(小麥)·황두(黃豆)·감저(甘藷) 등이 식량을 하고도 남아 판매하고 있다. 그간 개간된 농경지 면적은 7,700여 두락이며, 호수는 400여 호에 인구는 남녀 합하여 1,700여 명이다. 면화(綿花)·마포(麻布)·지속(紙屬) 등과 같은 것도 외부에서 들여오지 않고 자급하고 있다. 흉년에는 학조(鶴鳥)라는 날짐승과 명이(茗荑)라는 식물이 있어 구황(救荒)에 쓰이므로 기아를 면할 수 있다. 삼림이 울창함에도 맹수의 해와 가시 돋은 수목의 해가 없다. 오직 지세의 경사가 심하여 수전(水田, 논) 농업을 할 수 없는 것이 아쉬운 점이다.

(2) 일본인 잠입 체류자는 57칸(間)에 남녀 합하여 144명이며, 정박하

4) 『皇城新聞』, 1900年 3月 1日字, 「雜報: 鬱陵官制의 改定」 참조.

5) 『內部來去案』 第13冊, 光武 4年(1900) 6月 19日條, 「照會 第12號」 참조.

6) 禹用鼎, 『報告書: 鬱陵島査覈』 및 『鬱島記』 참조.

고 있는 일본 선박은 11척인데, 내왕하는 상선(商船)은 일정하지 않아 정확한 숫자를 파악할 수 없다. 작년 이래 일본인들이 불법 도벌한 규목(槻木)은 71주이고, 그 밖의 향목(香木)과 잡목을 도벌한 것은 매거하기 어려울 만큼 많다. 또한 지난 1년 동안에 일본인들이 감탕목(甘湯木)의 껍질을 벗겨 생즙을 내어 실어간 것이 1,000여 통이나 되니, 그들이 수년만 더 살아도 산에 가득 찬 수목이 반드시 메말라 버리고 말 것이다. 일본인들의 폭동과 행패도 매우 심하다. 그러나 도감(島監)은 단신 빈주먹이므로 비록 이를 금지하고자 해도 할 수 없는 형편이다. 일본인이 울릉도에 1일 와서 머물면 1일 해가 있고 2일 머물면 2일의 해가 있다. 이번 조사 때 그들은 마지못해 퇴거하겠다고 응답했는데, 원래 일본인들의 잠입이 조약 위반이니 일본공사에게 요구하여 철거시킨 연후에야 도민을 보호할 수 있고 삼림을 지킬 수 있을 것이다. 본 조사위원이 순시하는 중에도 일본상선 4척이 들어와서 이튿날 탐문해 보니 도끼와 톱 등을 장비하고 벌목장인 40명과 그 밖의 공장 등 모두 70여 명이 하륙(下陸)했다고 하였다. 일본영사와 의논하여 일본인이 도벌을 못하도록 엄명을 내렸으나, 우리 배가 회선한 후 어떠한 침략과 폭행을 자행할지 걱정이니, 이제 모두 철귀(撤歸)시켜야 할 것이다.

(3) 울릉도민의 교통과 통신을 담당할 우리 선박이 없어서 도민이 개운환(開運丸)이라는 이름의 범선 1척을 구입코자 하는데 그 대금을 변통할 방법이 없다. 이에 본 조사위원이 각동의 조사 때에 발견한 도벌한 규목 106주의 대금과 도벌 벌금 400금을 합하여, 도민이 공의(公議)해서 개운환(開運丸)을 구입토록 하고, 개운회사(開運會社)를 설립하여 경영하도록 일이 급하여 먼저 조처를 해 놓고 돌아왔으니, 사후 허락을 청한다.

(4) 개국 504년(1895) 9월 내부(內部)에서 울릉도에 도감을 두어 전도

(全島)의 사무를 관장케 했으나, 도감의 수하에 서기 사용(使傭)이 1명도 없고 또한 월봉(月俸)도 없으니, 혹 도민의 불법행위가 있다 할지라도 어찌 지휘 명령실행을 할 수 있겠는가. 이 때문에 일본인과 우리 백성이 싸워 범법을 행하고도 관장(官長)을 두려워하지 않고 있다. 현재 「울릉도관제청의서(鬱陵島官制請議書)」가 의정부에 제출되어 재결을 기다리고 있는바, 도감(島監)의 월봉과 서기·사용의 월급을 반드시 울릉도 내에서 조달하도록 대책을 세워야 할 것이다. 경비조달의 방책은 울릉도의 호수가 이미 400여 호이니 매호당 여름에 보리 2두, 겨울에 콩 2두씩을 받으면 합계 80석이 되니, 이를 분정(分定)하여 월봉과 경비에 사용토록 규칙을 만드는 것이 어떠한지 처분을 바란다.

(5) 울릉도의 세금은 미역세를 주로 하여 100분의 5율로 징수하는데, 대체로 전남 출신 어민들로부터 500~600원을 징수하고 있다. 본래 미역세는 100분의 10을 징수했던 것인데 근년에 도감(島監)이 전라민의 청원에 따라 100분의 5로 감해 준 것이다. 그러나 울릉도민의 의론은 모두 100분의 5율은 너무 가볍고 100분의 10도 오히려 가벼운 것이라고 한다. 그러므로 지금부터 100분의 10율을 다시 정하면 1년의 세액이 1,000여 원이 되므로, 이로써 울릉도의 경비를 마련하는 데 적지 않은 도움이 될 것이다. 조선세(造船稅)는 매 1파(把)에 5냥씩을 징수하는데 매년 전라민의 조선(造船)은 10척 내외가 된다고 한다. 봉산금양(封山禁養)의 땅을 다른 나라 사람에 맡기는 것이 불가하므로 이제부터는 다시 여기서 조선(造船)할 뜻을 갖지 않도록 규칙을 만들었으면 한다.

(6) 일본인의 납세에 대해서는 도감(島監)이 새로 부임했던 병신(丙申, 1896년), 정유(丁酉, 1897년) 두 해에는 혹 벌금을 징수하고 또한 화물의 100분의 2세를 징수했었으나, 수년 이래로 도감이 스스로 불개항장(不開港場)에서의 징세가 불가함을 알게 된데다 일본인들의 오만이 심하여

실제로 납세에 응하지 않고 있으므로, 실제로는 세금을 징수하지 않고 있다.

(7) 작년 10월 1일 러시아 군함 1척이 와서 정박해서, 장교 1명, 통역 1명, 병사 7명 등이 하육하여 8일간 체류하면서 산천을 둘러보고 지도를 작성했으며, 규목(槻木) 1주를 일본인으로부터 75냥에 구입한 후, 명년 3월에 다시 오겠다는 뜻을 전하고 퇴거하였다.

그러나 울릉도의 사정은 우용정이 울릉도의 실태를 조사하고 회항한 바로 그 이튿날부터, 상선 5척을 대놓고 울릉도에 하륙한 일본인들과 이미 와 있던 일본인들이 다시 대규모로 불법 도벌을 자행하는 형편이었다.[7]

시찰위원 우용정의 보고서에 의거하여 일본인 철환문제를 논의하자고 대한제국 정부는 요청했으나, 서울의 일본공사관은 자기네 조사위원의 복명서가 제출되지 않았다고 시일을 지연하며 매우 무성의한 반응을 보였다.[8] 울릉도민은 내부(內部) 조사위원(책임자 우용정)의 성원을 받고 합자하여 개운회사(開運會社)를 설립하고 개운환(開運丸)을 구입하여 운항을 시작하였다. 그러나 일본공사관은 조사결과의 토의에조차 무성의하였다.[9]

대한제국 정부의 울릉도 일본인 철환요구에 대한 일본측 조사위원 아카츠카(赤塚正助)의 보고서는 이미 1900년 6월 15일자로 제출되어 있었다.[10] 그럼에도 불구하고, 일본측은 2개월 이상이나 회답을 끌다가,

---

7) 『內部來去案』 第13冊, 光武 4年 7月 5日條, 「照會 第14號」 참조.

8) 『內部來去案』 第13冊, 光武 4年 6月 22日條, 「照會 第20號」; 6月 25日條, 「照會 第13號」; 6月 26日條, 「照覆 第11號」 참조.

9) 『皇城新聞』, 1900年 6月 29日字, 「雜報: 鬱陵島事件의 會議」 참조.

10) 赤塚正助, 「受命調査事項報告書」, 1900年 6月 15日字, 日本外務省記錄, 『鬱陵島ニ於ケル代木關係雜件』 참조.

1900년 9월 초순의 회답문에서 ① 일본인의 울릉도 재류의 시작은 십수년 이전의 일로서 울릉도 밀입도의 책임은 귀국의 도감(島監)이 비단 묵인했을 뿐 아니라 종용했기 때문이었고, ② 도벌 운운은 도감의 의뢰나 합의매매이며, ③ 울릉도 도민과 일본인과의 상업무역은 도민의 희망에 따른 것이고 도감이 장차 수출입세를 징수할 예정인 것으로 알며, ④ 울릉도민의 본토와의 교통은 일본인 거류자 때문에 그 편리함을 얻고 있은즉 일본인 거류는 울릉도민의 불가결의 요건이라고, 전혀 사리에 닿지 않는 엉뚱한 주장을 하면서 일본인 철환을 사실상 거부해 왔다.[11]

이에 대하여 대한제국 정부는, ① 울릉도 도감이 일본인의 거류를 묵인 또는 종용했다는 주장은 전혀 사리에 닿지 않는 것이고 사실이 아니며, ② 도벌이 합의매매라는 것도 사실이 아니고, ③ 도감이 징수하는 세는 수출입세가 아니며, ④ 울릉도민이 일본인 때문에 곤란이 심한데 도리어 편의를 얻고 있다는 것은 전혀 근거 없는 주장이라고 반박하였다.[12]

또한 일본공사는 울릉도에 내거하는 일본인들에게 세금을 징수하고 철환시키지 말아달라는 요청을 해왔다. 그러나 대한제국 외부(外部)는 세금징수는 불통상항구(不通商港口)에서 시행함이 조·일수호조규 위반임을 지적하고, 일본인들의 철환을 거듭 강력하게 요구하였다.[13]

11) 『內部來去案』 第13冊, 光武 4年 9月 12日條, 「照覆」 및 9月 15日條, 「照會」 참조.
12) 『內部來去案』 第13冊, 光武 4年 10月 2日條, 「照會 第19號」 참조.
13) 『皇城新聞』, 1900年 9月 14日字, 「雜報: 照駁收稅」 참조.

3. 대한제국 1900년 칙령 제41호의 반포와 독도영유권 재확인

대한제국 정부는 일본측이 이러한 무성의와 방자한 반응을 보이자 울릉도·죽서도·독도를 묶어 하나의 '군(郡)'을 만들어 지방행정상 지위를 격상시키고, 울릉도에는 '군수'를 상주시켜서 울릉도·죽서도·독도의 수호와 행정관리를 강화하기로 하였다.[14]

그리하여 내부대신 이건하(李乾夏)는 1900년 10월 22일 울릉도·죽서도·독도를 묶어 '울도군(鬱島郡)'을 설치하고 도감 대신 '군수'를 두는 지방제도 개정안을 '칙령 제41호' 안으로서 의정부에 제출하였다.[15] (그림 7-3)

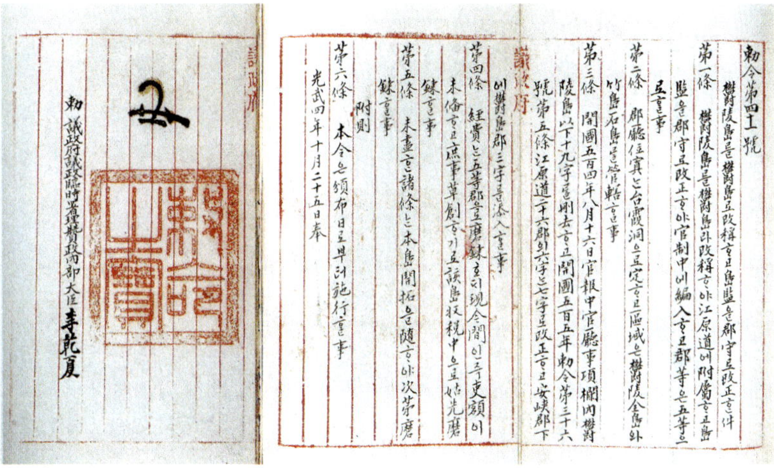
勅令第四十一號
鬱陵島를 鬱島로 改稱ᄒᆞ고 島監을 郡守로 改正ᄒᆞᆫ件
第一條 鬱陵島를 鬱島라 改稱ᄒᆞ야 江原道에 附屬ᄒᆞ고 島監을 郡守로 改正ᄒᆞ야 官制中에 編入ᄒᆞ고 郡等은 五等으로 ᄒᆞᆯ事
第二條 郡廳位寘ᄂᆞᆫ 台霞洞으로 定ᄒᆞ고 區域은 鬱陵全島와 竹島石島를 管轄ᄒᆞᆯ事
第三條 開國五百四年八月十六日官報中官廳事項欄內 鬱陵島以下十九字를 刪去ᄒᆞ고 開國五百五年 勅令第三十六號第五條江原道二十六郡의 六字ᄂᆞᆫ 七字로 改正ᄒᆞ고 安峽郡下에 鬱島郡三字를 添入ᄒᆞᆯ事
第四條 經費ᄂᆞᆫ 五等郡으로 磨鍊ᄒᆞ되 現今間인즉 吏額이 未備ᄒᆞ고 庶事草創ᄒᆞ기로 該島收稅中으로 姑先磨鍊ᄒᆞᆯ事
第五條 未盡ᄒᆞᆫ 諸條ᄂᆞᆫ 本島開拓을 隨ᄒᆞ야 次第磨鍊ᄒᆞᆯ事
附則
第六條 本令은 頒布日로부터 施行ᄒᆞᆯ事
光武四年十月二十五日
奉
勅 議政府議政臨時署理贊政內部大臣 李乾夏

그림 7-3. 1900년 10월 25일 대한제국 칙령 제41호 (서울대학교 규장각한국학연구원 소장)

14) 『皇城新聞』, 1900年 10月 8日字, 「雜報: 照駁收稅」 참조.

15) 『各部請議書存案』(議政府 編) 第17冊, 光武 4年 10月 22日條, 「鬱陵島를 鬱島로 改稱하고 島監을 郡守로 改正에 關한 請議書」.

「칙령 제41호
울릉도를 울도(鬱島)로 개칭하고 도감을 군수로 개정한 건.

제①조 울릉도를 울도라 개칭하야 강원도에 부속하고 도감을 군수로 개정하야 관제 중에 편입하고 군(郡) 등은 오등으로 할 사.

제②조 군청 위치는 태하동(台霞洞)으로 정하고 구역은 울릉전도(鬱陵全島)와 죽도(竹島) 석도(石島)를 관할할 사.

제③조 개국 504년 8월 16일 『관보(官報)』 중 관청사항난 내 울릉도 이하 19자를 사거하고 개국 505년 칙령 36호 제5조 강원도 26군의 6자는 7자로 개정하고 안협군(安峽郡) 하에 울도군 3자를 첨입할 사.

제④조 경비는 오등군(五等郡)으로 마련하되 현금간인즉 이액(吏額)이 미비하고 서사(庶事) 초창하기로 해도수세(該島收稅) 중으로 우선 마련할 사.

제⑤조 미진한 제조는 본도 개척을 수(隨)하야 차제 마련할 사.

광무 4년 10월 25일
어압 어새 봉
칙 의정부임시서리 찬정 내부대신 이건하(李乾夏)」

내부대신 이건하의 이름으로 '울도군'을 설치하려는 청의서는 1900년 10월 24일 의정부회의(내각회의)에서 8대 0의 만장일치로 통과되었다.[16)]

이에 대한제국 정부는 1900년 10월 25일자 칙령 제41호로 전문 6조로 된 '울릉도(鬱陵島)를 울도(鬱島)로 개칭하고 도감(島監)을 군수(郡守)로 개정한 건'을 국내와 세계에 반포하고, 중앙정부 『관보(官報)』 1900년 10월 27일자에 게재하여 국제고시한 것이었다.[17)](그림 7-4)

대한제국의 이 칙령에 의해 울릉도는 울진군수의 행정을 받다가 이제 강원도의 독립된 군(郡)으로 승격되었다.[18)]

16) 『奏議』(議政府 編) 第47冊, 光武 4年 10月 24日 議政府會議, 「內部大臣請議鬱陵島改稱鬱島島監以郡守改正事, 勅令案」 참조.

17) 『舊韓國官報』 第1716號, 光武 4年 10月 27日字.

18) 신용하, 「대한제국의 1900년 칙령 제41호의 독도영유 재선언과 石島=獨島의 증명」, 『독도연구보전협회 학술대회 발표논문집』, 2008 참조.

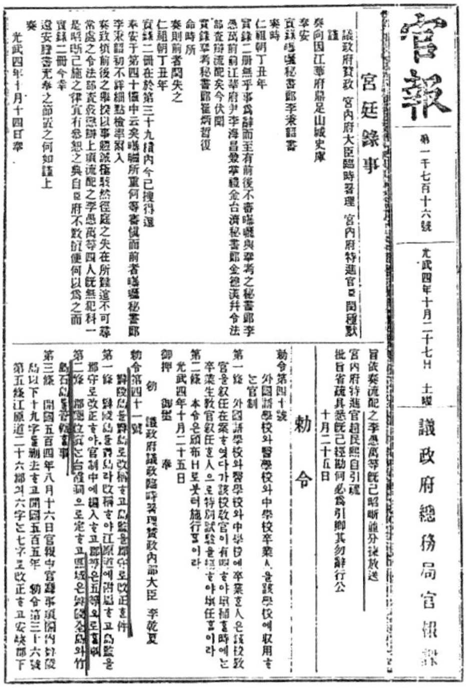
官報
第一千七百十六號
光武四年十月二十七日 土曜
議政府總務局官報課

宮廷錄事

議政府贊政 宮內府大臣臨時署理 宮內府特進官臣閔種默
謹
奏向因江華府鼎足山城史庫
奉安
實錄曝曬秘書郞李秉詔書
奏時
仁祖朝丁丑年
實錄二册無乎事爲辭而至有前後不審曝曬與奉考之秘書郞李
愚茂前前江華府尹李海昌發掌綾金台濟秘書郞金德漢幷令法
部査辦流配矣今伏聞
實錄奉考秘書郞崔炳哲復
命時所
奏則前者闕失之
仁祖朝丁丑年
實錄二冊在於第三十九櫃內今已搜得還
奉安于第四十櫃中云矣曝曬所重何等審愼而前者曝曬秘書郞
李秉詔初不詳細點檢率爾入
奏致煩前後之擧措以事體誠極駭然從前之失在所難追不可尋
常處之令法部査發懲辦上項流配之李愚茂等四人旣無犯科一
是照旣己施之律宜有悉恕之典自臣府不敢擅便何以爲之而
實錄二冊今幸
還安事實光幸之節置之何如謹上
奏
光武四年十月十四日奉

旨依奏流配之李愚茂等旣已照斷並分揀放送
宮內府特進官趙民熙自引疏
批旨省疏具悉旣已經勘何必爲引卿其勿辭行公
十月二十五日

勅令

勅令第四十號
外國語學校와醫學校와中學校卒業人을該學校에收用ᄒᆞᄂᆞᆫ官制
第一條 外國語學校와醫學校와中學校에卒業ᄒᆞᆫ人은該校敎官을敍任在案ᄒᆞ엿다가該校敎官이有闕ᄒᆞ야塡補ᄒᆞᆯ時에ᄂᆞᆫ卒業生敎官敍任ᄒᆞᆫ人으로特別試驗을經ᄒᆞ야塡任ᄒᆞᆷ이라
第二條 本令은頒布日로븟터施行ᄒᆞᆷ이라
光武四年十月二十五日
御押 御璽 奉
勅 議政府議政臨時署理贊政內部大臣 李乾夏

勅令第四十一號
鬱陵島를鬱島로改稱ᄒᆞ고島監을郡守로改正ᄒᆞᆫ件
第一條 鬱陵島를鬱島라改稱ᄒᆞ야江原道에附屬ᄒᆞ고島監을郡守로改正ᄒᆞ야官制中에編入ᄒᆞ고郡等은五等으로ᄒᆞᆯ事
第二條 郡廳位置ᄂᆞᆫ台霞洞으로定ᄒᆞ고區域은鬱陵全島와竹島石島를管轄ᄒᆞᆯ事
第三條 開國五百四年八月十六日官報中官廳事項欄內鬱陵島以下十九字를刪去ᄒᆞ고開國五百五年 勅令第三十六號第五條江原道二十六郡의六字ᄂᆞᆫ七字로改正ᄒᆞ고安峽郡下

그림 7-4.
1900년 대한제국 칙령 제41호를 수록한 『관보(官報)』

울릉도의 초대 군수로는 도감으로 있던 배계주(裵季周)가 주임관 6등으로 임명되었으며,[19] 뒤이어 사무관으로 최성린(崔聖麟)이 임명 파송되었다.[20]

4. 독섬 = 석도(石島) = 독도(獨島)의 논증

주목할 것은 제2조의 울도군은 '구역은 울릉전도(鬱陵全島)와 죽도(竹

19) 『舊韓國官報』 第1744號, 光武 4年 11月 29日字, 「任鬱島郡守廻奏任官六等 九品 裵季周」 참조.

20) 『皇城新聞』, 1901年 1月 18日字, 「雜報: 訓令鬱島」 참조.

島), 석도(石島)를 관할할 사'라고 한 부분이다. 여기서 죽도(竹島)는 울릉도 바로 옆의 죽서도(竹嶼島)를 가리키는 것으로 이규원(李奎遠)의 『울릉도검찰일기』에서 확인된다. 그리고 석도(石島)는 독도(獨島)를 가리키는 것이 틀림없다.

왜 '울도군'을 설치할 때 구 통치구역인 '독도'의 명칭을 이전처럼 '우산도(于山島)'라고 하지 않고 '석도(石島)'라고 표시했는가의 문제를 조금 더 검토할 필요가 있다.

울릉도 재개척 이후 울릉도에 이주한 남해안 어민들이 종래의 '우산도'를 바위섬, 즉 '돌섬'이라는 뜻으로 '독섬'이라고 부르고 있었다. 남해안 사투리(특히 울릉도 이주민의 다수를 형성한 호남지방 남해안 어민들의 사투리)로는 '돌(石)'을 '독'이라고 하였다. 그리하여 1900년 당시에는 '우산도'를 울릉도 거주민들은 '우산도'를 '독섬'이라고 호칭하고 있었고, 위에서 설명한 바와 같이 이 '독섬'을 한자로 번역할 경우 뜻을 취한 '의역'일 때에는 '석도(石島)'라 하고, 발음을 취한 '음역'일 때에는 '독도(獨島)'라고 표기하고 있었다.[21)]

대한제국은 1900년 칙령 제41호에서 '돌섬 = 독섬'의 뜻을 취하여 '석도(石島)'라고 표기한 것이었다.

이 무렵에 우산도 = 돌섬 = 독섬의 발음을 취하여 '독도(獨島)'라고 표기한 기록도 발견된다.

일본 해군이 독도에 망루를 설치하기 위한 사전 준비로 군함 신고호(新高號)를 울릉도와 독도에 파견했는데, 먼저 울릉도에 들러서 주민들로부터 청취조사를 하도록 하였다. 『군함신고호행동일지(軍艦新高號行動日誌)』 1904년 9월 25일조에는 "송도(松島, 울릉도 — 인용자)에서 리

21) 신용하, 『독도의 민족영토사 연구』, 지식산업사, 1996, pp. 194-201 참조.

앙꼬르드암(岩) 실견자(實見者)로부터 청취한 정보. 리앙꼬르드암은 한국인은 이를 '독도(獨島)'라고 쓰고 본방(일본 — 인용자) 어부들은 '리앙꼬島(도)'라 한다"[22]는 구절이 있다.

일본에서는 '우산도'(독도)를 1882년 이전까지는 '송도(松島, 마츠시마)'라고 불렀다가 일본 해군성이 '울릉도'를 '송도(松島, 마츠시마)'라고 옮겨 호칭하고 표기한 1882년 이후에는 '우산도'의 일본 호칭이 없어졌으므로 '리앙꼬르드도(島)', '리앙꼬도(島)'라고 호칭했었다.

위의 일본군함 신고호의 보고는 바로 '우산도', '리앙꼬도(島)'라고 일본 어부들이 부르는 그 섬을 한국인들은 '독도(獨島)'라고 쓴다고 기록하고 있으니, '우산도(于山島) = 독도(獨島) = 리앙꼬도(島)'임이 명백한 것이다.

더구나 『군함신고호행동일지』의 기록일자는 일본이 독도를 침탈하기 이전인 1904년의 것임을 주목할 필요가 있다.

일본 외무성은 최근 '독도(獨島)' 명칭은 1906년 울도군수 심흥택의 보고서에서 처음 나오는 호칭이라고 주장하고 있는데, 이것은 사실이 아니다.

위에 쓴 바와 같이, 일본측이 러·일전쟁 시기 독도에 일본 해군 망루를 설치하기 위하여 조사차 군함 '신고호(新高號)'를 파견했을 때, 울릉도에서 청취한 정보로서 신고호는 1904년 9월 25일자 보고에서 "리앙꼬르드(岩)은 한국인은 이를 '독도(獨島)'라고 쓰고, 일본인 어부들은 '리앙꼬도(島)'라고 호칭한다"라고 보고하였으니, 일본 외무성의 주장은 틀린 것임이 명확히 증명되는 것이다(그림 7-5).

---

22) 『軍艦新高行動日誌』, 1904年 9月 24日條

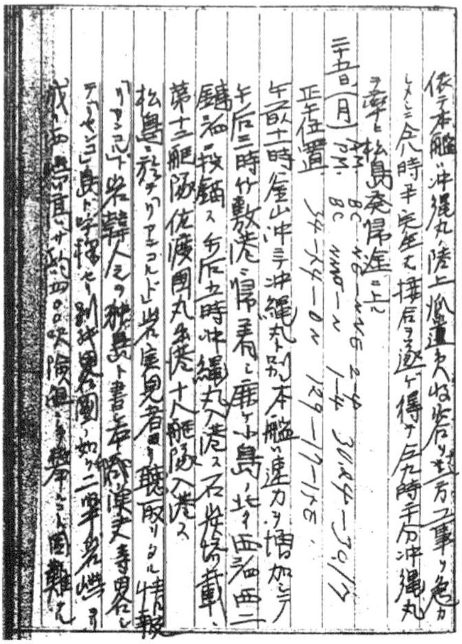

그림 7-5.
울릉도민이 독도(우산도)를 '독도'라고 썼고, 일본인들은 '리앙꼬도'라고 불렀음을 기록한 1904년 9월 25일자 일본 군함 신고호 보고 (자료: 신용하 교수)

울릉도의 한국인들은 1904년 이전부터 이미 '독도'를 '獨島(Dokdo)'라고 쓰고 있었던 것이다.

5. 거리에 의한 석도(石島) = 독도(獨島)의 증거자료

한편, 석도(石島)가 곧 독도(獨島)임을 거리 계산의 다른 방법으로도 증명할 수 있다. 동해의 울릉도로부터 일본 열도까지 일직선상으로는 '독도'와 '오키섬'의 2개 섬밖에 없기 때문에 이것이 쉽게 가능하다. 울릉도로부터 60~200리 떨어져 있는 섬은 오직 '독도'밖에 없으므로 거리에서 보아도 석도(石島) = 독도(獨島)임이 증명된다(그림 7-6).

일본측이 1906년에 대한제국 정부에 울릉도 소속 섬들을 질의해 왔을 때, 대한제국 정부는 1900년 10월 25일 정부회의를 거쳐 군수를 배치

했는데 울릉도의 부속도서는 죽도(竹島, 죽서도를 의미)와 석도(石島)이고, 동서가 60리요, (그로부터) 남북이 40리로서 그 합이 200여 리(약 80여 km)라고 답하였다.[23]

울릉도에서 60리 또는 100리 또는 200리 떨어진 곳에 있는 섬은 동해에는 유일하게 독도(獨島)밖에 없으므로 석도(石島)가 곧 독도(獨島)임은 또 한 번 재확인되는 것이다.[24]

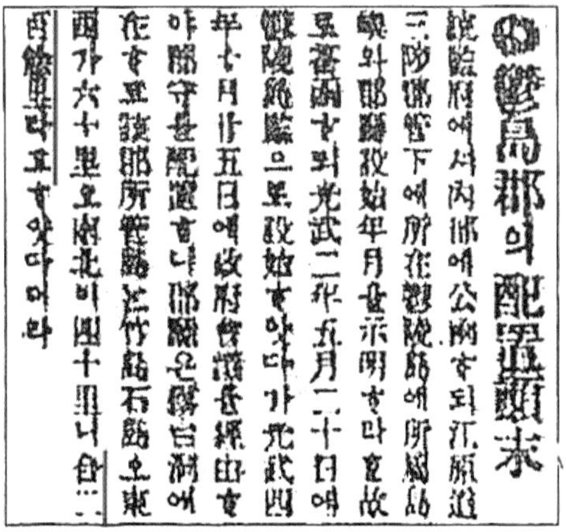

鬱島郡의配置顚末

統監府에서內部에公函하되江原道三陟郡管下에所在한鬱陵島에所屬島嶼와郡廳設始年月을示明하라한故로答函하되光武二年五月二十日에鬱陵島監으로設始하얏다가光武四年十月二十五日에政府會議를經由하야郡守를配置하니郡廳은台霞洞에在하고該郡所管島는竹島石島오東西가六十里오南北이四十里니合二百餘里라고하얏다더라

그림 7-6. 석도가 울릉도에서 200여 리(80여 km) 떨어진 섬임을 밝혀 석도가 곧 독도임을 증명한 대한제국 내부(內部)의 공문서를 보도한 1906년 7월 13일자 『황성신문(皇城新聞)』 기사

---

23) 『皇城新聞』, 1906年 7月 13日字, 「울도군의 배치 전말」, "該郡소관 島는 竹島 石島오, 東西가 60리요 남북이 60리는 合200여 리라고 하얏다더라" 참조.
일본에서는 이것이 '면적'이라고 주장하는 견해가 있는데, 그러할 경우 合은 2,400(평방)리가 되므로 틀린 것이고, 이것은 '거리'임이 명백한 것이다.

24) 『各觀察道案』 제1책, 「報告書 호외」에서 울도군수 沈興澤은 일본이 獨島를 침탈해 갔다는 것을 알자 1906년 3월 29일 보고서에서 "본군소속 獨島가 在於本部外洋 百餘里이옵더니"라고 하여 울릉도로부터 독도의 거리를 '100여 리'로 보고하였다.
대한제국 內部가 통감부의 질의에 대한 답서에서 石島까지의 거리를 동서가 60리요 남북이 40리라고 한 것은 심흥택의 '100여 리'에 방향을 넣어 '동으로 60리 가다가 다시 남으로 40리 가는' 거리로 생각한 것으로 추정되고, '합이 200여 리'라고 한 것은 울릉도로부터 독도까지의 총합 거리를 정확히 가리킨 것으로 해석된다.

울릉도로부터 독도의 거리는 실제로 약 218리(87.4km)이다. 반면에 독도로부터 일본 오키섬까지는 약 394리(157.5km)이다. 울릉도에서 200여 리 떨어져 있는 석도(石島)는 독도(獨島, 울릉도와 오키섬 사이의 유일한 섬)일 수밖에 없는 것이다.

요컨대, 대한제국의 1900년 10월 25일의 칙령 제41호는 독도(석도)가 대한제국의 영토임을 서양국제법에 의거해서 다시 한 번 세계에 천명한 것이었다. 이때 국제조사단에 참가한 일본은 항의나 이의를 제기한 바 없었다. 독도가 대한제국의 영토임이 진실이었기 때문이다.

6. 대한제국 1900년 칙령 제41호의 역사적 의의

대한제국이 1900년 칙령 제41호로써 울도군의 행정구역 안에 독도[獨島, 석도(石島)]를 명확히 표시한 것은 적어도 다음과 같은 큰 의의가 있다.

첫째, 서양국제법(만국공법)상으로도 독도(석도)가 대한제국의 영토임을 전 세계에 명확히 천명한 것이다. 이것은 당시 만국공법(국제공법) 체계 안에서 대외교섭을 하고 있던 대한제국이 종래의 고유영토인 '독도'에 대하여 다시 근대 국제법체계로 독도가 대한제국의 영토임을 재확인한 획기적인 것이었다.

둘째, 대한제국의 1900년 칙령 제41호는 중앙정부의 『관보(官報)』에 게재하여 각국 공·영사관에 배포해서 전 세계에 독도(석도)가 대한제국 영토임을 국제고시(國際告示)하였다.

당시 한국 중앙정부의 『관보』는 한국 주재 외국공사관과 영사관에서 읽고 있는 중요한 자료였다.

셋째, 대한제국의 1900년 칙령 제41호의 공포는 일본 관리와 영국인을 포함한 '국제조사단'의 울릉도 등의 조사 후에 공포된 것이다. 그러므로 일본·영국·러시아 등을 비롯하여 당시의 모든 체약국들이 잘 알게 된 칙령이었다.

대한제국 1900년 칙령 제41호의 울릉도·독도 한국영토 재확인 공포가 같은 해 '국제조사단'의 현지조사 후에 그 결과와 관련해서 공포되었음은 특히 주목해야 할 사실이다.

넷째, 당시 일본은 1900년 대한제국 칙령 제41호의 내용을 잘 알고, 그 사전 국제조사단에 외교관(주 부산영사관 부영사)과 순검까지 참가했었는데, 칙령 제41호의 울도군 격상 설치와 독도(석도)의 통치 관리에 전혀 이의(異議)나 항의가 없었다. 당시 일본도 독도가 대한제국 영토임을 잘 알고 있었으므로 그에 승복한 것이었다.

다섯째, 대한제국의 1900년 칙령 제41호의 공표는 일본이 독도를 침탈하려고 1905년 1월 28일 일본 내각회의에서 소위 영토편입 결정을 하기 약 5년 전의 일이다. 오늘날 일본정부가 1905년 일본 내각회의 결정이 당시 국제법상 하자가 없었다고 주장하는 억지는 1900년 대한제국 칙령 제41호와 그 전 세계로의 공포에 의해서도 완전히 거짓임이 명백해지는 것이다.

종래의 한국고유영토인 독도(우산도)에 대하여 대한제국은 1900년에도 칙령 제41호로써 근대국제법 체계로 '독도'가 대한제국의 영토로서, '울도군수'의 행정관리 하에 있는 한국영토임을 전 세계에 거듭 재확인한 것이었다.

7. 울도군 설치 후의 일본의 울릉도(및 독도) 불법침입 시도

울도군이 1900년에 설치되어 울도군수가 울릉도·죽도(竹島)·독도[獨

島·석도(石島)]를 관할하여 지방행정상의 지위가 승격된 이후에도, 울릉도에 불법적으로 들어온 일본인들은 철환되지 않았다. 그 이후의 울릉도 사정을 간단히 설명하면 울도군은 설군(設郡) 후에 상당히 발전하여 1901년 2월 울릉도에 학교를 설립하고,[25] 일본인들의 행패를 받아 가면서도 도벌을 저지하려고 도민들이 투쟁했으며,[26] 도민의 개운환(開運丸)이 풍랑에 파선되자,[27] 군수의 지원 하에 보합환(保合丸) 2척을 구입하는 등의[28] 노력을 기울였다.

반면에 일본은 울릉도에 불법 침입한 일본인들을 철환하기는커녕 1901년 말에는 일본인 단속을 구실로 도리어 일본경찰관을 울릉도에 파견 주재시킬 계획을 추진했으며,[29] 1902년 1월 영·일동맹을 체결하는데 성공하자 적극적인 공세를 취하여 한국에 이주민 어촌을 건설하는 정책을 채택하고, 1902년 3월에는 부산 일본영사관의 일본 경부 1명과 순사 3명 등 4명의 경찰관을 울릉도에 파견 상주시켜 일본경찰관주재소(日本警察官駐在所)를 설치하였다.[30] 일본은 이 무렵 독도는 사람이 거주할 수 없는 곳이므로 울릉도에 주목하였다.

대한제국 내부(內部)는 1902년 4월 다음과 같은 「울도군절목(鬱島郡節目)」을 제정해서 울도군 군수 배계주에게 내려 보내어 이를 기준으로 울릉도·독도에 대한 독립된 군(郡)의 행정을 실시하도록 하였다(그림 7-7).

---

25) 『皇城新聞』, 1901年 2月 27日字, 「雜報: 鬱島設校」 참조.

26) 『皇城新聞』, 1901年 9月 18日字, 「雜報: 鬱島의 日人作梗」 참조.

27) 『皇城新聞』, 1901年 1月 25日字, 「雜報: 鬱島船破」 참조.

28) 『皇城新聞』, 1901年 10月 29日字, 「雜報: 鬱島二船」 참조.

29) 「鬱陵島在留民取締ノ爲ノ警察官派遣ノ件上申」, 1901年 12月 10日條, 日本 外務省 記錄, 『鬱陵島ニ於ケル伐木關係雜件』 참조.

30) 『皇城新聞』, 1902年 2月 28日字, 「雜報: 鬱島日巡査」 참조.

그림 7-7. 초대 울도군수 배계주와 「울도군절목(鬱島郡節目)」(이유미 씨 소장, 자료: 울릉군청, 한국일보)

「(전략)

一. 일본에서 몰래 넘어온 사람들이 나무를 베어 가는 것을 특별히 엄금할 것

一. 본도의 인민 중에 가옥과 전토를 외국인에게 몰래 파는 자가 있으면 마땅히 일률(一律: 사형)을 시행할 것

一. 본도의 개척이 아직 미진하여 백성들이 가정을 이루기를 간절히 바라기에 아직은 세금을 정하지 않는다. 무릇 도민들이 경작을 하면서 먹고 살다가 만일 내륙으로 이거(移居)하게 되면 사적으로 매매하지 못하게 하고 반환하여 관가의 소유로 삼게 할 것

一. 현재 있는 관청이 일곱 칸이면 수리만 하여 그대로 쓰고, 만약 좁다면 4, 5칸 정도만 증축하여 민폐를 끼치지 말 것

一. 향장 1명, 서기 1 명, 사령 3명을 먼저 두어 일을 보게 할 것

一. 군수 이하 향장과 서기, 사령의 급료는 군에서 대략 산정하지 않으면 안 된다. 울릉도의 호수가 족히 500호가 된다면 집집마다 봄에 내는 세금은 보리 3말, 가을에 내는 세금으로는 콩 4말씩을 거두어 봉급으로 나눠 줄 것

一. 500호에서 1호당 보리 3말을 거둔다면 모두 1,500말이 된다. 섬(石)으로 치면 100섬 이내이다. 군수 한 명의 급료는 60섬, 향장 1명의 봉급은 12섬, 서기

한 명은 10섬, 사령 3명은 한 명당 6섬씩 합이 18섬, 합계 100섬을 정식(定式)으로 할 것

一. 각도의 상선(商船)으로서 울릉도에 정박하고서 고기를 잡고 미역(해초)을 캐는 사람에게는 10분의 1세를 거두고, 외지로 출입하는 화물은 물건 값에 따라 100분의 1세를 거둬 경비에 보탤 것

一. 관선(官船) 한 척을 먼저 마련해야만 뱃길을 편안하게 왕래할 수 있다. 본부의 조사위원이 섬에 들어가면, 몰래 베어낸 나무를 관아에 소속시킨 일에 대하여 전사능과 이동신에게 일일이 조사・징세하여 선척의 구매 비용으로 할 것

一. 미진한 조건은 본군이 충분히 의논하여 다시 마련할 것

(후략)」[31]

---

31) 원문은 다음과 같다.

「內閣總理大臣　尹容善 閣下

內部

鬱島郡節目

本郡陞設 今旣兩年 全島庶務 尙多草創之中 數三悖民 興訛梗化 煽動居民 則不可不自本部講究方略 確立郡規 故別成節目以送 依此擧行 無或違越 島民中 若有如前執迷不遵令飭者 這這摘發 卽速馳報 則當有別般嚴處矣

惕念擧行 節目辭意 亦爲眞諺飜謄 揭付各洞 俾無一民不聞不知之弊事

一 日本潛越人等 偸斫木料 別般嚴禁事

一 本島人民中 家屋田土 或有暗賣外國人者 當一律施行事

一 本島開拓 尙未盡 懇爲念民人成家 姑未定稅 凡於島民耕食居生 若移居內陸不得 私相賣買 還爲官有事

一 現存公廨 爲七間 則仍舊修葺 若果狹窄 四五間 略加建築 俾無民弊事

一 鄕長一員 書記一名 使令三名 姑先略施 以爲供役事

一 郡守以下鄕長書記使令餼料 不得不自郡略略算定 而本島戶數 足爲五百戶 則每戶 春等麥三斗 秋等黃豆四斗式 收斂分排廩料事

一 五百戶 每戶收麥爲三斗 則共計一千五百斗 凡石則爲一百石內
郡守一員廩況六十石 鄕長一員餼料十二石 書記一名十石 使令三名
每名六石式 合十八石 總計一百石 以爲定式事

一 各道商船來泊本島 捕採魚藿人等處 每十分抽一收稅
外他出入貨物 從價金 每百抽一 以補經費事

一 官船一隻 不可不急先辦備 然後以便航路而來往 本部調査委員入島時
田士能李東信處 偸斫木料之屬公者 這這査徵 以爲購買船隻事

一 未盡條件 自本郡爛商會議 更爲磨鍊事

대한제국 정부는 1903년 4월 심흥택(沈興澤)을 제2대 울도군수로 임명하여 대응케 했으며, 군수 심흥택은 1903년 4월 울릉도에 부임하자 일본인의 재목벌채를 일절 금하도록 명령하였다.[32] 또한 심흥택은 일본인들의 불법행동을 저지하기 위하여 중앙정부에서 순검 2명을 파견해 줄 것을 요청하였다.[33] 심흥택은 일본인의 불법 도벌을 들어 중앙정부가 일본공사에 요구해서 일본인을 울릉도로부터 철환시켜 줄 것을 강력히 요청하였다.[34]

일본측의 울릉도에 대한 정책은 더욱 오만불손해져서 울도군수 심흥택이 울릉도에 주재한 일본순사에게 일본인들의 기왕의 도벌도 불법이거니와 지금 이후라도 벌목을 엄금시켜 달라고 요청하자, 일본인의 울릉도에서의 벌목이 이미 수십 년의 관습이 되었는데 벌목금지를 요구하는 것에는 응할 수 없다고 거부하고,[35] 한국측이 금지시킬 의사가 있거든 서울의 일본공사에게 조회하여 금지시키라고 방자하게 도발적으

後錄
香木 貳百斤 間一年進上事
戶布錢 五百兩 每年輸納于度支部事
郡守年俸及鄕長書記使令餼料 總算
郡守 春等麥六十石 秋等黃豆四十石 合一百石
鄕長 春等麥十二石 秋等黃豆十二石 合二十四石
書記一名 春等麥十石 秋等黃豆十二石 合二十二石
使令每名 春等麥六石 秋等黃豆十二石 三名合麥十八石 合黃豆三十六石
總計麥一百石 黃豆一百石

光武六年四月 日 內部」

32) 「鬱陵島日本警察官駐在所 警部 有馬高孝 報告書」, 1903年 4月 28日條, 日本 外務省 記錄, 『鬱陵島ニ於ケル伐木關係雜件』 참조.

33) 『皇城新聞』, 1903年 7月 14日字, 「雜報: 派巡請壓」 참조.

34) 『皇城新聞』, 1903年 7月 20日字, 「雜報: 鬱島形便」 참조.

35) 「鬱陵島日本警察官駐在所警部有馬高孝報告書」, 1903年 4月 28日條, 日本 外務省 記錄, 『鬱陵島ニ於ケル伐木關係雜件』 참조.

로 대응하는 형편이었다.[36]

이 보고를 받은 대한제국 내부(內部)는 외부를 통하여 일본공사에게 불통상(不通商) 항구인 울릉도에 일본경찰관을 주재시킨 것이 조약 위반임을 들어 철거를 요구하고 일본경찰관의 발언을 규탄하는 공문을 보냈다.[37] 1903년 음력 7월 12일에는 러시아 군함 1척이 울릉도에 정박해서 장교 1명이 27명의 병정을 인솔하고 상륙하여 군수 심흥택에게 일본인의 벌목과 일본경찰관의 주재가 귀 정부의 어느 조약에 의거한 것인가 하고 힐문하고 돌아갔다.[38]

대한제국 정부는 울도군수의 보고를 받을 때마다 일본공사관에 항의했으나, 일본은 이를 무시하고 울릉도에 불법으로 일본인 어촌을 설치하여 계속 도벌을 보호 장려하면서 침략을 강화하는 속에서 1904년을 맞게 되었다.

1903년 4월 이후 심흥택이 제2대 울도군수로 임명되어 울릉도와 함께 독도를 행정관리하고 있던 시기에 일본정부는 대한제국 정부와 국민과 울도군수 심흥택이 알지 못하도록 사실상 비밀리에 한국영토 독도를 일본에 소위 '영토편입'하는 형식으로 침탈을 시도했던 것이다.

---

36) 『皇城新聞』, 1903年 8月 10日字, 「雜報: 鬱島報告」 참조.

37) 『皇城新聞』, 1903年 8月 19日字, 「雜報: 據章峻照」 참조.

38) 『皇城新聞』, 1903年 11月 17日字, 「雜報: 鬱島來報」 참조.

□ 제 8 장
일본측의 '1905년 독도의 일본영토편입(독도침탈)이 합법적이고 정당하다는 주장'에 대한 비판

1. 일본 내각회의의 결정 근거 '무주지선점'의 허구성

일본정부는 1905년 1월 28일 독도를 일본 내각회의가 '일본영토'로 편입하기로 결정한 것은 국제법상 합법적이고 정당한 결정이었다고 1952년부터 현재까지 계속 주장하고 있다. 그러나 그 결정은 전적으로 불법적인 것이었으며, 부당하고 허구적인 것이었으며, 일본 제국주의·군국주의 침략의 하나였다(그림 8-1).

일본정부가 1905년 1월 28일 독도를 일본의 영토로 '영토편입'하려고 내각회의를 열어 의결했을 때의 독도를 일본영토로 '영토편입'한 결정의 원문은 다음과 같다.

> 「별지 내무대신 청의 무인도 소속에 관한 건을 심사해 보니, 북위 37도 9분 30초, 동경 131도 55분, 오키도를 거(距)하기 서북으로 85리에 있는 이 무인도는 타국(他國)이 점유(占有)했다고 인정할 형적이 없다. (…) 메이지 36년 이래 나카이 요사부로(中井養三郞)이란 자가 해도(該島)에 이주하고 어업에 종사한 것은 관계서류에 의하여 밝혀지며, 국제법상 점령의 사실이 있는 것이라고 인정하여 이를 본방소속(本邦所屬)으로 하고 시마네현 소속 은기도사(隱岐島司)의 소관으로 함이 무리 없는 건이라 사고하여 청의대로 각의결정이 성립되었음을 인정한다.」[1)]

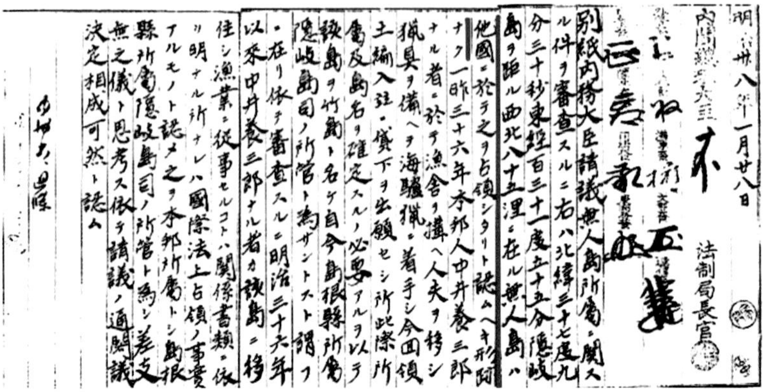

明治卅八年一月廿八日

別紙内務大臣請議無人島所屬ニ關スル件ヲ審査スルニ右ハ北緯三十七度九分三十秒東經百三十一度五十五分隠岐島ヲ距ル西北八十五浬ニ在ル無人島ハ他國ニ於テ之ヲ占領シタリト認ムヘキ形跡ナク一昨三十六年本邦人中井養三郎ナル者ニ於テ漁舎ヲ構ヘ人夫ヲ移シ獵具ヲ備ヘテ海驢獵ニ着手シ今回領土編入並ニ貸下ヲ出願セシ所此際所屬及島名ヲ確定スルノ必要アルヲ以テ該島ヲ竹島ト名ケ自今島根縣所屬隠岐島司ノ所管ト為サントスト謂フニ在リ依テ審査スルニ明治三十六年以來中井養三郎ナル者カ該島ニ移住シ漁業ニ從事セルコトハ關係書類ニ依リ明ナル所ナレハ國際法上占領ノ事實アルモノト認メ之ヲ本邦所屬トシ島根縣所屬隠岐島司ノ所管ト為シ差支無之儀ト思考ス依テ請議ノ通閣議決定相成可然ト認ム

그림 8-1. 일본 내각회의가 1905년 1월 28일 독도를 "타국이 이를 점령했다고 인정할 형적이 없다"고 '무주지'임을 전제로 일본영토에 편입한 결정문. 이 결정은 1905년 1월 28일 이전에 독도가 주인이 있는 '유주지'임이 판명되면 원천적으로 불법이며 무효가 되어 성립되지 않는다. (자료: 신용하 교수)

일본정부의 이 결정을 분석해 보면, 일본정부 내각회의가 독도를 일본영토로 '편입'한 근거의 정당성은 세 가지라고 제시되고 있다.

첫째, 독도가 무인도로서 타국이 이를 점유했다고 인정할 형적이 없어서, 즉 무주지(無主地)이기 때문이라는 것이다.

둘째, 나카이(中井養三郎)라는 일본인이 1903년(메이지 36년) 이래 독도에 이주하여 어업에 종사한 것은 사실이기 때문에 이는 국제법상 무주지를 (먼저) 점유한 사실이 있는 것이라고 인정되는 것이기 때문이라는 것이다.

셋째, 일본정부의 주장과 관련하여, 1905년부터 제2차 세계대전 발발 때까지 일본정부의 독도에 대한 '영토편입'에 대하여 어떠한 타국(한국 포함)으로부터도 이의(異議)가 없었으므로 1905년의 독도의 일본에의 영

1) 日本政府 編, 『公文類聚』 第29編 卷 1; 신용하 편저, 『獨島領有權 資料의 探究』 제2권, 독도연구보전협회, 1999, pp. 280-281.

토편입은 국제법상 합법적으로 정당하게 되었다는 것이다.

그러므로 다음과 같은 사실이 밝혀질 때에는 1905년 일본정부의 독도의 일본영토 '편입'은 불법적인 것이고 불성립의 것임이 증명되는 것이다.

첫째, 1905년 1월 28일 일본 내각회의 결정 이전에 독도가 무주지가 아니라 타국주인(他國主人)(한국 포함)이 있는 토지임이 밝혀졌을 때이다.

둘째, 나카이라는 일본인이 독도에 이주한 일이 없거나 이주해서 고기잡이를 했을 때에 이 섬을 타국(한국 포함)의 소유지로 인지하고 있었거나 하는 경우이다.

셋째, 일본정부가 1905년 2월 '시마네현 고시 제40호'에 의하여 독도를 일본에 소위 '영토편입'한 이후부터 제2차 세계대전 발발 때까지 타국(한국 포함)이 이의(異議)나 항론(抗論)을 제기한 경우이다.

위의 세 가지 점 중에서 어느 한 가지라도 실증되면 1905년 1월 28일 일본정부 내각회의의 결의와 2월 22일 시마네현 고시 제40호에 의거하여 독도를 일본에 소위 '영토편입'했다는 일본측의 행위는 역사적으로나 국제법상으로나 불법적이고 부당한 것으로 증명되며, 1905년 독도의 일본에의 소위 '영토편입' 그 자체가 불성립의 것으로 명백히 증명되는 것이다.

2. 독도가 1905년 1월 이전 무주지가 아니라 한국고유영토였다는 증명

1905년 1월 28일 이전에 독도가 무주지가 아니라 한국의 고유영토였다는 증거는 한국과 일본의 문헌자료와 고지도 및 서양 고지도에도 상당히 많이 남아 있다.

한국측 자료에서는 『삼국사기(三國史記)』와 『삼국유사(三國遺事)』에서기 512년부터 우산국(于山國)의 땅이 신라에 병합된 때부터 독도가 신라에 병합되어 한국의 고유영토로 전승되어 왔음이 문헌증거자료로서도 계속 이어지고 있다. 그리고 한국 학계에서는 1905년 1월 이전에 독도가 무주지가 아니라 한국의 영토였음을 증명하는 고문헌과 고지도의 발굴에 상당히 큰 성과를 내고 있다.

독도는 512년(신라 지증왕 13년) 우산국이 신라에 귀속했을 때부터 한국의 고유영토가 되어 지금까지 이어져 왔다. 『삼국사기(三國史記)』, 『삼국유사(三國遺事)』, 『고려사(高麗史)』 지리지(地理志)(1451년 편찬), 『세종실록(世宗實錄)』 지리지(地理志)(1423년 및 1454년 편찬), 『성종실록(成宗實錄)』, 『동국여지승람(東國輿地勝覽)』(1481년 편찬), 『신증동국여지승람(新增東國輿地勝覽)』(1531년 편찬), 『숙종실록(肅宗實錄)』, 『만기요람(萬機要覽)』 군정편(軍政篇)(1808년 편찬), 『증보동국문헌비고(增補東國文獻備考)』(1792년 편찬), 『증보문헌비고(增補文獻備考)』(1908년 간행) 등과 기타 다수의 고문헌이 독도가 '무주지'가 아니라 '한국영토'였다는 한국측의 고문헌의 몇 가지 사례들이다.

이러한 사실은 지도에도 반영되어 「동국지도(東國地圖)」(1463년 제작), 『동국여지승람(東國輿地勝覽)』의 「팔도총도(八道總圖)」인 「동람도(東覽圖)」(1481년 최초 제작)와 도별지도 「조선지도병팔도천하지도(朝鮮地圖竝八道天下地圖)」(17세기), 「해동팔도봉화산악지도(海東八道烽火山岳地圖)」(17세기), 「천하대총일람지도(天下大摠一覽地圖)」(17세기), 정상기의 「동국지도(東國地圖)」(18세기 전기), 「해동도(海東圖)」(18세기), 「아국총도(我國摠圖)」(18세기), 「팔도전도(八道全圖)」(18세기), 「조선전도(朝鮮全圖)」(18세기), 「여지도(輿地圖)」(18세기), 「해좌전도(海左全圖)」(1822) 등뿐만 아니라 최근 발견된 김대건(金大建)의 「조선전도(朝鮮全圖)」(1846) 등에도 독도가 조선영토로 잘 표시되어 있다. 19세기 말 대한제국 학부의 「대한여지도(大韓輿地圖)」(1898)와 「대한전도(大韓全圖)」(1899) 등도 마찬가지이다.

만일 독도가 무주지가 아니라 한국의 영토라는 사실을 증명하는 문헌자료가 한국에서만 발견되고 일본측 자료에서는 발견되지 않는다면, 아마 일본정부는 한국측 자료의 일방성을 지적하고 독도가 무주지라고 여전히 주장할 것이다.

그러나 만일 일본 안에서 일본자료들이 독도가 1905년 1월 이전에 무주지가 아니라 한국영토였다는 사실을 증명한다면, 오늘날의 일본정부는 1905년 1월 28일 내각회의의 독도가 무주지이기 때문에 일본에 '영토편입'한다는 결정의 근거가 상실되어 그 불법성과 부당성이 증명되고 일본 내각회의의 결정이 무효가 됨을 인정하지 않을 수 없을 것이다. 특히 일본 메이지 정부의 공문서가 '독도는 조선의 영유'라고 확인한 자료들을 제시한다면 독도가 한국영토임은 저절로 증명된다고 할 수 있을 것이다.

이 책 제2장에서 본 바와 같이, 일본정부에 의하면 일본기록에 독도가 처음 보이기 시작하는 것은 『은주시청합기(隱州視聽合記)』(1667)부터이다. 그런데 이 일본 고문헌 자료 『은주시청합기』는 독도가 고려영토이고 일본영토의 서북 경계는 오키도(隱州, 隱岐島)를 한계(限界)로 한다고 기록하고 있다. 이밖에 도쿠가와막부의 울릉도·독도 관련 공문서집인 『죽도1건(竹島一件)』(1696~1699), 울릉도·독도 불법도항자 심문기록인 『조선죽도도항시말기(朝鮮竹島渡航始末記)』(1836) 등과 그 부속지도들도 모두 '독도'(송도)를 조선영토로 기록하고 있다.

일본의 고지도로서 하야시 시헤이(林子平)의 「삼국접양지도(三國接壤之圖)」(1875), 「대일본지도(大日本之圖)」(1875), 「총회도(總繪圖)」(18세기 중엽),「조선세도(朝鮮細圖)」(1852년경), 소메자키(染崎延房)의「조선국세견전도(朝鮮國細見全圖)」(1873) 등도 독도를 조선의 영토로 매우 명백하게 표시하고 있다. 또한『대일본해륙전도(大日本海陸全圖)』(1877)를 비롯하여 '독도'(송도)를 조선영토로 명백히 표시하고 구분한 일본 지도는 상당히 많다.

일본측의 기록 가운데서도 특히 메이지 정부의 공문서에서 독도가 '무주지'가 아니라 '한국영토'였음을 기록한 실증자료를 제시하고 분석하면, 독도를 1905년 2월 메이지 정부가 '무주지'라고 하여 소위 '영토편입'했다는 것이 사실은 '한국영토'를 '침탈'한 것임이 증명되고, 일제가 침탈한 독도가 1945년 8·15해방과 동시에 한국영토로 복귀한 사실이 지극히 정당한 것임을 명백히 증명할 수 있다.

(1) 제6장에서 본 바와 같이, 일본 메이지 정부는 수립 직후인 1869년(메이지 2년) 12월, 외무성 고관 좌전백모(佐田白茅)·삼산무(森山茂)·재등영(齋藤榮) 등을 부산에 파견하여 개항교섭을 탐색할 때, 외무경이 제출하고 국가최고기관인 태정관이 승인하여 지령한 조사사항 가운데 '죽도(竹島, 울릉도)와 송도(松島, 독도)가 조선부속(朝鮮附屬)으로 되어 있는 시말'이 포함되어 있고, 이에 대한 복명서로 1870년(메이지 3년)에「조선국교제시말내탐서(朝鮮國交際始末內探書)」가 일본 외무성에 제출되었다. 메이지 정부의 외무대신과 태정관이 확인하여 지령한 일본 외무성의 이 공문서에는 울릉도와 독도가 '무주지'가 아니라 '조선부속령으로 되어 있음'을 명백히 기록하고 그 전말을 조사하도록 지시하였다. 이 자료는『일본외교문서』제3권, 문서번호 87호로 1938년에 간행되었으므로 누구나 공개리에 열람할 수 있다. 일본 외무성의 이 공문서는 독도가 조선영토이고, 무주지나 일본영토가 아님을 메이지 정부가 1869~1870년에 명확하게 인지하고 확인했음을 잘 증명해 주고 있으며, 독도가 한국

이라는 주인이 있는 유주지(有主地)로서 한국영토임을 확실하게 증명해 준다.

(2) 일본 메이지 정부는, 제6장에서 본 바와 같이, 1876년(메이지 9년)에 시마네현으로부터 새로운 지적·지도 편제에 임하여 울릉도(竹島)와 독도(松島)를 시마네현에 포함시킬 것인가의 질품서를 받았다. 이에 앞 장에서 서술한 바와 같이, 내무성이 약 5개월 간 문헌조사를 한 후 울릉도(죽도)와 독도(송도)는 조선영토이며 일본과는 관계없는 곳이라는 결론을 내렸다. 그러나 판도의 취사는 중대한 안건이므로 일본 내무장관이 다시 국가최고기관인 태정관에 품의서를 올렸던바, 태정관 역시 1877년 3월 20일 울릉도(죽도)와 독도(송도)는 일본과는 관계없는 곳이며 조선영토임을 확인하는 지령을 내렸다. 이 일본 내무성의 공문서와 태정관의 공문서는 일본의 『공문록(公文錄)』 내무성부의 표제로 현재 일본국립공문서관에 보관되어 있다. 이 내무성과 태정관의 공문서는 독도가 조선영토이고, 무주지나 일본영토가 아님을 다시 한 번 명확하게 증명해 주고 있으며, 메이지 정부가 1877년 독도가 한국영토임을 재확인했음을 잘 나타내 주고 있다.

(3) 또한 제6장에서 본 바와 같이, 일본 메이지 정부의 해군성은 1876년(메이지 9년)에 서양 탐험선들이 실측하여 편제한 지도를 번역편찬해서 「조선동해안도」를 발행할 때, 독도를 그림까지 넣어 조선부속령에 포함시켰다. 이 「조선동해안도」 원본 가운데 하나가 현재 규장각에 보관되어 있다. 또한 일본 해군성이 세계수로지인 『환영수로지(寰瀛水路誌)』를 해체하여 국가별로 분류할 때에도 1905년까지는 독도를 '리앙꼬르드도(島)'라는 이름으로 『조선수로지』에 넣었다. 일본 육군성 참모국의 「조선전도」(1875)도 독도를 조선영토에 포함시켜 표시하였다.

(4) 이 책 제7장에서 본 바와 같이, 대한제국 정부는 일본인들의 울릉

도에의 불법침입과 불법적 벌목을 방지하기 위하여 '국제조사단'을 편성하여 1900년 5월 울릉도에 파견하여 현지조사를 한 후, 1900년 10월 25일 '칙령 제41호'를 반포해서 지방관제 개정을 통하여 울도군을 승격시켜 울릉도와 독도가 대한제국 영토임을 재확인하고 서양국제법에 의거하여 국내와 세계에 공시, 공포하였다. 이때 일본측은 부신령사관의 부영사와 경찰관을 국제조사단에 참가시켰으며, 대한제국의 1900년 칙령 제41호의 한국 울릉도·독도영유권 재확인 공포에도, 전혀 이의나 항의를 제출하지 않고 이를 받아들였다. 단지 울릉도에서의 일본인 철수를 대한제국 정부가 실행하라고 응답했을 뿐이었다.

이러한 사실들은 모두 독도가 조선영토이고, 무주지가 아니었음을 잘 증명해 주며, 메이지 정부의 해군성과 육군성도 태정관·외무성·내무성과 마찬가지로 1905년 2월까지 독도가 한국영토임을 명확하게 인지하고 거듭 재확인했음을 잘 나타내 주고 있다.

3. 일본 해군성의 러·일전쟁용 독도망루 설치와 무주지설(無主地說) 조작 요구

일본 제국주의는 그들의 오랜 목표의 하나인 대한제국의 식민지화 점령을 실현하기 위한 전 단계 준비작업의 하나로 한반도로부터 러시아 세력을 배제하기 위하여 1904년 2월 8일 러·일전쟁을 도발하였다.

일본 해군은 인천항과 여순항에 정박해 있던 러시아 군함 각 2척을 선전포고 없이 1904년 2월 8일 기습, 선제공격하여 격침시키고 이틀 후인 2월 10일 공식적으로 러시아에 선전포고하여 러·일전쟁을 시작하였다. 이와 동시에 일본은 대규모의 육군병력을 대한제국에 불법 상륙시켜 서울을 사실상 점령하였다. 대한제국은 이에 앞서 1904년 1월 23일

국외중립을 선언했으나, 일제는 이를 무시하고 일본군 대규모 병력을 서울에 침입시켜 대한제국의 수도 서울을 군사 점령하였다.

일제는 이러한 상태에서 대한제국 정부를 위협하여 1904년 2월 23일 '한·일의정서'를 강제로 체결케 하였다. 그 내용의 핵심은 러·일전쟁 기간에 한국정부는 일본정부의 지도를 받으며, 일본군이 한국의 토지를 군략상 일시 수용할 수 있도록 한다는 것이었다.[2]

일제는 한국에 상륙한 일본군 병력 중에서 약 2개 사단을 차출하여 1904년 4월 3일 소위 '한국주차군(韓國駐箚軍, 한국주둔군의 의미)'을 편성하였다. 이 '한국주차군'은 러·일전쟁에는 직접 참가하지 않고 오직 일제침략에 대한 한국민족의 저항을 탄압하고 한국을 직접 무력 지배하는 일에만 종사하는 일본군 군사력이었다.

일본 해군은 서해 쪽에서 러시아 해군을 선제 기습하여 기선을 잡는 듯했으나, 동해에서는 러시아 블라디보스토크 함대가 남하하여 작전을 감행함으로써 러시아측이 기선을 잡았다. 1904년 6월 15일에는 블라디보스토크 함대가 대마해협에 나타나서 일본 육군수송선 상륙환(常陸丸)과 화천환(和泉丸)을 격침시키게까지 되었다.[3]

일본 해군은 모든 군함들에 무선전신을 시설하는 작업을 서둘러 완료함과 동시에, 러시아 블라디보스토크 함대의 남하를 감시하기 위하여 6월 21일 한국 동해안 울진군 죽변만을 비롯한 전략지점에 무선전신을 가진 가설망루를 설치하도록 하고,[4] 죽변의 망루 설치를 시작하였다.[5]

---

2) 『舊韓國官報』(號外), 光武 8年(1904) 3月 8日字 참조.

3) 日本 海軍軍令部, 『極秘明治三十七八年海戰史』 第4部 第4卷, p. 236 참조.

4) 『極秘明治三十七八年海戰史』 第4部 第4卷, p. 10 참조.

5) 『日本外交文書』 第37卷 第1冊, 事項 15, 文書番號 723, 「江原道蔚珍郡竹邊竝ニ當地絶影島ニ望樓臺建設ノ件」, pp. 622-623 참조.

7월 5일에는 남해안의 홍도와 절영도와 함께 울릉도에도 서북부와 동남부 각 1개소에 2개의 망루를 설치해서 죽변과 울릉도 사이에는 (무선전신뿐만 아니라) 해저전선을 부설하여 연결하도록 하였다.[6] 죽변의 망루는 1904년 6월 27일 기공되어 그해 7월 22일 준공되고, 8월 10일부터 업무를 개시하였다.[7]

울릉도의 동·서 2개의 망루는 1904년 8월 3일 기공되어 9월 1일 준공, 9월 2일부터 업무를 개시하였다.[8] 그리고 죽변과 울릉도 사이의 해저전선 부설은 9월 8일 착공되어,[9] 9월 30일 완공되었다.[10] 울릉도는 이제 일본 해군의 감시초소와 통신기관설비지로 징발된 것이다. 일본 해군은 이곳뿐만 아니라 이 시기 전후에 원산·제주·울산·거문도·홍도·우도 등 한국 해안 전역에 20개의 망루 설치를 추진하였다.

일본 해군은 울릉도에 2개의 망루를 설치하여 이것을 한국 동해안의 죽변만을 통하여 일본 본토 사세보(佐世保)의 해군진수부(海軍鎭守府)와 직접 교신하는 전신선 설치를 완성하자, 울릉도 다음으로 독도에도 망루를 설치하기 위한 조사 작업을 시작하였다. 그리하여 일본 군함 신고호(新高號)는 죽변-울릉도선 연결공사를 하면서 독도를 실견한 울릉도의 민간인들(日本人)로부터 독도에 대한 청취조사를 한 다음 1904년 9월 24일 독도 답사를 목표로 울릉도를 출발하였다.[11]

신고호의 다음 날(9월 25일) 일지에는 독도에 대한 청취조사 결과를 다음과 같이 요약해 기록하였다.

---

6) 『極秘明治三十七八年海戰史』 第4部 第4卷, p. 11 참조.
7) 『極秘明治三十七八年海戰史』 第4部 第4卷, p. 236 참조.
8) 『極秘明治三十七八年海戰史』 第4部 第4卷, p. 239 참조.
9) 『極秘明治三十七八年海戰史』 第4部 第4卷, p. 50 참조.
10) 『極秘明治三十七八年海戰史』 第4部 第4卷, pp. 56-57 참조.
11) 『軍艦新高行動日誌』 1904年 9月 24日條.

「송도(松島, 울릉도 — 인용자)에서 리앙꼬르드암(岩) 실견자로부터 청취한 정보 리앙꼬르드암은 한인(韓人)은 이를 獨島(독도)라고 서(書)하고 본방(本邦, 일본) 어부들은 '리앙꼬도(島)'라고 호칭한다. 별첨한 약도와 같이 2개의 암서(岩嶼)로 되어 있다. 서도는 높이가 약 400지(知)로 험저(險沮)하여 오르기가 곤란하지만, 동도는 비교적 낮고 잡초가 자라며 정상은 약간 평탄한 땅이 있어서 2, 3개의 소사(小舍)를 건설하기에 족하다고 한다.

담수는 동도 동면의 입강(入江, 바다가 육지로 오목하게 들어간 부분 — 인용자) 내에서 조금 얻을 수 있다. 또 동도의 남 B점 수면으로부터 3간여의 곳에 용천(湧泉)이 있어 사방에 침출(浸出)하는데, 그 양은 상당히 많아, 연중 마르는 일이 없다. 서도의 서방 C점에도 역시 청수(淸水)가 있다.

섬의 주위에 점재하는 바위는 대개 편평하여 큰 것은 수십 자리를 펴기에 족하다. 항상 수면에 노출한다. 해마(海馬)가 이에 군집한다. 두 섬의 사이는 배를 묶기에 족할지라도 작은 배인 경우에는 육상에 인양함을 항례로 한다. 풍파가 강해서 그 섬에 정박하기 어려울 때는 대저 송도(松島, 울릉도 — 인용자)에서 순풍을 얻을 때까지 피란한다고 한다. (…)

또한 본년에 들어서 수회 도항했는데 6월 17일 러시아 군함 3척이 동도(同島) 부근에 나타나서 일시 표박한 후 북서에 진항함을 실견하였다고 한다.」[12)]

신고호의 정보보고는 독도가 망루 설치에 적합한 지형이라는 과장이 있으나, 무엇보다도 동해의 중앙이라는 위치와 러시아 군함 3척이 독도 부근에 표박(漂泊)한 사실이, 러·일해전을 대비하는 일본 해군성으로 하여금 독도에 망루를 설치하려는 강렬한 욕구를 갖도록 더욱 충동한 것으로 보인다. 일본 해군 군령부는 대마해협을 초계 중인 군함 대마호에 1904년 11월 13일 '리앙꼬르드도가 전신소(무선통신소가 아님) 설치에 적합한가를 시찰할 것'을 주 임무로 한 명령을 내렸다.

대마호는 11월 19일 오전 8시 40분 죽변만 항구에 도착하여 망루용 재료를 내려놓은 다음 9시 20분에 울릉도로 출발해서 오후 4시 20분에

---

12) 『軍艦新高行動日誌』, 1904年 9月 25日條; 신용하 편저, 『獨島領有權 資料의 探究』 제3권, pp. 186-190 참조.

울릉도 망루 부근 도동(道洞) 각묘지(角錨地)에 정박, 망루 재료를 내려 놓았다.[13] 대마호는 이튿날인 1904년 11월 20일 오전 7시 20분 독도에 도착하여 표박하면서 부함장 소좌 산중(山中)과 군의장(軍醫長) 금정(今井) 외 2명을 시찰을 위하여 독도에 상륙시켰다. 부함장과 군의장은 약 3시간 동안 독도를 시찰하고 귀함했으므로, 대마호는 이날 오후 7시 8분에 별부만(別府灣)에 귀환 입항하였다.[14]

이것이 일본 해군이 처음으로 독도에 상륙하여 시찰한 경위이다. 일본 해군은 독도가 한국영토이기 때문에 그동안 시찰조사를 전혀 하지 않다가 러·일전쟁을 도발한 후 일본 해군의 망루·통신시설 설치의 필요를 절감하여 그 준비조사차 1904년 11월 20일에야 처음으로 독도를 시찰한 것이다.

대마호 함장의 독도시찰 공식보고는 해군성 수로부장에게 1905년 1월 5일자로 제출되었다.

「메이지 38년 1월 5일 대마함장 해군중좌 선두무영(仙頭武英)이 수로부장에게 제출한 리앙꼬르드도 개요

리앙꼬르드도는 일대의 좁은 물길을 격(隔)하여 서로 대치하는 2개의 주도(主島)와 그 주위에 기열(碁列)한 작은 암초로 구성된 바다 가운데의 하나의 작은 군도(群島)에 지나지 않는다. 이들 소 암초는 대개 편평하고 상면이 겨우 수상에 현출해 있다. 주도의 주변은 기관을 정(呈)하는 동굴이 풍부함과 함께 해표(海豹)들의 서식 굴이다. 주도는 전부 거의 불모의 독암(禿岩)으로서 해풍이 항상 전면을 불어쳐서 한 그루의 수목도 없고 남면에서 들풀이 겨우 태생(苔生)함을 볼 뿐이다. 전체 주위는 단애절벽이고 연성의 석층(石層)으로 되어 있으며, 주변 어디로부터도 올라가는 것이 거의 불가능에 속한다. 온 섬이 평탄한 땅이 없고, 물길의 양측에 협소한 평탄의 낙지(礫地)가 2, 3개소 있지만, 모두 바다 파도의 습래를 면하지 못한다. 동도에 고즙(菰茸)의 임시 소옥(小屋)

---

13) 『軍艦對馬戰時日誌』, 1904年 11月 19日條 참조.

14) 『軍艦對馬戰時日誌』, 1904年 11月 20日條 참조.

이 있다. 해표잡이를 위하여 여름철에 이 섬에 도래하는 어부용의 것으로서, 당시 현저히 파괴되어 겨우 그 형적이 남아 있을 뿐이다. 그 파손의 상황으로 판단하면 이 부근을 유린하는 풍파의 맹위를 충분히 알 수 있다. 시(試)하여 풍랑의 예봉을 피할 수 있는 가옥 건축 용지를 달리 구하면 겨우 다음의 2개소가 있음에 지나지 않는다.

(a) 서도의 동면에 산붕(山崩)이 있어 그 경사가 매우 급해서 위쪽 절반은 거의 직립하여 도저히 올라갈 수 없지만, 아래 절반은 약간 완만한 경사를 이루어 힘쓰면 그 중복(中腹)까지 올라갈 수 있다. 이곳의 지질은 강한 바위층으로 이를 개착(開鑿)하면 3평약의 평탄지를 얻고 동풍 외에는 모두 차폐(遮蔽)할 수 있다.

(b) 동도의 정상부는 일견 평탄한 부분이 많아서 가옥 건설에 적합한 것 같으나, 이를 답사함에는 경로에 다대한 공사를 시행하지 않으면 국지(局地)에 도달할 수 없었으므로 실견할 수 없었지만 해양의 만풍(蠻風)에 대하여 4면이 폭로됨을 면하지 못한다. 그러나 오직 남단에 있는 평탄지는 3, 4평의 넓이가 있으며, 서북의 한 방향은 차폐되어 있는 것 같다.」[15]

이 보고서의 대마호 부함장이 조사한 부분에서는 지형이 불리하지만 망루의 후보지로 '동도의 어부의 임시 소옥 대지' 외에 (a) 서도 동면의 하반과, (b) 동도 남단의 평탄지가 시사되었다. 위의 보고서의 인용문 이후 부분에서는, 군의장의 조사부분으로 보이는데, 식수의 결핍이 심각한 문제임을 의학적 화학적 관점에서 분석 지적한 다음 "해표잡이를 위하여 도래한 어부는 바다가 평온한 때는 섬 물을 채취하여 취사용으로 썼지만 음료수는 다른 곳에서 갖고 와 썼다고 한다"[16]고 하면서, 망루를 설치하는 경우에도 식수는 다른 곳에서 공급하는 것이 의학적임을 시사하였다.

일본 해군은 러·일해전에 대비하기 위하여 바다 가운데라도 망루를

15) 日本 海軍軍令部, 『極秘明治三十七八年海戰史』 第4部 第4卷, 附錄「備考文書」 第67號, pp. 366-667.

16) 『極秘明治三十七八年海戰史』 第4部 第4卷, 附錄「備考文書」 第67號, p. 367.

설치하고 싶은 시기였으므로, 이러한 정도의 조건이면 망루를 설치하여 러시아 함대의 이동을 감시하고 통신시설을 강화하는 것은 어려운 일이 아니었다. 사나운 겨울 날씨로 이듬해 봄을 기다리면서 일본 해군성은 독도 망루 설치계획을 추진해 갔다.

일제는 독도에 대한 일본 해군 망루라는 군사시설을 설치함에 있어서, 독도가 한국영토임을 잘 알고 있었지만 독도가 한국의 최동단에 있는 사람이 상주하지 않는 무인도이므로 이 기회에 독도를 약취하고자 하는 야욕을 갖게 되었다. 일본군 폭력이 1904년 2월 이후 대한제국 수도 서울을 사실상 점령하여 한국에 여러 가지 부당한 조약들을 강요해서 강제 체결하고 있는 상태였으므로, 이 기회에 독도를 약취함은 가능한 것으로 보였다.

일본이 1905년 독도를 일본에 '영토편입'하려고 시도한 동기와 목적은 독도가 한국영토임을 알고 있었지만 일본군 폭력이 한국을 지배하는 이 기회에 독도를 약취하여 이 위에 일본 해군 망루를 설치하려는 군사적 목적과 영토야욕에 있었다.

일본정부가 1904년 2월 8일 러·일전쟁을 도발하고, 그 직후 러시아 군함의 동해와 남해에서의 활동을 감시하기 위하여 한국 동해안·남해안·제주도·울릉도·독도에 일본 해군 망루를 설치하는 작업을 추진하고 있던 이 무렵에, 일본의 시마네현 어업가 나카이 요사부로(中井養三郞)가 독도 연안의 물개잡이 독점특허 이권을 획득할 생각으로 독도의 영유권자인 한국정부에 이권대부 신청원(貸下願)을 제출하려고 1904년 가을 수도 동경으로 상경하였다. 나카이는 사개인(私個人)으로서 한국정부에 독도의 물개잡이 독점이권 대부를 교섭하기는 어려우므로 일본정부 농상무성과 외무성의 도움을 얻어야 했기 때문이었다.

독도에 러시아 군함의 동태 감시를 위한 일본 해군 망루 설치계획을 갖고 있던 일본정부는 나카이의 한국정부에 대한 대하원 제출을 막고, 독도가 '무주지'라는 억지를 조작하여 강요하면서 일본정부에 독도의 '영토편입' 및 '대하원'을 제출하면 협조해 주겠다고 설득하였다. 이것은 나카이에게는 더 용이한 일이므로, 나카이는 일본정부 고관들의 요구대로 「리앙꼬도(독도) 영토편입 및 대하원」을 일본정부에 제출하였고, 1905년 1월 28일 일본 내각회의는 나카이의 이 신청서를 승인하는 형식으로 독도를 일본에 소위 '영토편입'하는 의결을 자행한 것이었다.

4. 나카이(中井養三郞)의 한국독도영유권에 대한 인지

다음에는 나카이(中井養三郞)라는 일본인의 독도영유권에 대한 인식을 검토해 보기로 한다.

나카이의 자필 이력서를 보면 그가 독도(리앙꼬도)에 이주(移住)한 일은 없다. 나카이는 고향에서 소학교를 졸업하고 상장학사(相長學舍)라는 사립학숙을 거쳐 당시로서는 드물게 동경에 유학, 사문횡(斯文黌)이라는 사립학교에서 교육을 받은(총 교육 기간 13년), 해외진출에 관심이 많은 어업가이었다. 그는 실업에 뜻을 두고 1890년부터 외국 영해에서의 잠수기 어업에 착수하였다. 1891~1892년에는 러시아령 블라디보스토크 부근에서 잠수기를 사용한 해삼어업에 종사했고, 1893년에는 조선의 경상도·전라도 연안에서 역시 잠수기를 사용한 바다표범, 전복잡이에 종사하였다. 나카이는 1903년 독도(리앙꼬르도)에서 강치(海驢)잡이를 시도했는데 이것이 수익이 높아 다른 어부들의 경쟁 남획을 방지하고 독점이권을 대한제국 정부로부터 획득해 보려고 1904년 동경(東京)에 가서 일본정부 관료들과 접촉을 시작하였다.[17)]

오늘의 일본정부가 만일 나카이가 1903년에 독도에 가서 강치잡이를 한 사실을 들어 독도에 이주해서 점유한 사실이 있었다고 주장한다면, 그가 1891~1892년 블라디보스토크 부근에서 잠수기를 사용한 물개잡이에 종사했기 때문에 블라디보스투크 부근이 일본 점유의 영해가 되고, 그가 1893년에는 경상도·전라도 연안에서 물개잡이를 했으므로 경상도·전라도가 일본의 점유지가 된다는 논리와 같은 것이 될 것이다.

나카이는 1903년 독도에 건너가서 물개잡이를 할 때 독도는 '무주지'가 아니라 '한국영토'임을 명확히 알고, 앞서 블라디보스토크 연안이나 한국의 경상도·전라도 연안에서 고기잡이를 한 바와 같이 다른 나라인 한국영토로서의 독도에 나아가 고기잡이를 한 것이었다.

나카이가 1910년에 직접 작성하여 시마네현에 제출한 이력서와 그 부속문서인 「사업경영개요」는 그가 독도를 한국영토로 인지하고 있었고, 독도를 일본 제국주의자들이 침탈하여 일본영토에 편입한 것임을 잘 밝혀 주고 있다. 독도가 1905년 2월 일제에게 침탈당한 약 5년 후에 쓴 글이므로 독도의 이름이 '리앙꼬르도'가 아니라 '죽도(竹島)'로 표기되어 있다. 중요한 문서이므로 독도 부분의 거의 전문을 인용한다.

>「죽도(竹島)경영
>
>죽도에 해려(海驢)가 많이 군집하는 것은 종래 울릉도 방면 어부의 주지하는 바이지만, 하루아침 그 포획을 개시하면 홀연히 산일(散逸)해 가 버리거나 포획해도 용도 판로의 있음을 요하므로 이익이 전혀 불명에 속하였다. 이 때문에 종래 이의 포획을 기도하는 일이 없어 헛되이 방유(放遺)해 있었다. 그러나 이렇게 방유하지 않고 여하히 유망의 이원(利源)도 용이하게 개발됨을 기해야 할 것이므로 이에 손해를 도외시하고 단연 그 포획을 시도하게 되었다. 그리하여 그 일개 유망의 이원이라는 것을 사실의 위에 확실하게 할 수 있었다. 그러나 이와 동시에 또한 홀연히 여러 방면으로부터 다수의 잡이꾼들이

---

17) 「中井養三郎履歷書」(1910年 隱岐島廳 提出), 島根縣廣報文書課 編, 『竹島關係資料』 第1卷, 1953; 신용하 편저, 『獨島領有權 資料의 探究』 제3권, pp. 224-230 참조.

내집(來集)하여 경쟁남획에 이르지 않는 바가 없고 용도 판로는 아직 충분히 강구되지 않은 중에 그 재료는 장차 절멸해 가려고 함에 이르렀다. 이에 어떻게 하면 그 폐해를 방지하고 이원을 영구히 지속함으로써 본도의 경영을 온전히 할까 고심참담하지 않을 수 없었다.

본도가 울릉도에 부속하여 한국(韓國)의 소령(所領)이라고(本島ノ鬱陵島ヲ附屬シテ韓國ノ所領ナリト) 하는 생각을 갖고, 장차 통감부에 가서 할 바가 있지 않을까 하여 상경해서 여러 가지 획책 중에, 당시의 수산국장 목박진(牧朴眞) 씨의 주의로 말미암아 반드시 한국령에 속하는 것은 아니지 않을까 하는 의문이 생겨서, 그 조사를 위하여 여러 가지로 분주한 끝에, 당시의 수로국장 간부(肝付) 장군의 단정에 의뢰하여 본도가 전적으로 무소속인 것을 확신하게 되었다.

그리하여 경영상 필요한 이유를 구진(具陳)해서 본도를 본방(本邦)영토에 편입하고 또 대부해 줄 것을 내무・외무・농상무의 3대신에게 원출하여, 원서를 내무성에 제출했더니 내무 당국자는 이 시국에 제(際)하여(일러 개전 중) '한국영지'의 의(疑)가 있는 황막한 일개 불모의 암초를 수(收)하여 환시(環視)의 제외국(諸外國)에게 아국이 한국병탄의 야심 있는 것의 의심을 크게 하는 것은 이익이 극히 작은 데 반하여 사체(事體)는 결코 용이하지 않다고 하여 여하히 진변(陳辯)해도 원출(願出)은 장차 각하되려고 하였다.

그리하여 좌절해서는 안 되기 때문에 곧바로 외무성으로 달려서 당시의 정무국장 산좌엔이랑(山座円二郎) 씨에게 가서 크게 논진(論陳)한 바 있었다. 씨는 시국이야말로 그 영토편입을 급요로 하고 있다. 망루를 건축해서 무선 또는 해저전신을 설치하면 적함 감시상 극히 좋지 않겠는가. 특히 외교상 내무와 같은 고려를 요하지 않는다. 모름지기 속히 원서를 본성에 회부케 해야 한다고 의기가 헌앙되어 있었다(氏ハ時局ナレバコソ其領土編入ヲ急要トスルナリ望樓ヲ建築シ無線若クハ海底電信ヲ設置セハ敵艦監視上極メテ屈竟ナラズヤ特ニ外交上內務ノ如キ顧慮ヲ要スルコトナシ須ラク速カニ願書ヲ本省ニ回附セシムベシト意氣軒昂タリ). 이와 같이 해서 본도는 드디어 본방영토에 편입된 것이었다.

메이지 38년 2월 22일 그 고시가 있자 본도 경영권에 취하였다. (하략)」[18)]

---

18) 「中井養三郞事業經營概要」 및 中井養三郞 履歷書 附屬文書, 1910年 中井養三郞 작성, 『竹島關係資料』 第1卷. 中井養三郞은 이 「事業經營概要」를 1910년에 작성하여 隱岐島廳에 제출했기 때문에 6년 전인 1904년에 독도를 한국영토라고 생각하여 '統監府'에 貸下願을 제출하려 했다고 썼는데, '統監府'는 1906년에 설치되었기 때문에 이것은 착오이고, 中井養三郞이 1906년 3월 25일에 奧原福市에

나카이는 1906년 3월 25일에 독도를 일본영토로 편입하여 자기에게 대하(貸下)할 것을 청원한 경위를 오원복시(奧原福市)에게도 진술했는데, 여기서도 '독도를 조선영토'로 믿었다고 기록하였다. 이것은 나카이의 1906년의 진술이므로 위의 자료와 마찬가지로 중요한 사료가 된다.

「나카이(中井養三郎)씨는 리앙꼬도를 '조선의 영토'라고 믿고, 동국(同國)정부에 대하청원의 결심을 하여(中井養三郎氏はリヤンコ島を以て朝鮮の領土と信じ, 同國政府に貸下請願の決心を起し) 37년의 어기가 종료되자 곧바로 상경하여 오키(隱岐) 출신인 농상무성 수산국원 등전감태랑(藤田勘太郎)씨에게 도모해서 목(牧) 수산국장에게 면회하여 진술한 바 있었다. 동씨 또한 이것을 찬성하여 해군 수로부에 붙여서 리앙꼬도의 소속을 확인케 하였다. 나카이씨는 즉시 간부(肝付) 수로부장을 면회하여 동도의 소속은 확호한 징증(徵證)이 없고 특히 일・한양본국으로부터의 거리를 측정하면 일본 쪽이 십리 가깝고 그 위에 일본인으로서 동도 경영에 종사하는 자가 있는 이상은 일본령에 편입하는 방법이 좋을 것이라는 설을 듣고 나카이씨는 마침내 뜻을 결정해 리앙꼬르도 편입 및 대하원을 내무・외무・농상무 3대신에게 제출하였다. (…) 그 이래 나카이씨는 내무성 지방국에 출두하여 정상(井上) 서기관에게 사정을 진술했으며, 또한 동향의 상전(桑田) 법학박사(현금 귀족원의원)의 소개에 의하여 외무성에 출두해서 산좌(山座) 정무국장에 면회하여 이것을 상의하였다. 상전박사 또한 크게 힘쓴 바 있어서 드디어 일응 시마네(島根)현청에 의견을 징(徵)하기로 되었다. 이에 시마네현청에서 오키도청(隱岐島廳)의 의견을 징하여 상신한 결과 마침내 각의(閣議)에서 확실히 영토편입을 결정하여 리앙꼬르도를 '죽도(竹島)'라고 명명하기에 이르렀다고 한다.」[19]

이러한 사실은 위의 원자료를 통하여 거듭 확인되는데, 그 후 시마네현교육회는 1923년 『시마네현지(島根縣誌)』의 '죽도'의 항목에서 "나카

게 진술한바 獨島를 한국영토로 확신하여 '韓國政府'에 貸下願을 제출하려 했다는 것이 정확한 것이다. 즉 여기서 '統監府'는 '韓國政府'의 착오이다.

19) 奧原福市, 「竹島及鬱陵島」, 1907, pp. 27-32. 1906年刊 『歷史地理』 第8卷 第6號에 게재된 奧原碧雲(福市)의 논문 「竹島沿革考」에도 같은 글이 수록되어 있다.

이는 이 섬을 조선영토(朝鮮領土)라고 생각해서 상경하여 농상무성에 말해서 동(同)정부(한국정부 — 인용자)에게 대하청원을 하려고 했다"라고 다음과 같이 기록하였다.

> 「37년 각 방면으로부터 경쟁남획이 있어서 여러 가지의 폐해를 낳고 있었다. 이에 나카이(中井養三郎)는 이 도(島)를 조선영토(朝鮮領土)라고 사고해서 상경하여 농상무성에 말해서 동(同)정부에 대하청원을 하려고 하였다.」[20]

위에서 제시한 일본측의 세 기본 자료에서 우리는 다음과 같은 사실들을 알 수 있다.

첫째, 일찍이 러시아령 블라디보스토크와 한국(조선)의 경상도·전라도 연안 등 다른 나라의 연안과 영해에서 잠수기 어업에 종사한 바 있는 시마네현 거주의 어업가 나카이는 한국영토인 독도에서 강치(海驢)잡이의 어업독점이권을 획득하고자 하였다.

둘째, 이때 나카이는 의문의 여지없이 독도(리앙꼬르도)가 한국영토라고 확신하고 있었다.

셋째, 따라서 나카이는 한국정부에 대하원을 제출하려고 1904년 어기가 끝난 후 어업의 관장부처인 농상무성을 방문하였다.

넷째, 나카이의 움직임을 본 농상무성 수산국장 목박진(牧朴眞)과 해군성 수로부장 제독 간부겸행(肝付兼行)이 공작을 꾸몄다. 그리하여 수산국장이 독도가 한국령에 속하지 않을 수 있다는 자기의 의사를 말하여 주의를 준 다음, 나카이를 해군성 수로부장에게 보냈다.

다섯째, 일본정부의 해군성 수로부장 간부(肝付)는 수산국장이 보낸

---

20) 島根縣教育會 編, 『島根縣誌』, 1923; 李漢基, 『韓國의 領土』, 서울대학교출판부, 1969, p. 258; 堀和生, 앞의 글.

나카이에게 독도를 무주지라고 단정하여 주장하고 일본인으로서 나카이가 독도 경영에 종사하려면 독도를 일본영토로 편입해야 한다고 설득하면서 한국정부에 대하원을 제출할 것이 아니라, 독도(리앙꼬르도)의 일본영토 편입 및 대하원을 일본정부에 제출하라고 요구하였다.

여섯째, 나카이는 해군성 수로부장에게 독려당해서, 마침내 독도를 일본영토에 편입하고 자기에게 대부해 달라는 '리앙꼬도 영토편입 및 대하원'을 1904년 9월 29일 일본정부의 내무성·외무성·농상무성의 세 대신에게 제출하였다.

일곱째, 그러나 이때에도 나카이는 독도가 한국영토라는 생각을 갖고 있었으므로 무주지 주무부처인 내무성과 농상무성뿐 아니라 외무성에도 이 원서를 제출하여 그의 원서가 제출된 경우의 한국과의 영토분쟁도 해결하려고 하였다.[21)]

여덟째, 일본 내무성은 당시 나카이의 청원에 분명하게 반대하였다. 그 이유는 러·일전쟁이 시작된 이 시국에 한국영토라는 의심이 있는 불모의 암초를 갖는다는 것이 일본의 동태에 주목하고 있는 여러 외국에게 일본이 한국 병탄의 야심이 있지 않은가 하는 의심을 크게 하여 이익은 매우 적은 반면에 (한국의 항의로) 사체는 결코 용이하지 않으리라는 것이었다. 따라서 내무성은 나카이의 청원을 각하시키려 하였다.

아홉째, 내무성과는 반대로 일본 외무성 정무국장은 이를 적극적으로 지지하였다. 그 이유인즉 시국(러·일전쟁 개전 중)이야말로 독도의 일본영토 편입을 긴급히 요구하며 '망루'를 건축하여 무선전신 혹은 해저

---

21) 中井養三郎이 獨島(리앙꼬島)를 韓國領土가 아니라 無主地라고 확신했으면 당연히 주무부서인 內務省과 農商務省에만 청원서를 제출해도 되었을 터인데, 구태여 外務省에도 청원서를 제출한 것은 그가 여전히 獨島를 한국영토라고 생각하고 있었기 때문에 外務省의 절차를 거쳐 후의 분쟁에 대비한 것이었다고 해석된다.

전신을 설치하면 적함에 대한 감시에 매우 좋다는 말을 들었다는 것이었다.[22] 외무성 당국자는 내무성이 우려하는 바와 같은 외교상의 고려는 할 필요가 없다고 확언하며, 속히 청원서를 외무성에 회부하라고 적극 독려하였다.

열째, 일본정부는 이러한 과정으로 나카이가 제출한 '리앙꼬도 영토편입 및 대하원'을 승인하는 형식을 취하여(1905년 1월 28일) 내각회의에서 독도(리앙꼬르도)를 일본영토로 편입한다는 각의결정을 내렸다.

이러한 각의결정은 내무성을 거쳐 시마네현에 통고되었으며, 시마네현은 1905년 2월 22일 현청관내고시(縣廳管內告示) 제40호로 리앙꼬르도(독도)를 '다케시마(竹島)'로 명명하여 오키도사(隱岐島司)의 소관으로 한다는 것을 고시해 독도를 침탈하였다.

여기서 다시 한 번 주목할 것은 일본 어업가 나카이는 독도(리앙꼬르도)가 한국영토임을 명백히 인지하고 한국정부에 그 대하원을 제출하려고 동경에 올라가서 일본정부의 고관들과 접촉했는데, 일본정부의 해군성·농상무성·외무성의 공작과 지시를 받고 '리앙꼬도 영토편입 겸 대하원'을 일본정부에 제출했다는 사실이다. 그리고 일본정부의 해군성·농상무성·외무성이 독도가 한국영토임을 알면서도 일본에 '영토편입'을 추진한 동기는 러·일전쟁이 개전된 긴급한 시국에 처하여 독도에 해군망루를 만들고 무선전신 혹은 해저전신을 설치해서 러시아 함대를 감시하기 위한 목적과 제국주의적 영토야욕이 결합한 것이었다는 사실이다.

---

22) 日本 外務省 정무국장의 이러한 이유 설명은 海軍省의 주장을 그대로 대변한 것임을 알 수 있으며, 이 사실은 해군성과 외무성이 긴밀히 사전협의하여 望樓 건설이라는 군사기밀 사항을 알려 주고 獨島의 侵奪을 위한 합동공작을 했음을 나타내는 것으로 볼 수 있다.

5. 일본의 '1905년 독도영토편입'의 불법성과 불성립

이상에서 증명된 바와 같이 독도가 1905년 1월 28일 당시에도 '무주지'가 아니라 한국이라는 주인이 있는 유주지이었기 때문에, 일본 내각회의의 독도가 1905년 1월 28일 당시까지 타국인이 점유한 형적이 없는 '무주지'이므로 일본영토에 편입한다는 결정은 국제법상 완전히 불법이며, 성립되지 않는 것이다.

일본 내각회의가 전제로 한 독도 '무주지'의 대전제가 거짓이었고 일본 해군에 의해 조작된 허위 날조였기 때문에, 일본 내각회의 의결 자체도 무효의 것이며 불성립의 것이 되는 것이다.

또한 독도 영토편입을 청원한 나카이라는 어업가도 독도가 한국영토임을 인지하고 있었는데 일본 해군과 일본정부가 러·일전쟁 수행에 도움이 된다고 하면서 독도가 '무주지'라고 유도하고 사실상 강박하여 청원서를 내도록 한 것이었다.

일본 메이지 정부에 '리앙꼬도 영토편입 및 대하원'을 제출한 일본 어업가 나카이가 작성한 「이력서」 및 그 부속문서인 「사업경영개요」(1910년 본인 작성)가 독도의 일본 '영토편입'을 청원한 나카이도 독도를 한국영토로 알고 있었음을 잘 증명해 준다.

즉 일본 해군성은 독도가 한국영토임을 잘 알면서도 독도가 한국영토라는 내무성의 반대를 누르고 독도를 침탈할 계략을 꾸몄던 것이다. 해군성 수로부장 간부겸행(肝付兼行)의 주도하에 농상무성 수산국장과 외무성 정무국장 등이 긴밀히 연락해 가면서, 나카이에게 러·일해전에서의 승리를 위하여 독도에 러시아 함대를 감시할 해군 망루를 건설하고, 통신시설을 설치할 필요가 긴박하므로 한국정부에 대하원을 내지 말고 일본정부에 '리앙꼬도 영토편입 및 대하원'을 제출하라고 교사하였다. 나카이는 이 지시에 따라 한국정부가 아닌 일본정부에 대하원을 제출하였다. 즉 어업가 나카이는 독도(리앙꼬르도)가 한국부속령임을 확신하고 한국정부에 대하원을 제출하려고 상경했다가, 일본 해군성 수로부장 등이 이를 알고 러·일전쟁에 필요한 해군 망루를 설치할 목적으로, 독도(리앙꼬르도)가 한국영토임을 알면서도 무주지라고 강변하면서 나카이에게 일본정부에 영토편입 및 대하원을 제출하도록 지시하여 이것이 제출된 것이다.

그러므로 일본 내각회의는 1905년 1월 28일 독도가 무주지이기 때문에 일본인이 선점하여 영토편입한다는 결정을 했으나, 독도가 그 훨씬 이전에 이미 한국이라는 주인이 있는 유주지임이 한국측 자료들뿐만 아니라 일본 자료들에 의해서도 충분히 증명되었으며, 나카이라는 청원자도 독도를 한국영토로 인지하여 한국정부에 대부청원을 하려고 한 사실에 의해 충분히 증명되었으므로, 독도를 '무주지'였고 일본이 '선점'한다는 일본 내각회의의 결정은 국제법상 완전히 불법적인 것이고 성립되지 않는 무효의 의결인 것이었다.

오늘날의 일본정부가 1905년의 일본정부의 독도의 '일본영토편입'이 국제법상 합법적이고 정당한 것이었다고 주장하고 있는 것은 '무주지선점'이 전혀 사실이 아니었고 독도가 한국영토인 '유주지'이었기 때문에 전혀 성립되지 않는 무효의 것이며, 한국영토 독도의 '침탈', '도탈(盜奪)'을 시도한 것에 불과한 것이었다.

□ 제 9 장
일본측의 '독도영토편입 시마네현 고시가 정당했다는 주장'에 대한 비판

1. 중앙정부 고시가 아닌 '현청 관내고시'

일본정부는 1905년 1월 28일 내각회의에서 독도가 무주지이므로 일본영토로 '편입'한다고 결정해 놓고서, 이 중대한 내각결정을 중앙정부가 당당히 『관보(官報)』에 고시하지 못하고 지방관청인 시마네(島根)현에서 관내(管內) 고시하도록 조치하였다. 그리고 오늘의 일본정부는 이 조치가 국제법상 고시절차를 거친 정당한 것이었다고 주장하고 있다. 그러나 이것은 매우 기만적인 것이고 교활한 사기성 요식행위에 불과하였지, 국제법이 요구하는 고시가 아니었다.

일본정부는 불법적으로 1905년 1월 28일 독도를 '무주지'이기 때문에 일본영토에 '편입'한다는 결정을 한 후, 내각회의 결정에 따라서 이를 '다케시마'(竹島)라고 명명하여 그 소속을 은기도사(隱岐島司)의 소관(所管)으로 한다는 훈령을 1905년 2월 15일 내무대신이 시마네현지사에게 다음과 같이 내려 보냈다.

> 「내무대신 훈령, 훈제87호
>
> 북위 37도 9분 30초, 동경 131도 55분, 오키도를 거(距)하기 서북으로 85해리에 있는 도서(島嶼)를 죽도(竹島, 다케시마)라고 칭하고 지금부터는 그 소속을

오키도사(島司)의 소관으로 한다. 이 뜻을 관내(管內)에 고시(告示)토록 하라. (밑줄 — 인용자)

우 훈령함.

메이지 38년 2월 15일

내무대신 방 천 현 정(芳 川 顯 正)

시마네현지사 송영무길(松永武吉) 전」[1]

이 자료는 독도를 소위 일본에 '영토편입'하고 오키도사(島司)의 관장지역으로 두도록 내각회의 의결을 내무대신이 훈령으로 내려 보낸 것이다. 일본정부는 내각회의의 이 결정을 일본 중앙정부의 『관보』에 게재하지 못하고 시마네현지사에게 '관내(管內)에 고시'토록 1905년 2월 15일 자로 훈령하였다.

여기서 특히 주목할 것은 일본정부가 독도(獨島)의 소위 '영토편입' 내각결정을 국제사회에 공개하지 못하고 '시마네현의 관내(管內)에 고시토록' 훈령한 사실이다. 관내(管內)고시란 시마네현(縣)의 관리지역 내의 고시이기 때문에 처음부터 국제고시가 아니었다. 국제법이 요구하는 적법한 고시는 '국제사회에 고시'하는 것인데, 일본의 한 지방현에 불과한 '시마네현 관내(管內)에 고시토록'한 것부터가 불법적인 것이며, 고시가 처음부터 성립되지 않는 무효의 것이었다.

---

1) 신용하 편저, 『獨島領有權 資料의 探究』 제2권, 독도연구보전협회, 1999, pp. 283-284, 「日本內務大臣訓令」.

「訓第八七號

北緯三十七度九分三十秒東經百三十一度五十五分隱岐島ヲ距ル西北八十五浬二在ル島嶼ヲ竹島ト稱シ自今其所屬隱岐島司ノ所管トス　此旨管內ニ告示セラルベシ

右訓令ス

明治三十八年二月十五日

內務大臣 芳 川 顯 正

島根縣知事 松永武吉殿」

島根縣告示第四十號
北緯三十七度九分三十秒東經百三十一度五十五分隱岐島ヲ距ル西北八十五浬ニ在ル島嶼ヲ竹島ト稱シ自今本縣所屬隱岐島司ノ所管ト定メラル
明治三十八年二月二十二日
島根縣知事松永武吉

그림 9-1.
일본 시마네현 『현보(縣報)』의 「시마네현 고시 제40호」(1905. 2. 22.) (자료: 이상태 교수)

내무대신으로부터 위의 훈령을 받은 시마네현지사는 1905년 2월 22일 「시마네현 고시 제40호」로서 다음과 같은 고시문을 시마네현 『현보(縣報)』에 게재하였고(그림 9-1), 같은 해 2월 24일자의 지방신문인 『산음신문(山陰新聞)』 제5912호에 조그맣게 보도되었다.[2)]

> 「시마네현 고시 제40호
>
> 북위 37도 9분 30초, 동경 131도 55분, 오키도(隱岐島)를 거(距)하기 서북으로 85해리에 있는 섬을 '다케시마'(竹島)라고 칭하고 지금 이후부터는 본현 소속의 오키도사(隱岐島司)의 소관(所管)으로 정한다.
>
> 메이지 38년 2월 22일
>
> 시마네현지사 송영무길(松永武吉)」[3)]

2) 「往復文書: 1962年 7月 13日字 日本側 구술서(No. 228/ASN) — 日本政府見害(4)」, 『獨島關係資料集』, pp. 245-246 참조; 신용하 편저, 『獨島領有權 資料의 探究』 제4권, pp. 435-438 참조.

시마네현 서무과는 같은 날짜인 1905년 2월 22일 현지사의 이름으로 관내 행정단위에 고시문과 동일한 내용의 다음과 같은 훈령을 내려 보냈다.

「시마네현서(縣庶) 제11호(1905. 2. 22.)

북위 37도 9분 30초, 동경 131도 55분, 오키도를 거(距)하기 서북으로 85해리에 있는 섬을 다케시마(竹島)라고 칭하고 지금 이후부터는 본현 소속의 오키도사(司)의 소관으로 정하니 이 뜻을 심득할 것.

우 훈령함.

메이지 38년 2월 22일

시마네현지사 송영무길(松永武吉)」[4)]

2. 시마네현 관내고시방법의 문제점과 기만성

그러나 일본정부의 위와 같은 고시방법은 다음과 같은 점에서 근본적 문제가 있는 것이었다.

첫째, 일본정부는 이미 숙종 연간(일본의 元祿 연간) 울릉도와 독도를

---

3) 신용하 편저, 『獨島領有權 資料의 探究』 제2권, pp. 284-285.

「島根縣告示 第四十號

北緯三十七度九分三十秒東經百三十一度五十五分隱岐島ヲ距ル西北八十五浬ニ在ル島嶼ヲ竹島ト稱シ自今本縣所屬隱岐島司ノ所管ト定メラル

明治三十八年二月二十二日

島根縣知事 松永武吉」

4) 신용하 편저, 『獨島領有權 資料의 探究』 제2권, p. 288.

「島根縣庶 第十一號

北緯三十七度九分三十秒東經百三十一度五十五分隱岐島ヲ距ル西北八十五浬ニ在ル島嶼ヲ竹島ト稱シ自今本縣所屬隱岐島司ノ所管ト定メラレ候條此旨心得フシ

右訓令ス

明治三十八年二月二十二日

島根縣知事 松永武吉」

조선영토로 재확인한 외교문서를 조선에 발송한 바 있으며, 메이지 연간에 태정관·외무성·내무성·해군성·육군성 등 메이지 정부 전체가 독도를 조선영토라고 인정했고, 또한 1904~1905년의 나카이(中井養三郞)의 대하원(貸下願)에 대해서도 내무성은 이를 한국영토의 의(疑)가 있다고 반대했으므로, 일본정부는 당연히 사전에 한국정부와 이를 협의하고 사후에라도 한국정부에 조회하거나 통고했어야 했을 터인데 그렇게 하지 않았다.

'영토편입'에서 국제사회에의 고시를 위하여 관련국에 통고하는 것은 국제관례이며 국제법의 요건인데도 일본정부는 한국정부에 조회(照會)나 사전 또는 동시 통고(通告)를 전혀 하지 않은 것이다.[5)]

---

5) 朴庚來, 『獨島의 史法的 研究』, 일요신문사, 1965.
朴觀淑, 「獨島領有權 問題」, 『韓國社會科學論集』 제1집, 1965.
黃相基, 「獨島問題硏究」, 『獨島』, 大韓公論社, 1965.
李漢基, 『韓國의 領土』, 서울대학교출판부, 1969.
金正均, 「獨島問題에 대한 國際法的 考察」, 『國際法學論叢』 제25권 제1·2합병호, 1980.
金明基, 『獨島와 國際法』, 화학사, 1987.
신용하, 『독도의 민족영토사연구』, 지식산업사, 1996.
나홍주, 『獨島의 영유권에 대한 國際法的 연구』, 법서출판사, 2000.
李相冕, 「獨島領有權과 平和線 선포」, 독도연구보전협회, 『독도영유권학술심포지엄 논문집』, 2003.
이석우, 『독도분쟁의 국제법적 이해』, 학영사, 2004.
김병렬, 『(일본군부의) 독도침탈사』, 바른역사기획단, 2006.
金榮球, 『獨島領土主權의 위기』, 다솜출판사, 2006.
제성호, 「독도의 실효적 지배 강화방안과 국제법」, 독도연구보전협회, 『독도영유권학술심포지엄 논문집』, 2006.
金學俊, 『獨島/竹島韓國の理論』, 論創社, 2007.
鮮于榮俊, 『高麗와 朝鮮國時代의 獨島』, 학영사, 2007.
신동욱, 『독도영유에 관한 연구』, 어문각, 2008.
崔長根, 『독도의 영토학』, 대구대학교출판부, 2008.
최장근, 『독도문제의 본질과 일본의 영토분쟁 정치학』, 제이앤씨, 2009.
김학준, 『독도연구』, 동북아역사재단, 2010.

일본정부는 1876년에 오가사하라도(小笠原島)에 대한 영토주권을 확립하면서도 이 섬과 간접적으로 관계가 있다고 본 영국·미국 등과 몇 차례 절충을 하고 구미 12개 국가들에 대하여 오가사하라도에 대한 일본의 관치(管治)를 통고했었다.[6] 그런데 왜 독도를 '영토편입'하면서는 대한제국과 사전 협의도, 사후의 조회나 통고도 전혀 하지 않았을까? 더구나 당시는 서울과 한반도가 일본군의 한국주차군(韓國駐箚軍)의 지배하에 놓여 있는 상태였음에도 독도영토편입 결정을 알리지 못하였다.

그 이유는 일본정부가 독도가 한국영토임을 잘 인지하고 있는 상황에서 러·일전쟁 수행의 전략상의 필요와 영토적 야욕으로 독도를 일본영토로 '편입'하여 침탈하는 데서 발생할 문제들을 걱정했기 때문이었다. 즉 일본이 한국영토인 독도를 '영토편입'하는 것은 한국부속령에 대한 침탈이므로, 아직도 일본 동경에 주일 한국공사관이 활동하고 있고 한국의 수도 서울에 각국 공사관들이 활동하고 있는 상태에서 한국과 분쟁을 일으키면, 서양 각국으로부터 한국영토 침탈에 대한 비판과 러·일전쟁 후의 한국침탈에 대한 의심을 강화할 것을 우려했기 때문이었다.[7]

둘째, 독도의 '영토편입'은 극히 중요한 사항일 뿐 아니라, 내각회의 결정은 '비밀사항'이 아니면 중앙 『관보』에 게재하여 중앙정부 수준에

宋炳基, 『울릉도와 독도, 그 역사적 검증』, 역사공간, 2010.

6) 安岡昭男, 『明治維新と領土問題』, 1980, pp. 196-213; 堀和生, 앞의 글.

7) 일본정부가 독도(竹島)를 일본영토로 편입해 놓고 島根縣 告示로만 공시하고 한국정부에 照會하거나 通告하지 않은 것은 조선을 대등한 主權國家로 인정하지 않았기 때문이라고 일본학자는 설명하고 있는데, 이것은 사실과 다르다. 1905년 2월 당시 한국정부는 外交權을 갖고 있었고 러·일전쟁 중이어서 西洋諸國의 이목이 한국에 집중된 감이 있었으므로 한국정부가 항의하면 西洋諸國의 環視 속에서 외교분쟁이 일어날 것을 두려워하여, 照會도 통고도 하지 않은 것이며, 머리를 짜내어 한국정부와 한국인들이 알지 못하게 고시하는 방법을 고안해 낸 것이 島根縣 고시였다고 본다.

서 공시하는 것이 보통인데, 일본정부는 이 사안에 대해서만은 이러한 공시를 회피하였다.

왜 이렇게 예외적 조치를 취했을까? 일본정부는 사실상 이를 비밀사항으로 숨겨 두려 했다고 해석된다. 당시 동경에는 한국공사관을 비롯한 여러 나라 공사관이 있었으므로 일본정부는 한국영토인 독도를 침탈하여 일본영토에 '편입'한 사실을 한국과 세계 여러 나라에 알리고 싶지 않았던 것이다.

셋째, 일본정부의 정책에 협조적이었던 일본의 전국지(全國紙들)이 독도의 '일본영토편입'을 전혀 보도하지 않았다. 당시 동해는 러·일전쟁의 싸움터였으므로 뉴스 초점 지대의 하나였고 동해상의 독도를 일본영토로 '편입'한 것은 중대한 뉴스가 될 수 있었을 텐데도 다수의 일본 전국 신문들 가운데 어떤 신문에도 그러한 보도는 없었다.

그 이유는 무엇일까? 당시 일본의 수도 동경에는 다수의 한국인들이 체류하고 있었으므로 이 사실을 한국인들과 세계에 알리고 싶지 않은 일본으로서는 이를 전국 신문에 보도할 수 없었던 때문이다. 당시는 러·일전쟁이 전개되는 긴급한 시기였으므로 일본정부는 신문들에게 보도 제약을 요청할 수 있었고 신문들도 정부의 정책에 협조적이었다. 결국 일본정부는 한국인과 세계에 독도의 일본 '영토편입'을 알리지 않을 실효적 비밀사항 조치를 행한 것이다.

3. 국제사회 및 한국에 고시하지 않기 위한 방법

그러면 일본정부는 '영토편입'이 갖추어야 할 요건의 일부인 공시를 어떠한 방법으로 했는가? 시마네현의 관내(管內)고시하라는 중앙정부의 훈령에 따라 시마네현 관할 내에서의 고시를 하기 위하여 시마네현의

『현보(縣報)』와 작은 지방신문에 고시하는 방법을 취하였다.

시마네 『현보』는 시마네현청 지방공무원이 읽는 내부 자료이므로 『현보』의 고시라는 것은 현의 지방관리만 보는 것이다. 또한 지방신문의 1단짜리 간단한 보도는 그 지방민이 아니면 읽지 않는 것이다. 그러므로 『현보』는 한국인은 아예 볼 수 없고, 우연히 시마네현의 현청 소재지에 유능한 한국인이 거주하고 있다가 마침 이 짧은 기간에 작은 지방신문을 자세히 읽고 본국에 긴급히 보고하지 않는 한, 이 방법에 의해 한국인들이 독도가 일본에 침탈당했다는 것을 알 수는 없는 노릇이었다. 이 방법은 독도의 침탈과 일본에의 이른바 '영토편입'을 한국인과 세계에 실효적 비밀사항으로 하는 매우 교활하지만 효과적인 방법이었다고 볼 수 있다.

일본이 이런 방법으로 1905년 2월 한국의 부속령인 독도를 침탈하여 일본에 '영토편입'했기 때문에 당시 한국정부와 한국인은 아무도 이를 알지 못했으며, 또 알 수도 없었다.

일본 제국주의자들은 이상과 같은 과정과 방법으로 한국영토인 독도를 '침탈'(일본인들이 말하는 이른바 '영토편입') 혹은 '도탈(盜奪: 도둑질 침탈)'을 시도한 것이었다.

즉 '시마네현 관내고시' 방법은 한국인 몰래 독도를 도둑질해 침탈하면서도 국제법상 요건인 '고시' 절차를 밟은 것처럼 보이려 획책한 것이었다. 그러나 원래 국제법의 '고시'의 목적은 '국제사회에의 고시'로서 관련국에게 알려서 조회하기 위한 것이므로 관련국에게 알리지 않으려고 목적한 '고시'는 '국제사회에의 고시'가 아니며 국제법상의 합법적 절차를 밟은 것이 아니라 기만과 사기를 획책한 것에 불과한 것이었다.

더구나 일본정부(내무성)는 시마네현지사에게 '독도의 일본영토에의 편입'을 '국제사회에의 고시'는커녕 처음부터 시마네현 "관내(管內)에 고시토록 하라'"고 '(시마네)지방 현내(縣內)고시'를 명령했으니 국제법이 요구하는 '국제사회에의 고시'는 고의로 회피하여 위반한 것이었다.

그러므로 일본이 한국영토 독도를 1905년 침탈하면서 국제법상 고시 절차를 거친 정당한 것이었다고 주장한 것은 전적으로 거짓이고 기만이며 국가적 사기로서, 1905년 독도침탈의 불법성과 침략성을 잘 나타내어 주는 것이다.

□ 제 10 장
일본측의 '대한제국의 항의가 전혀 없었으므로 평화적으로 독도영토편입 절차를 마쳤다는 주장'에 대한 비판

1. 대한제국 정부가 일본의 독도침탈을 알게 된 시기와 방식

일본정부는 1905년 2월 당시 대한제국이 독립국가이고 외무부가 존재했음에도 불구하고 일본의 독도 '영토편입'에 대한 아무런 한국측의 항의가 없었으므로 독도가 국제법상 합법적으로 평화롭고 자연스럽게 일본에 '영토편입'되었다고 주장하고 있다.

그러나 이것은 전혀 사실이 아니다. 대한제국 정부와 한국인들은 일본 제국주의자들이 해군성의 주도로 1905년 2월 한국영토인 독도를 침탈하고 독도에 일본 해군의 망루와 통신시설을 설치한 사실을 전혀 모르고 있었다. 일본정부가 이러한 사실을 대한제국 정부에 조회 혹은 통고하지도 않았고, 『관보(官報)』나 중앙신문에 보도하지도 않았으며, 오직 지방 시마네현청에서 내부의 형식만 취하여 고시하는 식의 실효적 비밀조치를 취했으니, 대한제국 정부와 한국인들이 도저히 이를 알 수 없었던 것이다.

이것은 타 지역의 일본인들도 마찬가지였다. 예컨대 일본의 동경 최대의 출판사 가운데 하나인 박문관(博文館)은 1905년 6월 20일 『일로전쟁실기(日露戰爭實記)』라는 방대한 러·일전쟁 승전 기록집을 출판했는데,

그 제76편의 부록으로 1905년 6월 현재의 「한국전도(韓國全圖)」(34.5×48cm)를 붙였다. 여기에서 우단선외(右端線外)에 있는 것을 무리하게 포함시켜 가면서까지 독도(죽도, 리앙쿠르암)를 한국영토로 표시하고 있다.

일본정부 각료들과 관계자들을 제외하고는 일본인들 자신도 일제가 한국영토인 독도를 침탈한 사실을 알지 못했던 것이다. 하물며 대한제국 정부와 국민들이 일본정부의 실효적 비밀조치를 뚫고 독도가 침탈당한 사실을 알 수는 없는 것이었다.

2. 일제의 한국 외교권 강탈과 통감부 설치 후의 간접 통보

일본이 독도를 침탈하여 일본에 소위 '영토편입'을 시도한 사실을 한국정부가 알게 된 것은 일제가 '을사조약'을 강요하여 한국의 외교권을 강탈한 1년 후인 1906년 3월 28일이었다. 시마네(島根)현 은기도사(隱岐島司) 동문보(東文輔) 및 사무관 신서유태랑(神西由太郎) 일행이 독도(죽도)를 시찰하고 돌아가는 길에 울릉도에 들러 울도군수(鬱島郡守) 심흥택(沈興澤)을 방문해 독도를 일본영토로 '편입'했음을 말한 때문이었다(그림 10-1).

여기서 먼저 주목할 것은 그 시기이다. 종래의 연구는 이 시기를 별로 주목하지 않았다. 일본정부는 왜 이 사실을 1906년 3월 말에야 한국정부가 알게 해 주었을까?

일제는 1905년 9월 5일 포츠머스조약 체결로 러·일전쟁을 승리로 끝낸 다음, 무력으로 조선 궁궐을 포위하고 1905년 11월 17일 '을사조약'(소위 '을사보호조약') 체결을 강요하였다. 이 조약의 요점은 ① 한국의 외교권을 박탈하고, ② 통감부를 설치하여 한국의 정치 일반을 감독한다는 것이었다. 일본이 통감부를 설치하여 한국의 정치 일반을 감독한

그림 10-1. 일본 오키섬 동문보(東文輔) 일행이 울릉도를 방문했을 때의 사진(1906. 3.). 오른쪽 기와집 지붕 위에 태극기가 보인다. (자료: 김윤식·이상태 교수)

다는 것은 외교권뿐만 아니라 한국의 내정에 관한 국권 일반을 대부분 침탈하고, 그 결과 한국이 실질적으로 일본 통감부의 통치 아래 들어감을 의미하였다.

이에 따라 대한제국의 외부(外部)가 1906년 1월 17일 완전히 폐지되고, 1906년 2월 1일 통감부가 서울에 설치되어 업무를 개시하였다. 즉 한국은 1905년 11월 17일 외교권을 상실했고, 1906년 1월 17일 외무기관까지 폐쇄되어 국제적 항의를 담당할 기구마저 완전히 없어진 채 1906년 2월 1일부터는 외교업무는 물론이요 내정(內政)까지 일제 통감부의 지배를 받게 된 것이다. 이러한 '시간표'에 맞추어 일본정부는 1906년 3월 28일에 독도의 일본영토 '편입', '침탈'을 한국정부가 알게 한 것이었다.

이때 한국정부는 외교권이 박탈되어 항의문서를 제출할 권리마저 갖고 있지 못했으며, 만일 항의를 하려면 통감부(일본정부의 일부)가 일본정부에 항의하도록 되어 있었다. 실제로 당시 일제 통감부가 외교는 물론이요 내정 일반을 모두 감독했으므로 한국정부의 항의는 불가능한 상태였다. 일본정부는 이와 같이 한국정부의 외교권을 박탈하고 통감부를 설치해 내정 일반을 지휘하는 체제를 만들어 한국정부가 항의문서를 제출할 수 없도록 완전한 준비를 한 후에야 한국정부에 독도침탈 사실을 우회적으로 알렸던 것이다.

다음으로 주목할 것은 독도침탈 사실을 알게 한 방식이다. 일본정부는 한국영토인 독도를 침탈하여 일본영토로 '편입'해 버린 중대한 사실을 1905년 2월 당시에 통고하거나 조회하지 않았을 뿐 아니라, 1906년 3월 말에도 아직은 엄연히 그 이름이 남아 있는 대한제국 중앙정부에 통고하지 않고 시마네현 은기도사(隱岐島司)와 사무관이라는 말단 지방 관리의 말을 통하여 울도군수가 먼저 알게 하였다.

이는 대한제국 정부가 독도의 침탈이라는 중대한 사실을 가능한 한 대수롭지 않은 사소한 사건으로 처리하게 하고, 또 현지 지방관이 항의하는 경우에도 이를 일제 통감부가 내부 수준에서 사소한 일로 처리토록 하여 대한제국의 중앙정부나 내각회의에서 거론하지 못하게 하기 위한 조치였다고 해석된다.

일본정부는 독도의 일본 '영토편입'이 한국영토에 대한 침탈이며 따라서 떳떳하지 못한 것임을 잘 알고 있었기 때문에, 이것이 큰 분쟁이 되지 않도록 가능한 한 감추고 사소한 일로 축소하여 최하급 지방관청에서 다루도록 한 것이었다.

3. 울도군수 심흥택의 항의 보고

당시 울도군수로서 울릉도·죽서도·독도(석도)를 관장하고 있던 심흥택(沈興澤)은 1906년 3월 28일, 일본의 시마네현 오키도사(隱岐島司) 동문보(東文輔) 및 사무관 신서유태랑(神西由太郞) 일행의 내방을 통하여, 독도가 일본영토로 '편입'되었음을 알고 깜짝 놀라서, 이튿날인 3월 29일(음력 3월 5일) 강원도관찰사에게 긴급 보고를 올렸다.

> 「본군(本郡)소속 독도가 재어본부외양(在於本部外洋) 백여리허(百餘里許)이옵드니 본월초사일 진시량(辰時量)에 윤선 1척(輪船一隻)이 내박우도내도동포이(來泊于島內道洞浦而) 일본관인(日本官人) 일행이 도우관사(到于官舍)하여 자운독도(自云獨島)가 금위일본영지고(今爲日本領地故)로 시찰차(視察次) 내도(來島)였다이온바 기일행즉(其一行則) 일본 시마네현 오키도사(隱岐島司) 동문보(東文輔) 급 사무관 신서유태랑(神西由太郞) 세무감독국장 길전평오(吉田平吾) 분서장(分署長) 경부(警部) 영산암팔랑(影山岩八郞) 순사 일인 회의원 일인 의사 기사 각 일인 그 외 수원(隨員) 10여 인이 선문호총인구토지다소(先問戶摠人口土地多少)하고 차문인원급경비기허(次問人員及經費幾許) 제반사무를 이 조사양(以調査樣)으로 녹거(錄去)이압기 자이보고(玆以報告)하오니 조량(照亮)하심을 복망.
>
> 광무 10년 병오 음 3월 5일」[1)]

여기서 주목할 것은 울도군수 심흥택이 1906년 3월 29일에 "본군소속 독도(獨島)가 在於本部外洋 百餘里許(재어본부외양 백여리허)이옵드니"라고 하여 독도가 울도군 소속임을 명확히 밝혀 항의하고 있다는 사실이다. 그는 다음에 일본인 관리 일행이 자기의 관사(官舍)를 찾아와서

1) 『各觀察道案』 第1冊, 「報告書號外」; 신용하 편저, 『獨島領有權 資料의 探究』 제2권, 독도연구보전협회, 1999, p. 172.

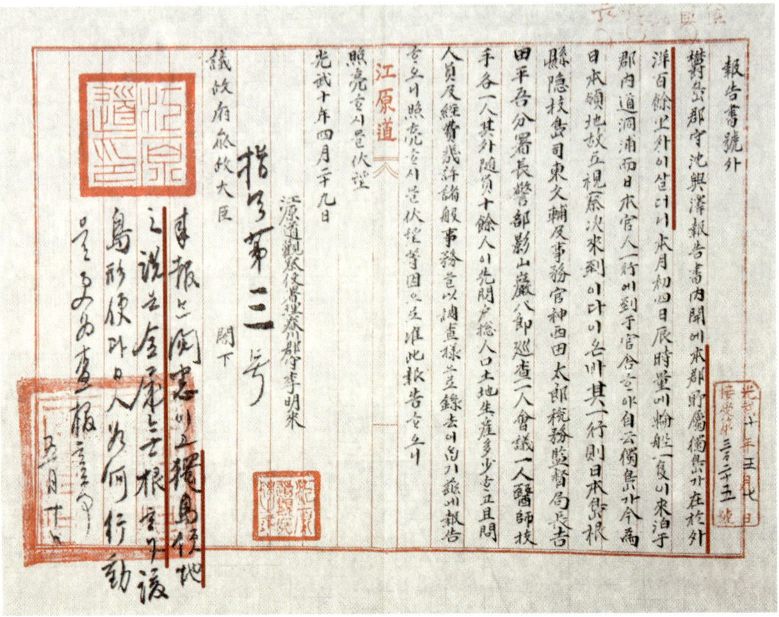

報告書號外

鬱島郡守沈興澤報告書內開에 本郡所屬獨島가 在於外洋百餘里外이살더니 本月初四日辰時量에 輪船一隻이 來泊于郡內道洞浦而日本官人一行에 到于官舍ᄒᆞ야 自云獨島가 今爲日本領地故로 視察次來到이다이온바 其一行則日本島根縣隱岐島司東文輔及事務官神西田太郎稅務監督局長吉田平吾分署長警部影山巖八郞巡査一人會議一人醫師技手各一人 其外隨員十餘人이 先問戶摠人口土地生産多少ᄒᆞ고 且問人員及經費幾許諸般事務를 以調査樣으로 錄去이압기 玆에 報告ᄒᆞ오니 照亮ᄒᆞ시믈 伏望等因으로 准此報告ᄒᆞ오니 照亮ᄒᆞ시믈 伏望

光武十年四月二十九日

江原道觀察使署理春川郡守李明來

議政府參政大臣 閣下

指令第三號

來報는 閱悉이고 獨島領地之說은 全屬無根ᄒᆞ니 該島形便과 日人如何行動을 更爲査報할 事

그림 10-2. 강원도관찰사 서리가 울도군수 심흥택의 보고서를 전재하여 참정대신에게 보낸 보고서와 그에 대한 참정대신의 지령문(1906). 심흥택은 이 보고서에서 '본군소속 독도가'라고 하여 독도가 자신의 통치지역임을 명백히 밝히고 있으며, 참정대신은 "일본의 독도 영지설은 전혀 근거가 없는 것"이라고 일본주장에 항의하고 비판하였다. (독도박물관 소장)

"자운독도(自云獨島)가 이제 일본영지(日本領地)가 되었기 때문에 시찰차 내도(來島)하였다"는 말을 '자운(自云)'이라고 하여 승복하지 않은 채 그들의 언행을 관찰사에게 긴급 보고하였다(그림 10-2).

4. 대한제국 중앙정부의 항의 지령

심흥택의 항의 보고서를 받은 강원도관찰사 서리 이명래(李明來)는 이를 다시 중앙정부의 내부대신[당시 이지용(李址鎔)]에게 보고하였다. 이에 대한 대한제국 내부대신의 반응과 지령은 다음과 같았다.

> 「유람도차(遊覽道次)에 지계호구지록거(地界戶口之錄去)는 용혹무괴(容或無怪)어니와 독도지칭운일본속지(獨島之稱云日本屬地)는 필무기리(必無其理)니 금차소보(今此所報)가 심섭아연(甚涉訝然)이라.」[2]

이 글은 일본 관리들이 "독도를 일본속지라고 칭하여 말한 것은 전혀 이치가 없는 것(必無其理)"이라고 단호히 항의 부정하고, "이제 이 보고한 바가 매우 아연실색할 일이라"고 경악해 하고 있다. 즉 대한제국 정부는 "독도가 이제 일본영토로 되었다"는 일본 관리들의 주장을 단호하게 거부하고 항의한 것이다.

울도군수 심흥택의 긴급 보고를 받은 강원도관찰사 서리는 의정부 참정대신에게도 동일한 보고를 했는데, 의정부 참정의 지령도 거의 같았다. 강원도관찰사 서리의 보고는 다음과 같다.

> 「울도군수 심흥택(沈興澤) 보고서 내개(內開)에 본군소속 독도가 재어본부외양(在於本部外洋) 백여리외(百餘里外)이삽더니 본월초사일 진시량에 윤선일쌍이 내박우군내도동포이(來泊于郡內道洞浦而) 일본관인(日本官人) 일행이 도우관사(到于官舍)하야 자운독도(自云獨島)가 금위일본영지고(今爲日本領地故)로 시찰차내도이다 이온바 기일행즉 일본 시마네(島根)현 오키도사(隱岐島司) 동문보(東文輔) 급 사무관 신서유태랑(神西由太郞) 세무감독국장 길전평오(吉田平吾) 분서장 경부 영산암팔랑(影山巖八郞) 순사일인 회의원일인 의사 기수각 일인 기외수원(隨員) 10여 인이 선문호총인구토지생산다소(先問戶摠人口土地生産多少)하고 차문인원급경비기허(且問人員及經費幾許) 제반사무를 이조사양(以調査樣)으로 록거(錄去)이옵기 자에 보고하오니 조양하시믈 복망등인(等因)으로 준차(准此)보고하오니 조양하시믈 복망.
>
> 광무 10년 4월 29일

2) 『大韓每日申報』, 1906年 5月 1日字, 「雜報: 無變不有」; 신용하 편저, 『獨島領有權資料의 探究』 제2권, p. 176.

강원도관찰사서리 춘천군수 이명래
의정부 참정대신 각하」[3)]

이 보고에 대하여 의정부 참정대신[당시 박제순(朴齊純)]은 지령 제3호로써 다음과 같이 명령하였다.

「래보(來報)는 열실(閱悉)이고 독도영지지설(獨島領地之說)은 전속무근(全屬無根)하나 해도(該島) 형편과 일인 여하행동을 경위사보(更爲査報)할 사.」[4)]

의정부 참정대신의 이 지령문은 독도가 일본영토라는 일본인의 설은 "전혀 근거가 없는 것(全屬無根)"이라고 명백히 항의하고 부정하며, 독도가 한국영토임을 거듭 강조하고, 독도의 형편과 일본인들이 어떠한 행동을 하고 있는지 다시 조사해서 보고할 것을 명하였다.[5)]

대한제국의 울도군사·내부대신·참정대신이 정부를 대표하여 일본의 독도침탈을 알게 되자마자 즉각 1906년에 항의했다는 사실을 여기서 명확히 알 수 있다.

---

3) 『各觀察道案』 第1冊, 光武 10年 4月 29日條, 「報告書號外」; 신용하 편저, 『獨島領有權 資料의 探究』 제2권, pp. 175-176.

4) 『各觀察道案』 第1冊, 光武 10年 4月 29日條, 「(報告書號外에 대한) 指令 第3號」; 신용하 편저, 『獨島領有權 資料의 探究』 제2권, p. 177.

5) 당시의 議政府 參政大臣 朴齊純과 內部大臣 李址鎔은 1905년 11월 17일 日帝가 강요한 '乙巳5條約'의 강요에 굴복하여 '可'를 표시한 乙巳五賊의 일부이었는바, 이 乙巳逆賊의 관점에서조차도 獨島를 일본영토라고 주장하는 것은 '全屬無根' '必無其理'였다는 사실에 주목할 필요가 있다.

5. 대한제국 신문과 지식인의 항론

대한제국 정부뿐만 아니라 이 보고서를 알게 된 당시의 언론기관들도, 일제의 강압 속에서 검열을 받고 있는 상황임에도 불구하고, 일본의 독도침탈 시도에 대하여 여러 가지 형태의 항론(抗論)을 제기하였다. 일제의 사전검열을 받으면서 발행되고 있던 『황성신문(皇城新聞)』은 일제의 독도침탈 시도에 대한 항의 의사를 표제의 활자 크기를 갑자기 높이는 것으로 표시하였다. 즉 '잡보(雜報)'란의 독도침탈 시도에 대한 기사의 표제 크기를 평상시의 2배로 높여 발행하였다(그림 10-3).

> 「울쉬보고내부(鬱倅報告內部) 울릉도 군수 심흥택 씨가 내부에 보고하되 본군소속 독도가 재어외양백여리외(在於外洋百餘里外)인대 본월사일에 일본관인 일행이 래도관사(來到官舍)하와 자운독도(自云獨島)가 금위일본령지고(今爲日本領地故)로 시찰차래도이다 이온바 기일행즉 일본 시마네(島根)현 오키도사(隱岐島司) 동문보(東文輔) 급 사무관 신서전태랑(神西田太郎)과 세무감독국장 길전평오(吉田坪五) 분서장 경부 영산암팔랑(影山岩八郎)과 순사 1인, 의사 기수 각 1인, 회의 1인, 기외 수원 10여 인 인대 호총인구와 토지생산다소와 인원 급 경비 기허(幾許)와 제반사무를 조사 록거(錄去)하얏다더라.」[6]

한말의 대표적 언론기관인 『대한매일신보(大韓每日申報)』는 '무변불유(無變不有)'(變 있지 않음이 아니다. 變이 있다는 뜻)라는 표제로 "독도를 칭하여 말하기를 일본속지라 한 것은 전혀 이치가 없는 것으로 이번에 보고한 바가 심히 아연실색할 일이라"고 한 내부(內部)의 지령문을 인용해 보도함으로써 항론을 표시하였다(그림 10-4).

---

6) 『皇城新聞』, 1906年 5月 9日字, 「雜報: 鬱倅報告內部」.

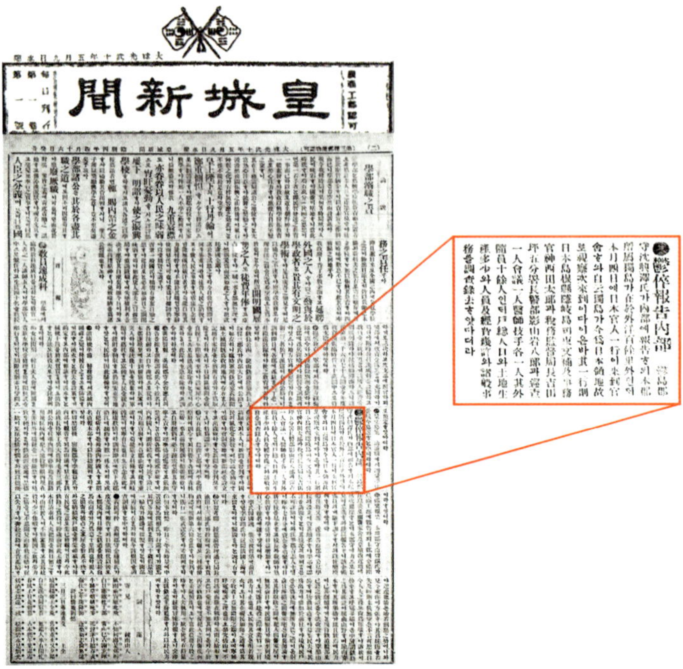

그림 10-3. 『황성신문(皇城新聞)』은 일제의 독도침탈 시도에 대한 항의 표시로 '잡보(雜報)'란의 독도침탈 시도에 대한 기사의 표제 활자 크기를 갑자기 평상시의 2배로 높여 발행하였다.

> 「무변불유(無變不有). 울도군수 심흥택 씨가 내부에 보고하되 일본관원일행이 래도본군하야 본군소재독도는 일본속지라 자칭하고 지계활협(地界濶狹)과 호구결총을 일일록거라 하얏는대 내부에서 지령하기를 유람도차에 지계호구 지록거는 용혹무괴어니와 독도지칭운일본속지(獨島之稱云日本屬地)는 필무기리(必無其理)니 금차소보(今此所報)가 심섭아연(甚涉訝然)이라 하얏더라.」[7]

당시 일반 한국인의 기록을 보면, 한말 지식인 매천(梅泉) 황현(黃玹)은 1905년 음력 4월 『오하기문(梧下記聞)』에서 다음과 같이 기록하였다.

---

7) 『大韓每日申報』, 1906年 5月 1日字, 「雜報: 無變不有」.

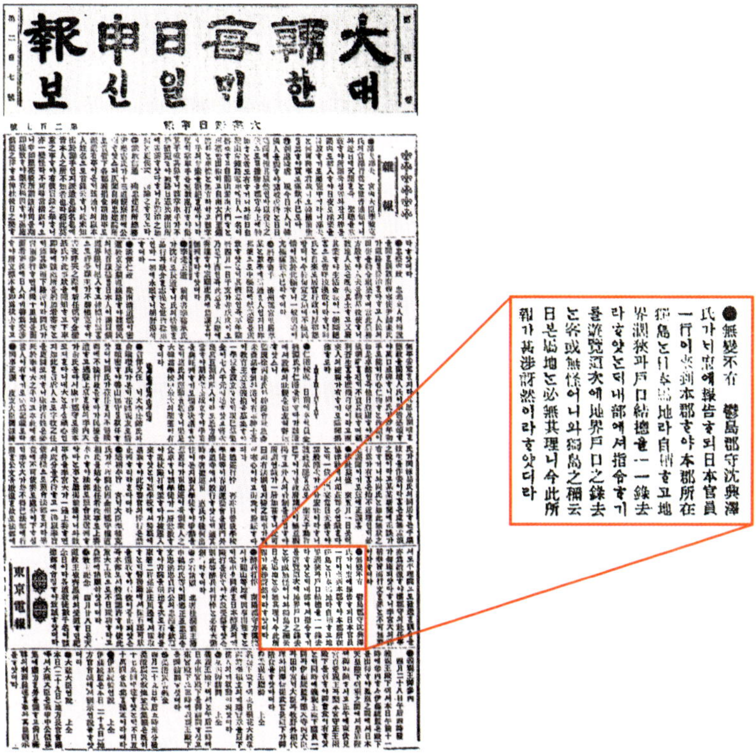

大韓每日申報
대한매일신보

●無變不在　鬱島郡守沈興澤
氏가 內部에 報告ᄒᆞ되 日本官員
一行이 來到本郡ᄒᆞ야 本郡所在
獨島ᄂᆞᆫ 日本屬地라 自稱ᄒᆞ고 地
界闊狹과 戶口結摠을 一一錄去
라ᄒᆞ얏ᄂᆞᆫ데 內部에셔 指令ᄒᆞ기
를 遊覽途次에 地界戶口之錄去
ᄂᆞᆫ 容或無怪어니와 獨島之稱云
日本屬地ᄂᆞᆫ 必無其理니 今此所
報가 甚涉訝然이라 ᄒᆞ얏더라

그림 10-4. 『대한매일신보(大韓每日申報)』의 항론 보도

「울릉도 100리 밖에 한 속도(屬島)가 있어 독도(獨島)라고 부르는데, 왜인이 이제 일본영지가 되었다고 심사하여 갔다.」[8)]

황현은 또한 그의 『매천야록(梅泉野錄)』에서도 다음과 같이 비슷한 항론을 기록하여 남겼다.

---

8) 黃玹, 『梧下記聞』, "鬱陵島百里外 有一屬島 曰獨島 倭人稱今爲日本領地 審查以去."

「울릉도의 바다로부터 거(距)하기 동으로 100리에 한 섬이 있어 독도(獨島)라고 부르며 울릉도에 구속(舊屬)했는데, 왜인이 그 영지라고 늑칭(勒稱)하고 심사(審査)하여 갔다.」[9)]

황현은 여기서 독도가 울릉도의 속도(屬島)로 한국영토인데 일본인이 이제 자기의 영지가 되었다고 '늑칭(勒稱)'(강제로 칭함)하고 조사해 갔다고 항론을 펴고 있다.

이상과 같이 대한제국 정부와 한국 민간인들은 1906년 3월 말~5월 초에 일본이 독도침탈을 시도하고 있음을 처음 알고, 단호하게 독도가 울릉도에 속한 한국영토임을 밝히며, 일본이 자기 멋대로 독도를 일본영토에 '편입'시켰다고 늑칭하는 것은 전혀 근거가 없고 이치에 닿지 않는 것이라고 항론한 것이었다.

그러나 이때는 이미 일본 제국주의자들이 러시아를 패배시킨 강대한 군사력을 한반도에 직접 주둔시키고, 1905년 11월 17일 외교권을 강탈해 갔으며, 1906년 1월 17일에는 대한제국의 외무부를 완전히 폐쇄시켜 버린 채, 1906년 2월 1일부터 통감부가 대한제국의 외교를 대행하고 내정 일반을 감독 지배하면서 모든 결정을 좌우하고 있는 상황이었다. 그렇기 때문에 대한제국 정부와 한국인들은 일제의 독도침탈에 대하여 항론을 전개했을 뿐 항의외교문서를 일본정부나 국제사회에 보낼 통로와 기구가 없었다.

당시 대한제국의 정부와 국민은 일제가 독도를 침탈한 것을 일제 통감부(統監府) 설치 후에야 알게 되었지만, 일제의 군사적 지배 하에서도 일제의 독도침탈 기도를 완강하고 단호하게 항의했던 것이다.

---

9) 黃玹, 『梅泉野綠』, p. 375. "距鬱陵島洋東百里 有一島 曰獨島 舊屬鬱陵島 倭人勒稱其領地 審査以去."

문제는 이것만이 아니었다. 일본 제국주의자들은 한국의 모든 영토를 식민지화하려 하고 있었고, 독도의 침탈은 오직 그 일환으로 변경에 대한 선행침탈일 뿐이었다. 바야흐로 전국이 일제의 식민지로 침탈될 위험에 직면해 있었기 때문에 한국 국민들은 전 국토의 국권 회복을 위한 항일의병무장투쟁과 애국계몽운동을 전개하게 되었으며, 독도의 회복도 전 국토의 국권회복이 있고서야 가능한 일이었다.

일본 제국주의자들이, 대한제국 정부와 국민 몰래 1905년 1월 28일 일본 내각회의에서 한국영토인 독도를 침탈하여 일본에 '영토편입'하기로 결정한 것을, 한국정부와 국민들은 일제가 대한제국 외교권을 강탈하고 통감부를 설치하여 한국을 반식민지로 지배하기 시작한 이후인 1906년 3월 28일에야 처음 알게 했음에도 불구하고 일본의 독도침탈에 대하여 단호하게 항의한 것이었다.

그러므로 일본측이 독도의 일본에의 '영토편입'에 대하여 대한제국의 항의가 없었다고 주장하는 것은 전적으로 기만적인 것이며 전혀 사실이 아닌 것이다. 또 미국측이 그 후 샌프란시스코 평화조약 제6차 초안에서 일본의 1905년 독도의 일본에의 '영토편입'에 한국측이 전혀 항의가 없었고, 독도가 한 번도 한국영토로 주장된 바가 없었다고 주석을 붙인 것은 전혀 사실이 아닌 것이다.

진실은 대한제국 정부와 국민은 일본의 독도침탈 사실을 뒤늦게 알고서도 독도가 한국영토임을 명백히 주장하고 밝혔으며, 일본의 독도침탈에 단호하게 항의하고 항론을 편 것이었다.

□ 제 11 장
일본측의 1945년 패전 후 한국에 반환된 영토는 '1910년 8월 당시 병합된 영토에 한정하고 1905년에 편입한 영토는 해당되지 않는다는 주장'에 대한 비판

1. 카이로선언에서 규정된 일본이 반환해야 할 영토의 상한

일본정부는 1945년 8월 15일 일본 패전과 한국의 해방 광복독립에 의해 연합국의 규정에 따라 일본이 한국에 반환하게 된 영토는 1910년 8월 29일 현재 일본이 한국을 병합했을 당시의 영토를 반환하도록 규정된 것이지 이보다 5년 앞서 1905년 일본에 '편입'된 영토인 '독도'에는 해당되지 않는다고 주장해 오고 있다. 그러나 이것은 전혀 사실이 아니다.

우선 1943년 11월 20일 공포된 '카이로선언'은 다음과 같이 되어 있다.

> 「각국 사절단은 일본군에 대한 장래의 군사작전을 협정하였다. 3대 연합국은 해로·육로·공로로써 야만적인 적군에 대하여 가차 없는 압력을 가할 결의를 표명하였다. 이 압력은 이미 증대되고 있다.
>
> 3대 연합국은 일본의 침략을 제지하고 징벌하기 위하여 현재의 전쟁을 수행하고 있는 바이다. 위 연합국은 자기 자신들을 위해서 이득을 요구하고 있는 것이 아니며, 또한 영토 확장의 의도도 없다.
>
> 위 연합국의 목적은 일본으로부터 <u>1914년 제1차 세계대전 개시 이후에 일본이 장악 또는 점령한 모든 섬들을 박탈할 것과 아울러 만주(滿洲)·대만(臺灣)·팽호도(澎湖島)</u> 등 일본이 중국인들로부터 절취한 일체의 지역을 중화민국에 반환함에 있다. 또한 <u>일본은 폭력과 탐욕에 의하여 약취한 모든 다른 지</u>

역으로부터 축출될 것이다.

위의 3대국은 조선 민중의 노예상태에 유의하여 적당한 시기에 조선이 자유롭게 되고 독립하게 될 것을 결의하였다.

이러한 목적으로 위의 3대 연합국은 일본과 교전 중인 여러 연합국들과 협조하여 일본의 무조건 항복을 촉진하는 데 필요한 엄중하고 장기적인 작전을 계속할 것이다.」[1](밑줄 — 인용자)

제2차 세계대전이 일본의 진주만 기습(1941. 12. 8.)에 의하여 태평양 전쟁으로 확전된 후 1943년부터 전세가 연합군에 유리하게 전개되자, 연합국 수뇌들 사이에서는 일본 점령 아래 있던 식민지에 대한 전후처리 문제가 논의되기 시작하였다.

---

1) 신용하 편저, 『獨島領有權 資料의 探究』 제3권, 독도연구보존협회, 2000, pp. 241-242; '카이로宣言'의 전문은 다음과 같다.

"The CAIRO DECLARATION

December 1, 1943

The several military missions have agreed upon future military operation against Japan. The Three Great Allies expressed their resolve to bring unrelenting pressure against their brutal enemies by sea, land and air. This pressure is already rising.

The Three Great Allies are fighting this war to restrain and punish the aggression of Japan. They covert no gain for themselves and have no thought of territorial expansion. It is their purpose that Japan shall be stripped of all the islands in the Pacific which she has seized or occupied since the beginning of the first World War in 1914, and that all the territories Japan has stolen from the Chinese, such as Manchuria, Formosa, and the Pescadors, shall be restored to the Republic of China. Japan will also be expelled from all her territories which she has taken by violence and greed. The aforesaid three great powers, mindful of the enslavement of the people of Korea, and determined that in due course Korea shall become free and independent.

With these objects in view the three Allies, in harmony with those of the United Nations at war with Japan, will continue to persevere in the serious and prolonged operations necessary to procure the unconditional surrender of Japan."

그림 11-1. 카이로회담에서의 연합국(미·영·중) 수뇌(1943. 11.)

1943년 11월 20일 미국 대통령 루즈벨트(Franklin D. Roosevelt), 영국 수상 처칠(Winston S. Churchill), 중국 총통 장개석(蔣介石) 등이 참석한 '카이로회담'에서는 일본 패전 후의 한국 독립과, 한국 및 일본의 영토 문제에 대하여 중대한 합의를 하였다(그림 11-1). 카이로선언은 독도와 관련해서도 매우 중요하다.

카이로선언에서 명백하게 밝혀지고 있는바, 일본으로부터 반환받고 축출되어야 할 지역으로는 세 범주가 선언되고 있다. ① 일본과 영국의 입장을 반영하여 1914년 제1차 세계대전 개시 이후에 일본이 장악 또는 점령한 태평양 안에 있는 모든 섬들, ② 1894~1895년 청·일전쟁 이후 일본이 중국으로부터 절취한 만주(滿洲)·대만(臺灣)·팽호도(澎湖島) 등, ③ 일본이 폭력과 탐욕에 의하여 약취한 모든 다른 지역들이다. 그리고 이 선언은 한국의 독립을 약속하였다.

여기서 한국의 영토는 ③의 "일본이 폭력과 탐욕에 의하여 약취한 모든 다른 지역들"에 포함되며, 그 상한은 1894~1895년 청·일전쟁 때 일본이 절취한 영토에도 해당됨에서 알 수 있는 바와 같이, 비단 1910년부터만 아니라 그 이전에라도 1894년 이후 일본이 절취한 한국영토가 있으면 모두 독립된 한국에 반환되어야 함을 선언하고 있다. 따라서 일본이 대한제국으로부터 1905년 2월에 약취한 독도가 여기에 포함됨은 명백한 것이다.

즉 1894년부터 "일본이 폭력과 탐욕에 의하여 약취한 모든 다른 지역들의 영토"는 원주인에게 반환시킬 것을 '카이로선언'은 규정하여 선포한 것이었다. 그러므로 일본이 패전하면 일본이 재독립하는 경우에도 일본영토는 '1894년 이전의 일본'으로 한정됨을 '카이로선언'은 명백히 규정한 것이었다.

일본은 1904년 2월 러·일전쟁을 도발하여 승리한 후 1905년 9월 요동반도를 전리품으로 (러시아로부터) 획득했는데, 카이로선언에서 '만주'라고 지칭한 것에는 요동반도도 포함되었다. 즉 1905년 9월 일본이 절취한 '요동반도'가 반환되면 1905년 같은 해 1월 절취한 '독도'도 원주인에게 반환하게 되어 있음을 추정할 수 있다.

독도는 1905년 1월에 일본이 폭력과 탐욕에 의하여 약취한 한국영토이므로, '카이로선언'이 실천된다면 당연히 한국으로 반환되어야 할 영토로 되었음을 여기서도 명확히 알 수 있다. 1905년의 일본의 독도침탈 시도는 '카이로선언'이 설정한 상한인 1894년보다 10년 이상이나 이후의 일이었기 때문이다.

물론 '카이로선언'은 미국·영국·중국의 3대 연합국에 의한 공동선언이며, 따라서 그 당시 바로 그 자체가 일본을 구속하고 있던 것은 아니었다. 그러나 '카이로선언'은 그 후 일본이 1945년 7월 26일의 미국·영국·소련의 포츠담선언을 수락함과 동시에 '포츠담선언'의 제8항에 흡수되어 일본을 구속하는 국제문서가 되었다.

2. 포츠담선언의 카이로선언 흡수와 일본 항복문서의 포츠담선언 무조건 수락

일본의 항복이 뚜렷이 전망되자 미국·영국·소련의 3대 연합국 열강 수뇌들은 패전한 독일의 포츠담에서 회담을 갖고 1943년 7월 26일 포츠담선언을 발표하여 일본의 포츠담선언 무조건 수락에 의한 무조건 항복을 요구하였다(그림 11-2). 포츠담선언의 제8항은 영토조항으로서 카이로선언이 규정한 영토조항 내용이 그대로 이행될 것이라고 다음과 같이 규정하였다.

> 「카이로선언의 모든 조항은 이행될 것이며, 일본국의 주권은 본주(本州)·북해도(北海島)·구주(九州)·사국(四國)과 우리들이 결정하는 제 소도에 국한될 것이다.」[2)]

포츠담선언에 의해 전후 일본의 영토는 "본주(本州)·북해도(北海島)·구주(九州)·사국(四國)과 우리들(연합국—인용자)이 결정하는 작은 섬들"로 한정되었다. 독도가 일본영토가 되려면 그 후 "연합국이 독도를 일본영토라고 규정해야 하는 조건"이 여기서 명확히 설정된 것이다.

---

2) 신용하 편저, 『獨島領有權 資料의 探究』 제3권, pp. 244-245; '포츠담宣言'의 제8항의 원문은 다음과 같다. "The terms of the Cairo Declaration shall be carried out and Japanese sovereignty shall be limited to the islands fo Honshu, Hokkaido, Kyushu, Shikoku, and such minor islands as we determine." Japanese sovereignty shall be limited to the islands fo Honshu, Hokkaido, Kyushu, Shikoku, and such minor islands as we determine."

그림 11-2. 포츠담회담에서의 연합국(미 · 영 · 소) 3수뇌(1945. 7.)

그러나 독도는 1905년 2월 일본이 대한제국으로부터 탐욕에 의해 약취한 섬이며, 이 선언이 있은 후에 일본 패전 후 일본을 통치하고 일본 영토 작은 섬들을 결정한 연합국 최고사령부가 독도를 한국영토로 규정했고, 독도를 다시 일본영토로 규정한 일이 없었으므로, 독도는 한국 영토임이 분명하다.

물론 이 포츠담선언도 그 자체로는 4대 연합국 간의 공동선언에 불과하여 그 당시 바로 일본에 대하여 구속력을 가진 것은 아니었다. 그러나 일본은 1945년 8월 15일 포츠담선언을 무조건 수락했고, 같은 해 9월 2일에는 이것을 성문화한 항복문서에 조인함으로써 포츠담선언과 이에 고리로 연결된 카이로선언은 일본에게 구속력을 갖게 되었다(그림 11-3).

일본의 항복문서에서 포츠담선언의 규정을 수락하고 성실히 수행할 것을 서약한 부분은 다음과 같다.

그림 11-3. 연합국에의 일본의 항복문서 조인 장면(1945. 9. 2.)

「우리(일본)는 … 1945년 7월 26일 포츠담에서 미국・중국・영국의 정부 수뇌들에 의하여 발표되고, 그 후 소련에 의해 지지된 선언에 제시한 조항들을 수락한다. … 우리는 이후 일본정부와 그 승계자가 포츠담선언의 규정을 성실히 수행할 것을 확약한다.」[3)]

일본이 1945년 9월 2일 포츠담선언의 무조건 수락을 받아들이는 위와

---

3) 신용하 편저, 『獨島領有權 資料의 探究』 제3권, p. 245; 「日本降服文書」 이 부분의 원문은 다음과 같다. "We, … hereby accept the provisions set forth in the declaration issued by the heads of the Government of the United States, China, and Great Britian on 26 July, 1945 at Postdam, and subsequently adhered by the Union of Soviet Socialist Republics … We hereby undertake for the Emperor, the Japanese Government and their successors to carry out the provisions of the Postdam Declaration in good faith."

같은 무조건 항복문서에 서명했으므로, 일본은 '포츠담선언'이 흡수하고 있는 카이로선언의 영토처리 규정을 준수해야 할 의무를 국제법상 갖게 된 것이다.

위의 카이로선언과 포츠담선언의 영토관계 규정 내용을 보면 제2차 세계대전 종전 직전 연합국의 일본영토 처리에 관한 기본지침은 일본영토를 1894년 청·일전쟁 이전의 상태로 환원시키려고 한 것이 분명하다. 또한 일본의 독도 '취득'은 바로 카이로선언에서 밝힌바 1905년에 "폭력과 탐욕에 의하여 약취"한 것에 해당하므로 당연히 독도로부터 구축(驅逐)되어야 한다. 오직 한 가지 문제는 독도가 포츠담선언 제8항에서 말하는, 후에 일본영토로 규정할 "우리들(연합국)이 규정하는 작은 섬들"에 포함되었는가의 여부만 확인하면 되는 것이다.

3. 「항복 후 미국의 초기 대(對)일본정책」의 일본영토 처리 규정과 지침

일본이 1945년 8월 15일 연합국에 항복하고 같은 해 9월 2일 항복문서에 조인한 후, 동경에 연합국 총사령부(General Headquarters, 약칭 GHQ)가 설치되고, 연합국 총사령부의 연합국 최고사령관(Supreme Commander for the Allied Powers, 약칭 SCAP)이 임명되어 일본의 통치를 담당하자 연합국 최고사령관은 포츠담선언의 제 규정을 집행하기 시작하였다.

이에 연합국 최고사령관에 속한 주일 미군정은 미국정부의 일본통치 정책의 원칙을 1945년 9월 6일 발표하였다. 그 훈령의 영토 조항 부분은 다음과 같다.

「항복 후 미국의 초기 대(對)일본 방침

일본의 주권은 본주(本州) · 북해도(北海島) · 구주(九州) · 사국(四國)과 카이로선언 및 미국이 이미 참가하였고 또 장래에 참가하는 기타 협정에 의하여 결정되는 주변의 제 소도(minor outlying islands)에 국한된다.」[4]

연합국 가운데 일본 통치에 대하여 절대적 영향력을 갖고 있던 미국 정부는 연합국 최고사령관에 대한 문서로서 1945년 9월 22일 「항복 후 미국의 초기 대(對)일본정책」을 전달하였다.

이것은 미국정부의 입장에서, 연합국 최고사령관이 일본의 점령 관리에서 포츠담선언과 항복문서의 제 조항을 구체적으로 어떻게 해석하고 있는가 하는 기본방침을 설명하여 알려 준 것이다. 「항복 후 미국의 초기 대(對)일본정책」에서는 "일본의 주권은 본주(本州) · 북해도(北海島) · 구주(九州) · 사국(四國)과 카이로선언 및 미국이 이미 참가하였고 또 장래에 참가하는 기타 협정에 의하여 결정되는 주변의 제 소도(minor outlying islands)에 국한된다"고 규정하였다.

이것은 아직 포츠담선언의 실행 측면에서는 진전이 없는 것이었다. 포츠담선언에서는 일본의 영토를 본주(本州) · 북해도(北海島) · 구주(九州) · 사국(四國)과 "우리들이 결정하는 제 소도"라고 했는데, 「항복 후 미국의 초기 대(對)일본정책」에서는 "우리들이 결정하는 제 소도" 대신에 "카이로선언 및 미국이 이미 참가하였고 또 장래에 참가하는 기타 협정에 의하여 결정되는 주변의 제 소도"로 대체된 것뿐이다. 여기서는 소련이 참가하지 않았던 카이로선언이 강조되고, 동시에 미국이 참가하는

4) 신용하 편저, 『獨島領有權 資料의 探究』 제3권, pp. 246-247; 「降服後 미국의 初期 對日本政策」(United States Initial Post-Surrender Policy for Japan Sep. 6, 1945)의 이 부분 원문은 다음과 같다. "(a) Japan? sovereignty will be limited to the islands of Honshu, Hokkaido, Kyushu, Shikoku and such minor outlying islands as may be determined, in accordance with the cairo Declaration and other agreements to which the United States is or may be a party."

협정에 의해서 주변의 제 소도들 가운데 어떠한 섬들을 일본영토로 인정할 것인가를 결정하겠다고 하여 미국의 입장을 강화하는 데 역점이 있었다. 그리하여 아직 일본의 영토로부터 분리해야 할 소도들 또는 부속시켜야 할 소도들의 명칭이 언급되어 있지 않았다.

그러나 이 '정책'에서는 카이로선언의 규정이 포츠담선언의 이행이라는 간접적 규정력으로 설정되지 않고, '직접' 카이로선언을 언급함으로써 독도를 일본영토로부터 분리해 한국에 반환하는 데 대하여 중요한 시사를 하고 있음에 주목할 필요가 있다. 왜냐하면 카이로선언에는 청·일전쟁 후 일본이 절취한 중국의 영토와 태평양 안의 섬들뿐만 아니라 일본이 "폭력과 탐욕에 의해 약취한 모든 다른 지역으로부터 축출될 것"이라고 했고, '한국의 독립'이 약속되어 있었기 때문이다. 독도는 1894년 이후인 1905년에 바로 이 "일본의 폭력과 탐욕에 의해 약취된 지역"에 해당된 것이었다.

4. 연합국 최고사령관 지령(SCAPIN) 제677호의 독도의 일본영토 제외와 독도의 한국에의 반환

연합국 최고사령관은 1946년 1월 29일 드디어 연합국 최고사령관 지령(Supreme Commander Allied Powers Instruction Index Number, 약칭 SCAPIN) 제677호로서 「약간의 주변 지역을 정치적·행정적으로 일본으로부터 분리하는 것에 관한 각서(Memorandum for Governmental and Administrative Separation of Certain Outlying Areas from Japan)」를 발표하고 일본정부에 전달하였다.

연합국 최고사령부와 최고사령관은 국제법상 합법적 기관이었으며, 연합국 최고사령관 지령 제677호도 국제법상 합법적인 군령이었다.

연합국 최고사령관의 SCAPIN 제677호는 일본의 항복문서를 집행하기 위하여 '일본의 영토와 주권 행사 범위를 정의'한 것이었다. 연합국 최고사령관 지령 제677호는 이것을 '일본의 정의(the definition of Japan)'라고 표현했는데, 영토와 정치적·행정적 권리 행사 범위가 명백하게 정의되었다. 여기서는 독도(獨島, Liancourt Rocks, 竹島)가 일본영토로부터 제외됨을 제3항에서 다음과 같이 명백히 규정하였다.

「1. 일본제국 정부는 일본 이 외의 어떠한 지역 또는 그 지역의 어떠한 정부 관리와 피용자 또는 어떠한 사람에 대해서도 정치적·행정적 통치를 행사하거나 행사를 기도함을 종결할 것을 지령한다.

(중략)

3. 이 지령의 목적을 위하여 일본은 일본의 4개 본도(北海島·本州·九州·四國)와 약 1천 개의 더 작은 인접 섬들을 포함한다고 정의된다. (1천 개의 작은 인접 섬들에) 포함되는 것은 대마도(對馬島) 및 북위 30도 이북의 유구(남서)제도(琉球(南西)諸島)이다. 그리고 제외되는 것은 ⓐ 울릉도·리앙꼬르암(Liancourt Rocks, 獨島, 竹島), ⓑ 북위 30도 이남의 유구(남서)제도[琉球(南西)諸島)(口之島 포함)]·이두(伊豆)·남방(南方)·소립원(小笠原) 및 화산(유황)군도[火山(琉黃)群島)] 대동제도(大東諸島)·태조도(態鳥島)·중지조도(中之鳥島)를 포함한 기타 모든 외부 태평양제도, ⓒ 쿠릴열도(千島列島)·치무군도[(齒舞群島)(小晶·勇留·秋勇留·志癸·多樂島 등 포함]·색단도(色丹島) 등이다.」[5)]

연합국 최고사령부의 SCAPIN 제677호 제3항에 의하여 독도는 일본영토로부터 완전히 제외되었다.

---

5) 신용하 편저, 『獨島領有權 資料의 探究』 제3권, pp. 248-251; "SCAPIN NO. 667, GENERAL HEADQUARTERS, SUPREME COMMANDER FOR THE ALLIED POWERS, (29 January 1946), AG 091 (29 Jan. 45) GS (SCAPIN-677)
MEMORANDUM FOR: IMPERIAL JAPANESE GOVERNMENT, THROUGH: Central Liasion Office, Tokyo.
SUBJECT: Governmental and Administrative Separation of Certain Outlying Areas from Japan." 참조.

여기서 주목할 것은 그 집단분류이다. 위의 SCAPIN 제677호에서는 일본의 영토와 정치적·행정적 주권 행사로부터 제외해야 할 곳을 ⓐⓑⓒ의 3개 범주로 집단분류하면서 ⓐ집단 안에 '제주도·울릉도·독도'의 3개 섬을 순서대로 범주화하고 있다. 이것은 연합국 최고사령관이 일본영토에 포함시킬 대상의 섬들을 조사한 후에 일본과 한국의 영토를 구분하여 '제주도·울릉도·독도'를 명백하게 한국영토로 규정한 것이다. SCAPIN 제677호의 제4조에는 '한국(Korea)'이 역시 일본의 영토와 주권 행사로부터 제외할 지역으로 규정되어 있다.

즉 SCAPIN 제677호에 의하여 1905년 일본이 "폭력과 탐욕에 의하여 약취한" 독도는 1946년 1월 29일 일본영토에서 제외되어 한국영토로 반환되어서 한국이 국제법상 유일무이한 합법적인 독도의 소유권 국가가 된 것이었다.

5. 「연합국의 일본에 대한 평화조약 미국초안」에서의 반환영토의 상한 규정

미국은 1947년 3월 20일자로 연합국의 일본에 대한 평화조약 제1차 미국초안을 작성했는데(그림 11-4), 영토조항의 제1조에서는 다음과 같이 일본영토는 "1894년 1월 1일 현재의 영토"로 한정한다고 명백히 밝혔다.

> 「(제1조) 일본의 영토 한정은 제2·3 … 항에서 한정되는 바와 같이 1894년 1월 1일 현재의 것으로 될 것이다.」
>
> 이러한 한정은 본주(本州)·구주(九州)·사국(四國)·북해도(北海島)의 4개 기본 섬과 주변의 모든 작은 섬들을 포함할 것이다. 쿠릴 열도는 제외되지만, 유구(流球) 열도는 포함된다. (…)[6](밑줄 — 인용자)

6) 신용하 편저, 『獨島領有權 資料의 探究』 제3권, pp. 284-287; Preliminary State Department

CHAPTER I - TERRITORIAL CLAUSES

Article 1

The territorial limits of Japan shall be those existing on January 1, 1894, subject to the modifications set forth in Article 2, 3··· As such these limits shall include the four principal islands of Honsu, Kyushu, Shikoku and Hokkaido and all minor offshore islands, excluding the Kurile Islands, but including the Ryukyu Islands forming part of Kagoshima Prefecture, the Izu Islands southward to Sofu Gan, the islands of the onland Sea, Rebun, Riishiri, Okujiri, Sado, Oki, Tsushima, Iki and the Goto Archpelago. These territorial limits are traced on the maps attached to the present treaty.

Article 2

Japan hereby cedes to China in full sovereignty the island of Formosa and adjacent minor islands, including Agincourt (Hokasho), Menkasho, Kaheisho, Kashoto, Kotosho, Shokotosho, Shichiseigan and Ryukyusho, and the Pescadores Islands. Japan hereby renounces all special rights and claims in or to the Liaotung Peninsula.Article

Article 3

Japan hereby cedes to the Soviet Union in full sovereignty that portion of the island of Saghalien (Karafuto) south of 50 ° N. Lat., and Kaiba Island, Japan hereby cedes to the Soviet Union in full sovereignty the Kurile Islands, lying between Kamchatka and Hokkaido.

Article 4

Japan hereby renounces all rights and titles to Korea and all minor offshore Korean islands, including Quelpart Island, Port Hamilton, Dagelet (Utsuriyo) Island and Liancourt Rock (Takeshima).

그림 11-4.
연합국의 일본영토 정의와 제외의 기준 일자가 1894년 1월 1일임을 밝히고, 울릉도 및 독도가 한국영토임을 규정한 연합국 '대(對)일본평화조약의 제1차 미국초안

"Committee" Draft of the Peace Treaty with Japan.
CHAPTER I - TERRITORIAL CLAUSES

Article 1

The territorial limits of Japan shall be those existing on January 1, 1894, subject to the modifications set forth in Article 2, 3··· As such these limits shall include the four principal islands of Honsu, Kyushu, Shikoku and Hokkaido and all minor offshore islands, excluding the Kurile Islands, but including the Ryukyu Islands forming part of Kagoshima Prefecture, the Izu Islands southward to Sofu Gan, the islands of the onland Sea, Rebun, Riishiri, Okujiri, Sado, Oki, Tsushima, Iki and the Goto Archpelago. These territorial limits are traced on the maps attached to the present treaty.

제1차 미국초안에서는 제1조에 일본의 영토 규정을 넣고, 그 내용에서 일본의 영토는 1894년 1월 1일 현재의 영토로 한정한다고 명료하게 규정하고 있다. 이것은 카이로선언의 합의 규정을 따른 것이었다. 일본의 영토는 구체적으로는 본주·구주·사국·북해도와 근해의 모든 작은 섬을 포함한다고 하면서 대표적인 섬의 이름을 들 때 오키도(隱岐島)만 넣고 독도는 제외시켰다. 독도(獨島)는 제4조의 한국영토에 포함시키고 있는 것이다.

제1차 미국초안은 제4조에서 한국영토를 다루고 있는데 그 내용은 "일본은 이에 한국(한반도)과 제주도·거문도·울릉도·독도를 포함한 근해의 모든 작은 섬들에 대한 모든 권리와 권원을 포기한다"고 하여, 독도가 한국영토임을 명확히 규정하였다.

여기서도 명백한 바와 같이, 일본측이 '패전' 후 한국에 반환되어야 할 영토는 1910년 8월 29일 일본이 병탄한 한국영토이며, 그 이전의 영토에는 해당되지 않으므로 "1905년 편입한 독도에는 해당되지 않는다"는 주장은 전적으로 잘못된 것이다.

연합국측의 규정은 일본의 영토는 "1894년 1월 1일 현재의 영토로 한정"되고, 1894년 이후 일본이 다른 나라로부터 약취한 모든 영토는 모두 원주인에게 반환하도록 처리한 것이며, 1905년 일본이 대한제국으로부터 약취한 독도도 당연히 1894년 1월 1일 이후에 약취한 영토에 해당되어 한국에 반환된 것이었다.

그러므로 오늘날 일본정부의, 한국에 반환할 토지는 1910년 8월 병탄한 한국영토이지 1905년 1월 편입한 '독도'는 반환할 토지에 해당되지 않는다는 주장은 전적으로 잘못된 거짓인 것이다.

□ 제 12 장
일본측의 '연합국 최고사령관 지령(SCAPIN) 제677호는 일본의 영토규정 또는 최종적 영토규정이 아니라는 주장'에 대한 비판

1. 연합국 최고사령관의 구 일본영토 처리의 근거와 카이로선언 및 포츠담선언의 '지역(territories)'의 의미

독도를 일본으로부터 제외시켜 한국영토로 반환시킨 국제법상의 합법적이고 유효한 결정이 연합국 최고사령부 지령(SCAPIN) 제677호이기 때문에, 일본정부는 SCAPIN 제677호 자체는 미군정이 일시적으로 편의상 주일 미군정과 주한 미군정의 행정 분담의 구분을 지은 것이지 일본영토를 정의(규정)내린 것이 아니었다고, 기회 있을 때마다 주장하고 있다. 그러나 이것은 전혀 사실이 아니며 전적으로 잘못된 주장이다. SCAPIN 제677호는 '일본영토의 정의'를 내린 것이었다.

SCAPIN 제677호를 발표한 것은 연합국 최고사령관(SCAP)이었지만 그것은 단순한 군정이 아니라 제2차 세계대전 후 연합국의 일본통치의 군정기관이었고, 바로 연합국의 일본에 대한 정책의 집행기관이었다.

SCAPIN 제677호는 따라서 연합국의 일본영토에 대한 정책 규정이었고, 그것은 직접적으로 1943년 11월의 '카이로선언'의 일본영토에 대한 정책에 근거한 것이었다. 매우 중요하므로 제11장에서 인용한 '카이로선언'의 일부를 다시 인용하면 다음과 같다.

> 「(전략) 위 연합국의 목적은 일본으로부터 1914년 제1차 세계대전 개시 이후에 일본이 장악 또는 점령한 모든 섬들을 박탈할 것과 아울러 만주(滿洲)·대만(臺灣)·팽호도(澎湖島) 등 일본이 중국인들로부터 절취한 일체의 지역을 중화민국에 반환함에 있다. 또한 일본은 폭력과 탐욕에 의하여 약취한 모든 다른 지역으로부터 축출될 것이다.
>
> 위의 3대국은 조선 민중의 노예상태에 유의하여 적당한 시기에 조선이 자유롭게 되고 독립하게 될 것을 결의하였다. (후략)」[1](밑줄 — 인용자)

논지를 분명히 하기 위하여 다시 한 번 지적하면, 카이로선언에서 명백하게 밝혀지고 있는바, 일본으로부터 반환받고 일본이 축출되어야 할 지역(territory)으로는 세 범주가 선언되고 있다. ① 미국과 영국의 입장을 반영하여 1914년 제1차 세계대전 개시 이후에 일본이 장악 또는 점령한 태평양 안에 있는 모든 섬들, ② 1894~1895년 청·일전쟁 이후 일본이 중국으로부터 절취한 만주·대만·팽호도 등, ③ 일본이 폭력과 탐욕에 의하여 약취한 모든 다른 지역들(territories)이다. 그리고 이 선언은 한국의 독립을 약속하였다.

여기서 주목할 것은 일본이 축출되고 원주인이 반환 받아야 할 지역들(territories)이 바로 '영토(territory)'라는 사실이다. 'territory'를 문맥에 따라 '지역', '영토', '토지', '국경', '경계' 등 여러 가지로 번역하고 있지만, 그 내용의 핵심은 '영토'라는 데 있다.

즉 카이로선언은 일본의 영토를 한정하고, 일본이 1894년경부터 약취한 다른 나라의 영토에서 일본을 축출하여 원주인에게 반환해야 할 '영

---

1) 『韓日關係參考文書集』, "The Cairo Declaration", p. 1; 신용하 편저, 『獨島領有權資料의 探究』 제3권, 독도연구보존협회, 2000, pp. 241-242.

토'를 원칙적으로 규정한 것이었다.

여기서 한국의 영토는 ③의 "일본이 폭력과 탐욕에 의하여 약취한 모든 다른 지역들"에 포함되며, 그 상한은 1894~1895년 청·일전쟁 때 일본이 절취한 영토의 반환에서도 알 수 있는 바와 같이, 비단 1910년부터만 아니라 그 이전에라도 일본이 절취한 한국영토가 있으면 모두 독립된 한국에 반환되어야 함을 선언하고 있다. 따라서 일본이 대한제국으로부터 1905년 1월에 약취한 독도가 여기에 포함됨은 명백하다.[2)]

물론 카이로선언은 미국·영국·중국의 3대 연합국에 의한 공동선언이며, 그 자체가 일본을 구속하고 있던 것은 아니었다. 그러나 이미 앞 장에서 지적한 바와 같이 카이로선언은 그 후 일본이 1945년 7월 26일의 미국·영국·소련의 포츠담선언을 수락함과 동시에 포츠담선언의 제8항(카이로선언의 모든 조항은 이행될 것이며, 일본국의 주권은 본주·북해도·구주·사국과 우리들이 결정하는 제 소도에 국한될 것이다.[3)])에 흡수되어 일본을 구속하는 국제문서가 되었다.

앞 장에서도 인용한 바와 같이 「일본 항복문서」는 "우리(일본)는 … 1945년 7월 26일 포츠담에서 미국·중국·영국의 정부 수뇌들에 의하여 발표되고, 그 후 소련에 의해 지지된 선언에 제시한 조항들을 수락한다. … 우리는 이후 일본정부와 그 승계자가 포츠담선언의 규정을 성실히 수행할 것을 확약한다"고 하였다.

즉 일본은 1945년 8월 15일 포츠담선언을 무조건 수락하여, 무조건 항복을 세계에 공표했고, 같은 해 9월 2일에는 이것을 성문화한 항복문서에 조인함으로써 포츠담선언, 따라서 카이로선언은 일본에게 구속력

---

2) 신용하 편저, 『獨島領有權 資料의 探究』 제3권, pp. 242-245 참조.

3) 신용하 편저, 『獨島領有權 資料의 探究』 제3권, p. 244, 「포츠담宣言」.

을 갖게 되었다. 일본은 항복문서에 포츠담선언 따라서 카이로선언의 규정을 수락하고 수행할 것을 서약한 것이었다.[4]

제2차 세계대전 종전 직전 연합국의 일본영토의 처리에 관한 기본지침은 일본영토를 1894년 청·일전쟁 이전의 상태로 환원시키려고 한 것이었다.

일본의 독도'침탈'은 카이로선언에서 밝힌바 1905년에 "폭력과 탐욕에 의하여 약취"한 것에 해당하므로 당연히 독도로부터 축출되어야 하도록 카이로선언과 포츠담선언의 내용이 포함 규정하고 있었다. 오직 여기서 한 가지 문제는 독도가 포츠담선언 제8항에서 말하는, 후에 일본영토로 규정할 "우리들(연합국)이 규정하는 작은 섬들"에 포함되었는지 제외되었는지의 여부만 확인하면 되는 것이다.

일본이 1945년 8월 15일 연합국에 항복하고 같은 해 9월 2일 항복문서에 조인함과 동시에, 동경에 연합국 총사령부(GHQ)가 설치되고 연합국 최고사령관(SCAP)이 임명되어 일본의 통치를 담당하자, 연합국 최고사령관은 포츠담선언의 제규정을 집행하기 시작하였다.

연합국 최고사령관은 미국정부의 일본통치정책의 원칙을 1945년 9월 6일 「항복 후 미국의 초기 대(對)일본정책」으로 발표하였다.

여기서 주목할 것은 「항복 후 미국의 초기 대(對)일본정책」에서 "일본의 주권이 국한된다"고 일본주권의 지역권 국한을 지적했는데, 이 국한은 바로 '영토의 국한'을 의미한다는 사실이다. 미국정부는 일본영토의 범위를 '카이로선언'에 의거할 것임을 명백히 한 것이었다.

---

4) 신용하 편저, 『獨島領有權 資料의 探究』 제3권, pp. 245-246 참조.

2. 연합국 최고사령관 지령(SCAPIN) 제677호의 '일본영토 정의'와 '한국영토로서의 독도'의 한국에로의 반환

연합국 최고사령관(SCAP)은 일본의 무조건 항복을 받은 후 약 5개월간의 연구 검토 끝에, 제11장에서 이미 쓴 바와 같이, 1946년 1월 29일 드디어 연합국 최고사령관 지령(Supreme Commander Allied Powers Instruction Index Number, 약칭 SCAPIN) 제677호로서 「약간의 주변 지역을 정치적·행정적으로 일본으로부터 분리하는 것에 관한 각서(Memorandum for Governmental and Administrative Separation of Certain Outlying Areas from Japan)」를 발표하고 일본정부에 전달하였다.

연합국 최고사령관의 SCAPIN 제677호는 일본의 항복문서를 집행하기 위하여 '일본의 영토와 주권 행사 범위를 정의'한 것이었다. 연합국 최고사령관은 이것을 '일본의 정의(the definition of Japan)'라고 표현했는데, 여기서는 영토와 정치적·행정적 권리 행사범위가 명백하게 정의되었다. 즉 이 지령은 '영토'를 규정한 지령이었다. 여기서는 독도(Liancourt Rocks, 竹島)가 일본영토로부터 제외됨을 제3항에서 명백히 규정하였다.

SCAPIN 제677호의 주요 조항을 다시 제5·6항을 포함하여 보면 다음과 같다.

> 「1. 일본제국 정부는 일본 이 외의 어떠한 지역 또는 그 지역의 어떠한 정부 관리와 피용자 또는 어떠한 사람에 대해서도 정치적·행정적 통치를 행사하거나 행사를 기도함을 종결할 것을 지령한다.
>
> (중략)
>
> 3. 이 지령의 목적을 위하여 일본은 일본의 4개 본도(北海島·本州·九州·四國)와 약 1천 개의 더 작은 인접 섬들을 포함한다고 정의된다. (1천 개의 작은 인접 섬들에) 포함되는 것은 대마도(對馬島) 및 북위 30도 이북의 유구(남

서)제도(琉球(南西)諸島)이다. 그리고 제외되는 것은 ⓐ 울릉도・리앙꼬르암(Liancourt Rocks, 獨島, 竹島), ⓑ 북위 30도 이남의 유구(남서)제도(琉球(南西)諸島)(口之島 포함)・이두(伊豆)・남방(南方)・소립원(小笠原) 및 화산(유황)군도(火山(琉黃)群島) 대동제도(大東諸島)・태조도(態鳥島)・중지조도(中之鳥島)를 포함한 기타 모든 외부 태평양제도, ⓒ 쿠릴열도(千島列島)・치무군도(齒舞群島)(小晶・勇留・秋勇留・志癸・多樂島 등 포함)・색단도(色丹島) 등이다.

(중략)

5. 이 지령에 포함된 일본의 정의는 그에 관하여 다른 특정한 지령이 없는 한 또한 본 연합국 최고사령부에서 발하는 모든 미래의 지령・각서・명령에 적용된다.

6. 이 지령의 어떠한 것도 포츠담선언의 제8항에서 언급된 제 소도의 최종적 결정에 관한 연합국 정책을 표시하는 것으로 해석되어서는 안 된다.

(이하 생략)」[5)]

---

5) 신용하 편저, 『獨島領有權 資料의 探究』 제3권, pp. 248-249; SCAPIN 제677호의 원문은 다음과 같다.

"SCAPIN NO. 667

GENERAL HEADQUARTERS

SUPREME COMMANDER FOR THE ALLIED POWERS

(29 January 1946)

AG 091 (29 Jan. 45) GS

(SCAPIN-677)

MEMORANDUM FOR: IMPERIAL JAPANESE GOVERNMENT

THROUGH: Central Liasion Office, Tokyo.

SUBJECT: Governmental and Administrative Separation of Certain Outlying Areas from Japan.

1. The Imperial Japanese Government is directed to cease exercising, or attempting to exercise, governmental or administrative authority over any area outside of Japan, or any government officials and employees or any other persons within such areas.

2. Except as authorised by this Headquarters, the Imperial Japanese Government will not communicate with government officials and employees or with any other outside of Japan for any purpose other than the routine operation of authorised shipping, communications and weather services. shipping, communications and weather services.

3. For the purpose of this directive, Japan is defined to include the four main islands of Japan (Hokkaido, Honshu, Kyushu and Shikoku) and the approximately 1,000 smaller adjacent islands, including the Tsuima Islands and the Ryukyu (Nansei) Islands north of 30°North Latitude (excluding Kuchinoshima Island); and excluding (a) Utsryo

연합국 최고사령부의 SCAPIN 제677호 제3항에 의하여 독도는 일본 영토로부터 완전히 제외되었다(그림 12-1).

여기서 주목할 것은 '한국영토'로 규정한 집단분류 ⓐ항이다. 위의 SCAPIN 제677호에서는 일본의 영토와 정치적·행정적 주권 행사로부터 제외해야 할 곳을 ⓐⓑⓒ의 3개 범주로 집단분류하면서 ⓐ집단 안에 '제주도·울릉도·독도'의 3개 섬을 범주화하고 있다. 이것은 연합국 최고사령관이 일본영토에 포함시킬 대상의 섬들을 조사한 후에 일본과

(Ullung) Island, Liancourt Rocks (Take Island) and Quelpart (Saishu or Cheju Island), (b) the Ryukyu (Nansei) Islands south of 30° North Latitude (excluding Kuchinoshima Island), the Izu, Nanpo, Bonin (Ogasawara) and Volcano (Kazan or Iwo) Island Groups, and all other outlying Pacific Islands (including the Daito [Ohigashi or Oagari] Islands), and (c) the Kurile (Chishima) Islands, the Habomai (Hapomaze) Island group (including Suisho, Yuri, Akiyuri, Shibotsu, and Taraku Island) and Shikotan Island.
4. Further areas specifically excluded from the governmental and administrative jurisdiction of Imperial Government are the following: (a) all Pacific Islands seized or occupied under mandate or otherwise by Japan since the beginning of the World War in 1914, (b) Manchuria, Formosa and the Pescadores, (c) Korea, and (d) Karafuto.
5. The definition of Japan contained in this directive shall also apply to all future directives, memoranda and orders from this Headquarters unless otherwise specified therein.
6. Nothing in this directive shall be construed as an indication of Allied policy relating to the ultimate determination of the minor islands referred to in article 8 of the Potsdam Declaration.
7. To Imperial Japanese Government will prepare and submit to this Headquarters a report of all governmental agencies in Japan the functions of which pertain to areas outside a statement as defined in this directive. Such report will include a statement of the functions, organization and personnel of each of the agencies concerned.
8. All records of the agencies referred to in paragraph 7 above will be preserved and kept available for inspection by this Headquarters.
FOR THE SUPREME COMMANDER:
(sgd.) H. W. ALLEN,
Colonel, AGD,
Asst. Adjutant General."

한국의 영토를 구분하여 '제주도·울릉도·독도'를 명백하게 한국영토로 판정한 것이다.

SCAPIN 제677호의 제4항에는 '한국(Korea, 한반도)'이 역시 일본의 영토와 주권 행사로부터 제외할 지역으로 규정되어 있다.

여기서 주목할 것은 이 지령의 제목이 「'약간의 주변 지역(Certain Outlying Areas)'을 정치적·행정적으로 일본으로부터 분리하는 것에 관한 각서」라고 하여 '지역'의 정치적·행정적 분리를 직접 지적했다는 사실이다. 여기서 '지역'이 '영토'임은 더 말할 것도 없다.

뿐만 아니라 제5항에서는 이 지령이 '일본의 정의(the definition of Japan)'라고 명백하게 규정하였다. 즉 독도는 '일본의 정의'에서 제외되고 분리되어 한국에 귀속됨을 극명하게 규정하고 공표한 것이었다.

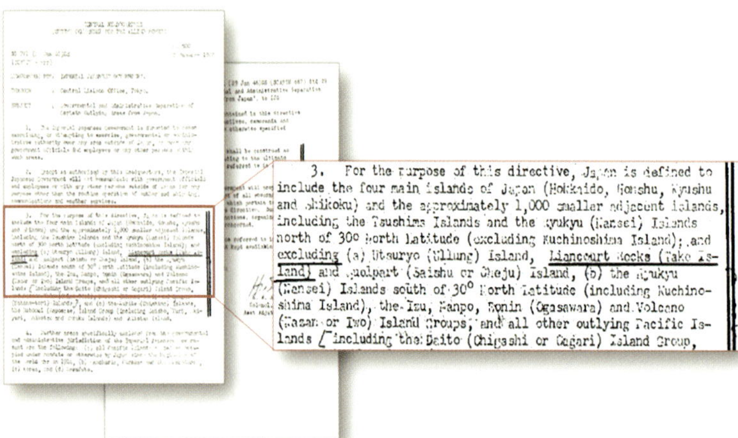
3. For the purpose of this directive, Japan is defined to include the four main islands of Japan (Hokkaido, Honshu, Kyushu and Shikoku) and the approximately 1,000 smaller adjacent islands, including the Tsushima Islands and the Ryukyu (Nansei) Islands north of 30° North Latitude (excluding Kuchinoshima Island); and excluding (a) Utsuryo (Ullung) Island, Liancourt Rocks (Take Island) and Quelpart (Saishu or Cheju) Island, (b) the Ryukyu (Nansei) Islands south of 30° North Latitude (including Kuchinoshima Island), the Izu, Nanpo, Bonin (Ogasawara) and Volcano (Kazan or Iwo) Island Groups, and all other outlying Pacific Islands [including the Daito (Ohigashi or Oagari) Island Group,

그림 12-1. 연합국 최고사령관 지령(SCAPIN) 제677호는 제3항에서 '독도'(Liancourt Rocks, 竹島)를 일본영토에서 분리 제외하여(excluding) 한국에 반환시켰다.

SCAPIN 제677호에 의하여 독도는 제주도 및 울릉도와 함께 국제법상 합법적으로 한국이 배타적 영유권을 가진 '한국영토'로 연합국에 의해 판정되어 국제사회에서 공인받게 된 것이다.

3. SCAPIN 제677호의 '독도 한국귀속 반환 판정'의 지도에 의한 재확인

그러므로 오늘날의 일본정부가 '독도영유권 논쟁'을 제기하면서 SCAPIN 제677호가 편의상의 행정조치이지 영토규정이 아닐 수 있다고 주장하는 것은 전적으로 억지에 불과한 것이다.

연합국 최고사령부 자신이 이것을 '일본의 정의'라고 하여 명백히 '일본영토규정'임을 선언했으니, SCAPIN 제677호가 1946년 1월 29일자로 '독도를 한국영토'로 판정하여 한국에 반환한 것은 논란의 여지가 없는 것이다.

이 사실을 더욱 명확히 밝혀 주는 것이 연합국 최고사령부가 작성하여 SCAPIN 제677호에 첨부한 지도이다.[6](그림 12-2)

이 지도는 연합국 최고사령부(SCAP)가 1946년 1월 29일 지령 제677호를 발표하여 '일본의 정의(the definition of Japan)'를 내려 주변 도서의 영토 소속을 판정하면서, 제주도·울릉도·독도(竹島, Liancourt Rocks)를 한국영토로 판정하여 한국에 반환한 후 행정적으로 관리하는 일본영토와 한국영토의 경계를 지도로 작성하여 명료하게 한 것이다. 이 지도의 정식 명칭은 「연합국 최고사령관 행정지역: 일본과 남한(SCAP Administrative Areas: Japan and South Korea)」이다.

---

6) 신용하 편저, 『獨島領有權 資料의 探究』 제3권, pp. 254-256 참조.

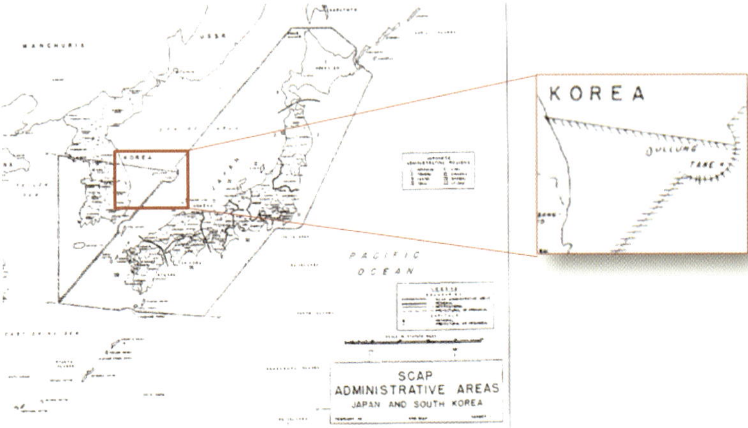

그림 12-2. 연합국 최고사령관이 SCAPIN 제677호의 부속지도로 작성해서 한국과 일본의 영토를 구획한 지도. 독도를 'TAKE'로 표시하고 한국영토에 명료하게 부속시켰다.

연합국 최고사령관은 국제법상 효력을 갖는 SCAPIN 제677호와 함께 이 지도를 발표했는데, 연합국 최고사령관의 직접적 행정(실제로는 미군정) 지역인 일본과 남한을 구분하면서 제주도·울릉도·독도(竹島, Take)는 남한에 소속시키고, 대마도는 일본에 소속시켰다. 지도에서는 한국과 일본의 지역 구분을 분명하게 선으로 그려 표시하였다.

특히 주목되는 것은 동해의 충분한 해양 면적을 직선으로 그어 가다가 독도 수역에 도달하자 반원(半圓)을 분명하게 그려 가면서까지 독도(竹島, Take, Liancourt Rocks)가 한국영토이며, 일본영토가 아니라는 사실을 명백히 하고, 독도를 주한 미군정이 행정·관리하다가 한국이 독립되면 인수시킬 지역임을 명백히 하였다.

연합국 최고사령관(SCAP)이 지령한 제677호 지도의 내용은 카이로선언-포츠담선언-일본의 항복문서에 고리를 달아 국제법상 효력을 갖는 결정적으로 중요한 것이다. 연합국 최고사령관의 「연합국 최고사령관

행정지역: 일본과 남한」은 연합국 최고사령관이 독도를 한국영토로 판정하여 반환시켜 미군정에게 관리시켰음을 극명하게 보여 주며, 국제법상 아직도 효력을 갖고 있는 독도가 한국영토라는 연합국의 결정을 명료하게 증명해 주는 지도인 것이다.

4. SCAPIN 제1033호의 '독도는 한국영토'의 재확인 보완

연합국 최고사령관은 뒤이어 1946년 6월 22일 연합국 최고사령관 지령(SCAPIN) 제1033호 제3항에서 '일본인의 어업 및 포경업의 허가구역'(통칭 MacArthur Line)을 설정하고 그 (b)항에서 일본인의 '독도' 접근을 금지하였다.

> 「일본인의 선박 및 승무원은 금후 북위 37도 15분, 동경 131도 53분에 있는 리앙꼬르암(岩)(獨島, 竹島 — 인용자)의 12해리 이내에 접근하지 못하며 또한 동도(同島)에 어떠한 접근도 하지 못함.」[7]

SCAPIN 제1033호는 연합국 최고사령관이 독도를 일본의 지리적 범위(영토)에서 완전히 제외하여 한국영토로 재확인 결정하고, 울릉도·제주도와 함께 주한 미군정에 이관시켰음을 다시 한 번 또 확인케 하는 것이다(그림 12-3).

---

7) 신용하 편저, 『獨島領有權 資料의 探究』 제3권, pp. 257-261 참조. 이 부분의 원문은 다음과 같다. "(b) Japanese vessels or personnel thereof will not approach closer than twelve (12) miles to Takeshima (37°15′ North Latitude, 131°53′ East Longitude) nor have any contact with said island."

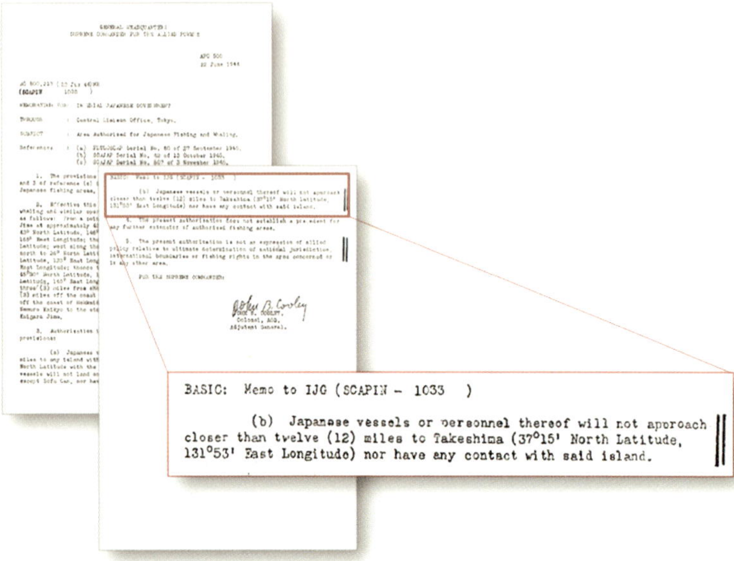
BASIC: Memo to IJG (SCAPIN - 1033)

(b) Japanese vessels or personnel thereof will not approach closer than twelve (12) miles to Takeshima (37°15' North Latitude, 131°53' East Longitude) nor have any contact with said island.

그림 12-3. 연합국 최고사령관 지령(SCAPIN) 제1033호는 일본 선박이 독도로부터 12마일 이내 접근하거나 독도에 접안하는 것을 금지하여 독도가 한국영토임을 거듭 명백히 하였다.

SCAPIN 제1033호는 대한민국 정부가 수립된 1948년 8월 15일 이후 대한민국에 독도영유권이 완전히 인계되어 대한민국 주권이 독도에 행사된 이후 약 1여 년이 지난 1949년 9월 19일 SCAPIN 제2046호에 의해 폐지되었다. 더 이상 존속시킬 필요가 없게 되었기 때문이다.

그러나 연합국 최고사령부는 일본이 샌프란시스코 평화조약(1951)을 거쳐 재독립한 1952년 4월 28일 해체될 때까지도 SCAPIN 제677호는 전혀 수정하거나 폐지하지 않았다.

독도는 국제법상 완전히 합법적인 연합국 최고사령부의 결정에 의하여 SCAPIN 제677호로써 한국영토로 판정 반환되었고, 한국은 국제법상으로도 독도의 유일무이한 배타적 소유권 국가로서 국제사회에서 법인받은 것이었다.

5. SCAPIN 제677호의 수정의 조건

일본정부는 후에 SCAPIN 제677호의 제6항에 "이 지령 가운데 어떠한 것도 포츠담선언 제8항에 언급된 제 소도의 최종적 결정(the ultimate determination of the minor islands)에 관한 연합국의 정책을 표시한 것은 아니다"라고 한 조항을 들어서 이것이 일본영토의 최종 규정이 아니라고 주장하였다. 그러나 SCAPIN 제677호 제6항에서 강조된 것은 복잡미묘한 연합국들의 이해관계 속에서 다른 연합국들이 이의 제기를 할 경우를 대비해서 '최종적 결정'이 아니라 필요하면 앞으로 수정할 수 있다는 가능성을 열어 둔 것에 불과하다.

그런데, 주목해야 할 것은 그 '수정의 조건'이다. 이것은 SCAPIN 제677호 제5항에 "이 지령에 포함된 일본의 정의(the definition of Japan)는 그에 관하여 다른 특정한 지령이 없는 한 또한 본 연합국 최고사령관이 발하는 모든 미래의 지령·각서·명령에 적용된다"고 하여, 이 지령의 '일본의 정의'에 변경을 가하고자 할 때는 반드시 연합국 최고사령관이 그에 관한 '다른 특정한 지령'을 발해야 한다고 수정조건을 설정하였다. 그리고 그렇지 않은 한 이 지령에서의 '일본의 정의'가 미래에도 적용됨을 밝힌 것이었다.[8)]

즉 연합국 사령관의 이 지령이 최종 결정이 아니기 때문에 이 지령에 이의를 제기할 수도 있으나, 이 지령에서 규정한 '일본의 정의'에 수

---

8) 신용하, 『獨島, 보배로운 한국영토』, 지식산업사, 1996, pp. 188-190 참조.

정을 가하고자 할 때는 연합국 최고사령관이 그에 관한 '별도의 다른 지령'을 내리도록 규정한 것이었다. 별도의 다른 지령은 연합국 최고사령관의 다른 번호의 문서(文書)에 의한 지령이 되어야 함은 물론이다.

예컨대, 연합국 최고사령부는 1946년 1월 29일 SCAPIN 제677호로써 독도를 울릉도 및 제주도와 함께 일본영토로부터 제외시켰는데, 만일 미래에 이를 수정하여 독도를 일본영토에 포함시키고자 할 때는 연합국 최고사령부가 독도를 일본에 부속시킨다는 내용의 '별도의 다른 특정한 지령'을 발해야 하며, 그렇지 않는 한 이 지령은 미래에까지 유효하다는 것이다.

연합국 최고사령관은 1946년 1월 29일의 SCAPIN 제677호에서 독도를 일본영토에서 제외한다는 지령을 내린 후에, 독도를 한국에 반환하고, 1948년 8월 15일 대한민국이 재건국되어 국제연합에서 주권국가로서 정식 승인되고 독도에 대한 주권을 인계받아 재정립하여 주권을 완전 행사할 때까지 이를 수정하는 지령을 내린 바 없으니, 독도는 SCAPIN 제677호에 의하여 일본영토로부터 완전히 최종 분리되어 국제법상으로 완벽한 한국영토가 된 것이다.

연합국 최고사령부와 연합국 최고사령관이 발한 지령은 국제법상 합법적으로 발표된 것이며, 현재도 국제법상 합법적 효력을 갖고 있음은 더 설명할 필요도 없을 것이다.

SCAPIN 제677호는 '일본의 정의'였으며 일본영토를 규정한 지령이었다. 이것은 수정할 수도 있는 것이었으나 그 수정의 조건은 다른 SCAPIN을 제정하여 문서상으로 명백히 수정한다고 공표할 때에만 가능하다고 규정된 것이었다.

독도는 1946년 1월 29일 SCAPIN 제677호에 의하여 국제법상 한국영토로 재확인된 후, 1952년 4월 28일 일본이 재독립하여 연합국 최고사령부의 해체 때까지 이를 수정한다는 연합국의 새 지령이나 수정 공고가 없었으므로, 독도는 SCAPIN 제677호에 의해 일본에서 최종 제외되었고, 한국영토로 최종 결정되어 국제법상 확실하고 명확하게 여전히 '대한민국의 영토'로 국제법상 법인이 된 것이다.

이제 독도는 대한민국의 승인 없이는 어느 나라도 영유권은 협상은 커녕 독도의 돌멩이 하나도 반출할 수 없는 주권국가 대한민국의 배타적 영토가 되었다. 대한민국의 불가분리의 영토로서 국제사회에서 확고하게 정립되고 국제법상 공인된 것이다.

따라서 일본측이 SCAPIN 제677호의 독도에 대한 규정은 '영토규정' 또는 '최종적 영토규정'이 아니라 '임시행정규정'이었다고 주장하는 것은 완전한 억지이며 전적으로 잘못된 주장인 것이다.

□ 제 13 장
일본측의 '1951년 샌프란시스코 평화조약에서는 독도의 명칭이 누락됨으로써 독도를 일본영토로 인정받았다'는 주장에 대한 비판

1. 연합국의 일본에 대한 평화조약 미국측 제1~5차 초안에서의 독도의 한국영토 귀속판정

연합국의 일본에 대한 평화조약 초안은 처음 미국측이 준비 작성했는데 'SCAPIN 제677호'에 따라 미국측 제1차 초안(1947. 3. 20.)의 영토규정에서 독도를 제4조에서 다음과 같이 한국영토로 규정하였다.

> 「이에 일본은 한국(한반도)과 제주도 · 거문도 · 울릉도 · 독도(Liancourt Rocks, Takeshima)를 포함한 근해의 모든 작은 섬들에 대한 권리와 권원을 포기한다.」[1)]

---

1) 신용하 편저, 『獨島領有權 資料의 探究』 제3권, 독도연구보전협회, 2000, pp. 284-287 참조. 이 초안의 이 부분 원문은 다음과 같다.
"March 19, 1947
CHAPTER I — TERRITORIAL CLAUSES
Article 1
The territorial limits of Japan shall be those existing on January 1, 1894, subject to the modifications set forth in Article 2, 3 … As such these limits shall include the four principal islands of Honsu, Kyushu, Shikoku and Hokkaido and all minor offshore islands, excluding the Kurile Islands, but including the Ryukyu Islands forming part of Kagoshima Prefecture, the lzu Islands southward to Sofu Gan, the

제1차 미국초안에서는 제1조에 일본의 영토 규정을 넣고, 그 내용에서 일본의 영토는 1894년 1월 1일 현재의 영토로 한정한다고 명료하게 규정한 다음, 일본의 영토는 구체적으로는 본주(本州)·구주(九州)·사국(四國)·북해도(北海道)와 근해의 모든 작은 섬을 포함한다고 하면서 대표적 섬의 이름을 들 때 오키도(隱岐島)만 넣고 독도는 제외시켰다. 독

---

islands of the onland Sea, Rebun, Riishiri, Okujiri, Sado, Oki, Tsushima, Iki and the Goto Archpelago. These territorial limits are traced on the maps attached to the present treaty.

Article 2

Japan hereby cedes to China in full sovereignty the island of Formosa and adjacent minor islands, including Agincourt (Hokasho), Menkasho, Kaheisho, Kashoto, Kotosho, Shokotosho, Shichiseigan and Ryukyusho, and the Pescadores Islands. Japan hereby renounces all special rights and claims in or to the Liaotung Peninsula.

Article 3

Japan hereby cedes to the Soviet Union in full sovereignty that portion of the island of Saghalien (Karafuto) south of 50° N. Lat., and Kaiba Island, Japan hereby cedes to the Soviet Union in full sovereignty the Kurile Islands, lying between Kamchatka and Hokkaido.

Article 4

Japan hereby renounces all rights and titles to Korea and all minor offshore Korean islands, including Quelpart Island, Port Hamilton, Dagelet (Utsuriyo) Island and Liancourt Rocks (Takeshima).

Article 5

Japan hereby renounces all claims to Pratas Island, to the Spratly and Paracel Island, or to any other island in the South China Sea.

Article 6

Japan hereby renounces all rights and titles to the Bonin Islands, including Nishino Island, to the Volcano Island and to Parece Vela.

Article 7

Japan hereby renounces all rights and titles to the Ryukyu Islands forming part of Okinawa Prefecture, and to Daito and Rasa Islands.

Article 8

Japan hereby renounces all territorial claims in the Antarctic.

(이하 생략)

*문서번호 740.0011 PW(PEACE)/3-2047."

도는 제4조의 한국영토에 포함시킨 것이었다.

즉 제1차 미국초안은 제4조에서 한국영토를 다루고 있는데 그 내용은 "일본은 이에 한국(한반도)과 제주도·거문도·울릉도·독도(Liancourt Rocks)를 포함한 근해의 모든 작은 섬들에 대한 모든 권리와 권원을 포기한다"고 하여, 독도가 한국영토임을 명확히 규정하였다.

그 후 제2차 미국초안(1947. 8. 5.)에서도 일본영토는 제1조에 규정하면서 역시 독도를 제외시키고, 한국영토를 규정한 제4조에 리앙꼬르도(Liancourt Rocks, Takeshima)라는 서양 호칭으로 독도를 포함시켜 독도가 한국영토임을 명백히 하였다.

제3차 미국초안(1948. 10. 13.)에서도 제1조의 일본영토 규정에서는 역시 독도를 제외시켜서 일본영토가 아님을 명백히 하고, 제4조의 일본이 포기하여 한국에 반환하는 영토 속에 제주도·거문도·울릉도와 함께 독도를 리앙꼬르도(Liancourt Rocks, Takeshima)라는 이름으로 넣어 독도가 한국영토임을 명백히 하였다.

제4차 미국초안(1949. 10. 13.)에서도 독도는 제1조의 일본영토에서는 제외시키고, 제4조에서 일본이 한국에 반환하는 영토 속에 독도를 제주도·거문도·울릉도와 함께 넣어 독도가 한국영토임을 명료하게 밝혔다.

제5차 미국초안(1949. 11. 2.)에서는 일본영토 규정을 제3조로 옮겼는데 여기서도 독도는 일본영토에서 제외되었고, 한국에 반환되는 영토는 제6조로 옮겼는데, 독도를 제주도·거문도·울릉도와 함께 여기에 넣어 독도가 한국영토임을 명백히 하였다.[2](그림 13-1)

---

2) 신용하 편저, 『獨島領有權 資料의 探究』 제3권, pp. 287-301 참조.

TREATY OF PEACE WITH JAPAN

(전략)

CHAPTER II

TERRITORIAL CLAUSES

Article 6

1. Japan hereby renounces in favor of Korea all rights and titles to the Korean mainland territory and all offshore Korean islands, including Quelpart (Saishu To), the Man How group (San to, or Komun Do) which forms Port Hamilton (Tomaikai), Dagelet Island (Utsuryo To, of Matsu Shima), Liancourt Rocks (Takeshima), and all other islands and islets to which Japan has acquired title lying outside the line described in Article 3 and to the east of the meridian 124° 15′ E. longitude, north of the parallel 33° N. latitude, and west of a line from the seaward terminus of the boundary approximately three nautical miles from the mouth of the Tumen River to a point in 37° 30′ N. latitude, 132° 40′ E. longitude.

2. This line is indicated on the map attached to the present Treaty.

(이하생략)

그림 13-1.
독도를 한국영토로 규정한 연합국의 대(對)일본평화조약 제5차 미국 초안 중 영토 조항 제6조의 일부

미국측은 시볼드(W. J. Sebald)의 로비를 받기 이전, 'SCAPIN 제677호'에 의거하여 원칙을 지키던 순수 상태에서는 제1차 초안에서 제5차 초안까지 5차례의 초안에서 독도를 모두 한국영토로 판정하여 한국에 반환된 영토로 처리하였다.

독도를 한국영토로 판정하여 한국영토에 포함시킨 것이 원래 순수하게 진실에 의거해서 'SCAPIN 제677호'를 따를 때의 미국의 초안(제1~5차 초안)이었다.

2. 일본의 독도 탈취를 위한 로비

일본 임시정부 외무성 관료들은 카이로선언과 포츠담선언에 의거해 앞으로 평화회담에 일본영토로 규정될 "일본 본토 부근의 연합국이 규정하는 소도(小島)들"에 일본의 주장을 반영시키기 위하여 먼저 일본어

판『일본의 부속소도(日本の附屬小島)』의 팸플릿을 만들고, 1947년 영역판『일본 본토 부근의 소도(小島)(Minor Islands Adjacent to Japanese Proper)』를 작성하였다. 주목할 것은 이 팸플릿의 일본이 부속시키고 싶은 소도에 한국의 '울릉도'와 '독도'를 포함시키고 있다는 사실이다.[3)]

일본측은 '울릉도'에는 한국인이 다수 거주하고 있으므로 어렵다고 보고, 당시 무인도인 '독도'를 일본에 부속시키기 위하여 독도에는 한국 명칭조차 없다는 등 거짓 정보를 날조해서 독도가 일본영토인 것처럼 분장시켰다.

일본측은 1947년부터 연합국 최고사령부의 친일적 정치고문 시볼드에게 여러 차례 이 팸플릿을 제출하고 비밀리에 면담하여 독도를 일본 소도로 부속시키기 위한 로비를 전개하였다.

그런데 연합국의 대(對)일본평화조약의 미국 제5차 초안이 일본측에 유출될 무렵에, 일본측은 더 한층 로비를 맹렬히 강화하였다. 일본의 로비에 앞장서서 미국의 일본임시정부 고문 시볼드가 독도를 일본에 귀속시켜서 미국 공군의 기상관측소 및 레이더 관측소 기지로 사용하는 것이 미국에게 유익하다고 주장하면서 활동하였다. 시볼드의 이러한 활동은 일본측이 독도를 미국 공군 기상 및 레이더 관측소 기지로 제공하기로 약속한 미끼에 걸린 맹렬한 로비임을 알려 주고 있다.

시볼드는 미국 국무부에 독도를 일본영토에 포함시키자고 급히 전보를 쳐서 건의하면서 안보적 관점에서도 이 섬에 미군의 기상관측소 및 레이더 기지를 설치하는 것이 바람직하다고 강조하였다.

「제6항. 독도(Liancourt Rocks, Takeshima)에 대한 재고를 건의함. 이 섬에 대한 일본의 주장은 오래 되고 타당성이 있는 것으로 보임. 이 섬에 기상관측소

---

3) 정병준,『독도 1947년』, 돌베개, 2010, pp. 333-365 참조.

와 레이더 기지를 설치하는 안보적 고려가 바람직할 것임.」[4]

시볼드는 미국 국무부에 독도를 일본영토에 포함시키자는 로비를 서면으로도 다음과 같이 건의하고 주장하였다.

>「한국 방향에서 이전에 일본이 소유했던 섬들의 처리에 대하여 독도(Liancourt Rocks, Takeshima)는 초안 제3조에 일본 소속으로 넣을 것을 건의한다. 이 섬에 대한 일본의 주장은 오래되었고 타당한 것으로 보이며, 이 섬을 한국 근해의 섬으로 간주하기는 어렵다고 본다.」[5]

즉 시볼드는 앞서의 전보문에서, 독도(Liancourt Rocks, Takeshima)에 대한 재고를 권고한다고 하면서, "이 섬에 대한 일본의 주장은 오래되었고 타당성이 있는 것으로 보인다"고 하여 그의 재고 요청이 일본인의 주장에 따른 것이며 따라서 일본의 로비활동에 동의하여 권고하는 것임을 시사하였다. 또한 그는 독도에 미군의 기상관측소와 레이더 관측

---

4) 신용하 편저, 『獨島領有權 資料의 探究』 제3권, pp. 302-305 참조. 이 전보의 이 부분의 원문은 다음과 같다. "Article 6: Recommend reconsideration Liancourt Rocks (Takeshima). Japan? claim to these islands is old and appears valid. Security considerations might conceivably envisage weather and radar stations thereon.?"

5) 신용하 편저, 『獨島領有權 資料의 探究』 제3권, pp. 305-313 참조. 이 문서의 이 부분의 원문은 다음과 같다.
"THE FOREIGN SERVICE OF THE UNITED STATES OF AMERICA
740.0011PW (Peace)/11-1949
United States Political adviser for Japan
Tokyo, November 19, 1949
(…)
With regard to the disposition of islands formerly possessed by Japan in the direction of Korea it is suggested that Liancourt Rocks(Takeshima) be specified in our proposed Article 3 as belonging to Japan. Japan? claim to these islands is old and appears valid, and it is difficult to regard them as islands off the shore of Korea.
(이하 생략)"

소 설치를 예견하여 안보적 관점에서 독도를 고찰할 필요가 있다고 지적한 점으로 보아, 일본측에서 독도를 일본에 소속시켜 주면 독도를 미국 공군의 기상 및 레이더 관측소로 제공하겠다는 언질을 주어 로비한 것으로 추정된다.

시볼드는 서류로 제출한 의견서에서, 독도(Liancourt Rocks)는 일본영토를 규정한 제3조에 특별히 지목해서(명칭을 들어서) 일본에 소속시켜야 한다고 주장하였다. 그는 이 섬에 대한 일본의 주장은 오래되었고 타당한 것으로 보인다고 하면서 이 섬을 한국 근해의 섬으로 보기는 어렵다고 주장하였다.

또한 시볼드는 독도에 기상 및 레이더 관측소를 설치하는 것이 미국의 국익이 된다는 안보적 고려도 해야 한다고 강조함으로써, 독도를 미국 공군의 군사기지로 사용하도록 제공하겠다는 미끼를 내세운 일본의 로비에 매혹되어, 제5차 미국초안까지 사실에 입각해서 판정하여 한국에 반환한 한국의 독도를 일본에 부속시키려고 시도하였다.

시볼드가 미국의 안보적 고려를 내세우며 제5차까지의 미국초안을 수정하고 원주인 한국에 반환된 독도를 일본부속으로 수정하려고 권고한 것은 맥아더 장군의 동의를 받은 것으로 서류에 시사되고 있다.

연합국측은 이미 1946년 1월 29일 역사적 진실에 입각해서 독도를 한국영토로 판정하여 주한 미군정에 반환했으며, 1948년 8월 15일 대한민국 정부가 수립되자 한국정부에 인계되어 대한민국의 영토로서 이미 대한민국이 독도에 주권을 행사하고 있었다. 또한 대한민국은 1948년 12월 12일 국제연합에 의해 국제법상 합법적 정부로 공인되고 법인되었다. 따라서 이미 대한민국 영토로서 국제법상 공인되고 확립된 독립국가의 국제법상 공인된 영토인 독도에 대하여 미국인 시볼드가 미국의 국가이익을 위하여 한국영토인 독도를 일본에 부속시키려고 획책한 것은 천만부당한 시도였으며 분쟁의 씨앗을 뿌리는 일이었다. 시볼드는 일본측의 로비에 넘어가서 미국의 국가이익을 내세우며 일본을 위하여 활동했던 것이다.

3. 미국측 제6차 초안 시안의 독도 귀속 수정 시도

미국측은 시볼드의 건의를 받아들여 제6차 미국초안(1949. 12. 29.)의 시안에서는 제3조의 일본영토 규정 조항에 처음으로 독도를 '다케시마(Takeshima)'[죽도(竹島), Liancourt Rocks]라는 호칭으로 포함시켰다.[6] 그리고 일본이 포기하는 한국영토의 조항인 제6조에서는 제주도·거문도·울릉도만 남기고 독도를 제외시켰다.[7] 이것은 한국부속령으로 기재했

---

6) 신용하 편저, 『獨島領有權 資料의 探究』 제3권, pp. 313-314 참조; "DRAFT TREATY OF PEACE WITH JAPAN (December 29, 1949)
COMMENTARY DRAFT TREATY
(전략)
CHAPTER II
TERRITORIAL CLAUSES
Article 3
1. the territory of Japan shall comprise the four principal Japanese islands of Honshu, Kyushu, Shikoku and Hokkaide and all adjacent minor islands, including the islands of the Inland Sea (Seto Naikai); Tsushima, Takeshima (Liancourt Rocks), Oki Retto, Sado, Okujiri, Rebun, Riishiri and all other islands in the Japan Sea (Nippon Kai) within a line connecting the farther shores of Tsushima, Takeshima and Rebun; the Goto archipelago, the Ryukyu Islands north of 29°N. latitude, and all other islands of the East China Sea east of longitude 127°east of Greenwich and north of 29°N. latitude; the Izu Islands southward to and including Sofu Gan (Lot's wife) and all other islands of the Philippine Sea nearer to the four principal islands than the islands named; and the Habomai group and Shikotan lying to the east and south of a line extending from a point in 43°35´N. latitude, 145°35´E. longitude, and to the south of a line drawn due east on th parallel in 44°N. latitude. All of the islands identified above, with a three-mile belt of territorial waters, shall belong to Japan."

7) 신용하 편저, 『獨島領有權 資料의 探究』 제3권, p. 315 참조.

던 독도를 일본부속령으로 수정하여 옮기려고 시도한 것이었다.

이어서 제6차 미국초안의 시안에 대한 주석(commentary)에서는 독도를 일본부속령으로 옮긴 이유를 설명하였다. 즉 독도(Takeshima)는 한국과 일본의 등거리 중간 지점에 있는데, 명백하게 1905년에 일본이 영토편입을 주장하여 시마네현 오키도사(隱岐島司)의 관리하에 두었다는 것이다. 또한 독도는 물개 서식지인데, 일본 어부들은 특정 계절에 독도에 이동 거주해 온 것이 장기간이 되었다는 것이다.

미국측은 제6차 미국초안의 시안 주석에서 울릉도와 달리 죽도(독도, 다케시마)는 한국 명칭이 없으며, 한국영토라고 주장된 바도 없다고 하였다. 독도는 미군점령기에 공군 폭격연습장으로 사용된 바 있으며, 기상 및 레이더 관측소 부지로서의 가치를 갖고 있다고 다음과 같이 설명하였다.

> 「죽도(Liancourt Rocks)
>
> 두 개의 무인소도로 구성된 다케시마는 동해 가운데 일본과 한국의 중간 지점에 있는데, 한국의 항의 없이 명백하게 1905년 일본이 공식적으로 영토편입을 주장하여 시마네현 오키도사(隱岐島司)의 관리 하에 두었다.
>
> 그곳은 물개 서식지인데, 오랫동안 일본 어부들이 특정 계절에 이동 거주했다는 기록이 있다.
>
> 서쪽에 조금 떨어져 있는 울릉도와는 달리 죽도는 한국 명칭이 없으며, 한번도 한국영토로 주장된 바 없다.
>
> 그 섬은 점령기간에 미군의 폭격연습장으로 사용되어 왔으며, 기상 관측소 및 레이더 관측소 기지로 사용될 수 있는 가치가 있다.」[8]

Article 6

Japan hereby renounces in favor of Korea all rights and titles to the Korean mainland territory all offshore Korean islands, including Quelpart (Saishu To), the Nan How group (San to, or Komun Do) which forms Port Hamilton (Tonaikai), Dagelet Island (Utsuryo To, or Matsu Shima), and all other offshore Korean islands and islets to which Japan had acquired title.

미군측의 이 주석을 보면 일본 외무성의 『일본의 부속소도(Minor Islands Adjacent to Japanese Proper)』에서 주장하고 있는 바를 그대로 복사한 것이어서, 미국측의 독도 일본영토 귀속 수정안이 일본측 로비에 의한 것임을 바로 알 수 있다. 미국측은 일본의 로비에 따라서 독도는 한국에는 명칭조차 없으며, 독도를 한국영토로 주장한 적도 없었다고 일본측이 날조한 새빨간 거짓말을 그대로 말하면서 로비하였다. 또한 독도를 미국 공군의 기상 및 레이더 관측소 기지로 사용하여 미국의 이익을 도모하자는 안도 일본이 던진 미끼를 미국이 받아서 진실을 왜곡하면서까지 독도를 일본에 부속시키려고 획책한 것임을 알 수 있다.

두말할 것도 없이 미국측의 이 모든 주석은 사실과 너무 다른 허위이다. 우선 1905년 일본이 독도를 영토편입했을 때 한국의 항의를 받은 바 없었다는 것은 명백히 전혀 사실이 아니다. 1905년 1~2월 당시 일본은 독도를 소위 '영토편입'한다는 내각회의 결정을 해 놓고 한국이 알까 두려워 이를 『관보』에 올리지 못했고, 중앙신문에 보도하지도 못하게 하였다. 오직 시마네현 '관내(管內)에 고시'토록 지시하여 지방청에서 한

---

8) 신용하 편저, 『獨島領有權 資料의 探究』 제3권, pp. 315-316; "Commentary on Draft Treaty of Peace with Japan (July, 1950)"
"(…)
Takeshima (Liancourt Rocks)
The two uninhabited islets of Takeshima, almost equidistant from Japan and Korea in the Japan Sea, were formally claimed by Japan in 1905, apparently without protest by Korea, and placed under the Jurisdiction of the Oki Islands Branch Office of Shimane Prefecture.
They are a breeding ground for sea lions, and records show that for a long time Japanese fishermen migrated there during certain seasons.
Unlike Dagelet Island a short distance to the west, Takeshima has no Korean name and does not appear ever to have been claimed by Korea. The islands have been used by U.S. forces during the occupation as a bombing range and have possible value as a weather or radar station site."

국인이 모르도록 고시하였다. 그러므로 한국정부와 국민은 이러한 일본의 독도 '영토편입' 주장을 전혀 알지 못했었다. 그러나 뒤늦게 1906년 3월에 이를 알게 되자, 당시 한국정부, 신문, 국민, 지식인들이 모두 신랄히 항의하고 이를 인정하지 않았음은 앞서 밝힌 바와 같다.[9]

또한 독도는 울릉도 주민의 생활권이어서 해마다 연속해서 독도에 들어가 계절적으로 거주하며 고기잡이를 한 것은 울릉도의 한국 어민들이었다.

더구나 독도는 한국 이름도 없으며, 한국의 소유로 주장된 바도 없다는 미국측 설명은 참으로 황당무계한 거짓말로서 일본이 날조하여 미국을 속인 것이며, 미국이 일본 로비에 속아 한국정부와 국민에게 큰 잘못을 저지른 사례가 된다. 한국은 우산도(于山島)·석도(石島)·독도(獨島)라는 이름으로 서기 512년부터 독도의 한국 명칭을 가졌음은 고문헌에 의해 잘 증명되어 있다.

또한 일본은 1905년 일본에 '영토편입'할 때 독도를 주인 없는 땅, 즉 '무주지'라고 전제하고 '무주지선점'에 의거한 영토편입이라고 했었다. 그러나 독도는 서기 512년 우산국(于山國)이 신라에 병합될 때부터 1905년 당시까지 한국이라는 주인이 있던 유주지(有主地)였다. 그러므로 무주지선점론에 근거한 1905년 독도의 '일본영토편입'은 독도가 당시 무주지가 아니라 유주지였기 때문에 원천적으로 성립되지 않으며 무효인 것이다. 독도가 무주지가 아니라 한국을 주인으로 한 유주지였다는 사실은 제6차 미국초안 시안의 독도 처리안도 무효가 됨을 잘 나타내 주는 것이라고 볼 수 있다.

---

9) 신용하, 「1951년 샌프란시스코 평화조약 때 일본측 로비에 오용된 1905년 독도 침탈 자료」, 『독도연구보전협회 학술대회논문집』, 2010 참조.

시볼드의 의견서는 미국 정치고문과 고급장교들이 일본 로비에 잘 속는다는 사실과 미국의 친일파 정치고문과 고급장교 일부의 무지몽매만을 잘 증명해 주었고, 문제해결만 어렵게 만들었다고 볼 수 있다.

4. 샌프란시스코 평화조약 준비문서로서의 「연합국의 구 일본영토 처리에 관한 합의서」와 독도의 한국귀속

연합국은 일본을 1952년에 재독립시켜 주기 위한 준비 절차로 1951년에 일본과 평화조약을 체결하기로 결정했고 평화조약의 준비작업문서(the Preparatory works)로서 1950년에 「연합국의 구 일본영토 처리에 관한 합의서(Agreement Respecting the Disposition of Former Japanese Territories)」를 합의하여 작성하였다. 왜냐하면 영토문제 처리는 시간이 많이 걸리므로 1년 전에 미리 합의하여 평화조약 체결을 편리하게 하기 위해서였다.

이 「합의서」 제3항에서는 독도를 다음과 같이 대한민국(to the Republic of Korea)에게 완전한 주권을 이양하여 한국영토로 귀속시킴을 명백히 규정하였다.

> 「연합국은 한국에게 한반도와 그 주변의 한국의 섬들에 대한 완전한 주권을 대한민국에 이양하기로 합의했는데, 그 섬에는 제주도, 거문도, 울릉도, 독도(Liancourt Rocks, Takeshima)를 포함한다. (이하 생략)」[10]

이 문서는 실제로는 1947년부터 준비되기 시작하였는데, 제6차 미국 초안의 시안 작성(1949. 12. 29.) 직전인 1949년 12월 19일 처음 초안이

10) 신용하 편저, 『獨島領有權 資料의 探究』 제3권, pp. 265-266, 「聯合國의 舊日本領土 處理에 관한 合意書」 참조.

작성되어,[11] 1950년의 「연합국의 구 일본영토 처리에 관한 합의서」로 준비된 것이었다.[12] 모두 5개항으로 되어 있는데, 제1항은 중국에 반환시킬 영토, 제2항은 소련에 반환할 영토, 제3항은 한국에 반환할 영토, 제4항은 미국의 신탁통치에 위임할 섬들, 제5항은 유구열도의 미국에의 신탁통치 위임을 규정하고 있다.

제3항의 한국에 반환할 영토로서는 한반도 본토와 그 주변의 모든 섬(all offshore Korean islands)인데, 여기에 대표적 예로 든 속에는 제주도, 거문도, 울릉도와 함께 독도가 리앙꼬르드암도(Liancourt Rocks, Takeshima)라는 서양 호칭(및 괄호 속에 竹島)으로 한국에 반환해서 한국영토로 처리됨을 극히 명료하게 밝혔다.

이 「합의서」는 부속지도를 첨부하여 독도(○ 안의 부분)가 한국영토이며 일본에서 제외됨을 명확히 밝혔다(그림 13-2). 이 지도는 원래 미국의 1947년 8월 5일자 초안(제2차 초안)에 부착된 지도였는데, 북방 4개 섬을 일본영토에서 제외하여 수정을 가한 1949년 11월 2일 초안(제5차 초안)에서도 독도 부분은 한국영토로 그대로 사용되었다. 독도에 대한 연합국과 미국의 입장이 변동이 없었으므로, 이 지도는 다시 「연합국의 구 일본영토 처리에 관한 합의서」에도 참고자료로써 그대로 사용된 것으로 보인다.

11) 이석우, 「미국 국립문서보관소 소장 독도 관련자료」, 『서울국제법연구』 제9권 제1호, 2002 참조.

12) 신용하 편저, 『獨島領有權 資料의 探究』 제3권, pp. 264-267 참조.

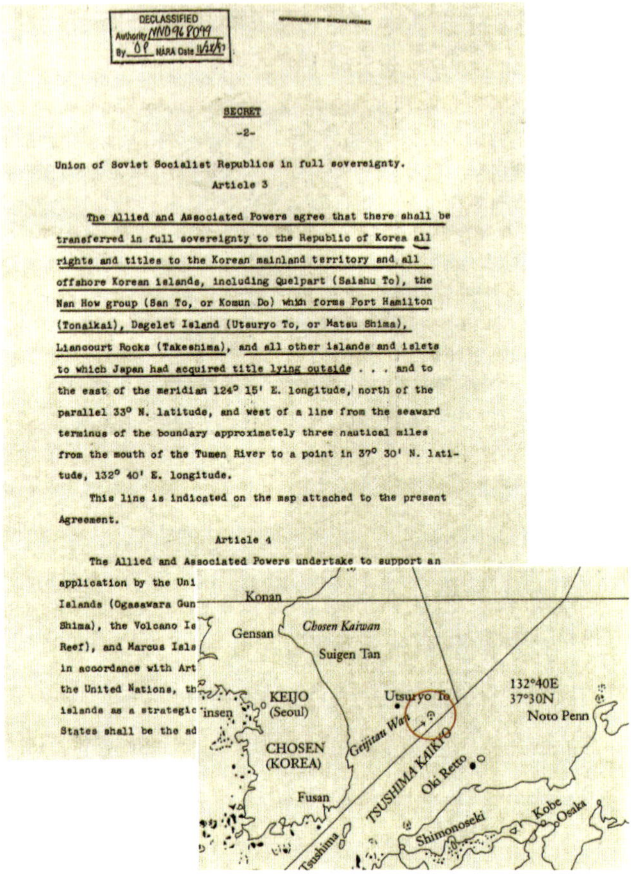
DECLASSIFIED

SECRET

-2-

Union of Soviet Socialist Republics in full sovereignty.

Article 3

The Allied and Associated Powers agree that there shall be transferred in full sovereignty to the Republic of Korea all rights and titles to the Korean mainland territory and all offshore Korean islands, including Quelpart (Saishu To), the Nan How group (San To, or Komun Do) which forms Port Hamilton (Tonaikai), Dagelet Island (Utsuryo To, or Matsu Shima), Liancourt Rocks (Takeshima), and all other islands and islets to which Japan had acquired title lying outside . . . and to the east of the meridian 124° 15' E. longitude, north of the parallel 33° N. latitude, and west of a line from the seaward terminus of the boundary approximately three nautical miles from the mouth of the Tumen River to a point in 37° 30' N. latitude, 132° 40' E. longitude.

This line is indicated on the map attached to the present Agreement.

Article 4

The Allied and Associated Powers undertake to support an application by the Uni
Islands (Ogasawara Gun
Shima), the Volcano Is
Reef), and Marcus Isla
in accordance with Art
the United Nations, th
islands as a strategic
States shall be the ad

그림 13-2. 1950년「연합국의 구 일본영토 처리에 관한 합의서」 제3항의 독도 등을 대한민국의 완전한 주권에 귀속시킨다는 부분과 부속지도 부분(자료: 신용하 교수)

이 문서는 연합국이 독도를 한국영토로 판정하여 반환시켰음을 극명하게 보여주는 귀중한 자료이다. 이 문서에 대해서는 특히 다음의 두 가지 사실을 주목할 필요가 있다.

첫째,「연합국의 구 일본영토 처리에 관한 합의서」는 다음해의 연합국의 대(對)일본 평화조약을 위한 준비작업문서라는 사실이다. 이 점은 매우 중요한 것이다. 만일 다음해의 본 조약문에서 해석에 애매모호한 점이 있거나 해석에 논쟁이 발생할 경우에는 이 준비문서(preparatory works)에 의거하여 해석해야 하기 때문이다.

둘째, 「연합국의 구 일본영토 처리에 관한 합의서」는 '구 일본영토 처리'에 대한 어느 1국의 합의서가 아니라 그야말로 '연합국'의 합의서라는 사실이다. 이 점도 매우 중요한 것이다. 왜냐하면 어느 한 강국이 개별적으로 다른 의견을 가질 수도 있고, 또는 일본의 로비에 의하여 본래의 견해가 흔들릴 수도 있기 때문이다. 그러나 이러한 개별적 의견의 흔들림 여하에도 관계없이, '연합국'의 전체 의견은 이 「연합국의 구 일본영토 처리에 관한 합의서」에 의존하게 되기 때문이다.

「연합국의 구 일본영토 처리에 관한 합의서」는 일본의 로비 때문에 1950년에 연합국 수뇌의 서명을 받는 단계까지는 가지 못한 것으로 보인다. 만일 서명을 받았다면 독도영유권은 일본 로비의 대상이 될 필요가 없었을 것이다. 그러나 그것이 준비문서에 끝났다 할지라도 이 준비문서는 연합국이 1949년 12월까지 합의한 사실에 기초한 준비문서이기 때문에 그 후 연합국의 조약문의 애매모호한 문구에 대한 해석에는 그 어느 일국의 문서보다 강력한 결정적 참조자료가 되는 매우 귀중한 준비문서라고 볼 수 있다.

이 「합의서」는 연합국 대표의 서명한 협정은 아니지만 만일 후에 체결될 일본과의 평화조약 조약문에서 애매한 사항이 있어 해석에 논란이 있을 경우에 적용해야 할 극히 중요한 연합국의 준비문서로 사용될 수 있는 것이었다. 세계 각국은 "1969년 조약법에 관한 비엔나 협정(1969 Vienna Convention on the Law of Treaties)"을 체결했는데, 그 32조에서는 조약 해석에 의문이 있을 때에는 "조약의 준비작업과 결론의 환경(the preparatory work of the treaty and the circumstances of its conclusion)"

을 해석의 보조수단으로 적용하도록 규정하였다.

만일 1951년 샌프란시스코에서 체결된 "연합국의 일본에 대한 평화조약"의 조문 해석에 의문이 있거나 애매한 경우에는 영토 문제의 경우 「연합국의 구 일본영토 처리에 관한 합의서」가 가장 가까운 직접의 준비물(the preparatory work of the treaty)이 되는 것이다.

이 준비작업의 문서물 제3항에서 독도(Liancourt Rocks, Takeshima)는 대한민국의 완전한(배타적) 영토로 명백히 규정되어 있다.[13]

5. 영국 · 오스트레일리아 · 뉴질랜드의 항의 질문과 영국초안 및 영 · 미합동초안

미국측이 독도를 제1~5차 미국초안까지는 미국이 한국영토에 포함시켰다가 제6차 초안 시안에서는 일본영토로 수정하여 옮기고, 제6차 초안의 시안과 그 설명서를 보내어 미국이 독도를 일본영토로 수정하고자 원하는 이유를 설명하였다.[14]

그러나 뉴질랜드· 오스트레일리아· 영국 등 태평양전쟁에서 일본과 교전하여 큰 발언권을 가지고 있는 나라들이 미국의 수정 시도에 승복하지 않았다. 특히 영국은 독자적인 새로운 일본과의 평화조약 초안을 3차까지 만들었다.

영국은 제1차 영국초안(1951년 2월 28일자)[15]과 제2차 영국초안(1951

---

13) 신용하, 「독도영유권과 연합국의 독도문제 처리」, 『독도학회 학술회의 논문집』, 2003; 신용하, 『한국의 독도영유권 연구』, 경인문화사, 2006, pp. 209-248 참조.

14) 신용하 편저, 『獨島領有權 資料의 探究』 제3권, pp. 329-332, 「오스트레일리아 質問에 대한 美國答辯書」 참조.

15) 신용하 편저, 『獨島領有權 資料의 探究』 제3권, pp. 333-335, 「對日講和條約 第1次 英國草案」 참조.

년 3월)을 제안했는데, 한국과 관련해서는 제1항에서 제주도와 후쿠에도(福江島) 사이, 한반도와 대마도 사이, 독도(Takeshima)와 오키도(隱岐島) 사이를 연결하는 선을 그음으로써 제주도와 독도를 한국영토에 포함시키고 대마도와 오키도를 일본영토에 포함시켜 원래 연합국이 합의했던 대로 정확하게 복원하였다.[16]

제3차 영국초안에서도 역시 한국 쪽과 관련된 부분의 구획선을 제주도와 후쿠에도(福江島) 사이, 한반도와 대마도 사이, 독도와 오키도 사이에 그어서, 제주도와 독도는 한국영토로 귀속시키고, 대마도와 오키도는 일본영토로 귀속시키는 영국의 입장과 견해를 거듭 명확히 하였다.[17](그림 13-3)

영국의 이러한 입장은 연합국의 일본과의 평화조약 준비 직전에 합의한 바와 일치한 것이며, SCAPIN 제677호를 존중한 것이었다.[18]

미국측은 제6차 미국초안의 시안이 영국·오스트레일리아·뉴질랜드 등 동맹국의 지지를 받지 못하자 제6차 미국초안의 시안을 폐기하고 제7차 초안을 작성하였다. 제7차 미국초안에서는 일본과 한국의 영토 조항을 아예 빼어 버리고 간단하게 중국과 소련에 반환되는 섬 이름만 언급하는 데 그쳤다. 이것은 초안 작성자 사이에서 독도를 한국영토로부터 일본영토로 옮기는 데 대한 반대가 매우 컸음을 나타내 주는 것이기도 하다.[19]

---

16) 신용하 편저, 『獨島領有權 資料의 探究』 제3권, pp. 335-339, 「對日講和條約 第2次英國草案」 참조.

17) 신용하 편저, 『獨島領有權 資料의 探究』 제3권, pp. 339-344, 「對日講和條約 第3次英國草案」 참조.

18) 정병준, 「영국외무성의 對日평화조약 초안·부속지도의 성립(1951. 3.)과 한국독도영유권의 재확인」, 『한국독립운동사연구』 제24집, 2005 참조.

19) 신용하 편저, 『獨島領有權 資料의 探究』 제3권, pp. 317-319, 「對日講和條約 第7次

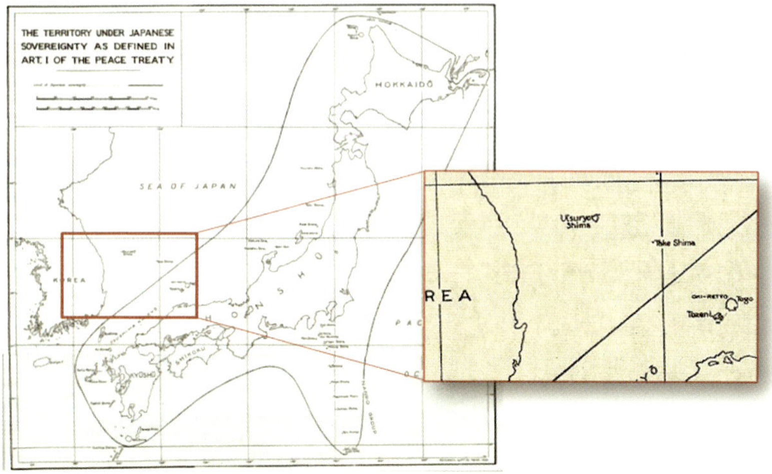

그림 13-3. 독도를 한국영토에 넣고 일본영토에서 제외한 연합국의 대(對)일본평화조약 영국 제3차 초안의 부속지도(자료: 정병준 교수)

제8차 미국초안에서는 영토 조항을 더욱 간략히 만들어 제4조에서 일본은 한국의 독립을 인정하고 한국과의 관계는 유엔총회와 안전보장이사회의 결정에 의거한 관계를 갖는다고만 규정하였다. 제8차 초안에 부수한 각서에서도 한국에 대해서는 독립 인정 이 외에는 언급하지 않았다.[20)]

제9차 미국초안에서는 일본영토 조항을 설정하지 않고 제3장의 영토 조항 제3조에 일본은 한국에 관한 모든 권리, 권원, 청구권을 포기한다고만 명시하고, 구체적인 섬 이름들을 어느 것도 들지 못하였다.[21)]

美國草案」 참조.

20) 신용하 편저, 『獨島領有權 資料의 探究』 제3권, pp. 319-324, 「對日講和條約 第8次 美國草案覺書」 및 「對日講和條約 第8次 美國草案」 참조.

21) 신용하 편저, 『獨島領有權 資料의 探究』 제3권, pp. 324-328, 「對日講和條約 第9次 美國草案」 및 同 解說 참조.

미국측은 일본측과 시볼드의 로비를 수용한 제6차 초안 시안을 폐기한 후에는 독도를 한국영토에서 제외시키고 일본영토에 포함하는 수정을 시도하지 않았다. 미국정부 제7차·제8차·제9차 초안에서는 독도 등 섬들의 명칭을 빼고 아예 구체적으로 거론하지 않는 방식을 채택하였다. 즉 일본의 로비는 제6차 미국초안의 시안에서만 완전히 성공했고, 제7차·제8차·제9차 미국초안에서는 일본영토에서도 독도 명칭을 빼어서 SCAPIN 제677호와 연합국의 합의에 맡기는 방식을 택하게 되었다.

또한 영국·오스트레일리아·뉴질랜드 등이 3차에 걸쳐 영국초안을 작성함에 당황한 미국정부는 영국을 설득하여 '미·영합동초안'을 만들게 되었다. 두 차례 합동초안을 작성하고, 개정초안까지 만들었으나, 상당한 의견 차이가 있었던 모양으로, 독도를 한국영토에 포함시키려는 영국초안이나 독도를 일본영토로 수정하려는 미국의 시도 어느 것도 문서상으로는 성공하지 못하였다. '미·영합동개정초안'에서는 대(對)일본평화조약에서 독도 명칭 자체를 조약 초안에서 빼어 버려 그 이전의 연합국의 합의에 미루어 버리는 방식으로 애매모호하게 처리하였다.

미·영합동초안(1951년 5월 3일자)을 작성하기 위한 연합국 실무자들의 토론회 회의록이 일부 남아 있는데 현재 공개된 것은 매우 부실하다. 제1~6차의 토론 내용은 자료가 없어 그 사이 영국측과 미국측의 다른 의견이 어떠한 방법으로 어떻게 조정되었는지 알 수 없다. 뿐만 아니라 1951년 5월 2일 오전 10시에 개최된 제7차 토론회의 내용도 '요약기록(summary record)'이라고 하면서 결론만 몇 마디씩으로 남겨 놓으니 정작 그 토론과정을 알 수 없다.[22)]

---

22) 신용하 편저, 『獨島領有權 資料의 探究』 제3권, pp. 345-348, 「對日講和條約을 위한 英美 토론」 및 同 解說 참조.

이튿날인 1951년 5월 3일 바로 「제1차 미·영합동초안」이 작성되었는데, 영토를 다룬 장의 제2조에서 일본은 한국에 대한 모든 권리·권원·청구권을 포기한다고 하고, 괄호 안에 제주도·거문도·울릉도를 포함한다는 문구를 넣었다.[23)]

제1차 미·영합동초안을 놓고 연합국 실무대표들이 토론을 하게 되었는바, 「미·영합동초안(5월 3일자)에 대한 연합국 토론」은 매우 중요한 사실을 알려 주는 자료이다. 우선 뉴질랜드가 이 미·영초안에 반대하고 제3차 영국초안처럼 제1조에 경위선을 정확히 표시하여 일본영토를 정확히 한정시키자고 주장하였다. 왜냐하면 그래야만 일본 주변에 있는 어떠한 섬에 대해서도 주권분쟁의 여지를 남기지 않도록 보장되기 때문이라고 하였다. 뉴질랜드의 이 주장을 독도에 적용하면, 영국초안처럼 독도와 오키도 사이에 명확하게 선을 그어 일본영토의 정확한 한계를 표시해서 독도는 한국영토, 오키도는 일본영토임을 표시해야 일본 부근의 섬들이 주권분쟁의 여지가 없어지게 된다는 것이었다.[24)]

---

23) 신용하 편저, 『獨島領有權 資料의 探究』 제3권, pp. 348-350, 「對日講和條約 英美第1次 合同草案」 참조.

24) 신용하 편저, 『獨島領有權 資料의 探究』 제3권, pp. 351-353, 「英美合同草案에 대한 聯合國 討論」 참조. III. Views of Other Governments

"(중략)

New Zealand

In view of the need to ensure that none of the island near Japan is left in disputed sovereignty, the New Zealand Government favours the precise delimitation by latitude and longitude of the territory to be retained by Japan as suggested in Article 1 of the United Kingdom? draft. The adoption of this device could for example make it clear that the Habomai Islands and Shikotan at present under Russian occupation will remain with Japan.? (Comment ?In the discussion at Washington the British agreed to drop this proposal when the U.S. pointed to the psychological disadvantages of seeming to fence Japan in by a continuous line around Japan.

The Japanese had objected to the British proposal when it was discussed with them in Tokyo. U.S. willingness to specify in the treaty that Korean territory included Quelpart,

이에 대한 미국의 코멘트를 보면, 그렇게 하는 경우, 일본에게 울타리를 친 것같이 보여서 심리적으로 일본에게 불이익을 줄 것 같아서 영국초안을 사용하지 않기로 미·영 간 합의했다는 것이다. 이 코멘트는 동경에서 영국초안을 토론할 때 일본인들이 영국초안에 반대했기 때문에 이 안을 폐기했으며, 한국영토에 제주도·거문도·울릉도를 포함시키는 미국초안을 가지고 영국측을 설득했다는 것이다.[25)]

미국은 일본과의 평화조약 초안에서 한국영토 부분을 다루면서 한국정부에 대해서는 하등의 협의나 의견 조정 없이 정보까지 주지 않으면서, 일본에 대해서는 일본인들이 반대하는 것은 미국도 하지 않는 매우 불공정한 상태에서 한국의 영토문제를 다루었음을 주목할 필요가 있다. 그러나 뉴질랜드는 독도가 한국영토임에도 불구하고 미국의 일방적인 친일적인 애매모호한 초안 작성으로 후에 일본이 분쟁을 일으킬 여지를 남기는 것이라고 명료하게 지적한 것이었다.

그리하여 「미·영합동개정초안」(1951. 6. 14.)의 제2장 영토 부분에서는 제2조 a항에서 "일본은 한국의 독립을 인정하고, 제주도·거문도·울릉도를 포함한 한국에 대한 모든 권리, 권원, 청구권을 포기한다"는 문장으로 처리하고, 일본영토의 내용 설명은 하지 않았다.[26)] 독도는 한국영토 표시에서 누락되었지만 일본영토에도 표시하지 않았으며, 아예 일본영토 표시 조항 자체를 빼 버렸다. 독도 이름을 한국영토 조항에서도 누락시키고, 일본 조항도 올리지 못한 채 빼고, 애매모호하게 처리하면

Port Hamilton and Dagelet also helped to persuade the British. As regards the Habomais and Shikotan, it has seemed more realistic, with the USSR in occupation of the islands, not specifically to stipulate their return to Japan.)"

25) 신용하 편저, 『獨島領有權 資料의 探究』 제3권, pp. 352-353, "Comment" 참조.

26) 신용하 편저, 『獨島領有權 資料의 探究』 제3권, pp. 354-359, 「對日講和條約 英美合同改定草案」 참조.

서, 미국은 아예 독도문제를 다른 연합국의 합의에 미루어 버리고 회피하는 방책을 쓴 것이었다. 이것은 뉴질랜드가 지적한 허점을 만든 것이었다.

6. 샌프란시스코 평화조약에서의 독도 표기 누락 및 SCAPIN 제677호 효력 지속 부활 및 독도의 한국영토 공인

이상과 같은 과정으로 1951년 9월 8일 미국 샌프란시스코에서 체결된 연합국의 '대(對)일본평화조약'에서는 독도는 처음에 한국영토로 표시되었다가, 일본이 미국을 앞세워 맹렬한 로비를 한 결과 독도 명칭이 조약문에서 사라져 버렸다.27)

27) 신용하 편저, 『獨島領有權 資料의 探究』 제3권, pp. 387-389 참조. '대(對)일본평화조약'의 이 부분의 원문은 다음과 같다.
"PREAMBLE
Whereas the Allied Powers and Japan are resolved that henceforth their relations shall be those of nations which, as sovereign equals, cooperate in friendly association to promote their common welfare and to maintain international peace and security, and are therefore desirous of concluding a Treaty of Peace which will settle questions still outstanding as a result of the existence of a state of war between them;
Whereas Japan for its part declares its intention to apply for membership in the United Nations and in all circumstances to conform to the principles of the Charter of the United Nations; to strive to realize the objectives of the Universal Declaration of Human Rights; to seek to create within Japan conditions of stability and well-being as defined in Articles 55 and 56 of the Charter of the United Nations and already initiated by post-surrender Japanese legislation; and in public and private trade and commerce to conform to internationally accepted fair practices;
Whereas the Allied Powers welcome the intentions of Japan set out in the foregoing paragraph;
The Allied Powers and Japan have therefore determined to conclude the present Treaty of Peace, and have accordingly appointed the undersigned Plenipotentiaries, who, after presentation of their full powers, found in good and due form, have agreed on the following provisions:

연합국의 일본과의 평화조약에서 한국 관계는 제2장 제2조 a항에서

CHAPTER I
PEACE

Article 1

(a) The state of war between Japan and each of the Allied Powers is terminated as from the date on force between Japan and the Allied Power concerned as provided for in Article 23.

(b) The Allied Powers recognize the full sovereignty of the Japanese people over Japan and its territorial waters.

CHAPTER II
TERRITORY

Article 2

(a) Japan, recognizing the independence of Korea, renounces all right, title and claim to Korea, including the islands of Quelpart, Port Hamilton and Dagelet.

(b) Japan renounces all right, title and claim to Formosa and the Pescadores.

(c) Japan renounces all right, title and claim to the Kurile Islands, and to that portion of Sakhalin and the islands adjacent to it over which Japan acquired sovereignty as consequence of the Treaty of Portsmouth of September 5, 1905.

(d) Japan renounces all right, title and claim in connection with the League of Nations Mandate System, and accepts the action of the United Nations Security Council of April 2, 1947, extending the trusteeship system to the Pacific Islands formerly under mandate to Japan.

(e) Japan renounces all claim to any right or title to or interest in connection with any part of the Antarctic area, whether deriving from the activities of Japanese nationals or otherwise.

(f) Japan renounces all right, title and claim to the Spratly Islands and to the Paracel Islands.

Article 3

Japan will concur in any proposal of the United States to the United Nations to place under its trusteeship system, with the United States as the sole administering authority, Nansei Shoto south of 29°north latitude (including the Ryukyu Islands and the Daito Islands), Nanpo Shoto south of Sofu Gan (including the Bonin Islands, Rosario Island and the Volcano Islands) and Parece Vela and Marcus Island. Pending the making of such a proposal and affirmative action thereon, the United States will have the right to exercise all and any powers of administration, legislation and jurisdiction over the territory and inhabitants of these islands, including their territorial waters.

(이하 생략)"

“일본은 한국의 독립을 인정하며, 제주도·거문도·울릉도를 포함한 한국(한반도)에 대한 모든 권리·권원·청구권을 포기한다”고 되어 있다. 여기서는 일본이 포기하는 섬 이름에 독도가 명시되어 있지 않은 것이다.

일본측에서는 이것을 갖고 연합국의 일본과의 평화조약에서 독도가 일본영토임을 연합국에 의해 인정받았다고 주장하는 사람들이 있다. 그러나 이것은 전혀 그렇지 않다. 그렇게 주장되려면 제6차 미국초안의 시안처럼 독도가 일본영토라고 명백히 명문(明文)으로 표시되고 한국영토 관련 조항에서는 일본이 포기하는 섬들에서 독도가 삭제되어야만 하는 것이다.

일본은 적극적인 로비를 하여 시볼드를 내세워 미 국무부를 설득하여 제6차 미국초안의 시안에서는 위와 같은 과정의 초안을 작성하는 데 일단 성공했었다. 그러나 제6차 초안의 시안에 대하여 뉴질랜드·오스트레일리아·영국 등 연합국 일부가 반대하고 영국이 독도를 일본영토에서 제외하여 한국영토에 포함시킨 독자안을 추진했기 때문에, 미국은 제6차 초안의 시안을 폐기하여 결국 독도를 일본영토 안에 포함하는 문장과 조항은 삭제해 버렸고, 일본이 포기하는 영토의 조항에서도 독도를 삭제하여 애매모호하게 독도 영토귀속 문제를 다루지 않고 회피하여 넘어가게 되었다.

미국은 원래 SCAPIN 제677호에 의거하여 독도를 제1차 초안부터 제5차 초안까지는 한국영토에 넣고 일본영토에서는 제외했다가, 일본의 로비를 받고 제6차 초안의 시안에서는 일본영토에 넣고 한국영토에서 삭제한 수정을 시도했으나, 연합국의 뉴질랜드·오스트레일리아·영국 등이 독도를 한국영토에 넣는 초안을 작성하자, 미국은 제6차 초안의 시안을 폐기하였다. 그 결과 SCAPIN 제677호의 수정은 폐기되고, 다시 수정 이전의 상태로 돌아가서 SCAPIN 제677호는 효력이 부활하게 되었다. 그러므로 평화조약 최종안에서 독도 명칭이 보이지 않는다고 할지라도 독도의 영토귀속에 대해서는 연합국이 평화조약 이전에 독도의 영토귀속을 명문으로 명백하게 결정한 SCAPIN 제677호가 계속 유효하게 된 것이었다.

물론 일본 일부에서는 이 '과정'을 모르고 일본이 포기하는 섬에 이름이 명시되어 있지 않은 섬은 모두 일본영토라고 주장하는 사람들이 있다. 그러나 이것은 억지이다. 한국의 동남해안에는 수백 개의 크고 작은 섬들이 있다. 예컨대 거제도(巨濟島)와 오륙도(五六島)가 일본 방향에 있는데 이들이 평화조약 조문에 일본이 포기하는 섬으로 명시되어 있지 않으니 모두 일본영토라고 주장하면, 어찌 억지가 되지 않겠는가.

독도는 이미 1946년 1월 29일 SCAPIN 제677호에 의하여 한국영토로 법인되어 한국에 반환되었고, 이미 1948년 국제연합에 의해 공식 승인받은 주권국가 대한민국이 영유권을 재행사하고 있는 대한민국의 영토인데, 일본이 미국에게 독도를 1951년 평화조약 조약문에 일본영토에 명문(明文)으로 넣고 한국영토에서 제외시켜 달라고 졸라 대니, 처음에는 제6차 초안의 시안에서 이를 시도했다가 영국·오스트레일리아·뉴질랜드의 반대에 봉착하자 제6차 초안의 시안을 폐기하여 일본의 주장 반영도 폐기해 버린 것이었다.

그 대신 미국은 독도가 한국영토라고 명문으로 조약문에 표시하기를 주장하는 뉴질랜드·오스트레일리아·영국을 겨우 설득하여 독도를 조약문에 일본영토에도 명문으로 넣지 않고 한국영토에도 명문으로 넣지 않음으로써 일본의 로비에 대하여 미국의 체면을 세워 무마하면서, 독도문제를 회피하여 1946년 1월 29일 연합국이 이미 처리한 기존사실(SCAPIN 제677호)에 미루어 버린 것이었다.

7. 샌프란시스코 평화조약에서의 한국의 독도영유권 인정에 대한 당시 일본측의 이해

일본측도 샌프란시스코 평화조약 체결 직후에는 연합국이 독도를 한국영토로 인지하여 그 이전 연합국의 결정에 따라 한국의 독도영유권을 결정했고, 일본의 독도영유권 주장 로비는 실패하여 독도영유권 주장을 승인받지 못했음을 인정하였다.

일본이 1952년 4월 28일 재독립한 1개월 뒤인 1952년 5월 25일에 일본 마이니치 신문사가 일본 외무성의 도움을 받으며 『대(對)일본평화조약』이라는 616쪽의 해설서를 발행했는데, 그 첫 장에 샌프란시스코 평화조약에서 승인받은 「일본영역도(日本領域圖)」를 게재하면서, 사실대로 독도(Liancourt Rocks, 竹島)를 일본에서 제외하여 한국(조선)에 속하게 되었음을 명백하게 표시하였다.[28](그림 13-4)

일본측도 샌프란시스코 조약 체결 당시와 그 후에는 연합국이 '독도'(다케시마, 竹島)를 한국영토로 결정 재확인했고 일본영토가 아니므로 일본영토에서 제외했음을 잘 알고 있었던 것이다.

이러한 사실은 일본정부의 다른 법령과 공문서 자료에 의해서도 확인된다. 일본정부는 연합국 최고사령부 지령 제677호에 의거하여, 1951년 2월 대장성령(大藏省令) 제4호와 1951년 6월 6일 총리부령(總理府令) 제24호(조선총독부 교통국 공제조합의 본방 내에 있는 재산정리에 관한 정령의 시행에 관한 총리부령)에서 울릉도·독도(竹島)·제주도를 한국영

28) 신용하, 「세계 속의 한국 독도영유권 문제」, 『세계 속에서 독도와 동해 바로 알리기』(한국학중앙연구원·동해연구회 학술회의 논문집), 2005; 신용하, 『한국의 독도영유권 연구』, 경인문화사, 2006, pp. 301-342 참조.

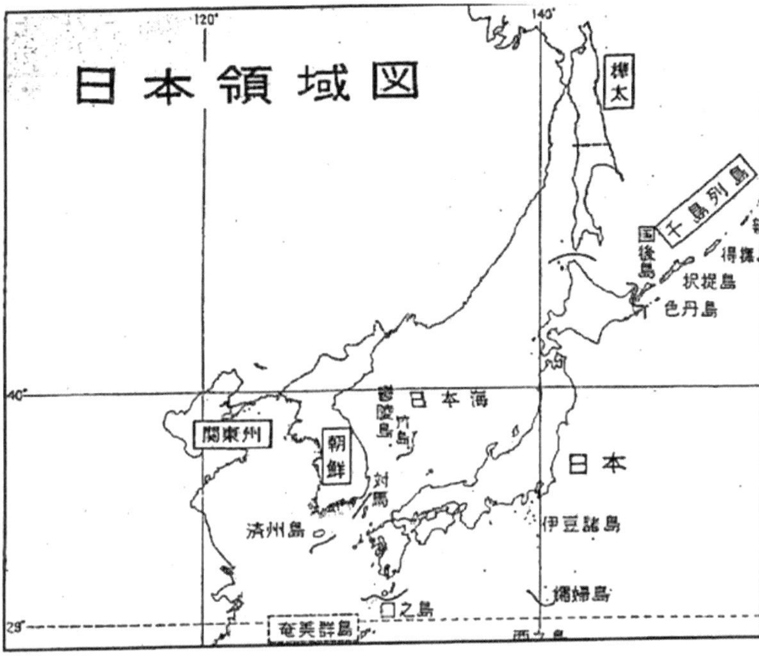

每日新聞社,『對日本平和條約』,1952.

그림 13-4. 1951년 9월 미국 샌프란시스코에서 연합국의 대(對)일본평화조약이 체결된 후, 일본 매일신문사가 1952년 5월 25일 총 616쪽의 해설서인 『대(對)일본평화조약』을 발행했는데, 이 해설서의 부속지도인 「일본영역도」에서도 울릉도와 독도(竹島)를 조선영토로 표시하였다.

토로 규정하여 총리부령 제24호의 적용대상에서 제외했고, 이를 일본 중앙정부 『관보』에도 게재하였다.

만일 연합국이 1951년 9월 샌프란시스코에서의 평화조약에서 '독도'(죽도)를 일본영토로 승인해 주었다면, 일본이 재독립한 1952년 4월 28일 직후에 '독도'(죽도)를 일본대장성령과 일본총리부령의 적용대상에 포함시켰을 것이다.

그러나 일본정부는 1952년 재독립 당시 샌프란시스코 평화조약에서

'독도'(죽도)를 일본영토로 승인받지 못하여 독도가 일본영토로 명칭이 기재되지 않아서, SCAPIN 677호의 효력이 계속되어 '한국영토'로 확정되었음을 잘 알고 있었기 때문에, 대장성령 제4호와 총리부령 제24호를 그대로 존속시켜 울릉도·독도·제주도가 일본의 법령이 적용되지 않은 '한국영토'임을 명백히 하였다.

일본정부는 조선총독부 재산정리가 끝난 1960년 7월 7일까지 위의 '독도'(죽도)를 한국영토로 재확인하고 일본법령의 적용대상에서 제외한 일본 대장성령 제4호와 일본 총리부령 제24호(조선총독부 교통국 공제조합의 본방 내에 있는 재산정리에 관한 총리부령)의 시행 조치를 존속시켰다.

일본정부가 위의 법령들의 '독도'에의 적용을 제외하여 독도가 한국영토이고 일본에서 제외된 섬임을 인정한 시기인 1960년 7월 7일은 샌프란시스코 평화조약 체결 시기인 1951년 9월 8일로부터 약 9년 후이고, 일본이 재독립한 1952년 4월 28일부터 약 8년 후의 일이다.

이 사실은 일본정부도 1951년 9월 '독도'가 샌프란시스코 평화조약에서 '한국영토'로 인정되고 일본영토에서는 제외되었음을 잘 인지하고 있었다는 증거인 것이다.

8. 독도의 한국영토 귀속의 국제적 재확인 과정의 의미

연합국의 일본에 대한 평화조약의 조약문에서 독도의 명칭이 누락된 점과 독도의 영토귀속에 대해서는 다음 몇 가지 점을 유의할 필요가 있을 것이다.

첫째, 한국은 1948년 8월 15일 재독립하여 대한민국 정부가 이미 독도를 한국영토로 미군정으로부터 인계받아서 주권을 행사하고 있었다는 사실을 유의해야 한다. 연합국(연합국 최고사령관)은 SCAPIN 제677호로써 1946년 1월 29일 독도(Liancourt Rocks, Takeshima)를 한국영토로 판정해서 일본으로부터 제외하여 주한 미군정에 이관시켰고, 대한민국이 1948년 8월 15일 수립되자 한국영토인 독도를 다른 모든 것과 함께 대한민국에 인계·인수하였다.

대한민국은 같은 해인 1948년 12월 12일 국제연합(UN)에서 독립국가로서 승인받아 국제사회에서 국제법상 합법적인 주권을 독도를 포함한 모든 한국영토와 한국국민에게 행사하였다. 이때부터 이미 독도는 어느 나라도 영유권을 빼앗아 갈 수 없는 대한민국의 영토로서 국제법상 확립되어 세계에 선포된 것이었다.

일본에 대한 평화조약이 체결된 것은 그로부터 3년 후인 1951년 9월이고 일본이 재독립한 것은 1952년 4월의 일로서 4년 후의 일이었다. 만일 1951년에 연합국의 일본에 대한 평화조약문에서 SCAPIN 제677호를 수정하여 연합국이 독도를 명문으로 일본영토 안에 넣거나 일본영토라고 규정했더라면, 이미 1946년(5년 전)에 동일한 연합국이 한국영토라고 판정하여 한국에 반환되어서 대한민국이 주권을 행사하고 있는 기정결정 및 기정사실과 충돌하여 논쟁 또는 분쟁이 일어날 수 있었을지도 모른다. 연합국의 일본에 대한 평화조약에서 독도가 일본영토라고 명문화되어 있어도 독도는 이미 국제법상 합법적으로 대한민국이 소유하고 있었기 때문에 독도 영유에 조금이라도 변동 수정을 가져오려면 반드시 대한민국의 승인과 동의가 있어야 가능한 것이었다.

하물며 연합국의 일본에 대한 평화조약에서 독도의 명칭을 누락시켜 조약문에 거론하지 않음으로써 문제를 불명료하게 회피하여 넘겼다면, 더 논의할 여지도 없이 5년 전의 명문에 의한 연합국 결정과 법령(지령)에 의해 국제법상 합법적으로 한국영토로서 주권을 행사하고 있는 대한민국의 소유가 여전히 국제법상 합법적으로 지속되는 것이다. 그러므로 연합국의 일본에 대한 평화조약 발효 이후에도 대한민국의 독도영유만이 국제법상 합법적인 것이다.

둘째, 연합국의 일본에 대한 평화조약에서 본문에서는 독도를 아예 언급치 않고, '주석서(Commentary)'에서 혹시라도 독도를 일본영토로 해석해 놓을 수 있다. 물론 현재까지 공개된 문서에는 그러한 것이 없다. 그러나 열강의 국제정치에는 비공개 해석서들을 간혹 감추어 두는 경우도 있었으므로 이것도 거론해 두는 것이 좋을 것이다.

연합국과 미국은 SCAPIN 제677호와 「연합국의 구 일본영토 처리에 관한 합의서」에서 독도는 한국영토라고 판정하여 한국에 귀속시키기로 합의하였다. 평화조약의 제1차 미국초안부터 제5차 미국초안까지 모두 독도를 한국영토로 명기하였다. 그러다가 미국 국무부가 시볼드(W. J. Sebald)를 앞세운 일본 로비를 받아들여 제6차 미국초안의 시안에서는

그림 13-5. 1951년 1월 31일 동경의 한 파티에서 덜레스 미국 대통령 특사(왼쪽), 시볼드 정치고문(가운데), 요시다 시게루 일본 수상(오른쪽) (자료: 연합뉴스)

독도를 일본영토에 포함시키고 한국영토에서 삭제하는 변경을 시도하였다(그림 13-5). 이렇게 독도의 영토귀속을 변경하려 할 때, 그리고 뉴질랜드·오스트레일리아·영국의 질문에 답변할 때의 '설명'이 제6차 미국초안의 시안에 첨부한 미국의 '주석서'의 독도에 대한 주석이다.

주석서(1950년 7월)에는 "독도를 일본이 1905년에 침탈하여 영토편입할 때 대한제국의 항의가 없었다고 거짓 설명을 하였다. 또한 이 주석서는 독도에 대하여 "서쪽에 조금 떨어진 울릉도와는 달리, 다케시마에 대해서는 한국 명칭이 없으며, 한국에 의해 영토로 주장된 적이 전혀 없다. 이 섬은 점령기간에 미국 공군의 폭격 연습장으로 사용된 바 있으며, 기상 및 레이더 관측소 부지로 가치가 있다"고 설명되어 있다. 독도문제에 대해 조금이라도 아는 사람이라면 이 미국측 '주석서'가 얼마나 황당무계한 새빨간 거짓말투성이며 사실을 왜곡 날조한 주석서인가를 바로 알 수 있다.

일본이 1905년 독도를 한국정부와 한국국민 몰래 일본에 영토편입을 시도하기 약 1500년 전인 서기 512년부터 독도는 한국영토가 되어 한국이란 주인이 있었고, 한국 이름이 없기는커녕 우산도(于山島)·석도(石島)·독도(獨島) 등의 한국 명칭이 있었음은 일본 문헌에도 잘 기록되어 있다. 1905년 이전에 대한제국 정부는 1900년 칙령 제41호를 세계에 발표하여 독도를 강원도 울도군수의 관장 하에 두어 잘 통치하고 있었다. 1905년 일본이 한국 몰래 이 섬을 도둑질해 가려 했음을 알게 되자, 즉각 한국정부·한국 국민·신문·지식인들이 단호하게 일본의 침략시도에 항의하였다. 이것이 독도와 1905년 사건에 대한 진실이다.

그러므로 일본에 대한 평화조약 제6차 미국초안의 시안에 첨부된 '주석서'는 일고의 가치도 없는 거짓으로 가득 찬 문서인 것이다. 이 '주석서'는 7차 이후의 미국초안과 영국초안에서도 물론 채택되지 않고 폐기되었다.

그러므로 만일 1951년 9월 8일의 연합국의 일본에 대한 평화조약 원문 외에 어느 나라가 독도에 이와 동류의 '주석서'를 감추어 두고 있다가 제시해도, 이것은 거짓으로 가득 찬 제6차 미국초안의 시안의 주석서와 동일한 문서이고 이미 사실상 폐기된 문서임을 직시하고, 고려할 가치가 없음을 인식해야 할 것이다.

셋째, 독도를 한국영토로 규정한 연합국의 일본에 대한 평화조약의 미국초안(제1~5차)이 위계(僞計)와 허위정보에 의하여 수정되어서 독도 명칭을 누락시키게 했다는 사실을 주목해야 할 것이다.

시볼드의 의견서나 제6차 미국초안의 시안의 '주석서'에서 보는 바와 같이, 1905년 이전에 독도는 한국이 영토로 주장한 적도 전혀 없었고 독도는 한국 이름도 없었다는 등, 1905년 일본의 침탈 시도 때 한국에 통보 없이 몰래 도둑질하려 해 놓고서는 한국에 알려 주었는데도 전혀 항의가 없이 일본에 영토편입 했다는 등, 울릉도 한국인 어부들이 해마다 독도에 들어가 계절적으로 거주하면서 고기잡이한 것을 일본 어부로 바꾸는 등, 일본은 허위정보를 주며 로비를 했고, 미국은 독도를 기상 및 레이더 관측소 부지의 군사목적으로, 일본과 미국이 야합하여 독도를 일본영토로 부속시키려고 획책했다가 뉴질랜드·오스트레일리아·영국 등 다른 연합국의 반대에 부딪혀 포기한 것이었다.

뿐만 아니라 미국은 초안에서 독도를 누락시킨 사실을 한국측에는 정직하고 정확하게 알려 주지 않고 일반적 의견만 물어서 최후 순간에야 통보해 주었고, 일본에 대해서는 제5차 미국초안부터 알려 주었으며, 미·영합동초안은 동경에서 일본인들과 회의까지 열면서 일본측 의견을 반영하려 했으니, 그 불공정성에 개탄하지 않을 수 없다.

그럼에도 불구하고 뉴질랜드 대표를 비롯하여 오스트레일리아·영국 등이 독도를 한국영토로 판정한 연합국 합의를 존중하여, 제6차 미국초안의 시안에 동의하지 않은 것은 독도가 한국영토임이 진실이었기 때문이었다. 이 진실을 왜곡했다가는 뉴질랜드 대표의 지적과 같이 이 지역에 영토(주권)분쟁의 씨앗을 만든다고 생각했기 때문이었다. 진실의 힘이 아직도 건재하고 있었음을 볼 수 있다. 결국 진실과 허위가 절충되어 독도는 처음에 한국영토로 명기되고 일본영토가 아님이 명시되었다가, 결국은 사람이 살지 않는 무인도들은 문장을 간결하게 만들기 위하여 명칭을 빼는 정책으로 독도 등 명칭이 조약문에서 누락되고, 이 문제를 회피해 그 이전의 연합국 합의 결정에 미루는 형식으로 조약을 성립시킨 것이었다.

당시 대한민국 일부 외교관들은 정확한 정보에서 차단되고 무능하여 이러한 우여곡절의 수정과정을 알지 못하였다. 그러나 독도가 명문으로 한국영토에 속한다는 것을 누락시키는 데는 일본 로비가 영향을 끼쳤으나, 독도가 일본영토에 속한다는 것을 조약문에 명문(明文)으로 올리는 데도 일본은 역시 실패하여 독도 명칭이 일본영토에서도 모두 누락됨으로써, 한국정부는 간접적으로 부분적으로나마 반사적 이익을 얻게 되었다. 그 결과 SCAPIN 제677호가 계속 유효하게 되어 한국의 독도영유가 국제법상 변함없이 지속되었기 때문이었다.

샌프란시스코에서 조인된 1951년 9월 8일의 연합국의 일본에 대한 평화조약은 독도가 한국영토에 속한다는 초안을 제5차 미국초안과 제3차 영국초안까지 만들어 놓고는 채택하지 못하고, 조약문 간결화를 위한 무인도 명칭 빼기의 구실로 독도 명칭을 조약문의 모든 조항에서 누락시킴으로써 이 문제를 이전의 연합국의 합의 결정에 돌린 채 조약문에서는 회피하였다.

그 결과 연합국이 5년 전에 SCAPIN 제677호에 의해 내린 결정이 계속해서 여전히 유효하게 되었고, 만일 조약문 해석에 의문이 있으면 평화조약 준비문서인 「연합국의 구 일본영토 처리에 관한 합의서」를 해석 자료로 사용하게 되었다. 그 결과 1948년 8월 15일 수립되어 그해 12월 12일 국제연합으로부터 독립국가로 공인된 대한민국이 독도를 국제법상으로도 합법적으로 한국영토로 공인받아 통치하고 있던 것이 변경없이 계속하게 된 것이다. 더구나 한국은 서기 512년부터 독도를 고유영토로서 영유해 왔기 때문에 독도는 역사적으로나 국제법상으로나 완벽한 한국영토인 것이다.

1951년 9월의 샌프란시스코 평화조약의 결과로 1952년 4월 28일 재독립한 일본은 1952년 5월 이후에도 샌프란시스코 평화조약의 결과 '독도'는 한국(조선)영토로 연합국에 의해 인정되었고 일본영역에서는 제외되었음을 「일본영역도」(1952)까지 그려 가며 잘 인식하고 있었다.

또한 일본정부의 '대장성령 제4호', '총리부령 제24호(조선총독부 교통국 공제조합의 본방 내에 있는 재산정리에 관한 총리부령)' 등 각종 법령도 '독도'를 울릉도 및 제주도와 함께 한국영토로 잘 인지하여 일본법령의 적용 대상에서 제외하였다.

그러므로 오늘날 일본정부가 샌프란시스코 평화조약 조약문에서 '독도' 명칭이 누락된 것을 갖고 독도가 일본영토로 인지된 것이라고 주장하는 것은 천만부당한 억지인 것이다. 도리어 샌프란시스코 평화조약은 '독도'에 대하여 일본이 침탈영유 로비를 집요하게 하니까 명칭을 누락시켜 "독도는 한국영토"라는 연합국의 SCAPIN 제677호 등 이전의 연합국 결정 등에 돌려서 조약문을 간결하게 처리해 버린 것이다.

샌프란시스코 평화조약은 '독도'를 한국영토로 합의 결정한 연합국의 이전의 결정에서 수정을 가하지 않음으로써 독도를 한국영토로 확정한 것이었다.

□ 제 14 장
미국 공군의 '독도' 폭격연습이 일본의 독도영유권 증명이라는 주장에 대한 비판

1. 미국 공군의 독도 폭격연습사건 해석에 대한 한 · 일 간 논쟁

일본 외무성은 한· 일 간 독도영유권 논쟁의 초기인 1953년 7월 13일자 한국 외무부에 보낸 구술서의 부록 「일본정부견해(1)」에서, 독도가 1952년 9월 미국 공군의 폭격연습장으로 사용된 것은 미군이 독도를 일본영토로 인정한 증거라고 다음과 같은 요지의 주장을 하기 시작하였다.

> 「이것은 다음 사실을 나타내는 것이다. 즉 독도(다케시마)가 미군의 연습장의 하나로 배정되었다는 것은 독도가 일본영토에 포함됨을 전제한 것이며, 이것은 1952년 2월 28일의 미 · 일안보조약 제3조에 의거한 행정협정에 따라 1952년 7월 26일 열린 미 · 일합동위원회에서 미군 사용의 시설과 용지에 대한 합의에 따른 것이었다. 뒤이어 1953년 3월 19일 미 · 일합동위원회 소위원회에서 독도(다케시마)를 미군의 연습장에서 제외했는데, 의심할 여지없이 이러한 조치는 독도가 일본영토의 일부라는 사실에 기초한 것이었다.」[1)]

---

1) 「1953년 7월 13일자 일본외무성 구술서(No. 186 A2) 일본정부견해(1)」, 신용하 편저, 『獨島領有權 資料의 探究』 제3권, 독도연구보전협회, 2000, p. 421 참조. 원문은 다음과 같다.
"The above interpretation of the Peace Treaty has been taken for granted by the United States of America which is the chief signatory to the Treaty. This may be demonstrated by the fact: that Takeshima has been designated as one of the maneuver grounds for the United States Security Forces, on the premise that the island is included in the territory of Japan, in the agreement concerning the facilities and areas

즉 일본측의 주장의 요점은 독도(다케시마)가 미국 공군의 폭격훈련장의 하나로 배정되었다는 것은 1952년 2월 28일 서명된 '미·일안보조약' 제3조에 의거한 행정협정에 따라서 미·일 양국 대표의 합동위원회에서 1952년 7월 26일 합의된 미군용 시설과 토지에 관한 합의에 따른 것이며, 이것은 의미상 독도를 일본영토에 포함시킨 것을 전제하는 것이라는 주장이었다. 이어서 1953년 3월 19일 미·일합동위원회의 소위원회는 독도(다케시마)를 미국 공군의 기동연습장 배정에서 제외했는데, 이 조치는 의문의 여지없이 독도(다케시마)가 일본영토의 일부라는 사실에 기초를 둔 것이었다는 일본측의 주장이었다.

이에 대응하여 당시 한국 외무부는 1953년 9월 9일자 구술서 수록 「한국정부견해(1)」에서 다음과 같이 반박하였다.

> 「일본정부가 주장하는 바와 같이 미·일합동위원회를 통하여 독도가 미국 공군의 훈련구역으로 지정되고 제외되는 것이 바로 독도가 일본의 영토임을 전제로 내려진 조치라고 해석하는 것은 일본정부의 자의적인 해석에 불과하다. 오히려 한국정부가 미공군사령관에게 제기한 항의에 응하여, 1953년 2월 27일 미국 공군의 지정 작전구역에서 독도가 제외되었다는 것을 미군측이 한국정부에 공식적으로 통고해 왔다. 이는 미국이 독도를 한국의 영토로 인정하고 처리한 것임을 잘 나타내어 준다.」[2)]

---

for the use of the Forces, which was concluded on July 26, 1952, between the representatives of the United States and of Japan in the Joint Committee in accordance with the "Administrative Agreement under Article III of the Security Treaty between the United States of America and Japan" signed on February 28, 1952. Subsequently, on March 19, 1953, a subcommittee of the Joint Committee of the United States and of Japan decided upon the exclusion of Takeshima from the designated maneuver grounds, and doubtlessly this step was based upon the fact that the island is a part of the Japanese territory."

2) 「1953년 9월 9일자, 한국 외무부 구술서 수록 「한국정부견해(1)」, 신용하 편저, 『獨島領有權 資料의 探究』 제3권, 2000, pp. 441-442 참조. 원문은 다음과 같다. "In the last part of the Japanese Governmen's views on Dokdo, it is stated that

한국정부의 반박 요지는, 일본정부는 「일본정부견해(1)」 마지막 부분에서, 독도(다케시마)가 미국 공군의 폭격훈련장으로 배정되었고, 1953년 5월 19일 미·일합동위원회의 소위원회 결정으로 기동훈련장에서 제외되었는바, 이것은 독도가 일본영토임을 전제로 한 조치라고 해석했는데, 그러한 전제 해석은 아무런 근거 없는 일본정부의 자의에 불과하다. 그와는 반대로 한국정부가 미국 공군에 항의를 제출한 결과 미공군사령관은 1953년 2월 27일 한국정부에게 '독도'가 미국 공군의 폭격훈련장으로부터 제외되었다는 것을 공식적으로 통고해 왔다는 것을 일본정부는 알아야 한다고 한국정부는 일본 외무성을 반박한 것이었다.

그러나 일본정부는 이에 승복하지 않고, 최근에도 일본 외무성은 『죽도, 다케시마 문제를 이해하기 위한 10의 포인트』(2008)의 (8)에서 여전히 미국 공군의 폭격연습을 일본의 독도영유권 증거로 사용하려고 1953년의 주장과 동일한 다음과 같은 주장을 반복하였다.

> 「(8) 다케시마는 1952년 주일 미군의 폭격훈련구역으로 지정되었으며, 일본영토로 취급되었음은 분명합니다.
>
> ① 일본이 아직 점령 하에 있던 1950(쇼와 25)년 7월, 연합국 총사령부는 SCAPIN 제2160호로, 다케시마를 미군의 해상 폭격연습지구로 지정했습니다.

"Takeshima has been designated as one of the maneuver grounds for the U.S. security forces …", that "a sub-committee of the Joint Committee of the United States and Japan decided upon the exclusion of Takeshima from the maneuver grounds on May 19, 1953 …" and that the Japanese Government considers such measures have been taken "on the premises that Dokdo is a part of Japanese territory."
However, such premise is based on nothing but interpretation entertained by the Japanese Government. The Japanese Government, on the contrary, should realize the fact that the Commanding General of the U.S. air forces officially notified the Government of the Republic of Korea that Dokdo was to be excluded from the designated maneuver grounds for the U.S. air force on February 27, 1953 in response to a protest lodged by the Government of the Republic of Korea."

② 1952년(쇼와 27년) 7월, 미군이 계속적으로 다케시마를 훈련장으로 사용함을 희망한 것에 따라 일·미행정협정(주: 구 일·미안보조약에 입각한 협정, 현재 '일·미지위협정'으로 인수됨)에 입각하여, 이 협정의 실시에 관련된 일·미 간 협의기관으로 설립된 합동위원회는 주일 미군이 사용하는 폭격훈련구역의 하나로 다케시마를 지정하는 동시에 외무성은 이를 고시했습니다.

③ 일·미행정협정에 의하면, 합동위원회는 "일본 국내의 시설 또는 구역을 결정하는 협의기관으로 임무를 수행한다"고 되어 있었습니다. 따라서 다케시마가 합동위원회에서 협의되고, 또 주일 미군이 사용하는 구역으로 결정이 내려졌다는 것은 곧 다케시마가 일본의 영토임을 보여주고 있습니다.」[3]

2. 한국의 연구결과에 의한 일본측 주장 비판

일본정부의 최근의 이러한 주장은 근거가 있는 합당한 것인가?

미국 공군이 독도를 폭격연습장으로 사용한 것은 미·일행정협정이 체결되고 미·일합동위원회가 열린 1952년 7월 26일보다 훨씬 이전인 1946·1947년부터이므로 일본정부의 주장은 근본적으로 문제가 있다.

미국 군정은 한국과 일본에 대한 군정기에 한반도와 일본열도 주변의 무인도를 선택하여 미국 공군의 폭격훈련장으로 사용하였다. 예컨대 주한 미국 공군은 1946년 6월 인천 북쪽의 무인도인 '거첨도'를 미국 공군의 폭격훈련장으로 지정했다가, 1948년 4월 폐쇄한 일이 있었다.[4] 1947년 4월 16일에도 미국 공군이 독도에 대한 폭격훈련을 했다는 증언이 있다.[5] 1948년 3월 25일에는 오키나와의 가데나 공군기지에 주둔하

3) 일본 외무성, 『竹島, 다케시마 문제를 이해하기 위한 10의 포인트』, 2008, p. 12.

4) Lovmo, "Bombing Ranges off the West Coast of Korea" (http://www.geocities.com/mlovmo/page15/html); 정병준, 『독도 1947』, 돌베개, 2010, pp. 182-183 참조.

5) 韓奎浩, 「참극의 독도－현지 레포트」, 『新天地』, 1948년 7월호; 洪聖根, 「독도폭포격사건의 국제법적 쟁점 분석」, 독도학회 편, 『韓國의 獨島領有權 硏究史』, 2003, p. 377 참조.

고 있던 미극동공군(FEAF)의 제22폭격비행단에 속한 B-29기 14대가 독도에 대하여 폭격훈련을 실행하였다.[6] 이때에는 어민 살상의 피해가 없어 울릉도 어민들의 보고를 당국은 주의 깊게 듣지 않았었다.

그러다가 1948년 6월에 큰 폭격사건이 일어났다. 1948년 6월 8일 낮 12시경 울릉도와 강원도 어민들이 독도에서 미역채취를 하고 있을 때, 미국극동공군사령부 소속 미군 B-29 폭격기 20대가 독도 상공에서 네 차례에 걸쳐 폭격연습으로 폭탄을 투하하였다.[7] 미국 공군의 이 폭격연습사건으로 당시 한국(남조선 과도정부) 경찰은 한국 어부 14명이 사망하고 11척의 어선이 침몰했다고 보고하였다. 한편 『신천지』는 이 폭격연습사건으로 사망 16명, 중상 3명, 침몰선박이 발동선 7척, 전마선 14척, 범선 2척으로 발표하였다.[8] 한편 울릉도·독도학술조사단(단장 홍종인)의 보고와 1955년 한국 외무부 정무국 자료는 이 사건으로 30여 명의 어민이 사망했다고 기록하였다.[9]

독도를 폭격연습장으로 사용한 1948년 6월 8일 사건은 1946년 1월 29일 SCAPIN 제677호에 의하여 독도가 한국에 반환되어 주한 미군정과 남조선 과도정부의 통치 아래 있던 시기이고 대한민국 정부가 수립되기 약 2개월 전의 사건이다.

미국 공군이 이때(1948. 6. 8.) 독도를 폭격연습장으로 사용한 근거는

---

6) Lovmo, "The June 8, 1948 Bombing of Dokdo Island" (http://www.geocities.com/mlovmo); 정병준, 전게서, pp. 207-208 참조.

7) ① 홍성근, 「독도폭격사건의 국제법적 쟁점 분석」, 독도학회 편, 『한국의 독도영유권 연구사』, 독도연구보전협회, 2003, pp. 377-462 참조.
② 정병준, 『독도 1947』, 돌베개, 2010, pp. 179-274 참조.

8) 한규호, 「참극의 독도 현지 레포트」, 『新天地』 1948년 7월호 및 趙春汀, 「독도 폭격사건의 진상」, 『民聲』, 1948년 8월호 참조.

9) 외무부 정무국, 『독도문제 개론』, 1955, p. 38; 한국외국어대학교, 『독도문제연구 회자료집』, 1995, pp. 16-18; 홍성근 전게논문, 참조.

1947년 9월 16일 발령한 SCAPIN 제1778호에 의한 것이었다.[10] 이 시기는 후에 미·일행정협정이 체결된 1950년 7월보다 3년 전의 일임을 주목할 필요가 있다. 또 미·일합동위원회가 개최된 1952년 7월 26일보다 약 5년 전의 일임을 주목할 필요가 있다.

이 사건에 대하여 『조선일보』가 1948년 6월 11일자부터 적극적으로 이 문제를 다루기 시작했고,[11] 뒤이어 『경향신문』도 적극적으로 이 문제를 다루었다. 당시 아직 대한민국 정부가 수립되지 않았지만, 제헌의회는 제11차 본회의에서 1948년 6월 14일 이를 중대안건으로 다루어 미군 당국에 엄중히 항의하였다. 이에 응하여 미군은 조사단을 파견하여 조사 후 피해를 입은 어민들에 대하여 일정의(미흡한 액수) 배상금을 지급하였다.[12] 미5공군사령부는 1948년 6월 28일 '독도 공대지(空對地) 폭격장(Liancourt Rocks Air to Ground Range)'을 추가 통보할 때까지 폐쇄한다고 주한 미군사령부에 통보해 와서 독도의 폭격훈련장 사용이 폐쇄되었다.[13]

여기서 주목할 것은 독도에서 피해를 입은 어민도 모두 한국 어민들이었고, 미국의 폭격연습에 항의한 것도 한국제헌의회와 남조선 과도정부였으며, 미군이 배상금을 지불한 것도 한국정부를 통하여 한국 어민들에게 지불되었다는 사실이다. 이것은 독도가 한국영토로 통치되고 있

---

10) General Headquarters Supreme Commander for Allied Powers, AG 684 (16 sept 47) GC-TNG (SCAPIN 1778), "Liancourt Rocks (Take-shima) Bombing Range" 참조.

11) 『조선일보』, 1948년 6월 11일자, 「국적불명의 飛機가 投彈기총소사, 독도서 어선 파괴, 16명이 즉사」 참조.

12) 정병준, 『독도 1947』, 돌베개, 2010.

13) HQ, Fifth Air Force, Subject; Warning Notice-Bombing and Gunnery Ranges (1948. 6. 28.), RG554, Entry A1 1378, USAFIK, Adjutant General, General Correspondence (Decimal Files) 1945~1949. Box 141; 정병준, 전게서, p.191 참조.

음을 명확히 증명하는 것이라고 볼 수 있다.

특히 미5공군사령부가 독도의 폭격훈련장 사용을 주한 미군사령부에 요청한 일이 있었고, 1948년 6월 28일 미5공군사령부가 주한 미군사령부에게 독도의 폭격연습장 사용의 폐쇄를 통보한 것은 미군정 기간에도 미군은 독도를 한국영토로 인지하고 있었음을 나타내는 것이라고 볼 수 있다.

3. 일본측이 유도한 미국 공군의 독도 폭격연습 의혹

문제는 여기서 끝나지 않고, 연합국 최고사령부는 한국전쟁 중에 1951년 7월 6일 SCAPIN 제2160호로 독도를 다시 미국 공군의 폭격연습구역으로 재지정하였다.[14] 주목할 것은 재지정도 1952년 7월 26일 '미·일합동위원회'가 개최되기 1년 전의 사실이라는 점이다. 그 2개월 후 1952년 9월 15일 오전 11시경 미극동군사령부 소속 폭격기가 독도 상공에 나타나서 2차례 선회한 후 4개의 폭탄을 투하하고 돌아갔다. 이때에도 한국어민 23명이 독도에서 어로작업을 하고 있었으나 피해는 없었다.

더 큰 충격을 받은 것은 9월 18일 독도에 상륙하려고 울릉도에 대기 중이던 제2차 울릉도·독도학술조사단 일행 36명이었다. 조사단은 관계당국에 안전한 항로 보장을 긴급히 요구하였다. 울릉도·독도학술조사단이 폭격사건으로 상륙시기를 연기하여 1952년 9월 22일 독도 상륙 지점 2km 전방에 도착했을 때, 또 갑자기 비행기 4대가 나타나서 해상에 폭탄을 투하하고 돌아갔다. 이 때문에 제2차 울릉도·독도학술조사단의 독도 상륙과 조사는 일단 중단되었다.

---

14) GHQ, SCAP, APO500, AG684 (6 Jul. 51) GC-TNG (SCAPIN 2160), "Liancourt Rocks (Take-shima) Bombing Range" 참조.

1952년 9월 15일과 9월 22일의 폭격사건은 매우 의심스러운 수수께끼 같은 사건이었다. 이 시기는 1952년 1월 28일 이후 일본의 도전에 의하여 한·일 간 '독도영유권 논쟁'이 치열하게 전개되기 시작한 시기이다.

대한민국 정부는 1952년 11월 10일 주한 미국대사관을 통하여 미국정부에 항의하고 사건의 재발방지를 요구하는 공문서를 발송하였다.[15)]

이에 대하여 미국정부는 주한 미국대사관을 통하여 앞으로 독도를 폭격연습지로 사용하지 않겠다는 통보를 한국정부에 보내왔다. 이로부터 20일 뒤인 1952년 12월 24일 미극동군사령부는 독도에 대한 폭격연습의 중지를 결정하게 되고, 그 후 다시 20여 일 지나서 1953년 1월 20일 미극동군사령부는 미육군소장 헤렌(Thomas W. Herren)의 명의로 독도의 폭격연습장 사용을 즉시 중단하는 모든 조치를 취했다는 통보를 한국정부에 보내왔다.[16)]

대한민국 정부는 1953년 2월 27일 웨이랜드(Otto P. Weyland) 미극동군사령관의 독도가 연습장에서 제외되었으며, 독도 주변에서 폭격연습을 하지 않을 것을 통보받았다는 사실을 국민에게 발표하였다. 이것은 미·일합동위원회가 독도를 폭격연습장에서 제외하기로 했다는 1953년 3월 19일보다 훨씬 이전의 일이다. 그러므로 미·일행정협정에 의하여 1952년 7월 26일 미·일합동위원회에서 독도가 일본영토이기 때문에 미군 폭격연습장으로 결정했다는 주장은 어불성설의 억지임이 극히 명백한 것이다.

그 이전(1947년 9월 16일)에 미국 공군은 독도를 미군의 폭격연습장

---

15) USDOS, "ROK Ministry of Foreign Affairs Note regarding the bombing of Dokdo Island (Liancourt Rocks)" Enclosure; 1. "Copy of Note from Ministry of Foreign Affairs", November 14, 1952 참조.

16) 외무부 정무국, 『독도문제개론』, Annex, p. 10. Annex 7.

으로 지정했다가 한국정부의 항의를 받고 취소했으며, 1951년 7월 6일 재지정했다가 또 한국정부의 항의를 받고 재취소한 것이었다. 그리고 취소와 재취소를 한국정부에게 먼저 알려왔고, 훨씬 후에 일본정부에 통고했으며, 미·일합동위원회는 사후 이를 확인했음에 불과했음을 알 수 있다. 그러므로 미국 공군의 1948년 6월과 1952년 9월의 독도 폭격연습장 사용이 일본의 독도영유권 증명이 된다는 일본정부 주장은 황당무계한 거짓임이 명백한 것이다.

1952년 9월의 미국 공군의 독도 폭격연습장 사용 위협은 일본측의 공작 음모가 작용한 것이라는 의문점을 제기한 홍성근 박사의 연구가 있다.[17] 홍성근 박사는 다음과 같이 지적하였다.

첫째, 일본이 1951년 샌프란시스코 평화조약 때 독도를 일본영토로 승인받으려고 미국측에 맹렬한 로비를 할 무렵에 미국 공군이 독도를 폭격연습장으로 '재지정'했다는 것은 독도 폭격연습장 재지정도 일본의 로비에 의한 것으로 의심케 한다.

둘째, 한국의 제2차 '울릉도·독도학술조사단'이 9월 14·15일에 독도에 상륙 예정이라고 발표했다가 일정이 약간 늦어져 9월 18일에 울릉도에 도착했는데, 때맞추어 9월 15일 미국 공군의 독도 폭격훈련이 있었다는 것도 의문점이다. 뿐만 아니라 울릉도·독도학술조사단을 태운 진남호(약 300톤)가 9월 22일 독도 부근 2km 해상에 접근했을 때, 또다시 폭격기가 나타나서 독도 해상에 폭탄을 투하하였다. 울릉도·독도학술조사단이 한국 해군 당국의 도움을 받아 9월 24일에 다시 독도에 상륙하려 하자, 이때도 또다시 폭격기가 나타나서 폭탄을 투하하였다. 울릉도·독도학술조사단은 할 수 없이 울릉도로 돌아왔다. 이것은 우연한 사

---

17) 홍성근, 전게논문, 전게서, pp. 399-403 참조.

건이 아니라 울릉도·독도학술조사단의 독도 상륙을 방해하기 위한 일본측 공작과 관련된 사건이라고 볼 수 있는 것이다.

셋째, 일본측이 독도가 1952년 7월 26일 미·일행정협정에 의해 일본 구역으로 재지정되었다가 1953년 3월 19일 미·일합동위원회에서 해제되었다고 주장하고 있는 사실이다. 약 8개월간 독도가 미국 공군의 폭격연습장으로 재지정된 사실이 독도가 일본영토의 증거라고 주장하는 것은 이 사건이 증거 조작을 위하여 주일 미국 공군을 이용한 사건으로 해석될 여지가 충분한 것이다.

정병준 교수는 더 나아가 연합국 최고사령관 지령(SCAPIN) 제1778호(1947. 9. 16.)의 발령 경위를 추적하였다. 1948년의 폭격은 SCAPIN 제1778호에 의거한 것이었기 때문이다.

정병준 교수의 연구에 의하면, 일본 외무성은 1947년 6월 『일본의 부속소도: 제IV부(태평양 소도서·일본해 소도서)』라는 팸플릿을 만들어, 영어로 번역해서, 독도는 물론 울릉도가 일본영토라는 선전을 연합국에 대대적으로 실행하였다. 일본 외무성은 이 팸플릿에서 "다즐렛(Dagelet, 울릉도)에 대해서는 한국 명칭이 있지만, 리앙꼬르암(Liancourt Rocks, 독도)에 대해서는 한국 명칭이 없으며, 한국에서 제작된 지도에는 나타나지 않는다는 점에 주목해야 한다"는 허위주장을 하였다. 이 팸플릿이 주일 미국정치고문이자 연합국 최고사령부 외교국장이던 친일파 시볼드(W. J. Sebald)에게 수용되어, 일본정부가 주일 미군으로 하여금 독도를 군사시설로 사용케 함으로써 독도에 대한 일본영유권 주장을 강화하고 미군을 통하여 증거문서를 확보하는 책략을 구사한 것이다.[18)]

정병준 교수는 독도를 미국 공군의 폭격연습장으로 재지정한 SCAPIN

18) 정병준, 전게서, pp. 223-237 참조.

제2160호(1951. 7. 6)와 그 사이의 1952년 9월의 미국 공군의 독도 해상 폭격 및 1951~1953년의 일본측의 미·일행정협정, 미·일합동위원회의 내용도 일본외무성의 공작에 의거한 것이라고 추정하였다.

4. SCAPIN 제677호와 '한국방공식별구역(KADIZ)'에 의한 일본주장 비판

저자는 홍성근 박사와 정병준 교수의 견해에 전적으로 찬성한다. 단지 여기서 주의해야 할 것은 SCAPIN 제677호의 영토규정은 SCAPIN 제1778호와 2160호의 폭격연습장의 행정명령과는 차원이 다른 것이라는 사실이다.

SCAPIN 제677호는 연합국의 영토규정으로서 영토상으로 '일본의 정의(the definition of Japan)'를 내린 것이다. 그것은 일본에서 제외하여 원주인에게 돌려줄 섬으로서 한국에게는 제주도, 울릉도, 독도(Liancourt Rocks)를 지정했을 뿐만 아니라, 소련에게는 돌려줄 섬들과 중국에게 돌려줄 섬들을 규정하였다. 그리고 이를 수정하고자 할 때에는 다른 특정의 영토규정 SCAPIN(연합국 최고사령관 지령)을 발령해야 함을 명백히 하였다. 따라서 SCAPIN 제677호를 수정하는 다른 SCAPIN을 연합국 최고사령부가 해체된 1952년 4월 28일까지 발령하지 않았으므로 '독도'(Liancourt Rock)는 한국영토로 이미 1946년 1월 29일 SCAPIN 제677호에 의거하여 연합국은 확정한 것이었다.

이러한 틀 안에서 그 후 미군정 치하에 '독도'가 일본 외무성의 공작에 의해 주일 미국 공군의 폭격연습장 리스트에 잘못 들어가거나 그 문서를 만들어 내어도 SCAPIN 제677호를 수정하는 다른 특정의 영토규정 SCAPIN이 발령되지 않는 한 SCAPIN 제677호의 영토규정은 수정되지 않는 것이다.

그 증거는 한국정부가 독도의 미국 공군 폭격연습장 오용을 항의 지적할 때마다 미공군사령관은 즉각 한국정부에 독도 폭격연습장 해제를 통보해 온 사실에서 알 수 있다. 만일 미국 공군이 일본 외무성의 폭격연습장 리스트에 잘못 들어간 '독도'를 일본영토로 인정했다면, 한국정부의 항의에 응해서 '독도'를 폭격연습장에서 해제해 주었을 리 만무하며, 한국정부에 그 해제를 통지해 올 리 만무한 것이다.

일본정부가 1953년 3월 19일 '독도 해제'를 통보받고 미·일합동위원회에서 해제했다고 증거로 제시한 것도 사실은 1952년 9월의 한국정부 항의에 응하여 '독도'가 한국영토임을 확인한 후에 1952년 12월 24일과 1953년 1월 20일 독도를 폭격연습장에서 제외했음을 한국정부에 통보했고, 1953년 2월 27일 최종적으로 다시 미공군사령관이 한국정부에 '독도'가 미국 공군의 폭격연습장에서 제외되었음을 통보해 온 것이다. 이것은 모두 일본측이 미·일합동위원회에서 '독도'를 폭격연습장에서 제외하기로 결정했다고 일본측이 주장한 1953년 3월 19일 이전의 일이다. 그러므로 일본 외무성의 공작에도 불구하고 미국 공군은 잠깐 일본에 이용당한 후 한국정부가 항의할 때마다 독도가 한국영토임을 확인하고 재확인했음을 알 수 있다.

저자의 견해가 정확하다는 사실을 더욱 명백히 증명하는 것은 유엔군(미극동군사령부 포함)이 1951년에 제정한 '한국방공식별구역(韓國防空識別區域, Korea Air Defense Identification Zone, 약칭 KADIZ)'이다(그림 14-1).

유엔군(미국 공군 포함)은 '독도'를 한국영토로 재확인한 후, 독도 상공을 '한국방공식별구역' 안에 넣어 오늘날까지 시행하고 있으며, 현재 한국정부가 이를 관리하고 있다. 일본도 1969년에 설치한 '일본방공식별구역(JADIZ)'의 내곽선(Inner)은 물론이요 1972년에 확장한 외곽선(Outer)에서도 독도를 포함한 'KADIZ(한국방공식별구역)'를 제외하여, '독도'가 한국영토이고 독도 상공이 한국영공임을 명백히 인지하고 표시하였다.

'독도'가 한국영토이기 때문에, 1951년 이후 오늘날까지 미국 공군을 포함한 모든 외국 항공기는 '한국방공식별구역' 안에 있는 '독도'를 포함한 한국영토 상공(영공)을 비행할 때에는 24시간 이전에 대한민국 합동참모본부(대한민국 정부)에 허락을 요청하고 있다. 이것은 '독도'가 미국 공군의 한때(1948년 6월과 1952년 9월) 폭격연습에도 불구하고, 명명백백하게 대한민국의 영토로 증명되고 재확인되어 있음을 나타내는 것이다.

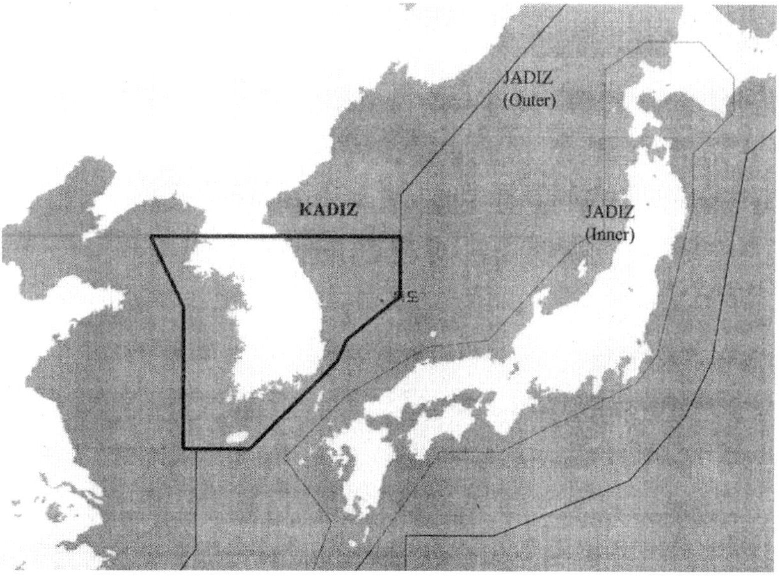

그림 14-1. 1950년 한국전쟁이 일어나자 유엔군이 독도(지도의 검은 점)를 포함한 한국영토를 영공에서 방위하기 위하여 1951년 설정해서 현재까지 사용하고 있는 '한국방공식별구역' (자료: 신용하 교수)

'한국방공식별구역(KADIZ)'은 유엔군이 설치한 국제적 장치로서, 결과적으로 한국의 독도영유권을 지켜주는 중요한 장치의 하나이다. 그러므로 일본측은 이를 독도침탈에 국제적 장벽의 하나로 간주하여 2005년 이의 무력화를 위한 시험의 하나로 정찰기를 보내어 침범을 시도하다가, 한국 공군기가 즉각 출격하여 경고를 발하자 일본 정찰기는 놀라서 도망쳤다.

일본 외무성이 미국 공군의 독도 폭격연습장 오용을 2008년에 다시 일본의 독도영유권 증명으로 제시한 것은 천만부당한 오류임을 '한국방공식별구역'이 명명백백하게 증명하고 있는 것이다.

□ 제 15 장
일본측의 '독도영유권 논쟁을 국제사법재판소에 가서 심판받자'는 제의에 대한 비판

1. 일본정부의 독도문제를 국제사법재판소에 가서 판결받자는 제의

'독도영유권 논쟁' 과정에서 독도가 역사적으로나 국제법상으로나 한국영토임이 더욱 명백히 되어 나가자, 일본정부는 일찍이 1954년 9월 25일자로 한국정부에 보내온 구술서에서 '독도문제'를 국제사법재판소에 갖고 가서 그 판정에 위임하자고 제안해 왔다. 제안 구술서는 다음과 같다.

> 「문제가 국제법의 기본원리의 해석을 포함한 영유권분쟁(a dispute on territorial rights)인 한, 분쟁을 판결하기 위한 국제재판소에 위탁하는 것이 오직 평등한 해결책이 될 것이다. 분쟁의 공정한 해결을 보기 위한 열망에서, 이에 일본정부는 일본정부와 한국정부의 상호 합의에 의하여 (독도 — 인용자) 분쟁을 국제사법재판소(the International Court of Justice)에 제출할 것을 제안하는 바이다.」[1)]

---

1) 「往復文書」, 1954年 9月 25日字 日本側 口述書(No. 158/A5), 신용하 편저, 『獨島領有權 資料의 探究』 제4권, 독도연구보전협회, 2001 참조.
"In as much as the issue is a dispute on territorial rights, involving interpretation of the fundamental principles of international law, the only equitable solution would be to refer the dispute to an international tribunal for a decision. Being most anxious to see a fareful solution of the dispute, the Japanese Government hereby proposes that the dispute be submitted to the International Court of Justice by mutual agreement of the Japanese and Korean Governments."

즉 일본정부는 '독도영유권 논쟁'을 '논쟁'이 아니라 '영토분쟁'이라고 먼저 규정해 놓고, 독도문제라는 '영토분쟁'을 해결하기 위하여 헤이그에 있는 국제사법재판소(The International Court of Justice)에 가서 그 판결에 순종하자는 것이었다.

일본정부는 '역사적 권원(historical title)'에서나 SCAPIN 제677호에 의해 국제법상으로나 독도가 한국영토로 이미 '판정'되어 '결정'되어 있고, 일본측의 독도영유권 주장은 하나의 '주장'에 불과함을 인지한 위치에서 독도문제를 국제사법재판소에 끌고 가서 평결을 받게 되면 독도문제 자체를 '영유권 논쟁(a verbal controversy on territorial rights)'이 아니라 '영토분쟁(a dispute on territorial rights)'으로 전환시킬 수 있고, 영유권을 이미 소유한 한국과 영유권을 소유하고 있지는 않지만 주장하고 있는 일본이 '대등한 입지'를 가질 수 있게 된다고 판단하여 이러한 제의를 한국정부에 해 온 것이었다.

2. 한국정부의 일본정부 제의에 대한 거부

한국정부[당시 외무장관 변영태(卞榮泰)]는 일본정부가 독도문제는 영토분쟁이니 국제사법재판소의 판결에 위임하자는 제의(1954년 9월 25일자)에 대하여 1954년 10월 28일자로 이를 단호하게 거절하는 다음과 같은 구술서를 일본정부에 발송하였다.

> 「분쟁을 국제사법재판소에 제출하자는 일본정부의 제안은 잘못된 주장(false claim)을 법률적 위장(judical disguise)으로 꾸미려는 시도에 불과한 것이다. 한국은 독도에 대하여 처음부터 영유권을 갖고 있으며, 한국은 어떠한 국제법정에서도 그 영유권 증명을 구해야 할 하등의 이유가 없다. 영토분쟁이 존재하지 않는데도 '가짜 영토분쟁(a quasi territorial dispute)'을 꾸며 내고 있는 것은

바로 일본이다. 독도문제를 국제사법재판소에 제출하자고 제안함으로써, 일본의 입지를 '소위 독도영토분쟁'과 관련하여 일시적으로라도 한국과 대등한 입지에 두려고 일본은 획책하고 있는 것이다. 그리하여 타협의 여지없이 완전하고 분쟁의 여지없는 한국의 독도영유권에 대하여 일본은 유사(類似)청구권(quasi claims)을 설정하려고 획책하고 있는 것이다.」[2)]

한국정부의 답변 구술서의 요점은 ① 독도문제를 국제사법재판소의 판결에 위탁하자는 일본정부의 제안은 한국영토인 독도에 대하여 일본이 영유권을 갖고 있다고 주장하는 일본정부의 '잘못된 주장(false claim)'을 법률적으로 위장하려고 획책하는 것이고, ② 한국은 독도에 대하여 처음부터 완전한 영유권을 갖고 있기 때문에 어떠한 국제법정에서도 새삼스럽게 한국의 독도영유권의 증명을 구해야 할 하등의 이유가 없으며, ③ 한국의 독도영유권은 완전하고 조금도 문제가 없는 '영유권'이며 일본의 주장은 그야말로 '주장'에 불과한 것이기 때문에 독도는 완벽한 한국영토로서 독도에 대해서는 '영토분쟁'은 존재하지 않는 것이고, ④ 일본이 이에 대하여, 마치 독도에 대하여 일본도 어떤 권리를 가진 것처럼 '가짜(疑似) 영토분쟁'이 존재하고 있는 것처럼 꾸며 내고 있으며, ⑤ 일본이 독도문제를 국제사법재판소에 가져가자고 제안하는 것은

2) 「往復文書」, 1954년 10월 28일자 한국측 구술서, 신용하 편저, 『獨島領有權 資料의 探究』 제4권;
"The proposal of the Japanese Government that the dispute be submitted to the International Court of Justice is nothing but another attempt at the false claim in Judical disguise. Korea has the territorial rights ab initio over Dokdo and see no reason why she sould seek the verification of her rights before any international court of justice. It is Japan who conjures up a quasi territorial dispute where none should exist. By proposing to submit the Dokdo problem to the International Court of Justice, Japan is attempting to place herself on the equal footing, even provisionally, with Korea in relation to the so-called Dokdo territorial dispute, thus establishing quasi claims for Japan where there are none at the compromise of the complete and indisputable territorial rights of Korea over Dokdo."

독도에 대하여 한국은 완벽한 영유권을 갖고 있고 일본은 잘못된 주장만 갖고 있기 때문에 독도문제에 대한 이 현격한 입지의 차이를 메워 일시적으로라도 일본을 한국과 대등한 입지에 두려고 획책하는 것이고, ⑥ 한국이 타협할 필요도 없고 논쟁의 여지도 없는 한국의 독도영유권에 대하여 일본이 어떤 '유사(類似) 청구권(a quasi claims)'을 설정하려고 획책하고 있는 것에 불과하다는 것이다.

1954년 10월 당시 대한민국 외무부의 이러한 지적과 관찰은 정곡을 찌른 정확한 것이었고, 영토와 주권을 수호하기 위한 당당하고 자주적인 외교지침을 밝힌 훌륭한 것이었다.

3. 독도를 국제사법재판소 판결에 위임하자는 일본측 제안 비판과 국제사법재판소 판결에 위탁해서는 안 되는 이유

일본은 오늘날까지도 독도의 침탈과 독도 공동관리 등 독도에 대한 일정의 권리 설정을 위하여 집요하게 독도에 대한 침략적 정책을 입안 추진하고 있다. 일본의 '독도' 정책 속에는 결정적 순간에 독도를 무력 침탈하거나, 독도문제를 국제사법재판소에 끌고 가서 일본영토로 판정받아 평화적으로 침탈하려는 정책을 포함하고 있다.

한국측은 다음과 같은 이유로 독도문제를 갖고 국제사법재판소에 끌려가서는 안 된다.

첫째, '독도'는 역사적 권원에서 한국의 명명백백한 고유영토이며, 국제법상으로도 한국의 배타적 영토임이 SCAPIN(연합국 최고사령관 지령) 제677호로 연합국에 의해 법인되었다. SCAPIN 제677호는 이때 한반도와 함께 한국에 반환해야 할 대표적 섬으로써 제주도·울릉도와 함께 '독도(Liancourt Rocks)'를 명칭을 들면서 규정하였다.

SCAPIN 제677호는 국제법상 완전히 합법적인 연합국 기관이 국제법상 완전히 합법적으로 독도를 한국영토라고 판정해 준 것인데, 국제법상 이미 공인된 한국의 독도영유권을 일본이 주장하고 요구한다고 해서 어떤 국제법정에 다시 내놓을 필요는 전혀 없는 것이다. 그렇게 하면 일사부재리의 원칙에도 어긋날 뿐 아니라, 자기의 영토(주권)를 남이 빼앗으려 주장한다고 해서 국제재판의 도마 위에 올려놓는 굴욕외교와 매국행위가 되는 것이다.

둘째, 독도의 역사적 권원(historical title)을 찾아보면 한국은 서기 512년부터 독도를 영토로 영유해 왔음이 문헌상으로 정확하게 증명된다. 반면에 일본은 일본 문헌자료상으로 독도를 일본이 영유했다는 명백한 문헌자료가 현재까지 단 1건도 발견되지 않았다. 일본정부는 1956년 9월 20일자로 한국정부에 구술서와 함께 「일본정부견해(3)」를 보내어 독도를 일본 고문헌에서 최초로 언급한 자료로 1667년의 『은주시청합기(隱州視聽合記)』를 들었다.[3] 그런데 일본측의 이 일본 고문헌 자료마저도 울릉도(당시 일본 호칭 竹島)와 독도(당시 일본 호칭 松島)는 고려영토(高麗領土)이고 일본의 북서부의 한계는 오키도(隱岐島)에서 끝난다고 기록하였다.

그 후 메이지 정부 시대에도 1905년 1월까지 일본의 발굴 발표된 모든 독도관련 일본 문헌들이 독도를 한국영토라고 기록하고 있다. 고문헌 자료들이 모두 이렇게 발견되어 나온 것은 독도가 한국영토였음이 역사적 진실이었기 때문에 일본 문헌자료에서까지 그렇게 기록되어 나온 것이다. 독도는 역사적 권원에서 볼 때 전혀 모호함이 없이 명백하게

---

3) 「往復文書」, 1956年 9月 20日字 日本側 口述書(No. 102/A1—「日本政府見解(3)」); 신용하 편저, 『獨島領有權 資料의 探究』 제4권 참조.

'한국영토'이며, 전혀 일본영토가 아님은 극히 명확한 것이다.

그러므로 독도는 역사적으로도 한국영토임이 명백하고, 일본영토가 아님이 명확한데, 한국영토인 독도를 한국이 국제사법재판소에 가져가서 이 섬이 누구의 섬인지 가려 달라고 위탁하는 것은 지극히 어리석은 매국적 행위가 되는 것이다.

셋째, 현재 독도는 한국이 실효적 점유까지 하고 있다. 한국의 독도에 대한 실효적 점유와 지배는 힘이나 군사력으로 실행하고 있는 것이 아니라, 연합국의 기관이며 국제법상 합법적 기관으로서 일본을 약 6년간(1945~1952) 합법적으로 통치한 연합국 총사령부 최고사령관이 국제법상 합법적으로 공포한 SCAPIN 제677호에 의거하여 국제법의 보장과 보호 속에서 실효적 점유를 하고 있는 것이다. 연합국 최고사령부가 제정 반포한 「남한과 일본」의 국경구분 지도가 이를 잘 증명하고 있다.[4)]

그러므로 한국은 자기의 영토 독도를 국제법이 인정하고 보장하는 실효적 점유와 영유를 하고 있으면서, 일본이 주장한다고 해서 국제사법재판소에 끌려 가 한국영토 독도를 새삼 누구의 영토인지 가려 달라고 위임하는 행위를 한다면 처음부터 독도를 다른 목적으로 팔아 넘겨주려고 하는 매국적 행위를 하는 것으로 간주하게 되는 것이다.

넷째, '영토분쟁'이 있을 때 학계에서는 그 영유권 국가나 귀속을 판별하기 위하여 ① 역사적 권원, ② 국제법적 지위, ③ 실효적 점유, ④ 지리적 위치의 측면에서 다각적으로 고찰하는 것이 통례이다.

한국은 ① 역사적 권원에서도 독도를 서기 512년 이래 고유영토로서 일관되게 영유해 오고 있는 데 비하여 일본은 역사적 권원이 전혀 없다.

한국은 ② 국제법적 지위에 있어서 SCAPIN 제677호(1946)와 평화조

4) 신용하 편저, 『獨島領有權 資料의 探究』 제3권, pp. 254-256 참조.

약 준비문서 「연합국의 구 일본영토 처리에 관한 합의서」(1949~1950) 및 평화조약에서의 독도영유 수정명문 배제에 의하여 국제법상 합법적으로 독도를 한국영토로 반환받게 되어 한국의 독도영유는 국제법적 지위에서도 유일한 배타적 영유권자가 되었다. 이에 비하여 일본은 「샌프란시스코 평화조약」(1951) 초안 작성과정에서 독도를 일본영토에 기록하여 넣어서 SCAPIN 제677호를 수정하려고 맹렬한 로비를 했다가 최종 단계에서 결국 실패하여 일본의 독도영유권 주장은 국제법적 지위를 갖지 못하게 되었다.

한국은 ③ 실효적 점유에서는 1946년 1월 29일 연합국으로부터 독도를 주한 미군정이 반환받은 이후 1948년 8월 15일 대한민국 수립과 동시에 이를 인계받아 오늘까지 일관되게 실효적 점유와 영유권을 행사하고 있다. 일본이 실효적 점유가 없음은 더 말할 필요도 없다.

한국은 ④ 독도의 지리적 위치에서 육안으로도 울릉도에서 독도가 보이고, 독도에서도 울릉도가 보이는 '울릉도의 부속도서(섬)'로서의 독도를 영유하고 있다. 일본의 오키섬에서는 독도가 육안으로 보이지 않고, 독도에서도 오키섬이 보이지 않는다. 일본인들도 고대부터 독도는 울릉도의 부속도서로 간주해 왔다.

그러므로 한국의 독도영유는 ① 역사적 권원에 있어서나 ② 국제법적 지위에 있어서나 ③ 실효적 점유에 있어서나 ④ 지리적 위치에서나 모두 완벽한 것이며, 한국은 더 논란할 여지도 없이 완전하고 분쟁의 여지없는 독도영유권을 갖고 있는 것이다. 이에 비하여 일본은 독도에 대하여 ① 역사적 권원, ② 국제법적 지위, ③ 실효적 점유, ④ 지리적 위치의 어느 것 하나도 갖고 있지 못하며, 일본의 독도영유권 주장은 억지로서 어디까지나 하나의 '주장'에 불과한 것이다.

한국의 독도영유권이 이와 같이 완전한 것임에도 불구하고, 만일 한국의 어느 정권이라도 혹시 일본의 로비에 넘어가서 자기의 완전한 영토인 독도를 어느 나라 땅인지 판별해 가려 달라고 국제사법재판소에 위임하는 행위를 한다면, 이것은 극도의 굴욕외교일 뿐 아니라 처음부터 독도를 다른 목적으로 넘겨주려고 하는 매국적 행위로 역사에서 간주될 것임은 불을 보듯이 명확한 것이다.

다섯째, 일본이 독도영유권 주장의 유일한 근거로 세계에 제시해 오던 1905년의 독도의 일본영토 '편입'의 근거는 붕괴된 지 이미 오래된 거짓이고 무효의 것이었다. 일본은 1905년 1월 28일 독도를 대한제국 몰래 일본에 영토편입하는 내각회의 결정을 하면서 독도가 지금까지 다른 나라가 점유한 형적이 없는 '무주지'이기 때문에 일본영토로 편입한다고 근거를 제시했었다. 그리고 일본정부는 독도영유권자인 한국이 이 사실을 알게 될 것을 우려하여 국제법이 요구하는 '국제사회에의 고시'를 하지 못하고, 『관보』나 중앙정부 또는 중앙신문에는 조금도 보도하지 못했으며, 시마네현청 '관내에서 고시'하도록 지시했고, 한국정부에 물론 조회조차 하지 않았다.[5)]

그러나 독도가 '무주지'가 아니라 한국이라는 주인이 있는 '유주지'였음이 그 이전에나 그 이후에도 명명백백하게 밝혀졌으므로, 일본제국정부의 1905년 1월 28일 내각회의 결정은 독도가 '무주지'이기 때문에 영토편입한다는 결정 근거가 붕괴되어 국제법상으로 붕괴되어 버렸다. 따라서 연합국 기관인 연합국 총사령부 최고사령관은 독도를 "일본이 폭력과 탐욕에 의하여 약취한 땅"으로 판정하여 1946년 1월 29일자 SCAPIN 제677호에 의해 독도를 일본영토로부터 분리하여 한국영토로 반환한 것이었다. SCAPIN 제677호에 의하여 1905년 1월 28일 독도가 무

---

5) 신용하, 『독도의 민족영토사 연구』, 지식산업사, 1996, pp. 216-220 참조.

주지이기 때문에 일본영토로 편입한다는 일본 내각 결정은 국제법상 무효화되고 부정되었을 뿐만 아니라, 독도는 한국으로부터 일본이 "폭력과 탐욕에 의해 약취한 땅"으로 규정되고 재확인된 것이다.

일본은 1951년 샌프란시스코 평화조약 체결준비 과정에서 미국을 상대로 맹렬한 로비를 했고, 미국도 독도를 미국 공군의 기상 및 레이더 관측소로 제공하겠다는 일본의 유혹에 넘어가서 연합국을 상대로 일본을 위하여 열심히 로비를 했으나, 독도를 한국영토로 판정 합의한 SCAPIN 제677호와 평화조약 준비문서인 「연합국의 구 일본영토 처리에 관한 합의서」가 여전히 건재하며, 태평양전쟁에 참전했던 뉴질랜드·오스트레일리아·영국의 동의를 충분히 얻지 못하여 최종 순간에서 실패하게 되었다.

그 결과 SCAPIN 제677호의 의 내용은 변경되지 않고 존속되었으며, 오직 사람이 살지 않는 작은 섬들의 명칭을 기재하지 않아서 조약문을 간결화하려는 정책으로 독도 명칭을 조약문에서 빼고 이전의 연합국 합의에 미루는 것으로 귀결하게 되었다. 그 결과 연합국의 명료한 규정인 SCAPIN 제677호가 여전히 효력을 발휘하게 되었고, 일본의 1905년 독도 영토편입은 '폭력과 탐욕에 의한 약취'로 여전히 규정되고 무효로 재확인되었으며, 한국의 독도영유권은 국제법상 확고하게 합법적으로 공인된 영유권으로 존속하게 된 것이다.

그러므로 한국정부는 한국의 독도영유권이 완전한 것임을 정확히 인식하고, 일본이나 미국 등 다른 나라가 독도문제를 국제사법재판소에 가지고 가서 판결받자는 로비를 하더라도 절대로 귀를 기울여서는 안 될 것이다.

4. 일본의 독도침탈 시도 준비와 한국의 독도수호의지 및 독도수호정책 강화

한국의 독도영유권이 완전하고 분쟁의 여지가 없는 것이라 할지라도, 한국정부와 국민의 독도수호의지와 독도수호정책의 강화 실천이 절대적으로 필요하다. 그 이유는 일본정부가 명백한 한국의 독도영유권을 존중하지 않고 기회만 있으면 다시 독도를 침탈하려고 획책하고 있기 때문이다.

일본은 남의 나라인 한국을 침략하여 식민지로 강점하는 데 일단 성공해 본 경험이 있는 나라이다. 또 일본은 독도가 한국영토임을 잘 알면서 대한제국 정부와 국민 몰래 이를 '무주지'라고 억지 거짓 전제를 만들어 일본에 영토편입 침탈한 경험이 있는 나라이다. 연합국 최고사령관이 SCAPIN 제677호로 독도를 한국영토로 판정하여 한국에 반환하고, 연합국이 일본에 대한 평화조약 준비의 「연합국의 구 일본영토 처리에 관한 합의서」」에서 독도를 한국영토로 합의 판정하여 넣었으며, 미국이 일본에 대한 평화조약의 제1~5차 초안까지 독도를 한국영토로 판정해 넣었음에도 불구하고, 일본은 미국에게 맹렬한 로비를 하여 미국 제6차 초안의 시안에는 독도를 일본영토로 분류해 넣는 데 잠깐 성공해 본 나라이다.

결국 영국·오스트레일리아·뉴질랜드 등 연합국이 이전의 연합국 판정과 합의를 지적하면서 미국의 제6차 초안의 시안에 반대하여 일본의 로비는 실패로 돌아가고, 미국도 제7차·제8차·제9차 초안과 영·미합동초안 및 평화조약 본 조약문에서 독도 명칭을 모두 누락시킴으로써, 일본은 독도를 일본영토에 넣지는 못했지만, 한국영토에 명시했던 것도 모호하게 이전의 연합국 합의를 열어 보아야 알게 하는 데 성공한 경험이 있다.

다행히 SCAPIN 제677호의 변경조건이 다른 번호의 SCAPIN 발포에 의한 명문으로 된 변경이 아니면 SCAPIN 제677호가 계속 유효하기 때문에 한국은 반사적 이익을 얻어 여전히 국제법상 배타적 독도영유권을 계속 갖게 되었지만, 일본은 각종 국제적 로비를 통해서 또는 다른 방법으로 한국의 독도를 침탈할 수 있다고 보고 침탈준비 활동을 하고 있다.

일본은 1952년 1월 28일 한국에 대하여 '독도영유권 논쟁'을 걸어온 이래 독도에 대한 영유권 주장과 입지를 강화하기 위하여 꾸준히 노력 활동하고 있다. 특히 유엔 신해양법이 1994년 발효하여 자기 영토의 기점으로부터 반지름 200해리의 '배타적 경제수역(Exclusive Economic Zone, 약칭 EEZ)'을 준영해로 설정할 수 있게 되자 일본정부는 독도침탈정책을 급격히 강화하고 있다.

일본정부는 1996년 1월 유엔 신해양법을 채택한다고 선언하고, 1996년 2월 독도를 일본 EEZ의 기점으로 취하여 200해리 EEZ를 선포하는 정책을 내각회의 의결을 거쳐 국회에 넘겼다.

일본정부는 1996년 2월 일본 외상이 "독도(죽도)는 역사적으로나 국제법상으로나 일본영토이므로, 대한민국은 독도에서 철수하고 독도에 부착한 시설물을 즉각 철거하라"고 내외신 기자들을 불러 성명했으며, 주일 한국대사를 외무성에 초청하여 강경하게 이를 요구하였다.

일본 국회는 최종적으로 1996년 5월 정부가 제출한 유엔 신해양법 채택안을 통과시켜 200해리 경제전관수역(EEZ)을 설정하기로 의결했으며, 동해 쪽의 일본 EEZ의 기점을 독도(죽도)로 취하기로 결정하였다. 일본이 먼저 한국영토인 독도를 일본 EEZ의 기점으로 취하는 공세적 침략

외교를 전개한 것이다.

또한 일본정부는 1997년의 '10대 외교지침'의 하나에 '독도(竹島)탈환(침탈)'을 설정하여 맹렬한 공격적 외교와 로비를 벌였다. 그 영향을 받았는지 또는 다른 로비나 이유가 있었는지, 대한민국 외무부는 일본측이 한국영토 독도를 일본 EEZ 기점으로 취한 1년 2개월 후인 1997년 7월 말에 뜻밖에도 독도 기점을 취하지 않고 한국 EEZ의 기점을 울릉도로 취했다는 보도가 나와 국민들을 경악 분노케 하였다. 일본이 이미 일본 EEZ 독도 기점을 1년 전에 의결했음에도 불구하고 한국 외무부 자문위원은 독도는 무인도여서 EEZ 기점이 될 수 없다고 한국 EEZ '울릉도 기점'을 주장하였다.

일본정부는 한국이 외환위기로 말미암아 1997년 12월 7일 이후부터 IMF 경제관리체제로 들어가 취약하게 되자 이를 절호의 기회라고 생각했는지, 한국측과 아무런 사전협의도 없이 1998년 1월 23일 '한·일어업협정'을 일방적으로 파기한다고 선언하였다. 전시에 적대국가에나 하는 방자한 외교 공격을 자행한 것이다. 이로써 1999년 1월 23일 이후에는 동해에서도 신(제2차)한·일어업협정을 체결하여 협정어업을 하거나 일반 국제법하의 공해상 어업을 하거나 양자택일을 해야 할 경우에 놓이게 되었다.

한·일 간 체결 비준된 1999년 1월 23일의 신(제2차)한·일어업협정은 제1조에서 "이 협정은 어업에만 적용한다"고 배타적 어업수역(Exclusive Fishery Zone, 약칭 EFZ)만을 설정하지 않고, "이 협정은 대한민국의 배타적 경제수역(EEZ)과 일본국의 배타적 경제수역에 적용한다"고 규정하였다. 그리하여 제목은 어업협정인데 내용은 배타적 경제수역 잠정협정을 겸하게 만들어 놓아 EEZ 기점을 통하여 어업협정을 영토 문제와 간접적으로 관련시켜 놓고도, 신어업협정은 영토문제와는 전혀 관련 없다고 당시 한국정부는 국민을 속였다.

신(제2차)한·일어업협정은 한국 당시 외무부 일부 관료와 자문위원이 실수하여 한국의 독도수호정책에 불리한 조약을 체결하였다.

신(제2차)한·일어업협정 체결을 위한 사전 실무회담에서 일본측은 한국의 울릉도와 (일본이 영유권을 주장하면서 일본 EEZ의 기점으로 잡은) 독도(다케시마) 사이를 한·일어업수역과 EEZ 경계선으로 획정하자고 제의하였다.

한국측은 독도는 한국영토이므로 당연히 이를 거부하고 한국의 독도와 일본의 오키도 사이 중간선을 한·일어업수역과 EEZ 경계선으로 제의할 것을 국민이 기대하였다. 그런데 정작 한국 당시 외무부 일부 관료는 한국의 울릉도와 일본의 오키도 사이의 중간선을 한·일어업수역과 EEZ 경계선으로 제의하였다. 만일 일본이 한국 제안에 찬성하면, 수역은 많이 잃어도 독도는 그래도 한국 EEZ 안에 들어오지만, 만일 일본이 당시 한국 외무부의 이 제안에 반대하는 경우에는 일본의 '독도(다케시마) 기점'과 한국의 '울릉도 기점'만 남게 되는, 한국의 독도영유권 수호에 치명적 불이익이 있는 것이었다.

일본측은 양국 제안에서 합의되지 않은 중첩수역을 '한·일공동관리수역' 또는 '잠정조치수역'으로 만들자고 제의하였다. 한국정부는 이를 받아들여 '중간수역'(한·일공동관리수역) 설정이 협상되었다.

처음에는 중간수역의 동변과 서변을 오키섬으로부터 35해리, 울릉도로부터도 35해리로 하자는 협상이 진전되었으나, 일본측은 중간수역의 서변만은 울릉도에서 33해리로 할 것을 주장하였다. 울릉도에서 35해리는 독도의 12해리 영해와 합하면 47해리가 되어 울릉도와 독도 사이의 거리 47해리와 일치해서 울릉도와 독도가 동질적인 동일 수역에 접속될 수 있는 것이었다. 한국측은 또 양보하여, '중간수역'의 서변이 울릉도로부터는 33해리, 중간수역의 동변이 오키로부터는 35해리의 거리에 설정되었다. 그 결과 울릉도로부터 47해리 떨어져 있는 '독도'의 12해리의 영해는 2해리가 부족하여 울릉도는 한국 EEZ에, 독도는 울릉도에서 수역상 분리되어 '중간수역'(한·일공동관리수역)에, 오키도는 일본 EEZ에 들어가게 되었다. 즉 울릉도의 부속도서인 '독도'의 영해가 '수역상으로' 울릉도에서 분리되어 버린 것이다. 이것은 한국의 독도수호정책에 큰 타격을 주는 것이며, 일부 어업협정체결 관련자들이 매우 큰 실수를 한 것이었다.

그리하여 서변은 동경 131도 40분, 동변은 동경 135도 30분을 구획기준선으로 하고 '독도'를 그 안에 넣은 '중간수역' 설정에 합의한 것이었다. (한국이 독도 기점을 주장했다면, 이 경우의 '중간수역' 동변은 136도가 구획기준선이었다.) 이 합의안은 1998년 11월 28일 일본 가고시마에서 양국 외무장관이 서명하였고, 국회 비준 절차를 거쳐 1999년 1월 22일 최종 체결되어 1999년 1월 23일부터 발효되었다. 신한·일어업협정은 처음 3년간은 수정 불가능하게 규정하고, 3년 후부터 합의개정을 하거나 어느 일방이 종료통보하여 재협상할 수 있게 하였다.

신한·일어업협정은 일본에서는 성공적 외교로 크게 환영받았으나, 한국에서는 어민과 학계에서 비판과 반발이 거세게 일어났다. 비판 가운데 독도와 관련된 것으로는 ① 순수한 어업협정을 체결하여 '배타적 어업수역(EFZ)'만 설정하지 않고, 일본이 독도를 EEZ 기점으로 취하고 한국이 울릉도를 EEZ 기점으로 취한 상태에서 영토문제를 간접적으로 건드려 '배타적 경제수역(EEZ)' 협정을 겸하게 한 점, ② 독도는 울릉도의 부속도서인데 울릉도는 한국 EEZ 수역에 포함되고 독도는 울릉도 수역(한국 EEZ)에서 분리되어 질적으로 다른 '중간수역'에 포위된 점, ③ 중간수역에 포위된 독도에 한국영토임을 알리는 어떠한 표시도 나타내지 못한 점, ④ 중간수역에 포위된 독도를 일본은 일본 EEZ의 기점으로 취했는데, 한국은 한국 EEZ 기점으로 취하지 않은 점, ⑤ 불필요한 '중간수역'을 만들어서 울릉도와 독도 사이의 131도 40분선을 '중간수역'의 좌변으로 합의하여 일본 EEZ의 독도 기점 주장 및 울릉도와 독도 사이 양국 EEZ 획정선 제안을 일부 수용한 것이 아닌지 국제적으로 오해의 소지를 만든 점, ⑥ 일본은 오키도에서 35해리를 중간수역의 우변으로 정했는데, 한국은 울릉도에서 35해리를 취하지 않고 33해리를 취하여 2해리를 양보해서 독도의 영해를 한국 EEZ에서 분리시킨 점, ⑦ '중간수역'에 대하여 협정문에는 명칭과 성격의 합의내용이 없이 경도·위도 위치만 표시한 점 등이 신랄하게 비판되었다.[6)]

독도를 그 안에 넣은 소위 '중간수역'의 성격에 대하여, 한국 외무부는 국민에게 '중간수역'은 '공해(公海)' 성격을 가진 수역이라고 설명했는데, 일본정부는 '중간수역'을 '잠정조치수역' '한·일공동관리수역'이라고 호칭하고 있다. '잠정조치수역'이란 국제법상으로 주로 '영토분쟁' 등 분쟁이 존재하여 EEZ 구획이 잘 안 되는 수역에 잠정적으로 설정하는 수역이라고 정의되어 있다.

일본은 어업협정을 통하여 독도를 영토분쟁지로 만들고 국제법상 '영유권'을 가진 한국과 '주장'만 가진 일본을 대등한 지위에 놓으려고 획책하였다. 일본이 해석하는 '한·일공동관리수역'의 성격과 내용은 문자 그대로 해석되는 것이어서 더 설명할 필요가 없을 것이다.

요컨대 1999년 1월의 '신(제2차)한·일어업협정'은 특히 제1조와 '중간

---

6) ① 김영구, 『독도영토주권의 위기: '신한·일어업협정'은 한국의 독도영유권을 훼손하게 될 것이다』, 다솜출판사, 2006.
② 신용하, 『한국의 독도영유권 연구』, 경인출판사, 2006.
③ 김명기, 『독도의 영유권과 신한·일어업협정』, 우리영토, 2007 참조.

수역' 설정으로 말미암아 한국의 독도수호에 큰 타격을 주었으며, 이 어업협정을 둔 채 국제재판을 받으면, 아무리 독도가 역사적으로나 국제법상으로 한국고유영토일지라도 1999년의 신(제2차)한·일어업협정 때문에 극히 위험하게 되는 것이다.

한국정부는 독도학회·독도연구보전협회·국회독도특별위원회의 강력한 제안을 받아들여 그 후 2006년 6월 12일 동경에서 열린 EEZ 경계획정 본회담에서 한국측은 1997년의 '울릉도 기점' 폐기와 '독도 기점' 채택을 일본에 통고하고 선언하였다. 이것은 독도수호에 큰 성과를 낸 것이었다. 그러나 양국이 합의한 1999년의 '신(제2차)한·일어업협정'을 수정하지 않으면 한국의 '울릉도 기점'과 일본의 '독도 기점'에 의한 어업협정이 한국의 독도영유권에 준 타격은 계속 존속할 위험이 있는 것이다.

일본정부는 해상자위대·항공자위대·육상자위대(해군·공군·육군) 합동작전으로 1998년 11월 '이오지마'에서 독도를 무력으로 상륙 침탈(일본측 용어로 소위 '접수')하는 합동훈련을 비밀리에 실행했음이 1년 후인 1999년에 일본 신문에서 보도되었다. 또한 1999년에 일본 시마네현은 일본인들의 여러 가구(家口)의 호적을 독도로 옮겨 등재하였다. 전적 신청을 낸 것은 시마네현 주민이라는 형식을 취했다 할지라도 이를 옮겨 등재시켜 준 것은 일본정부(지방정부)의 행정행위였다.

일본정부는 이와 같이 일관되게 독도에 대한 공격적 침략정책을 입안 집행해 나가면서 국회의원들의 질문에 대한 답변에서는 공공연히 독도는 일본영토이고 독도의 12해리 영해는 일본영해이기 때문에 일본국민이 그 안에 들어가는 것은 일본 국민이 일본 영해와 영토에 들어가는 것이기 때문에 저지할 수 없다고 방자하게 공언하고 있는 실정이다.

일본측은 신(제2차)한·일어업협정의 '일본의 독도 기점'과 한국의 '울릉도 기점'을 근거무기로 전 세계에 홍보전을 강화하여 세계지도들에서도 'Dokdo(독도)'가 많이 지워지고, 'Takeshima(다케시마)'가 대체 등장되었다.

일본은 대한민국의 국력이 급속히 증강되어 단기적으로는 독도침탈이 어려워 감을 보고, '장기전'을 준비하여 의무교육 과정에 "독도는 일본고유영토인데 한국이 불법 점거하고 있다"는 식의 교육을 적극 추진하고 있다. 2009년에는 교사 지도서에, 2010년에는 초등학교 교과서에, 2011년에는 중학교 교과서에, 2012년에는 고등학교 교과서에(예정), 독도는 일본고유영토인데 한국이 불법점거하고 있다는 요지의 의무교육을 강제하고 있다.

한편 일본정부는 헤이그의 국제사법재판소에도 15명 판사 중 하나에 일본인을 심어 놓았으며, 독도문제를 국제사법재판소에 끌고 갈 수만 있으면, 일본인 판사가 판결투표에서 제외된다 할지라도 그 로비력으로 일본주장을 관철시킬 수 있는 모든 준비를 갖추어 두었다.

한국은 이러한 일본의 독도침탈정책에 대하여 자기 영토인 독도의 수호의지와 수호정책을 대폭 강화하고 철저하게 대비하지 않으면 안 될 상황에 놓여 있는 것이다.

5. 국제사법재판소에 갈 필요 없는 완전한 한국영토 독도

일본의 집요한 독도침탈정책은 궁극적으로는 무력침탈 방법에 의한 것일 수도 있고 국제사법재판소에 위탁하는 평화적 방법에 의한 것일 수도 있으며, 무력침탈 방법과 평화적 침탈 방법을 병용하는 것일 수도 있다.

1997년에 일본정부는 미국측과 '미·일방위조약'의 40개 가이드라인에 합의했는데, 그 내용 중에는 한반도 유사시에는 한반도의 동해·남해·서해와 동중국해에서 일본 해군이 미국 해군과 공동작전을 하며 이 수역에서의 해상경찰권을 일본 해군이 갖는 데 합의했다고 발표한 바 있다.

주한 일본대사를 지낸 일본 외교관의 하나가 일본 내의 강연에서 "독도영유권 문제는 한국에도 근거가 있으므로 독도 주변을 감시하다가 결정적 순간에 일거에 '접수'해 버려야 해결된다"고 발언한 내용을 들은 일이 있다. 이것은 무력침탈을 상정한 것이라고 할 수 있다.

한편 일본의 한국영토 독도에 대한 평화적 침탈방법의 시나리오도 치밀하게 정립되고 있다고 보아야 할 것이다. 예컨대 독도에 호적을 옮긴 일본인들을 한국경찰경비대가 없는 서도에 상륙시키고 일본인을 보호한다는 구실로 일본 해군을 출동시킨 후 한국 해군과 소규모 충돌이 일어나면 미국측에 의뢰하여 미국의 주장과 중재로 '독도문제'를 국제사법재판소로 끌고 가서 맹렬한 로비를 통하여 평화적으로 독도를 침탈하는 방법이다. 일본인들의 호적을 독도에 옮겨 등재시킨 것은 이때 사용할 것을 전제로 한 것일 수 있다. 이 밖에도 온갖 시나리오들이 극우파 우익청년단체들에 의해 단편적으로 주장되고 있다.

물론 일본측의 이러한 독도침탈정책은 천만부당한 것이며, 한국에 대한 정면의 침략이 된다. 한국민족은 모두 민족적으로 크게 각성했으며 대한민국의 국력은 급속히 증강되고 있으므로 일본정부의 독도침탈 시도는 각성한 대한민국 국민과 한국민족의 강력한 전 민족적 저항 반격으로 반드시 실패할 것이다.

일본정부의 한국 독도에 대한 침탈정책은 1905년 구 일본 제국주의의 한국침략을 현재 일본정부가 21세기의 대한민국에 다시 적용하는 침략정책이다.

일본정부의 독도침탈정책은 또한 동아시아의 평화를 파괴하고 세계평화를 교란시키는 침략정책이다.

일본은 독도침탈 야욕과 망상을 버리고 독도침탈정책을 하루속히 폐기하여 이웃 나라와의 선린우호정책을 취해야 할 것이며, 동아시아 평화정책을 함께 추구해야 할 것이다. 또한 전 세계 평화를 애호하는 사람들과 영토주권을 상호 존중하는 전 세계 지성인들은 일본이 1905년 구 일본 제국주의의 한국침략정책을 21세기 현대 대한민국에 적용하려는 오늘날의 일본정부의 독도침탈정책을 다 함께 비판하고 규탄해야 할 것이다.

일본국민들도 1905년 구 일본 제국주의가 독도를 침탈하고 한국에 자행한 제국주의 침략정책을 21세기의 일본정부가 계승하여 다시 한국의 독도침탈을 추진하는 일본정부의 침략정책에 반대하고, 평화애호와 상호 주권존중의 새로운 한·일친선관계를 전개해 나가야 할 것이다.

또한 한국정부는 한국의 고유영토인 독도를 일본이 주장하고 제3국이 권고하는 경우가 온다 할지라도 '국제사법재판소'에 가지고 가는 어리석음을 절대로 범해서는 안 될 것이다. 국제사회에는 아직 약육강식의 관행이 잔존하고 있다. 국제법은 국내법과 전혀 달라서 국제법 적용과 해석에는 열강과 국력의 영향력이 크게 작용하고 있다.

이러한 여건에서 이미 국제법상 인준된 한국영토 독도와 주권을 굳게 지키고 발전시켜야지, 일본이나 제3국의 책동에 부화뇌동하여 국제사법재판소에 끌려 나가서 자기의 고유영토 독도를 국제재판의 도마위에 올려놓아 결과적으로 자기의 고유영토인 독도를 잃거나 독도영유권을 훼손하는 매국적 노선을 따라서는 절대로 안 될 것이다.

독도는 역사적으로 완벽한 한국영토일 뿐 아니라 국제법상으로도 이미 완벽한 한국영토이다.

독도는 국제사법재판소나 어떠한 국제재판기관의 판결도 받을 필요 없는 이미 명백하고 완전한 대한민국의 완전한 배타적 영토이다.

한국이 해야 할 일은 일본의 옛 제국주의 잔당들의 독도재침탈 시도를 단호히 물리치고 자기의 영토인 독도를 더욱 확고하게 지키는 일이다.

한국은 독도를 수호하기 위하여 전 국민과 전 민족이 더욱 단결해서 더욱 강력한 국가의지와 과감한 영토수호정책을 수립하여, 실천하고 발전시켜 나가야 할 것이다.

지금까지 고찰한 객관적 실증에 의거하여 확인되는 바와 같이 독도는 역사적으로나 국제법상으로나 지리적으로나 명명백백하게 대한민국의 완벽한 영토이다. 이것이 '객관적 진실'이다. 일본의 주장들은 모두 '허위'이고 '거짓'임이 객관적 실증자료에 의하여 명확히 증명된다. '진실'을 굳게 지키고 '허위'를 버리는 것은 모든 양심적 인류의 의무이고 권리이다.

참고문헌

1. 한국어(주요 단행본)

경북대학교 울릉도·독도연구소, 『한국의 자연유산 독도』, 문화재청, 2009.

국토지리원, 『독도측량·지도제작사업 보고』, 1981.

국회도서관, 『독도 한 눈에 보기』, 국회도서관, 2010.

김교식, 『독도수비대』, 선문출판사, 1979.

김명기, 『독도와 국제법』, 화학사, 1987.

———, 『독도 의용수비대와 국제법』, 다물출판사, 1998.

———, 『독도영유권과 국제법』, 투어웨이사, 1999.

———, 『독도 강의』, 독도조사연구학회, 2007.

———, 『독도의 영유권과 신한·일어업협정』, 우리영토, 2007.

———, 『독도의 영유권과 실효적 지배』, 우리영토, 2007.

김명기·이동원, 『일본 외무성 다케시마 문제의 개요 비판·다케시마 10포인트 비판』, 책과사람들, 2010.

김병렬, 『독도냐 다께시마냐』, 다다미디어, 1997.

———, 『독도에 대한 일본사람들의 주장』, 다다미디어, 2001.

———, 『독도가 우리 땅인 이유!』, 다다미디어, 2005.

김병렬·나이토 세이추, 『한일전문가가 본 독도』, 다다미디어, 2006.

김성규, 『해 뜨는 섬 독도』, 울릉문화원, 2006.

김영구, 『한국과 바다의 국제법』, 한국해양전략연구소, 1999.

———, 『독도문제의 진실』, 법영사, 2003.

———, 『독도, 어디로 가려는가?』, 다솜출판사, 2005.

———, 『독도영토주권의 위기』, 다솜출판사, 2006.

김우규, 『동해의 파수꾼 독도』, 시대문학, 1996.

김원식, 『일본의 주장을 반증한 독도논문집』, 남향문화사, 1975.

김탁환, 『독도평전』, 휴머니스트, 2001.

김학준, 『독도는 우리 땅』, 해맞이, 1996.

———, 『독도연구』, 동북아역사재단, 2010.

김화경, 『독도의 역사』, 영남대학교출판부, 2011.

김화홍, 『역사적 실증적으로 본 독도는 한국땅』, 시몬, 1996.

나홍주, 『일본의 '독도'영유권 주장과 국제법상 부당성』, 금광, 1996.

———, 『독도의 영유권에 관한 국제법적 연구』, 법서출판사, 2000.

노계현, 『조선의 영토』, 한국방송대학교출판부, 1997.

노혁진·오강원·김종규, 『울릉도의 고대 유적과 유물』, 동북아역사재단, 2010.

대한공론사 편, 『독도』, 대한공론사, 1965.

대한민국 외교통상부 외교안보연구원, 『한국의 영토, 독도』, 외교안보연구원, 1990.

대한민국 외무부 정무국, 『독도문제 개론』, 외무부, 1955.

독도본부 편, 『바른 한·일어업협정안』, 우리영토, 2007.

독도역사찾기운동본부 편, 『독도영유권 위기 연구』, 백산서당, 2003.

———, 『독도는 한국땅인가?』, 백산서당, 2003.

독도연구보전협회 편, 『독도영유권과 영해와 해양주권』, 독도연구보전협회, 1998.

———, 『독도 인근해역의 환경과 수산자원 보전을 위한 기초연구』, 독도연구보전협회, 1998.

독도학회 편, 『독도의 역사와 국제관계』, 독도연구보전협회, 1997.

———, 『독도영유권 연구논집』, 독도연구보전협회, 2002.

———, 『한국의 독도영유권 연구사』, 독도연구보전협회, 2003.

동북아역사재단 편, 『독도와 한일관계: 법·역사적 접근』, 동북아역사재단, 2009.

박경래, 『독도의 사·법적 연구』, 일요신문사, 1965.

박관숙, 『독도의 법적 지위에 관한 연구』, 연세대학교 대학원, 1969.

박유봉, 『독도영유권 분쟁에 대한 한국의 대응』, 원광대학교 행정대학원, 1997.

박정선, 『독도는 말한다』, 세종출판사, 2001.

배진수, 『세계의 도서분쟁과 독도시나리오』, 한국군사문제연구원, 1997.

백봉흠, 『독도와 배타적 경제수역』, 경세원, 2003.
사월회, 『독도영유권과 한·일어업협정』, 2002.
서대구 제이시, 『독도가 한국을 살린다』, 백산서당, 2004.
서정철·김인환, 『지도 위의 전쟁: 고지도에서 찾은 한·중·일 영토문제의 진실』, 동아일보사, 2010.
선우영준, 『고려와 조선국 시대의 독도』, 학영사, 2007.
송병기, 『울릉도와 독도』, 단국대학교출판부, 1999.
———, 『고쳐 쓴 울릉도와 독도』, 단국대학교출판부, 2005.
———, 『울릉도와 독도, 그 역사적 검증』, 역사공간, 2010.
신동욱, 『독도영유권에 관한 연구』, 어문각, 2008.
신용하, 『독도의 민족영토사 연구』, 지식산업사, 1996.
———, 『독도, 보배로운 한국영토』, 지식산업사, 1996.
———, 『독도영유권에 대한 일본주장 비판』, 서울대학교출판부, 2001.
———, 『독도영유권 자료의 탐구』(전 4권), 독도연구보전협회, 1998~2001.
———, 『한국과 일본의 독도영유권 논쟁』, 한양대학교출판부, 2003.
———, 『신용하 교수의 독도이야기』, 살림출판사, 2004.
———, 『한국의 독도영유권 연구』, 경인문화사, 2006.
———, 『개정증보, 독도영유권에 대한 일본주장 비판』, 서울대학교출판문화원, 2011.
안용복장군기념사업회, 『안용복 장군』, 1967.
양태진, 『한국 변경사 연구』, 법경출판사, 1990.
———, 『한국 영토사 연구』, 법경출판사, 1991.
———, 『한국 독립의 상징 독도』, 백산출판사, 2004.
영남대학교 독도연구소, 『독도영유권 확립을 위한 연구』, 경인문화사, 2011.
유하영 외, 『독도문제의 학제적 연구』, 동북아역사재단, 2009.
육군본부, 『독도문제와 한일관계』, 1977.
이기석 외, 『동해 명칭의 국제적 통용기반 연구』, 국립해양조사원, 2006.
이석우, 『독도분쟁의 국제법적 이해』, 학영사, 2004.
———, 『일본의 영토분쟁과 샌프란시스코 평화조약』, 인하대학교출판부, 2003.

———, 『동아시아의 영토분쟁과 국제법』, 집문당, 2007.
이예균·김성호, 『일본은 죽어도 모르는 독도이야기 88』, 예나루, 2007.
이진명, 『독도, 지리상의 재발견』, 삼인, 1998.
———, 『서양 자료로 본 독도』, 민속분석회, 1998.
———, 『개정판, 독도, 지리상의 재발견』, 삼인, 2005.
이한기, 『한국의 영토』, 서울대학교출판부, 1969.
정병준, 『독도 1947』, 돌베개, 2010.
정해왕, 『우리땅 독도이야기』, 글나루, 1996.
지철근, 『평화선』, 범우사, 1979.
진창수 편, 『동북아영토분쟁과 일본의 외교정책』, 세종연구소, 2008.
천창언, 『독도비사, 일본인이 말하는 독도는 한국땅』, 한국방송인동우회, 1996.
최장근, 『일본의 영토분쟁』, 백산자료원, 2005.
———, 『독도의 영토학』, 대구대학교출판부, 2008.
———, 『일본의 독도·간도침략 구상』, 백산자료원, 2010.
———, 『동아시아 영토분쟁의 패러다임—독도·간도 영토문제의 본질을 찾아서』, 제이앤씨, 2011.
최종화, 『현대한일어업관계사』, 세종출판사, 2000.
편부경, 『독도우체국』, 한결, 2004.
한국근대사자료연구협의회, 『독도연구』, 1985.
한국사학회, 『울릉도·독도 학술조사연구』, 1978.
한상복, 『독도와 동해』, 한수당자연환경연구원, 2000.
한일관계사연구회 편, 『독도와 대마도』, 지성의샘, 1996.
호사카 유지, 『일본 고지도에도 독도 없다』, 자음과모음, 2005.
———, 『우리역사 독도: 한일관계사로 본 독도이야기』, BM성안당, 2009.
홍성근, 『독도의 실효적 지배에 관한 국제법적 연구』, 한국외국어대학교 박사논문, 1998.
홍성근·문철영·전영신·이효정, 『독도! 울릉도에서 보인다』, 동북아역사재단, 2010.
홍윤서, 『독도전쟁』(1·2), 명상, 1999.
황상기, 『독도영유권해설』, 근로학생사, 1965.

2. 일본어 (주요 단행본)

高野雄一,『日本の領土』, 東京大學校出版會, 1962.
芹田健太郎,『島の領土と經濟水域の境界劃定』, 有信堂, 1999.
金柄烈, (韓誠 譯),『明治三十八年 竹島編入小史』, インター 出版, 2006.
金學俊, (호사카 유지 譯),『獨島/竹島, 韓國の論理』, 論創社, 2007.
金子利喜男,『世界の領土, 境界紛爭と國際裁判 』, 明石書店, 2001.
內藤正中,『竹島 = 獨島問題入門』, 新幹社, 2009.
———,『竹島(鬱陵島)をめぐる日韓關係史』, 多賀出版, 2000.
內藤正中·朴炳涉,『竹島 = 獨島論爭』, 新幹社, 2009.
大西俊輝,『日本海と竹島』, 東洋出版, 2007.
大熊良一,『竹島史稿』, 原書房, 1968.
島根縣教育會,『島根縣誌』, 1923.
ローダニエル,『竹島密約』, 草思社, 2008.
每日新聞社編,『對日本平和條約』, 1952.
保阪正康,『歷史てたとる領土問題の眞實』, 朝日新書, 2011.
寺尾五郎·佐藤藤巳,『日本の漁業と日韓條約』, 日本朝鮮研究所, 1965.
上地龍典,『尖閣列島と竹島』, 教育社, 1978.
宋炳基, (朴炳涉 譯),『鬱陵島·獨島(竹島)歷史研究』, 新幹社, 2009.
愼鏞廈, (韓誠 譯),『史的 解明 獨島(竹島)』, インター 出版, 1997.
———, (曺亨根 譯),『獨島問題 100問 100答』, 弘益齋出版社, 2007.
奧原碧雲,『竹島及鬱陵島』, 報光社, 1907.
日本 外務省 條約局,『竹島の領有』, 1953.
田中豊治,『隱岐島の歷史地理學的研究』, 古今書院, 1979.
田村淸三郎,『島根縣竹島の新研究』, 島根縣總務課, 1969.
川上健三,『竹島の歷史地理學的研究』, 古今書院, 1966.
下條正男,『竹島は日韓どちらのものか』, 文藝春秋, 2004.
玄大松,『領土ナショナリズムの誕生: '獨島/竹島問題の政治學』, ミネルヴァ書房, 2006.

3. 영어(주요 단행본)

Bae, Chin-soo, et al., *Territorial Issues in Europe and East Asia: Colonialism, War Occupation, and Conflict Resolution*, Seoul, Northeast Asian History Foundation, 2009.

Chee, Chung-il, *Legal Status of Dok Island in International Law*, Korean Association of International Law, 1997.

Cheong, Sung-hwa, *The Politics of Anti-Japanese Sentiment in Korea: Japanese-South Korean Relations under American Occupation, 1945~1952*, Greenwood Press, 1991.

Kim, Young-koo, *A Pursuit of Truth in the Dokdo Island Issue*, Seoul, International Cultural Exchange Association, 2005.

The Korea Herald and Park, Hyun-jin eds., *Insight into Dokdo: Historical, Political, and Legal Perspectives on Korea's Sovereignty*, Seoul, Jimoondang, 2009.

Lee, Ki-suk, *East Sea in Old Western Maps*, Society for East Sea, 2002.

Lee, Sang-tae, *Historical Evidence of Korean Sovereignty Over Dokdo*, Seoul, Kyoungsaewon Pubishing Co., 2007.

Market, M., *A Fresh Look at the Dokdo Issue: Japanese Scholars Review Historical Facts*, Dadamedia, 2006.

Park, Byoung-sup and Naito, Seichu, *The Dokdo/Takeshima Controversy: A Study Based on Historical Materials*, Seoul, The National Assembly, Republic of Korea, 2009.

Shin, Yong-ha, *Korea's Territorial Rights to Dokdo: A Historical Study*, Seoul, Dokdo Research Association, 1997.

Song, Byeong-kie, *Historical Verification of Korea's Sovereignty Over Ulleungdo and Dokdo*, National Assembly Library, 2010.

Ulleungdo, Dokdo Research Institute, Kyungpook National University, *Natural Heritage of Korea, Dokdo*, Cultural Heritage Administration of Korea, 2009.

Yoshitsu, Michael M., *Japan and San Fransisco Peace Settlement*, Columbia University Press, 1982.

찾아보기

ㄴ

ㄷ

ㄹ

ㅁ

ㅂ

ㅅ

ㅇ

ㅈ

신용하(愼鏞廈)

서울대학교 문리과대학 사회학과 졸업
서울대학교 대학원 경제학석사 · 사회학박사
서울대학교 사회과학대학 사회학과 교수
서울대학교 사회과학대학 학장
한국사회학회 회장
한국사회사학회 회장
독도연구보전협회 회장
한국영토학회 회장
한양대학교 석좌교수
이화여자대학교 이화학술원 석좌교수 역임
현재 서울대학교 명예교수
울산대학교 석좌교수
독도학회 회장

신용하 저작집 제38집

개정증보 독도영유권에 대한 일본주장 비판

A Critique of Japanese Claims on the Territorial Rights to Dokdo
Revised and Enlarged Edition

펴낸곳 서울대학교출판문화원
펴낸이 오연천
지은이 신용하

개정증보 초판 1쇄 인쇄 2011년 8월 20일
개정증보 초판 1쇄 발행 2011년 9월 1일
출판등록 제15-3호

주소 서울특별시 관악구 관악로 1 우편번호 151-742
대표전화 02-880-5252 팩스 02-888-4148
마케팅팀(판매상담) 02-889-4424, 02-880-7995
이메일 snubook@snu.ac.kr
홈페이지 www.snupress.com
영문홈페이지 eng.snupress.com

ISBN 978-89-521-1230-9 93300